资源化学丛书

天然资源高值化

杨仕平　任天瑞　李和兴　编著

科　学　出　版　社

北　京

内 容 简 介

资源的开发与利用是当今社会关心和关注的焦点，各类资源的综合利用关系到人类社会的可持续发展，也是当今有关学术研究和产业发展重点投资的领域。本书主要包括稀土功能材料、农业废弃物的开发及利用、盐湖植物资源开发利用、光电转换、二氧化碳资源化利用和化工污染物资源化等主要内容，内容涉及材料、化学、化工、环境等学科。书中列举了大量已报道的最新成果，力求反映有关研究内容的最新动态，为有关资源的再生利用和开发提供生产指导。

本书内容新颖，参考资料翔实，可供化学、化工、材料及环境等相关领域的研究人员和产业界人士参考使用，也可供高等院校和科研院所相关专业的师生阅读参考。

图书在版编目(CIP)数据

天然资源高值化 / 杨仕平，任天瑞，李和兴编著. —北京：科学出版社，2019.11

(资源化学丛书)

ISBN 978-7-03-062934-0

Ⅰ.①天…　Ⅱ.①杨…　②任…　③李…　Ⅲ.①资源开发–研究②资源利用–研究　Ⅳ.①F062.1

中国版本图书馆CIP数据核字(2019)第242752号

责任编辑：张　析　付林林 / 责任校对：杜子昂
责任印制：吴兆东 / 封面设计：东方人华

科 学 出 版 社 出版
北京东黄城根北街 16 号
邮政编码：100717
http://www.sciencep.com

北京九州迅驰传媒文化有限公司 印刷
科学出版社发行　各地新华书店经销
*
2019 年 11 月第 一 版　开本：720×1000 1/16
2019 年 11 月第一次印刷　印张：24 1/4　插页：4
字数：488 000
定价：128.00 元
(如有印装质量问题，我社负责调换)

前　言

　　资源过度消耗和生态环境恶化直接制约着我国经济和社会的可持续发展。加快推动绿色、循环生产方式，构建资源消耗低和环境污染少的产业结构已成为我国重大战略任务。发展绿色低碳化学工业生产方式，引导产业结构升级转型，合理和高效利用资源，显著减少资源浪费和废弃物对环境的污染，努力实现污染物资源化，对我国实现资源节约型社会具有重要作用。

　　本书隶属于"资源化学丛书"系列，是编著者汇总有关单位和人员的研究成果并结合自己的研究工作，在查阅大量文献的基础上完成。全书共分六章。第 1章主要介绍稀土功能材料在磁性、发光、催化、陶瓷、抛光粉、医用、农用等方面的应用；第 2 章主要是关于农业废弃物中秸秆、稻壳、棉花副产品、生物质油的开发及利用；第 3 章主要是盐湖植物资源开发利用；第 4 章主要包括光电转换的原理与应用、太阳能电池、光催化制氢、光催化反应等有关内容；第 5 章主要是关于二氧化碳资源化的综合利用；第 6 章主要包括石油、印染、冶矿、精细化工污染物资源化等内容。编著者衷心地希望读者快捷而准确地对各类自然资源与再生资源的利用产生全方位、多角度的认识，力求满足读者在不同层次、不同领域上的各自需求。

　　参与本书编写的有上海师范大学杨仕平教授、任天瑞教授、李和兴教授、李贵生教授、肖胜雄教授、余锡宾教授、潘裕柏教授、杨红教授、周治国教授、郎万中教授、王全喜教授、戴锡玲副教授、刘洁副教授和张博博士，华东理工大学郭杨龙教授、郭耘教授，上海大学李文献教授、李瑛教授，上海华明高纳稀土新材料有限公司高玮、赵月昌高级工程师和其他工程技术人员。全书由杨仕平教授统稿。感谢科学出版社的大力支持，感谢上海市稀土学会、上海市稀土功能材料重点实验室、教育部资源化学国际合作联合实验室(上海师范大学-新加坡国立大学-普林斯顿大学)的支持，同时感谢书中所引文献的所有者。

　　由于编著者水平有限，书中难免存在疏漏之处，敬请同行和读者予以批评指正。

编著者

2019 年 3 月

目　　录

彩图

第1章　稀土功能材料

1.1　稀土永磁材料

信息、能源和材料是当代科技的三大支柱产业,随着全球信息化时代的到来,磁性材料已经成为国民经济和国防建设的基础材料之一。永磁材料经过磁场磁化并除去外磁场后,内部仍有较强剩磁,具有机械能与电磁能相互转换的功能,因此可以制备多种形式的永磁功能器件。目前,常用的永磁材料主要有四种类型,分别是铝镍钴永磁材料、铁氧体永磁材料、铂钴永磁材料和稀土永磁材料。表1-1列举了这些永磁材料的主要磁性参数[1]。

表 1-1　永磁材料的典型磁性能[1]

磁体种类	型号	B_r/mT	H_C/(kA/m)	$(BH)_{max}$/(kJ/m³)	T_c/℃
铸造永磁材料	AlNiCo₅ 系	700~1320	40~60	9~56	890
	AlNiCo₈ 系	800~1050	110~160	40~60	860
铁氧体永磁材料	钡铁氧体	300~440	250~350	25~36	450
	锶铁氧体				
稀土永磁材料	烧结 SmCo₅	900~1000	1100~1540	117~179	720
	烧结 Sm₂TM₁₇	1000~1030	500~600	230~240	800
	烧结 Nd₂Fe₁₄B	1100~1400	800~2400	240~480	310~510
纳米晶双相复合永磁体		800~1300	240~1000	80~160	—
其他永磁材料	Fe-Pt 系	1080	340	154	520
	Fe-Cr-Co 系	1290	70	64	500~600

注:B_r代表剩磁;H_C代表矫顽力;$(BH)_{max}$代表最大磁能积;T_c代表居里温度

稀土永磁材料是目前所知综合性能最好的一类永磁材料,磁性能比19世纪应用的磁钢磁性能高出两个数量级;各磁性能参数也高于铁氧体和铝镍钴永磁材料的。因此,稀土永磁材料的发展具有战略性意义,可推动国民经济和技术的发展。

稀土永磁材料是由稀土金属和过渡族金属通过一定的工艺制备得到的磁性功能材料,具有高剩磁、高矫顽力、高磁能积等优点,提高了永磁产品的磁性能而且促进了永磁元器件的小型化发展,在航空航天、仪表技术、微波通信技术及能源等领域具有广泛的应用[2,3]。到目前为止,稀土永磁材料已经研究出第一代SmCo₅、第二代Sm₂Co₁₇和第三代NdFeB永磁材料。

本章 1.1.1 节和 1.1.2 节主要就近年来在钐钴永磁体、钕铁硼永磁体改性方面的研究状况做些介绍；1.1.3 节简要介绍了有望成为新一代稀土永磁材料的纳米晶双相复合永磁材料。

1.1.1　钐钴永磁体改性研究

SmCo 二元系化合物具有 8 种不同的物相：$SmCo_2$、$SmCo_3$、$SmCo_5$、Sm_2Co_7、Sm_2Co_{17}、Sm_3Co、Sm_5Co_{19} 和 Sm_9Co_4，其中 $SmCo_5$ 和 Sm_2Co_{17} 作为稀土钐钴永磁材料的主要化合物，具有优异的热稳定性、强抗磁退和耐蚀性，使得 SmCo 二元系永磁体在永磁材料中占据重要地位，在航空航天、微波通信及军事等领域发挥不可替代的作用[4-6]。

稀土永磁材料的研究始于 20 世纪中期。1967 年，Strnat 等[7]采用粉末冶金法首次成功研制出 $SmCo_5$ 永磁体，其磁性能参数为剩磁 B_r=0.51T，矫顽力 H_C=3.2kOe（1Oe=79.5775A/m），最大磁能积（BH）$_{max}$=9.60kJ/m^3，居里温度高达 740℃，具有优良的热稳定性，标志着第一代稀土永磁体的诞生，掀起了稀土永磁材料的研究热潮。随后 Velge 和 Buschow[8]及 Benz 和 Martin[9]不断改变 $SmCo_5$ 的制备工艺，将此类型永磁材料的制造技术逐步推向成熟。

但是第一代稀土永磁体 $SmCo_5$ 中含有大量地球上储量稀少的 Sm 元素，因此更多的研究学者将目光投向对 Sm 的取代上。Benz 和 Martin[10]及 Nesbitt[11,12]陆续尝试用 Pr、Cu 和 Fe/Cu 部分取代 Sm 元素。1977 年，Ojima 等[13]采用粉末冶金法制备出 $Sm(CoCuFeZr)_{7.2}$ 永磁体，其最大磁能积高达 237kJ/m^3，被称为第二代（2∶17 型）稀土永磁体。相比较第一代稀土永磁材料，2∶17 型 SmCo 永磁体的 Co 含量高，具有更高的饱和磁化强度和磁能积，居里温度高达 926℃，磁性稳定性更好。

20 世纪 90 年代，航空航天及航海等高新科技迅速发展，高温、高辐照等复杂的工作环境对稀土永磁材料的磁性能提出了更加苛刻的要求。因此，具有高稳定性和可靠性的 2∶17 型 SmCo 永磁材料的研究引起科学家的重视并迅速发展。

1.1∶5 型 SmCo 永磁体结构与性能改性研究

$SmCo_5$ 化合物的晶体结构由 $CaCu_5$ 型晶体结构衍生而来，属于六方晶系，空间群为 $P6/mmm$[14, 15]。图 1-1 为 $CaCu_5$ 型结构的单胞示意图，该结构由两个原子层沿着[001]方向交替堆垛而成，原子层 A 由一个 Sm 原子和两个 Co 原子组成；原子层 B 由三个 Co 原子组成，$SmCo_5$ 型结构沿着 c 轴方向的堆垛顺序为 ABABAB…[16]。1∶5 型 SmCo 永磁体采用的主要制备方法是粉末烧结法，因此在制备过程中原材料的粒径、热处理工艺等因素均会对永磁体的结构和性能产生较大影响。

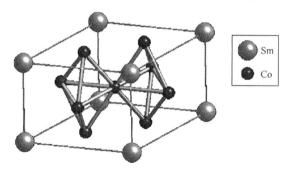

图 1-1[*] CaCu$_5$ 型结构单胞示意图[16]

孙建春[17]采用粉末冶金法制备 1:5 型烧结 SmCo 永磁体,对其微结构和不同温度下的磁性能进行了分析。SmCo$_5$ 永磁材料的磁性能在不同温度下存在一定差异,温度越高,磁性能越低(图 1-2)。SmCo$_5$ 永磁材料为多畴体,在烧结过程中 Sm 氧化生成白色氧化物(图 1-3,白色为 Sm 氧化物,灰白色为 SmCo$_5$ 主相),在半径方向形成浓度梯度,促使中心的 Sm 向外扩散并在晶界处富集。Sm 原子富集区的各向异性较低,因此成为反磁化畴形核中心,导致永磁体矫顽力降低。

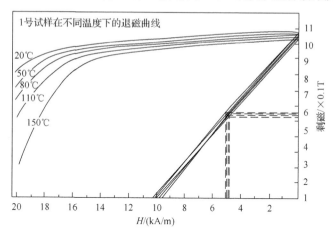

图 1-2 SmCo$_5$ 在不同温度下的磁化曲线[17]

王辉[18]采用放电等离子烧结(SPS)技术制备纳米晶 SmCo$_5$ 永磁体,研究了烧结工艺和 Fe 纳米粉添加量对永磁体结构和性能的影响。Fe 纳米粉的添加使得永磁体内部在 1:5 相的基础上出现了 2:17 相和 Fe-Co 相,两者的含量随着 Fe 纳米粉添加量的增大而增加。烧结过程中,Fe 原子部分扩散进入 SmCo$_5$ 主相形成 Sm(Co, Fe)$_5$ 相,并且促使 Sm$_2$Co$_{17}$ 相和 Fe-Co 软磁相的形成,增大了烧结 SmCo$_5$ 永磁体的饱和磁化强度,但是同时剩磁和矫顽力降低(图 1-4)。

---

[*] 扫封底二维码可见本彩图,全书同。

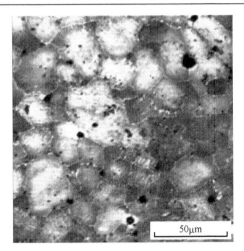

图 1-3　SmCo₅ 的金相组织照片[17]

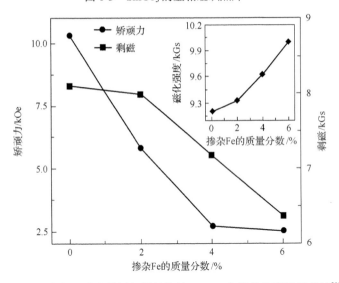

图 1-4　不同 Fe 纳米粉添加量的烧结 SmCo₅ 永磁体的磁性能曲线[18]

1Gs=10⁻⁴T

　　张健[19]将球磨后的 SmCo₅ 进行后续退火生成纳米晶,发现生成晶粒的尺寸和球磨后的退火温度有关,并且晶粒中形成 1:7 相、1:5 相和 2:17 相。随着退火温度的升高,纳米晶的矫顽力先升高后降低,采用球磨 5h 的非晶粉在 700℃下进行 30min 的退火处理,制备的黏结 SmCo₅ 永磁体矫顽力可达到 28kOe。

　　许刚和杨建军[20]将球磨 5h 的 SmCo₅ 采用 SPS 技术制备晶粒平均尺寸小于单畴颗粒尺寸的烧结 SmCo₅ 永磁体(图 1-5)。SPS 技术促进了非晶晶化,抑制晶粒长大,所得到永磁体的平均晶粒尺寸为 30nm。该方法制备的高致密纳米晶烧结 SmCo₅ 永磁体,密度为 8.3g/cm³,超过 SmCo₅ 理论密度的 98%,矫顽力高达 28.65kOe。

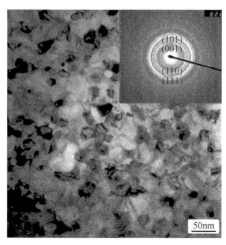

图 1-5 烧结 SmCo₅ 永磁体的透射电子显微镜(TEM)及电子选区衍射(SAED)分析[20]

2.2：17 型 SmCo 永磁体结构与性能改性研究

Sm_2Co_{17} 型化合物在高温下具有稳定的 Th_2Ni_{17} 型六角结构(2：17H 相)，如图 1-6(a)所示，空间群为 $P63/mmc$；低温下具有稳定的 Th_2Zn_{17} 型菱方结构(2：17R相)，如图 1-6(b)所示，空间群为 $R-3m$[21]。Th_2Zn_{17} 和 Th_2Ni_{17} 结构相似，属于同分异构体。Co 原子存在四种不同晶位，菱方结构的为 18f、18h、6c 和 9d，六角结构的为 12k、12j、4f 和 6g，其中 6c 和 4f 晶位是哑铃状 Co 原子晶位[22]，两相均具有高的磁化强度和居里温度，其中磁化强度为 1.2T，居里温度高达 926℃[23]。

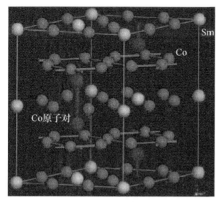
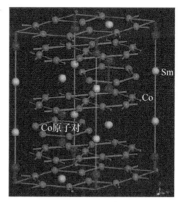

(a) Th_2Ni_{17}型   (b) Th_2Zn_{17}型

图 1-6* 2：17 型 SmCo 永磁体晶体结构[21]

由于 2：17 型 SmCo 稀土永磁体的室温磁晶各向异性低，仅为 7960kA/m (10T)，因此材料的矫顽力低[24]。为了改善 Sm_2Co_{17} 的磁性能，研究者通过在 Sm_2Co_{17} 永磁体中添加 Fe、Cu、Zr 等元素部分取代 Co 原子，促进 1：5 相、2：17

相和富 Zr 片状组织形成,提高对畴壁移动的钉扎作用。到目前为止,在 Sm-Co-Cu 三元沉淀硬化材料基础上发展了 3 种类型的 2:17 型 SmCo 永磁体:①Sm-Co-Cu 系;②Sm-Co-Cu-Fe 系;③Sm-Co-Cu-Fe-M(M=Zr, Ti, Hf, Ni)系,在工业上广泛应用的是 Sm-Co-Cu-Fe-M(M=Zr, Ti, Hf, Ni)系合金[25]。2:17 型 SmCo 合金的高饱和磁化强度来源于 $Sm_2(Co, Fe)_{17}$ 相,矫顽力主要来源于主相和晶界相的畴壁能差,高饱和磁化强度和高矫顽力是 2:17 型 SmCo 永磁体高磁能积的保证[26,27]。到目前为止,已经有大量研究者从改变制备工艺、元素掺杂和替换等角度对 2:17 型 SmCo 永磁体进行了详细研究,研发出满足特殊应用的高性能磁体,如温度系数磁体和高矫顽力磁体等。

1)成分对 2:17 型 SmCo 永磁体结构和性能的影响

2:17 型钐钴永磁材料是析出强化型永磁材料,微观结构为特征胞状结构。高性能的 Sm_2Co_{17} 永磁体与其内部的微结构密切相关,调控合金元素配比是调控磁体微结构最简单也是最有效的方法之一。

Sm 含量(z)直接影响磁体中各相成分的比例,决定永磁体的磁性能。2:17 型 SmCo 永磁体经过热处理后的主要结构为 1:5 相和 2:17 相。Liu 和 Schobinger 等[28,29]研究发现,Sm 含量增加在材料内会形成更多的 $Sm(Co, Cu)_5$ 胞壁相,常温下降低磁体的饱和磁化强度和内禀矫顽力,高温时可以增强磁体的内禀矫顽力。降低 Sm 含量将会导致晶粒尺寸增大,增强畴壁波动从而提高矫顽力,但是同时也会减少 1:5 相含量,导致畴壁钉扎强度降低,矫顽力下降[30]。Liu 等[31]的研究结果(图 1-7)表明,当 $z \leqslant 7.62$ 时,矫顽力和负温度系数随着 z 值的增大而上升;当 $z \geqslant 7.86$ 时,矫顽力随着 z 的增大而降低,而负温度系数持续增大。

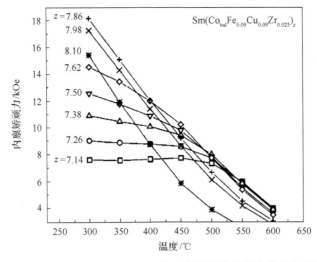

图 1-7 $Sm(Co_{0.795}Fe_{0.09}Cu_{0.09}Zr_{0.025})_z$ 内禀矫顽力与温度的变化曲线[31]

Fe 原子进入 2∶17 型 SmCo 主相中部分取代 Co 原子，使得 $K_{12∶17}$ 和 $A_{2∶17}$ 均降低。Fe 含量较低时，胞状组织尺寸小且不均匀，适当增加 Fe 元素含量可以增加胞状组织尺寸，但是当胞状组织直径增加到一定程度时，胞状组织结构被破坏，导致矫顽力降低[32-34]。造成这种现象的原因主要是 Fe 元素稳定 2∶17R 相，并且在均匀化过程中抑制 2∶17R 相向 2∶17H 相的转变，因此 Fe 含量过高不易在时效过程中形成胞状组织，由此造成矫顽力急剧下降[33]。

增加 Cu 含量会促进 $Sm(Co,Cu)_5$ 非磁性相的生成，从而提高内禀矫顽力，降低饱和磁化强度。图 1-8 为 2∶17 型烧结 SmCo 永磁体的洛伦兹力电子显微镜照片，其微观结构由六方结构富 Cu 贫 Fe 的 $Sm(Co,Cu)_5$ 胞壁相和长菱形的富 Fe 贫 Cu 的 $Sm_2(Co,Fe)_{17}$ 胞内相组成，2∶17 相与 1∶5 相共格，六方的富 Zr 相在胞状结构上层叠且与易磁化轴垂直[35]。永磁体的磁化强度依赖于 2∶17 主相，同时在时效过程中主相的 Cu 以富 Zr 的片状相为通道逐渐从 2∶17 相向 1∶5 胞壁相扩散形成富 Cu 胞壁相，增大胞状组织和胞壁相的磁晶各向异性，对畴壁形成强钉扎作用，从而提高磁体矫顽力[36,37]。

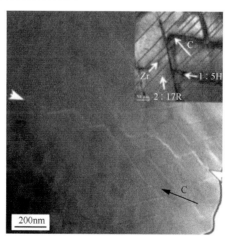

图 1-8 2∶17 型烧结 SmCo 永磁体的洛伦兹力电子显微镜照片[35]

Wang 和 Jiang[38]分析了 2∶17 型 $Sm(Co_{bal}Fe_{0.1}Cu_xZr_{0.033})_{6.9}$ 永磁体矫顽力与 Cu 含量的关系(图 1-9)。当 Cu 含量为 0.07 时，磁体磁畴表现为近似单晶的条形畴；当 Cu 含量逐渐上升为 0.1 和 0.13 时，磁畴结构变窄变细。该现象是磁体内部 1∶5 胞壁相中 Cu 的分布状态导致不同的畴壁钉扎和不同的矫顽力温度系数引起的。

Zr 元素是影响片状组织形成的主要成分，对磁体组织形态和矫顽力有较大影响[39]。当 2∶17 型 SmCo 永磁体不含 Zr 元素时，1∶5 相在组织中难以形成胞状组织，呈现不连续的针状或棒状分布。Zr 的增加促使胞状组织变细，诱导片状 2∶17 相的形成，为 Cu 原子进入 1∶5 胞壁相提供扩散通道，形成更多的 $Sm(Co,Cu)_5$ 胞壁相[40,41]，提高磁体的矫顽力[42]。

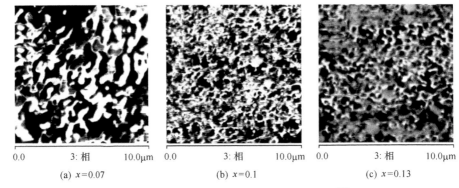

0.0　　　　3：相　　　10.0μm　　　0.0　　　　3：相　　　10.0μm　　　0.0　　　　3：相　　　10.0μm

(a) x=0.07　　　　　　　　　(b) x=0.1　　　　　　　　　(c) x=0.13

图 1-9　Sm(Co$_{bal}$Fe$_{0.1}$Cu$_x$Zr$_{0.033}$)$_{6.9}$ 磁畴结构[38]

　　龚维幂[21]进一步对 Sm(Co$_{bal}$Fe$_{0.10}$Cu$_{0.08}$Zr$_x$)$_{8.5}$ (x=0、0.04)合金的磁畴进行表征(图 1-10 和图 1-11)。当该合金不含 Zr 时,磁畴在 2：17 相的晶界处发生形核,2：17 相基体上分布少量 1：5 相析出物,畴壁光滑,析出相并未对畴壁产生明显的钉扎作用;当 x=0.04 时,胞状组织完整且尺寸较小,片状组织密度高,畴壁呈现明显的锯齿形,表明胞壁受到强烈的钉扎作用。但是,当 Zr 含量过高时,胞状组织发生分解并形成 2：7 相,磁体矫顽力急剧下降[43]。

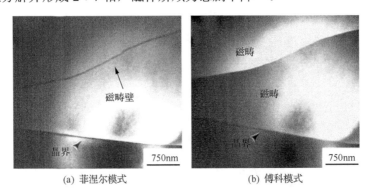

(a) 菲涅尔模式　　　　　　　　　　　(b) 傅科模式

图 1-10　Sm(Co$_{bal}$Fe$_{0.10}$Cu$_{0.08}$)$_{8.5}$ 合金的磁畴结构[21]

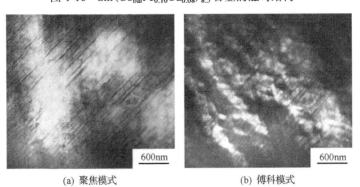

(a) 聚焦模式　　　　　　　　　　　(b) 傅科模式

图 1-11　Sm(Co$_{bal}$Fe$_{0.10}$Cu$_{0.08}$Zr$_{0.04}$)$_{8.5}$ 合金的磁畴结构[21]

2) 热处理工艺对 2∶17 型 SmCo 永磁体结构和性能的影响

2∶17 型 SmCo 永磁体主要采用的制备方法是粉末烧结法，因此原材料粒径、热处理工艺等因素均会影响永磁体的结构和性能。

图 1-12 为典型的 2∶17 型 SmCo 永磁体热处理工艺流程图，SmCo 磁粉通过均匀化、时效处理和冷却过程得到永磁体[44]。材料烧结后需要经过高温固溶处理得到具有 TbCu₇ 型结构的过饱和固溶体，过饱和固溶体在时效处理过程中通过原子转移转变成为 1∶5 相和 2∶17 相，该过程被称为稀土永磁体的沉淀硬化过程[45,46]。在沉淀硬化过程中，菱形的胞状组织逐渐形成(图 1-13)；富 Cu 相在晶界处聚集形成胞壁相对畴壁产生钉扎；富 Zr 片状组织为 Cu 原子向胞壁转移提供通道，最终形成均匀致密的菱形胞状结构，永磁体的矫顽力达到峰值[1]。

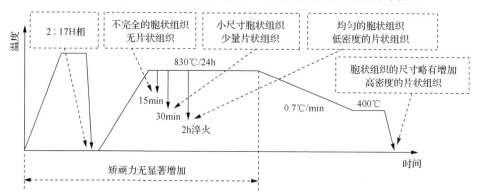

图 1-12　2∶17 型 SmCo 合金的热处理工艺和微观组织结构变化示意图[44]

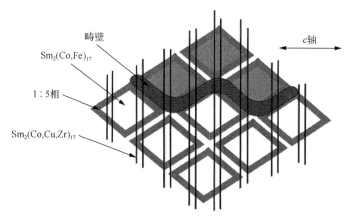

图 1-13　Sm₂(Co,Fe,Cu,Zr)₁₇ 型永磁体微观结构示意图[1]

胡晨宇[47]和张文臣[48]对 2∶17 型 SmCo 磁粉进行球磨和气流磨的预处理，实验结果表明，随着球磨时间的延长和气流磨转速的提高，磁粉颗粒尺寸减小，磁性能先提升后降低，球磨 11h 的磁粉矫顽力高达 21.35kOe。产生这种现象的原因主要是过大的磁粉颗粒导致磁体形成多畴结构，而磁粉颗粒过小会造成含氧量增加，非磁性相增加。因此，合适粒径的磁粉在磁场成型过程中具有更高的取向度，从而提高永磁体的矫顽力。

Hadjipanayis 等[44]通过分析 2：17 型 SmCo 永磁体在热处理过程中显微组织的变化，发现 $Sm(Co_{bal}Fe_{0.015}Cu_{0.06}Zr_{0.027})_{6.4}$ 合金经过 1180℃均匀化淬火后得到 2：17H相；经过 830℃时效 0.25h 处理后，有 1：5 相析出，初步形成胞状组织；延长时效处理至 0.5h，胞状结构完整，并且开始有片状组织生成；继续延长时效时间，胞状组织的尺寸和片状组织的密度逐渐增大[49]。图 1-14 为 2：17 型 SmCo 永磁体在 830℃下不同时效时间、缓冷至不同温度的矫顽力和胞壁相中 Cu 含量(at%为原子分数，后同)的关系曲线。缓冷至 400℃可以保证 Cu 元素充分扩散进入胞壁相，对磁畴壁形成强烈钉扎作用，因此此时矫顽力最高。

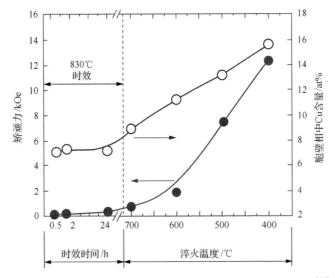

图 1-14*　不同时效条件下矫顽力和胞壁中 Cu 含量变化曲线[44]

Zhang 等[49]发现 2：17 型烧结 SmCo 永磁体在 800～840℃等温时效过程中，先析出 1：5 沉淀相，随后形成胞状组织结构。随着一级时效时间延长，沉淀相不断析出，矫顽力持续提高，但是一段时间后，磁体内组织结构稳定，矫顽力达到峰值。该研究结果和周寿增[50]的一致，在时效过程中，等温时效保温一段时间后磁体矫顽力提高近 7 倍，经全部时效处理后磁体矫顽力再次提高近 2 倍。

Xiong 等[51]观测慢冷工艺处理前后 2：17 型烧结 SmCo 永磁体中的元素分布(图 1-15)。慢冷后样品中 Cu 元素在 1：5 相中及两相交界处富集，造成该区域磁晶各向异性常数 K_1 降低，两相交界处具有比 2：17 胞内相和 1：5 胞壁相低的畴壁能，对磁畴壁形成强的钉扎作用。

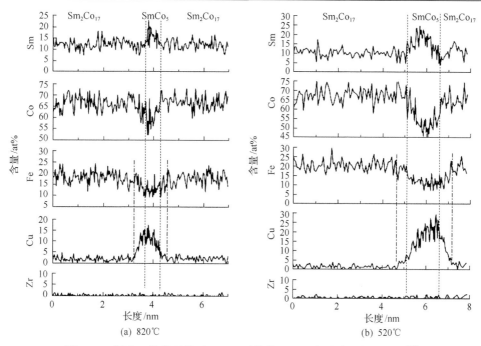

图 1-15　慢冷工艺处理前后 2∶17 型烧结 SmCo 永磁体元素分布图[51]

田悦[35]通过微磁学计算模拟了 2∶17 型烧结 SmCo 永磁体在磁化和反磁化过程中的磁矩分布(图 1-16)。向上的外磁场增大,胞内相磁矩发生翻转,磁畴壁由 2∶17 相移动到 1∶5 相边界并钉扎;反向加磁场过程中,在退磁能作用下,边缘处胞内相磁矩优先翻转,磁畴壁在胞内相和胞壁相交界处钉扎。因此,1∶5 相和 2∶17 相交界处对磁畴壁的钉扎作用阻碍了样品的磁化,提高了矫顽力。

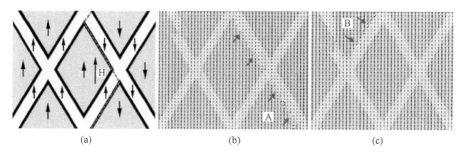

图 1-16　微磁学计算模型(a)及磁化(b)和反磁化(c)过程中的磁矩分布图[35]
H:磁矩方向;A:胞内相;B:胞内相

改善 SmCo 永磁体晶界微观结构是提高烧结 SmCo 永磁体磁性能的有效手段。调整 Sm、Fe、Cu 和 Zr 元素配比,经过合适的热处理工艺,可以改善 SmCo 永磁体晶界处微观结构,富 Zr 片状组织为 Cu 原子向胞壁转移提供通道;富 Cu 相在晶界处聚集形成胞壁相对畴壁强的钉扎作用,在组织内形成均匀致密的菱形胞状结构，从而有效提高磁体的矫顽力。

1.1.2 钕铁硼永磁体改性研究

1984 年，Sagawa 等[52]和 Herbst[53]率先采用粉末冶金法制备出 $(BH)_{max}=$ $286.6kJ/m^3$ 的 $Nd_{15}Fe_{77}B_6$ 材料，该磁性材料被称为第三代稀土永磁体。钕铁硼 (NdFeB)永磁体以 $Nd_2Fe_{14}B$ 化合物为基体，具有磁性能高、成本低、原料丰富等特点，被广泛应用于电子信息、医疗设备、电动汽车、风力发电等行业。

$Nd_2Fe_{14}B$ 主相是钕铁硼永磁体中唯一具有铁磁特性的相，具有极强的单轴各向异性。Herbst 等[54]和 Givord[55]分别通过中子衍射和 X 射线衍射确定了 $Nd_2Fe_{14}B$ 的晶体结构(图 1-17)。$Nd_2Fe_{14}B$ 属于四方晶系，空间群为 $P42/mnm$。每个单胞由 4 个 $Nd_2Fe_{14}B$ 分子组成，整个 $Nd_2Fe_{14}B$ 晶体沿 c 轴由 6 个交替排列的原子层构成，Fe 原子分布在各个结构层内，Nd 原子和 B 原子仅分布在 $Z=0$ 和 $Z=0.5$ 的两个结构层。

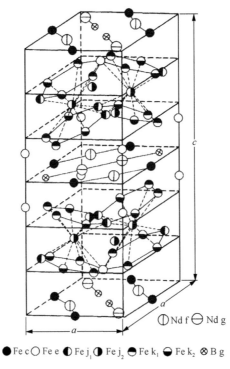

● Fe c ○ Fe e ◐ Fe j₁ ◑ Fe j₂ ◕ Fe k₁ ◗ Fe k₂ ⊗ B g

◖ Nd f ⊖ Nd g

图 1-17 $Nd_2Fe_{14}B$ 晶体单胞结构空间示意图[54]

进入 21 世纪后，随着新能源等新兴产业的快速发展，进一步推动了高性能永磁材料特别是 NdFeB 永磁体的发展，年生产量已逾 10 万 t，并持续稳步增长。从生产工艺来看，商业化 NdFeB 永磁体主要有两种：烧结 NdFeB 和黏结 NdFeB 永磁体。烧结 NdFeB 永磁体主要采用粉末烧结的方法制备，工艺成熟，磁性能高，产品占比 80% 以上。尽管如此，为满足更高的应用要求，研究人员仍然在提高其性能方面进行不懈的努力，主要集中在提高矫顽力及耐蚀性等方面，将在随后的本节第一部分介绍。

黏结 NdFeB 永磁体则是以 NdFeB 磁粉为原材料，加入黏结剂及添加剂，经过一定的工艺成型制备得到的复合永磁材料，具有力学性能好、无需二次加工、可连续自动化生产等优点，其磁性能主要决定于 NdFeB 磁粉的性能。由于采用快淬工艺制备的各向同性 NdFeB 磁粉(MQ 粉)磁性能低，限制了黏结磁体的应用，从而产生了对高性能各向异性黏结 NdFeB 永磁体的需求[56]。各向异性黏结 NdFeB 永磁体制备的关键技术之一是各向异性 NdFeB 磁粉的制备。研究最多、有望工业化应用的低成本制备各向异性 NdFeB 磁粉的技术是 HDDR(hydrogenation，disproportionation，desorption，recombination，氢化-歧化-脱氢-再复合)工艺，引发了对该技术的深入研究，本节第二部分将介绍这方面的研究状况。

1. 烧结 NdFeB 永磁体改性研究

磁体矫顽力(H_C)是烧结 NdFeB 永磁体最重要的磁性能参数之一。烧结 $Nd_2Fe_{14}B$ 永磁体主相晶粒边界处的反磁化畴形核场较小，导致磁体 H_C 较低，温度稳定性较差，其磁性能随着温度的升高急剧降低，影响 NdFeB 永磁体应用[57]。提高其各向异性场(H_A)及 H_C，改善磁体温度稳定性的有效措施通常是引入重稀土元素 Dy[58]。研究发现，熔炼添加重稀土元素 Dy，虽可在磁体主相晶粒外围形成 H_A 更高的 $(Nd, Dy)_2Fe_{14}B$ 相，使磁体 H_C 提高[59,60]，但 Dy 同时也均匀地分布在主相 $Nd_2Fe_{14}B$ 内部。根据 Kronmaller 等[61-64]提出的烧结 NdFeB 矫顽力机制可知，反磁化畴形核主要发生在主相 $Nd_2Fe_{14}B$ 晶粒边界的弱磁性区，Dy 的均匀分布导致重稀土元素添加量显著增加(最高可达稀土总量的 30%)，不仅增加了生产成本且易引起磁稀释效应[65,66]。

烧结 NdFeB 永磁体由主相 $Nd_2Fe_{14}B$、晶界富 Nd 相和少量富 B 相组成，其中，Nd 是 NdFeB 永磁体中最活泼的金属元素，易与空气中的氧和水发生反应，生成 Nd_2O_3 和 H_2[67]。烧结 NdFeB 永磁体耐蚀性较差的原因主要在于晶界富 Nd 相电极电位(约为-0.65V)远低于主相 $Nd_2Fe_{14}B$ 的电极电位(约为-0.515V)，易在磁体内形成较大的电极电位差；且晶界富 Nd 相仅占磁体的 10%~15%[68-70]，含量远远低于主相，在高温、高湿的腐蚀环境中易形成具有小阳极(富 Nd 相)大阴极(主相)特性的原电池[71-73]，导致阳极富 Nd 相的电流密度远大于阴极主相，加速了晶界富 Nd 相的腐蚀，致使主相 $Nd_2Fe_{14}B$ 晶粒脱落，磁体磁性能急剧降低[74,75]。

由此可见，NdFeB 永磁体的矫顽力、耐蚀性与磁体晶界相成分及微观结构密切相关。为提高磁体矫顽力及耐蚀性，研究人员通过晶界添加非稀土金属及合金化合物调控烧结 NdFeB 永磁体晶界相微观结构，增强晶界富 Nd 相的稳定性，提高晶界相的电极电位、润湿性，促进其均匀分布，加强晶界对主相的隔离能力。

1) 非稀土金属及合金化合物改善烧结永磁体矫顽力

Knoch 等[76]和 Yan 等[77]的研究结果表明，低熔点元素 Al 的晶界添加，使磁体 H_C 由 8.9kOe 提高到 10.7kOe，剩磁仅轻微降低。Al 元素易与磁体晶界富稀土相反应生成 Fe-Nd-O-Al 新相，且新相中的 Fe 浓度小于初始磁体富稀土相(Fe-Nd-O) 中的 Fe 浓度，具有较低的磁导率，减小了主相 $Nd_2Fe_{14}B$ 间的磁交换耦合[78]。此外，低熔点元素 Al 呈液相扩散进入晶界提高了主相-晶界相间的润湿性，促进了晶界相的均匀分布[79]。

Hu 等[80,81]利用低压等离子喷涂技术(LPPS)使 Zn 沿 NdFeB 晶界扩散。他们通过 TEM 分析发现(图 1-18)，Zn 沿晶界扩散使富稀土相中的 Fe 向外运动与 Zn 反应生成 Zn-Fe 化合物。由于 Fe 向外扩散的速率大于 Zn 向晶界相内扩散的速率，使富 Nd 相中的 Nd 浓度增高，提高了晶界相的去磁交换耦合作用[82,83]。Zn 在扩散过程中轻微溶于主相 $Nd_2Fe_{14}B$，可替代主相中 Fe 形成 Nd-Fe-Zn 化合物，被替代的 Fe 向晶界移动继续与 Zn 反应形成 Zn-Fe 化合物，使晶界厚度增加(图 1-19)。

Lin 等[84]及 Kianvash 和 Harris[85]研究发现，晶界添加 Cu 使烧结 NdFeB 永磁体 H_C 下降，主要归因于游离态 α-Fe 和 Nd_2Fe_{17} 软磁相的形成。经回火后，磁体中游离态 α-Fe 和 Nd_2Fe_{17} 软磁相消失，晶界相分布均匀，表明合适的热处理温度可有效提高磁体晶界相的润湿性[86]。根据 Miedema 公式[87]计算可知，Cu 与 Nd、Fe、B 三种元素的混合焓(ΔH_{mix})分别为–31kJ/mol、+18kJ/mol、+2kJ/mol(+代表原子间相排斥、–代表原子间相结合)。其中 Cu 与 Nd 的 ΔH_{mix} 最小，易与晶界富 Nd 相作用形成 NdCu、$NdCu_2$ 等新相，新相的形成有利于加强晶界相的钉扎能力，抑制主相晶粒长大[88, 89]。

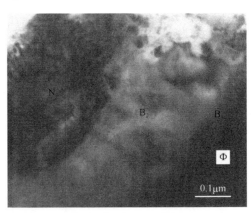

图 1-18 样品的 TEM 图[80]

N 代表晶界富 Nd 相；Φ 代表主相 $Nd_2Fe_{14}B$；B_1 代表 Nd-Fe-Zn 化合物；B_2 代表 Zn-Fe 化合物

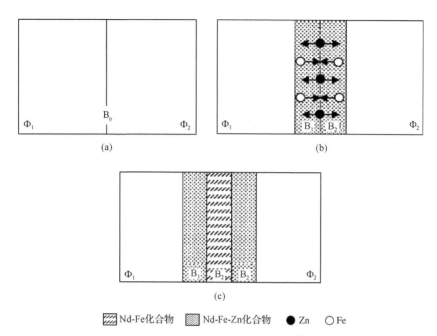

Nd-Fe化合物　　Nd-Fe-Zn化合物　● Zn　○ Fe

图 1-19　Zn 沿晶界扩散示意图[80]

　　Kim 等[90]和 Fukagawa 等[91]探究了不同 Cu 浓度对烧结磁体晶界相转变温度和微观结构的影响，发现随着 Cu 浓度（原子分数为 0.2%～0.5%）的增加，磁体晶界相转变温度和 H_C 降低。但经 790～850℃热处理后，H_C 由 28.7kOe 提高至 29.4kOe（Cu 原子分数为 0.5%），适宜的热处理温度使磁体主相间三叉交汇区的富稀土相由 C-Nd$_2$O$_3$ 结构转变为 h-Nd$_2$O$_3$（图 1-20），降低了主相-晶界相间的晶格畸变。

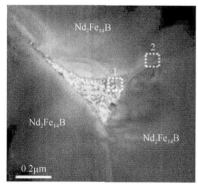

(a) 三叉区富Cu相

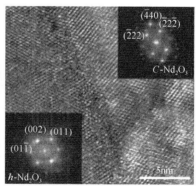

(b) 三叉区富Cu相高分辨透射电子显微镜(HRTEM)和电子衍射花样(SADP)图

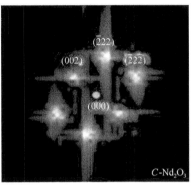

(c) 晶界富Nd相HRTEM图　　　　　　　　(d) 晶界富Nd相SADP图

图 1-20　添加原子分数为 0.5%Cu 样品的 TEM 图和 SADP 图[90]

Cui 等[92]探究了 Ni 对烧结 NdFeB 永磁体晶界相结构和成分的影响，发现晶界添加质量分数为 0.3%的 Ni 粉，磁体 H_C 增加了 12.3%。因为 Ni 的熔点(1445℃)较高，Ni 颗粒在主相表面富集并阻碍了主相晶粒的生长，使晶粒表面缺陷减少，降低了局部退磁场，抑制了反磁化畴形核，磁体 H_C 增加。通过扫描电子显微镜(SEM)进一步分析发现(图 1-21)，Ni 的添加使晶界相分布更加均匀，晶界更加平直、光滑，减少了反磁化畴形核场所[93]。

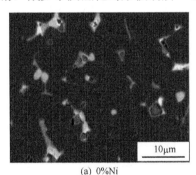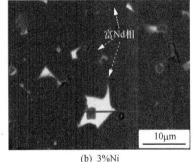

(a) 0%Ni　　　　　　　　　　　　　　(b) 3%Ni

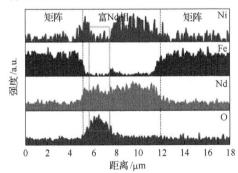

(c) (b)中标记线上Nd、Fe、Ni和O的浓度分布

图 1-21*　含不同质量分数 Ni 样品的 SEM 图[92]

Mural 等[94]研究了高熔点化合物 TiC 对烧结磁体晶界相微观结构和 H_C 的影响，TiC 化学性质稳定，在烧结和热处理过程中既不与富稀土相发生反应也不溶于主相，而是以夹杂物的形式存在于主相-晶界相间隙，起到细化主相晶粒、钉扎畴壁的作用[95,96]。

Chen 等[97]将质量分数为 2%的 MgO 粉末与 NdFeB 磁粉球磨混合，经扩散处理后磁体 H_C 由 17.0kOe 增加到 22.1kOe。研究发现，晶界添加的 MgO 与晶界富稀土相反应生成 Fe-Nd-O-Mg 新相，新相的产生加强了晶界相对畴壁的钉扎效果，能更有效地抑制磁畴反转。

Zhou 等[98]利用磁控溅射工艺研究了 MgO 的扩散对烧结 NdFeB 永磁体微观结构的影响，发现 MgO 的晶界扩散使主相 $Nd_2Fe_{14}B$ 晶粒边缘突出的尖锐部分明显减少，晶界相分布更加均匀，主相晶粒间普遍存在连续的薄带状晶界富稀土相(图 1-22)，有效降低了磁体的退磁因子和主相间的磁交换耦合，并限制了主相晶粒的异常长大，使磁体 H_C 增加[99,100]。

2) 非稀土金属及合金化合物改善烧结磁体耐蚀性

Li 等[101]研究了纳米 Mg 粉的晶界添加对烧结磁体耐蚀性能的影响。该研究发现，随着 Mg 含量的增加，磁体在 0.005% H_2SO_4(3.5 %NaCl)电解质溶液中的腐蚀电位(E_{corr})由–0.652V(–1.077V)增加到–0.475V(–0.847V)，腐蚀电流密度(i_{corr})由 193.1μA/cm^2(54.03μA/cm^2)减小到 46.5μA/cm^2(9.36μA/cm^2)(图 1-23)，更高的 E_{corr} 和更低的 i_{corr} 表明磁体电化学稳定性提高。利用 SEM 分析发现，Mg 与晶界富 Nd 相反应生成化学性质更稳定的 Mg-Nd 新相，提高了晶间的电化学势[102]。

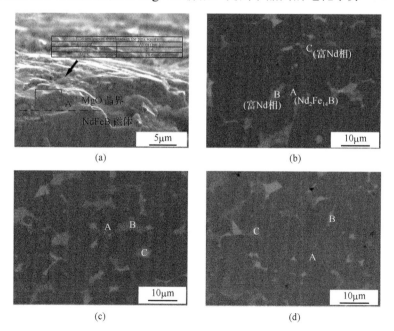

(a)   (b)

(c)   (d)

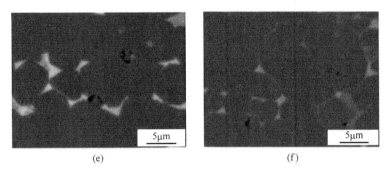

(e)　　　　　　　　　　　　　　(f)

图 1-22[*]　磁控溅射 MgO 扩散前后 NdFeB 磁体 SEM/BES 图

(a)扩散前磁体 MgO 镀膜截面 SEM 图；(b)扩散前磁体低倍 BES 图；(c)扩散后磁体表层低倍 BSE 图；
(d)扩散后距表层 1.3mm 处磁体低倍 BSE 图；(e)扩散前磁体高倍 BSE 图；(f)扩散后磁体表层高倍 BSE 图

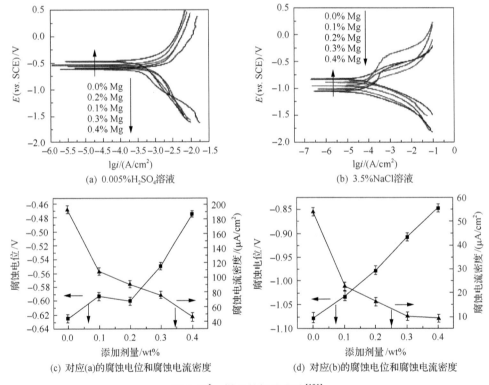

图 1-23[*]　样品的极化曲线[101]

Wang 等[103]研究了晶界添加不同含量的 $CuZn_5$ 粉末对烧结 NdFeB 永磁体耐蚀性和 H_C 的影响。该研究发现，随着 $CuZn_5$ 含量的增加，磁体的 B_r、H_C 和 $(BH)_{max}$ 逐渐减小(图 1-24)。

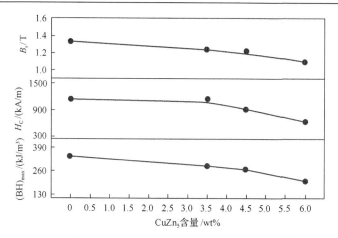

图 1-24* 样品磁性能与 CuZn₅ 粉末含量的关系[103]

进一步探究了不同添加量（质量分数为 0%、3.5%、6.0%）的 CuZn₅ 合金对磁体耐蚀性的影响，发现随着 CuZn₅ 合金含量的增加，磁体在 0.1vol%（体积分数，下同）硫酸（蒸馏水）电解质溶液中的 E_{corr} 由 −722.43mV（−632.08mV）增加到 −700.00mV（−594.92mV），i_{corr} 由 457.09μA/cm² （4.27μA/cm²）减小到 419.66μA/cm² （3.63μA/cm²）（图 1-25）。晶界添加 CuZn₅ 合金使磁体具有更高的 E_{corr} 和更低的 i_{corr}

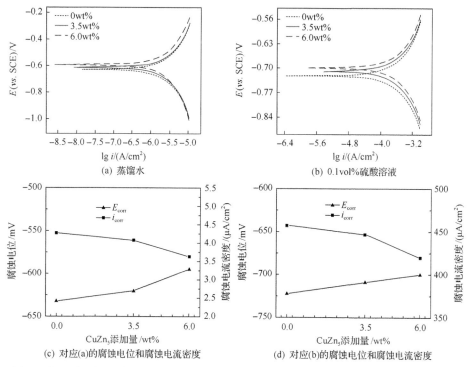

图 1-25* 添加质量分数为 0%、3.5%和 6.0% CuZn₅ 的烧结 NdFeB 永磁体的极化曲线[103]

是因为 Cu、Zn 均为低熔点元素，在烧结和热处理过程中沿晶界扩散并与晶界富 Nd 相反应形成 Nd-M(M=Cu、Zn) 相，降低了晶界相活性，提高了其电化学势，有效抑制了磁体的晶间腐蚀[104]。

Pan[105]研究了 Cu/Zr 共添加对烧结磁体耐蚀性及 H_C 的影响。该研究发现，添加质量分数为 0.15% Cu 和 0.85% Zr 使磁体 H_C 由 25.14kOe 提高到 27.41kOe（图 1-26），E_{corr} 由-0.799V 急剧增加到-0.697V（图 1-27），磁体 H_C 和耐蚀性明显提高。这可能是添加的低熔点金属 Cu 与晶界富 Nd 相反应生成含 Cu 富 Nd 相，减小了晶界相与主相间的极化电位差，抑制了磁体的晶界腐蚀。同时，Cu/Zr 的共添加也提高了主相-晶界相间的润湿性，使晶界变得更加平滑，加强了对主相的包裹能力，使磁体 H_C 提高[106,107]。

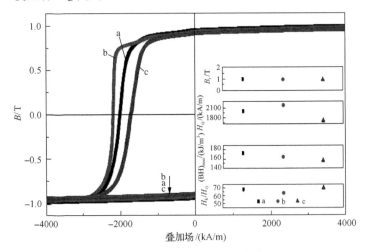

图 1-26* 样品的退磁曲线[105]

a 代表初始磁体；b 代表添加质量分数为 0.15%Cu 和 0.85%Zr 的磁体；c 代表添加质量分数为 1.0%Zr 的磁体

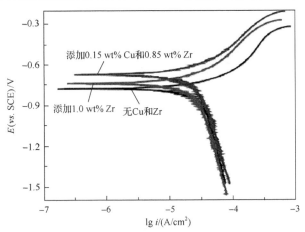

图 1-27* 样品在 2.5%NaCl 电解质溶液中的极化曲线[105]

　　Zhang 等[108]研究了 Cu/Nb 共添加对烧结磁体耐蚀性的影响。该研究发现，添加质量分数为 0.2% Cu 和 0.8% Nb 的磁体，其 E_{corr} 在 3.5% NaCl 电解质溶液中由 –1.115V 增加到–0.799V，i_{corr} 由 62.33μA/cm^2 减少到 12.28μA/cm^2（图 1-28），抗腐蚀能力明显提高。因为 Nb 的标准电极电位（–1.100V）和 Cu 的标准电极电位（+0.337V）均大于 Nd 的（–2.431V），减小了晶界富 Nd 相与主相间的电极电位差。

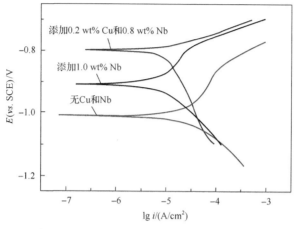

图 1-28*　样品在 3.5% NaCl 电解质溶液中的极化曲线[108]

　　进一步通过 SEM 分析（图 1-29 和图 1-30）可知，Cu 在晶界处富集并与晶界富 Nd 相反应形成 Nd-Cu 新相，降低了晶界富 Nd 相的熔点，促进其沿晶界扩散，分

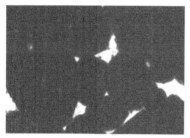

(a) 初始磁体

(b) 添加质量分数为0.2%Cu和0.8%Nb的磁体

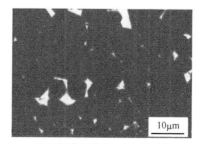

(c) 添加质量分数为1.0%Nb的磁体

图 1-29*　样品的 SEM 图[108]

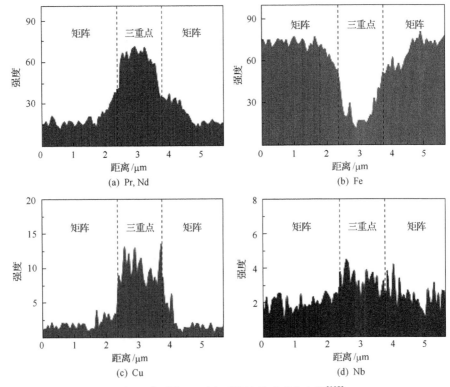

图 1-30* 图 1-29(b)画线处的元素分布图[108]

布更加均匀。而 Nb 进入 Nd$_2$Fe$_{14}$B 主相，减少了主相和富 Nd 相的电极电位差，降低了腐蚀驱动力。同时含 Cu 富 Nd 相和 Nd-Cu 相的形成降低了晶界富 Nd 相的体积分数，也有利于磁体耐蚀性的增加[109]。

涂少军等[110]研究发现，晶界添加质量分数为 0.1%纳米 AlN 粉，可使烧结 NdFeB 永磁体在 3.5% NaCl 电解质溶液中的 E_{corr} 由–673V 增加到–573V，i_{corr} 由 413μA/cm^2 减少到 222μA/cm^2(图 1-31)。因为晶界添加 AlN 有效阻碍了 Nd$_2$Fe$_{14}$B 主相晶粒的长大，起到细化晶粒的作用，从而使晶界体积分数增加，晶界富 Nd 相厚度降低，导致磁体的晶间腐蚀通道变窄[111]，提高了磁体的耐蚀性。

Cui 等[112]探究了晶界添加不同含量 SiO$_2$ 对烧结 NdFeB 永磁体耐蚀性的影响。该研究发现，磁体在 3.5% NaCl 电解质溶液中的极化曲线(图 1-32)随着 SiO$_2$ 含量的增加，E_{corr} 先增加后减小，而 i_{corr} 先减小后增大，在添加质量分数为 0.01% SiO$_2$ 时达到最优，E_{corr} 和 i_{corr} 分别为–595V(0wt% SiO$_2$ 为–676V)和 279.6μA/cm^2 (0wt% SiO$_2$ 为 700.6μA/cm^2)，降低了磁体的腐蚀速率。SiO$_2$ 的晶界添加有效优化了晶界富 Nd 相的理化特性，提高了晶界富 Nd 相的化学稳定性，且 Si 在扩散过程中进入富 Nd 相提高了其电极电位，使主相与晶界相间的电极电位差减小，有效降低了腐蚀驱动力。

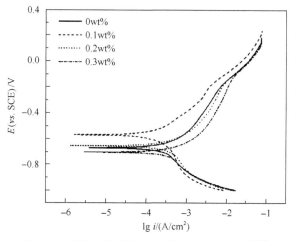

图 1-31　添加不同含量 AlN 样品的极化曲线[110]

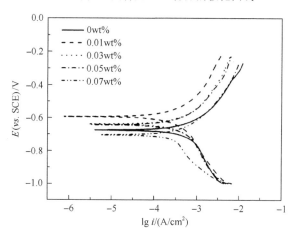

图 1-32　添加不同含量 SiO_2 样品的极化曲线[112]

晶界相改性是提高烧结 NdFeB 永磁体磁性能及耐蚀性的主要途径。非稀土晶界添加物经适宜的热处理/扩散处理后，可起优化、修饰烧结 NdFeB 永磁体晶界相组成、微观结构并改善其理化特性的作用，使磁体主相-晶界相间浸润性增加、晶格错配度降低、晶粒尺寸减小、晶界富 Nd 相电极电位及化学稳定性提高，从而提高了烧结 NdFeB 永磁体的矫顽力及耐蚀性。

2. 黏结 NdFeB 永磁体改性研究

黏结 NdFeB 永磁体相较烧结 NdFeB 永磁体来说，可以根据需求定制磁体外形且稳定性均一，具有力学性能好和工业生产简单等优点，但是黏结 NdFeB 永磁体密度只能达到理论密度的 80%，容易被黏结剂稀释，磁学性能低于烧结 NdFeB 永磁体且居里温度低，因此其应用范围受到限制[113]。HDDR 工艺作为一种制备黏结用各向异性 NdFeB 磁粉的方法，成为当前稀土永磁体研究的热点。

1993 年，Takeshita 等[114-116]开发了制备 NdFeB 磁粉的 HDDR 工艺，首先使稀土化合物吸氢并歧化分解，然后脱氢促使歧化产物转变成细小晶粒，接近单畴粒子尺寸(250～300nm)。HDDR 工艺细化了 NdFeB 磁粉的晶粒，提高了磁粉的 H_C[117-119]。经过二十多年的发展，HDDR 工艺不断改进和完善，已由最初制备各向同性磁粉发展成为制备高 H_C 各向异性 NdFeB 磁粉最有效、经济的方法。由此工艺制备的 HDDR NdFeB 磁粉磁能积值是传统快淬法制备 NdFeB 磁粉的 3～4 倍[120]。

1) 晶界扩散低熔点金属对 HDDR 磁粉性能的影响

Sepehri-Amin 等[121-123]探究了元素 Ga 对 HDDR 磁粉晶界相结构和成分的影响。随着脱氢再复合时间(t_{DR})的增加，Ga 的扩散可以使晶界相宽度明显增加，并由晶态向非晶态转变(图 1-33)。

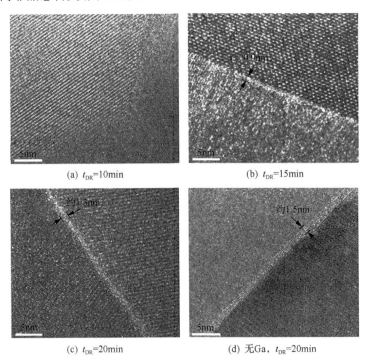

(a) t_{DR}=10min　　　　　　　　　(b) t_{DR}=15min

(c) t_{DR}=20min　　　　　　(d) 无Ga，t_{DR}=20min

图 1-33　不同处理时间下含 Ga 样品的 HRTEM 图[121]

进一步用三维原子探针(3DAP)(图 1-34)分析了 Ga 在晶界相中的分布，发现 Ga 的富集促使晶界相中 Nd 含量增加而 Fe、Co 含量减少，降低了晶界相的磁导率，说明 Ga 的扩散可以增强晶界相去磁交换耦合能力及对畴壁的钉扎作用，使 HDDR 磁粉的 H_C 提高。

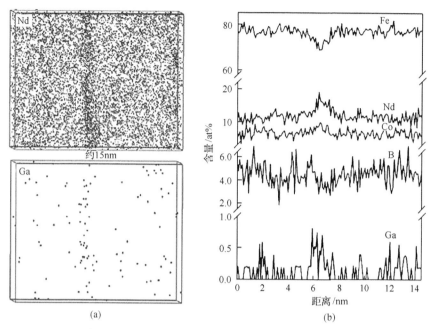

图 1-34*　Ga 和 Nd 的 3DAP 分布图(a) 和晶界元素分布图(b)[121]

Morimoto 等[124]通过晶界扩散金属 Al 制备出 H_C 高达 22.12kOe 的 HDDR 磁粉，经研究发现，Al 的晶界扩散有利于提高主相 $Nd_2Fe_{14}B$ 和晶界相间的润湿性，使晶界变得更加光滑、平直，并且使磁粉晶界相厚度由 1.5nm 增加到 3nm (图 1-35)，相邻主相被有效分离[125,126]。

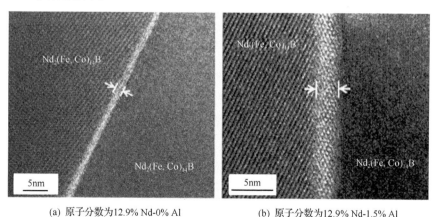

(a) 原子分数为12.9% Nd-0% Al　　　　　　　(b) 原子分数为12.9% Nd-1.5% Al

图 1-35　不同原子分数 Al 样品的 HRTEM 图[124]

进一步用电子探针微区分析(EPMA)分析探究了低熔点金属 Al 对 HDDR 磁粉晶界相的优化机制(图 1-36)，发现 Al 元素初始主要集中在主相 $Nd_2Fe_{14}B$ 的表面

[图 1-36(c)]。在扩散过程中，Al 元素首先在主相 Nd₂Fe₁₄B 的边界处形成富 Al 相，随后富 Al 相与富 Nd 相反应形成流动性更好的富 Nd-Al 液相[图 1-36(b)]，增加了主相-中间相的润湿性，减小了反磁化畴形核的场所，抑制了反磁化畴形核。但 Al 元素在主相 Nd₂Fe₁₄B 中的溶解度较大，主相 Nd₂Fe₁₄B 中的 Fe 易被部分 Al 替代，使磁粉饱和磁化强度降低[127]。

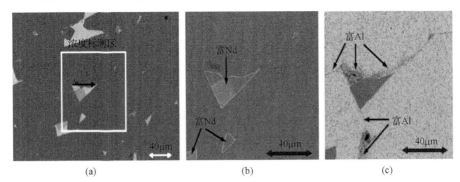

图 1-36*　原子分数为 13.5%Nd-1.5%Al 样品的背散射(BSE)图(a)、
Nd 元素浓度富集图(b)和 Al 元素浓度富集图(c)[127]

Dempsey 等[128]对高矫顽力 Nd-Fe-B 薄膜研究时发现(图 1-37)，富 Nd 相中 Cu 的存在降低了晶界相的熔化温度，增加了主相-晶界相的润湿性，促进了晶界富 Nd 相的均匀分布，增强了晶界相对主相的磁隔离作用。

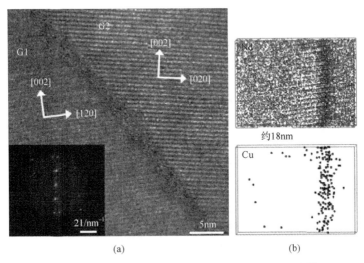

图 1-37*　薄膜样品的 TEM 图(a)和 3DAP 图(b)[128]

2) 晶界扩散低熔点合金对 HDDR 磁粉性能的影响

Liu 等[129]研究了晶界扩散 Nd₇₀Cu₃₀，温度(600℃、700℃、800℃)对 HDDR

磁粉微观结构和磁性能的影响。在 700℃ 晶界扩散 Nd-Cu(质量分数为 6%)合金时，磁粉 H_C 达到最大值(16.9kOe)。物相分析发现，600℃ 和 800℃ 晶界扩散后磁粉特征峰向高角度方向偏移，表明 $Nd_2Fe_{14}B$ 相的晶格发生收缩，可能是晶格中残余氢的释放所引起[130,131](图 1-38)。

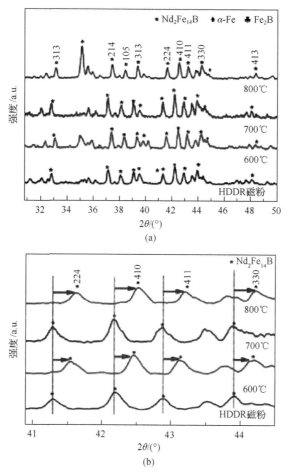

图 1-38*　HDDR 磁粉的 X 射线衍射(XRD)图(a)和局部放大图(b)[129]

通过 TEM 分析(图 1-39)可知，主相外围形成了光滑连续的晶界富 Nd 相，并且晶界相中的 Nd 浓度由于液相 Nd-Cu 合金的进入而高于初始 HDDR 磁粉，增加了晶界厚度。因此，优化晶界扩散温度不仅有利于低熔点 Nd-Cu 合金液相对 HDDR 磁粉晶界相微观结构及成分的修饰和改善，还有利于抑制 $Nd_2Fe_{14}B$ 晶格中残余氢的释放[132]。

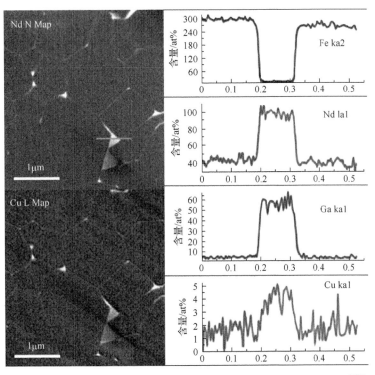

图 1-39* 700℃下晶界扩散 Nd-Cu（质量分数为 6%）样品的 TEM 图[132]

Sepehri-Amin 等[133]的研究结果表明，低熔点 Nd-Cu 合金（$Nd_{80}Cu_{20}$，熔点为520℃）经 700～800℃扩散处理后进入 HDDR 磁粉晶界，磁粉 H_C 由 16.6kOe 提高到 19.5kOe，提高了 17.5%。经 TEM 分析（图 1-40）可知，晶界厚度由 1.3nm 增加

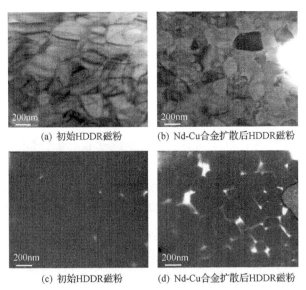

(a) 初始HDDR磁粉　　　　　(b) Nd-Cu合金扩散后HDDR磁粉

(c) 初始HDDR磁粉　　　　　(d) Nd-Cu合金扩散后HDDR磁粉

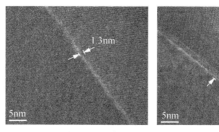
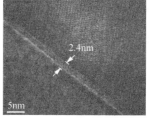

(e) 初始HDDR磁粉　　　　(f) Nd-Cu合金扩散后HDDR磁粉

图 1-40　HDDR 磁粉的 TEM 图[133]

到 2.4nm。对扩散过程进行微磁学分析发现，低熔点合金液相扩散进入晶界，减小了主相 $Nd_2Fe_{14}B$ 间的磁交换耦合作用，抑制了反磁化畴形核并且阻碍畴壁移动，使磁粉的矫顽力增加[134]。

　　Noguchi 等[135]通过扩散三元低熔点合金 Nd-Cu-Al 制备出高矫顽力的 HDDR 磁粉。如图 1-41 所示，Nd、Cu 元素主要富集在晶界上，而 Al 元素则均匀地弥散分布在主相及晶界上。由于 Nd-Cu 和 Nd-Al 合金的熔点均低于晶界富 Nd 相的熔点，增加了扩散过程中主相 $Nd_2Fe_{14}B$ 和富稀土相间的润湿性，促进了富 Nd 相的流动，加强了晶界相对主相 $Nd_2Fe_{14}B$ 的包裹，孤立了硬磁相，并使主相表面更加圆滑，使反磁化畴形核变得更加困难。

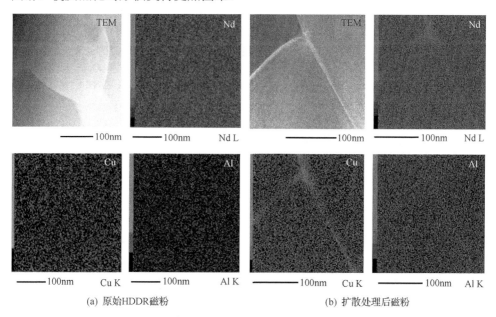

(a) 原始HDDR磁粉　　　　　　　　　(b) 扩散处理后磁粉

图 1-41*　Nd、Cu 和 Al 的 EDS 能谱图[135]

　　Wan 等[136]选用比 Nd-Cu(熔点为 520℃)合金熔点更低的 Pr-Cu(质量分数为

3%的$Pr_{68}Cu_{32}$，熔点为 472℃）合金为扩散源，经扩散处理后使 HDDR 磁粉 H_C 提高到 11.4kOe，而在母合金中直接添加 Pr-Cu 合金制备的 HDDR 磁粉 H_C 只有 7kOe。这是因为晶界扩散处理后，三叉区的大块富 Nd/Pr 相消失，晶界富 Nd/Pr 相的分布更加均匀。

Lin 等[137,138]在 650℃下经晶界扩散质量分数为 5%的 $Pr_{68}Cu_{32}$ 合金，制备出 H_C 达 18kOe 的 HDDR 磁粉，H_C 增加了近 40%。Pr-Cu 液相合金通过毛细作用沿主相-晶界相界面扩散，并逐步进入晶界相，使晶界厚度增加，同时主相 $Nd_2Fe_{14}B$ 被连续的液相晶界包裹，相邻主相被晶界相分离（图 1-42）。并且扩散处理后晶界相中的铁磁性元素含量明显减小，降低了晶界相的铁磁性[139]。

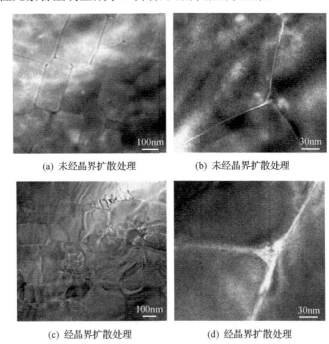

(a) 未经晶界扩散处理　　　　　　　(b) 未经晶界扩散处理

(c) 经晶界扩散处理　　　　　　　(d) 经晶界扩散处理

图 1-42　HDDR 磁粉的 TEM 图[137,138]

Wang 等[134]研究了低熔点 Nd-Cu 合金对热压/热变形 HDDR 磁体 H_C 的影响，发现质量分数为 2%的 Nd-Cu 合金扩散后，磁体相邻主相 $Nd_2Fe_{14}B$ 之间有明显的晶界富 Nd 相形成，厚度为 2.4nm（图 1-43）。这表明在热压/热变形过程中 Nd-Cu 液相的扩散使晶界厚度增加，有效孤立了硬磁相，使硬磁相之间去磁耦合。同时，Nd-Cu 液相的添加使磁体变形能力增强，有助于热变形磁体在形变过程中晶界相的形成。

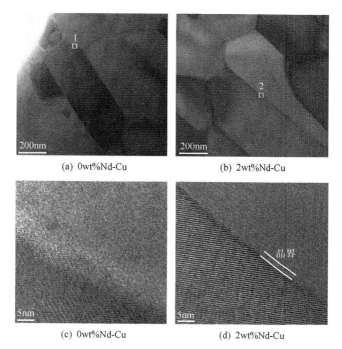

图 1-43 添加不同质量分数 Nd-Cu 的 HDDR 热变形磁体的 TEM 图[134]

晶界扩散低熔点元素及合金替代重稀土元素 Dy,是制备高矫顽力无 Dy-HDDR NdFeB 磁粉的重要方法。低熔点扩散源在适宜的扩散工艺下呈液态沿磁粉晶界扩散,促进了扩散介质的流动,使其与晶界相的接触面积及扩散系数增加,便于扩散介质进入晶界富稀土相,调控晶界相微观结构,对 NdFeB 永磁体 H_C 的提升效果均比较显著。晶界扩散是包含金属学和磁性物理学的复杂过程,其扩散机制仍在不断探索之中并被各国研究者广泛关注。

随着人们对晶界扩散工艺研究的不断深入,晶界扩散介质由含 Nd、Pr 等元素的低熔点稀土合金逐渐发展到低熔点金属及金属氧化物、氮化物等非稀土扩散介质,进一步减少稀土元素用量,降低生产成本;扩散方法也已发展出磁控溅射、表面涂覆、蒸镀及电镀等多种工艺。

1.1.3 纳米晶双相复合永磁体改性研究

目前,实验室制备的 NdFeB 永磁体的最大磁能积已可达到 59.5MGOe,非常接近其理论磁能积(64MGOe)[140],NdFeB 永磁体的发展已经进入了瓶颈阶段,迫切需要制备出一种具有更高剩磁、高矫顽力和优良温度系数的理想永磁体。但是对于单相永磁体而言,磁晶各向异性及饱和磁化强度是相互对立的两个因素,因此很难在单相材料中同时获得高磁晶各向异性及高饱和磁化强度。研究表明，将软磁材料的高饱和磁化强度和永磁材料的高矫顽力相结合，在纳米数量级进行耦合，有望得到具有高磁能积的交换耦合纳米复合永磁体。此外，相比较于传统稀土永磁材料，纳米复合永磁材料中稀土含量少，具有更好的抗腐蚀性[141]。

1988 年，Coehoorn 等[142]制备了 $Nd_4Fe_{77}B_{18.5}$ 非晶薄带，得到各向同性的纳米晶粉末 $Fe_3B+\alpha\text{-}Fe/Nd_2Fe_{14}B$，相比较于单相磁体，这种低 Nd 含量的双相复合材料中剩磁增强且磁能积增大。通过后续研究发现在第二相长大后，退磁曲线从单一磁性特征转变成两个铁磁性相的磁翻转特征，进而提出了"纳米复合交换耦合磁体"的概念。

1991 年，Kneller 和 Hawig[143]通过构建纳米复合磁体相关模型，在理论上对复合磁体的微观结构进行分析，提出双相晶体学相关性是获得交换耦合作用的关键，软磁相提供高饱和磁化强度，硬磁相提供高矫顽力，从而使得纳米复合永磁体可以同时具有高饱和磁化强度和高矫顽力的特性。

1993 年，Skomski 和 Coey[144]用纳米复合磁体的交换耦合理论模型计算得到 $Sm_2Fe_{17}N_3/Fe_{65}Co_{35}$ 多层膜纳米复合永磁材料的理论磁能积可达到 120MGOe，超过目前任何一种单相永磁材料的磁能积。1998 年，Sabiyanov 和 Jaswal 等[145,146]通过理论模型计算得到纳米复合磁体 SmCo/Fe 的磁能积可高达 65MGOe，FePt/Fe 系的磁能积为 90MGOe，均高于单相磁体的理论磁能积，因此大量的科学研究开始投入到纳米复合永磁材料中。

2012 年，Kono 课题组[140]制备出 $[Nd_2Fe_{14}B/Ta/Fe_{67}Co_{33}/Ta]_n$ 纳米复合多层膜，矫顽力可达到 1.38T，磁能积达 61MGOe，是目前报道的纳米复合薄膜磁性材料性能最优越的一种永磁体。但是，目前纳米复合永磁体实际磁能积相对较差，严重限制其应用范围，科学家于是从双相性质和双相界面等各方面调控纳米复合永磁体的性能。

Skomski 和 Coey[144]的微磁学计算表明，纳米复合永磁体的剩磁增强效应主要来源于硬磁相和软磁相间的交换耦合效应，而该效应的强弱取决于其微结构，如晶粒尺寸、相组成与分布和晶界状况等。在工艺中，高能球磨、高压变形、等离子烧结过程等均可制备出不同性能的纳米复合永磁体；而在成分上，软硬磁相配比也对磁体性能具有决定性作用[144]。

谢春红[147]采用单辊熔体快淬法制备 $Nd_2Fe_{14}B$ 纳米复合永磁体，观察不同 Ti 和 Nb 添加量对复合永磁体磁性能的影响。如图 1-44 所示，软磁相(α-Fe)和硬磁相($Nd_2Fe_{14}B$)的晶粒尺寸与矫顽力存在明显的倒置关系。Ti 和 Nb 高熔点金属在晶界处以脱溶物形式析出，阻碍晶粒长大，达到晶粒细化的目的，改善磁体的微结构；同时该析出相阻碍硬磁相的畴壁运动，增大了钉扎力，提高磁体的矫顽力。

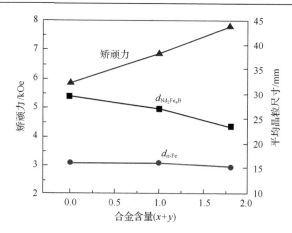

图 1-44*　$Nd_9Fe_{85-x-y}Ti_xNb_yB_6/\alpha$-Fe 中 Ti、Nb 添加量、$Nd_2Fe_{14}B$ 相和 α-Fe 相
平均晶粒尺寸及矫顽力之间的关系曲线[147]

初洪超[148]通过调整软磁相含量研究 SmCo/α-(Fe, Co)纳米复合永磁体相析出过程及磁性能变化规律(图 1-45)。随着退火温度升高，非晶相基体晶化，析出 $SmCo_3$ 相和 $SmCo_7$ 相，非晶相和软磁相含量降低，因此相同软磁成分样品的矫顽力随着退火温度升高而增大。相同退火温度样品的矫顽力随着软磁相含量增加而变小。软磁相具有低矫顽力特性，造成永磁体矫顽力降低。提高软磁相的含量可以提高磁体的饱和磁化强度，但是足够的硬磁相是保证矫顽力的基础，因此需要合理调控两相的组成来保证纳米复合永磁体的综合磁性能[149]。

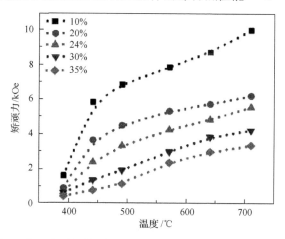

图 1-45*　不同软磁相含量样品矫顽力与退火温度的关系[148]

双相复合永磁体通过界面优化在晶界处形成偏聚可以有效地细化两相晶粒，合理的界面相厚度可以在保证两相交换耦合作用下提高永磁体磁性能。高静[150]采用化学气相沉积法制备单质 Fe 包覆 NdFeB 复合磁粉，通过放电等离子烧结技

术制备 NdFeB/α-Fe 纳米复合永磁体(图 1-46)。复合永磁体中深灰色的 α-Fe 软磁相将 NdFeB 磁粉完全包裹，在永磁体中 NdFeB 硬磁相之间形成薄网状结构，加强两相之间的交换耦合作用，而未进行包覆处理的样品中仅存在 NdFeB 相和富 Nd 相。化学气相沉积法有效地改善了软磁相在硬磁相周围的分布状态，提高了 NdFeB/α-Fe 纳米复合永磁体的磁性能。

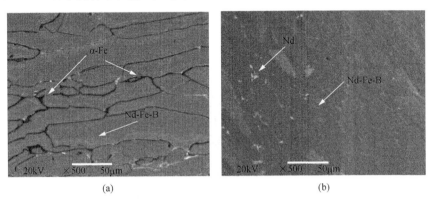

(a)　　　　　　　　　　　　(b)

图 1-46　NdFeB/α-Fe 纳米复合永磁体的背散射扫描图[150]

进一步分析不同烧结温度对纳米复合永磁体的微结构影响(图 1-47)，30min 沉

(a) 600℃　　　　　　　　　　　　(b) 700℃

(c) 750℃

图 1-47　不同烧结温度下制备的 NdFeB/α-Fe 纳米复合永磁体的 SEM 图[150]

积作用下，永磁体晶粒在 600℃低温中尺寸不均匀，缺乏富 Nd 液相；700℃状态下永磁体主相晶粒尺寸均匀，充分溶解于富 Nd 液相，迅速致密，相对密度达到99%；烧结温度为 750℃，部分晶粒异常长大，减弱两相交换耦合作用，影响了磁性能的进一步提高。烧结温度为 700℃时，NdFeB/α-Fe 纳米复合永磁体磁性能最佳，H_C=15.3MGOe，$(BH)_{max}$=12.9MGOe。

Rong 等[151]采用机械合金化法获得具有饱和 Co 原子的 $Nd_2Fe_{14}B$ 硬磁材料，通过热变形将 Co 原子扩散至纳米晶界面改善晶界的微结构，大幅提高α-Fe/$Nd_2Fe_{14}B$ 纳米晶复合永磁体的磁化强度和两相间交换耦合作用，磁能积从15MGOe 提升至 21MGOe。

纳米复合永磁体作为一种由硬磁相和软磁相在纳米尺度范围复合形成的新型稀土永磁材料，与传统稀土材料相比，纳米复合永磁体中稀土含量低，兼具硬磁相的高矫顽力和软磁相的高饱和磁化强度，理论最大磁能积高达 880kJ/m$^{3[144,152]}$。但是纳米复合永磁体实际得到的磁能积远远小于理论值，主要是因为实际纳米复合永磁体的矫顽力偏低。研究表明，调整软磁相和硬磁相配比、元素掺杂、细化晶粒来改善晶界微结构，增强两相间交换耦合作用，可以有效地提高纳米复合永磁体的磁性能。

1.1.4 展望

稀土永磁材料广泛应用于电子信息、汽车工业、医疗设备、能源交通及与能源环保等相关联的新兴产业领域。随着稀土永磁材料在各个领域的应用日益广泛，以及全球对稀土资源合理利用的重视，稀土永磁材料未来的发展具有以下五个特点。

(1)钐钴稀土永磁体。烧结钐钴永磁体以居里温度高、温度系数绝对值小，适用于高温环境见长。烧结钐钴永磁体保持在航空航天、军事等高端传统领域的应用，同时在重稀土价格大幅上涨的影响下，出现采用价格相对低且稳定的钐钴永磁体替代高镝/铽含量的钕铁硼永磁体的趋势。这是由于钐钴永磁体的温度系数远低于钕铁硼永磁体，当温度升高到 150℃以上时，钐钴永磁体的磁性能优于钕铁硼永磁体。

(2)烧结钕铁硼永磁体。继续开发高性能钕铁硼永磁体，研发具有高矫顽力、高磁能积即双高性能永磁体和低成本制备技术，优化主相晶界，细化晶粒，提高永磁体内禀矫顽力，降低永磁体负温度系数，拓展永磁体应用的温度范围；不断发展烧结钕铁硼的表面防护处理技术，以适应高温高湿、高低温冲击、绝缘、耐磨等环境的应用需求。

(3)黏结钕铁硼永磁体。各向异性 HDDR 钕铁硼磁粉已实现小规模商品化，低成本及耐蚀性更优的快淬 Sm-Fe-N 磁粉制备技术也在研发进程中。同时，高性价比的各向异性永磁体成型技术正在不断研发，扩大黏结钕铁硼永磁体的应用范围和市场份额。

(4)纳米晶双相复合稀土永磁体。纳米晶双相复合稀土永磁体将高磁晶各向异性的硬磁相和高饱和磁化强度的软磁相通过相互交换耦合作用复合，得到具有高剩余磁化强度的新型永磁材料，磁能积可超越任何一种单相永磁体，有望成为新一代稀土永磁材料。但是，复合永磁体的矫顽力偏低，通过合理调整元素配比、细化晶粒、改善软磁相和硬磁相间的界面状态，可以在剩磁增强效应下有效提高纳米复合永磁体的矫顽力，进一步扩展稀土永磁材料的应用范围。

(5)稀土资源的再利用。我国虽然是稀土储量大国，但也面临资源的减少和不平衡问题，与日本、德国等一些发达国家一样，我国正在积极开展包括稀土永磁材料在内的稀土回收利用。从废旧产品中回收稀土永磁材料技术还存在许多挑战，其中之一为稀土永磁材料的分离技术。

总之，要继续加强新型稀土永磁材料的探索，加强高性能稀土永磁材料及相关生产技术和设备的开发；加强产学研结合，充分发挥我国在生产、人才和技术储备方面的综合优势，实现实质性突破；掌握自主知识产权，使我国稀土永磁材料产业能保持持续发展。加强对稀土永磁行业的宏观调控，加强稀土资源及价格管理，避免行业恶性竞争，避免原料价格的大幅波动，保证稀土永磁产业的健康发展。依靠丰富的稀土资源、广阔的应用市场，相信稀土永磁材料的未来会越来越好！

1.2　稀土发光材料

物质的发光可以分为两类情况：第一类是物质受热产生热辐射，从而发光；第二类则是物体受到某种激发使得电子吸收能量跃迁到高激发态，当电子由高激发态返回至基态时以可见光的形式辐射出能量。稀土发光材料的发光主要是以化合物为基质，以稀土元素为激活剂，而基质材料本身并不发光，发光主要靠掺杂的这些稀土"杂质"。它在基质材料的晶格中以发光中心的形式存在，从而使得掺杂材料具有发光性能，因此也称为稀土荧光粉。众所周知，稀土元素的电子结构中存在4f轨道，具有较多的电子能级，多能级的存在就为电子的跃迁创造了条件，当4f轨道的电子从高能级跃迁至低能级时就会辐射出多种不同频率或波长的光。发光现象其实就是光辐射的现象，是除热辐射之外的另一种辐射现象。这种光辐射与受热物体产生的光辐射有所不同，发光时并不伴随热量的产生，而是在受激停止后仍然要持续一段时间。按发光现象的本质和特征进行分类，大致可以分为两类：分立中心发光和复合发光。分立中心发光主要是指发光过程局限在单个中心的内部，称为单分子过程；而复合发光则是指在发光过程中存在电离现象，被电离的电子和电离中心的复合过程，称为双分子过程[153]。

1.2.1　稀土三基色发光材料及其应用

1938 年，荧光灯的实用化是照明光源的一次革命性进展，也开创了发光材料在照明光源上应用的历史。发光材料的研究，在荧光灯问世之前，主要在科研机构里进行。在这之后，工业部门的实验室也陆续成为发光材料的研究、开发和应用中心。历经 80 余年，随着科技的发展，荧光灯品种不断扩展，如直管荧光灯的管径细化、高显色荧光灯、紧凑型荧光灯、无极荧光灯等；应用范围逐渐扩大，由普通照明到特殊照明；发光性能显著提高，光效由 20 世纪 50 年代的 40~50lm/W提高到现在的 80lm/W 或更高。与此同时，另一类照明光源高压汞荧光灯的光效和显色性能也取得了长足的进步。荧光灯和高压汞荧光灯性能的提高和进展离不开灯用发光材料的开拓和进步，同时又对发光材料提出了更高要求，进一步促进了灯用发光材料的发展。

在发光材料系列中，灯用发光材料的应用最早(1938 年)；品种最多(钨酸盐、卤磷酸盐、硅酸盐、磷酸盐、铝酸盐、钒酸盐、硼酸盐、锗酸盐、氧化物等)；生产量最大(占总产量的 80%以上)；发展也最快(已历经三代材料的变迁)。因此，灯用发光材料的研究、开发和应用一直是各国科技界和产业界关注和重视的一个重要方向。在继续改进和提高已实用化的发光材料性能的同时，正努力开拓新的研究课题，期望发现新的高效照明用发光材料，为提高灯效和节约能源做出新的贡献。

作为第三代灯用发光材料，稀土三基色发光材料的特点如下。

(1)在可见光谱区，谱线丰富，属于窄带发光，在所期望的波长范围内的发光能量集中。

(2)抗紫外辐照，高温特性好，能适应高负荷荧光灯的要求。

(3)发光效率高，三基色稀土荧光体的量子效率均在 90%以上。

常用的稀土三基色发光材料有：红粉包括铕(Eu^{3+})激活的氧化钇、硫氧化钇；蓝粉包括铕(Eu^{2+})激活的硅酸盐基质、铕(Eu^{2+})激活的铝酸盐基质、铕(Eu^{2+})激活的氯磷酸盐基质、铕(Eu^{2+})激活的钡镁铝酸盐；绿粉包括铽(Tb^{3+})、铋(Bi^{3+})和铈(Ce^{3+})激活的镁铝酸盐、铽(Tb^{3+})和钆(Gd^{3+})激活的镁钡铝酸盐。这些三基色发光材料用于荧光灯，除具有优异的发光特性外，在制灯和点灯过程中，对材料的颗粒形态、粒度大小及分布、温度特性、紫外辐射稳定性提出了特定要求，现概述如下[154]。

(1)首先要求发光材料能充分地吸收 254nm 紫外线，并有效地把 254nm 紫外线转换为可见光，即在 254nm 波长激发下，具有高的发光量子效率。

(2)在 285~720nm 波长范围内具有适宜的发光光谱，使照明用荧光灯具有良好的显色性。

(3)要具有良好的颗粒特性和分散性。材料的颗粒粒径中心应控制在一定范围，稀土三基色材料为 6~8μm，粒径分布集中，使发光材料在含有机聚合物溶液中能形成非凝聚的悬浮体，能在荧光灯的涂管工艺中涂出均匀、密致、平滑的发光膜，以保证荧光灯高的光通量和稳定性。

(4)应具有较高的耐热的温度特性。在荧光灯制作过程中，发光材料涂层要经过 600℃左右的烤管工艺处理。在点灯过程中，直管型灯发光部的温度虽只有 50℃，而紧凑型荧光灯可达 150℃。因此，要求材料在 600℃下短时暴露于空气或还原气氛时，应具有较高的稳定性，以及工作时具有良好的温度猝灭特性。

(5)要有一定的耐紫外辐照和离子轰击的稳定性。

1.2.2　LED 灯用荧光材料

LED 照明正在取代节能灯。目前最为常见的白光产生方式是蓝光芯片与黄色荧光粉组合(图 1-48)。该方法的优点是结构简单、发光效率高，且技术成熟度高、成本相对较低；但其缺点是红光缺失、色温偏高、显色性不理想，难以满足低色温照明需要。因此，必须使用其他稀土荧光粉来调整发光颜色、色坐标、显色指数、色温等。该方案目前主要使用的发光材料[154]如下。

(1)铝酸盐体系：黄粉$(Y, Gd)_3 Al_5 O_{12}$：Ce；绿粉$(Y, Lu)_3 Al_5 O_{12}$：Ce，$Y_3(Ga, Al)_5 O_{12}$：Ce 等。

(2)氮化物体系和氮氧化物体系：红粉 $M_2 Si_5 N_8$：Eu^{2+}如$(Sr, Ca)_2 Si_5 N_8$：Eu，$MAlSiN_3$：Eu^{2+}(M 为 Ca, Sr, Ba)如$(Sr, Ca)AlSiN_3$：Eu 等；绿粉 β-塞隆：Eu 等。

(3)硅酸盐体系：橙红粉$(Ba, Sr)_3 SiO_5$：Eu；绿粉与黄粉$(Ba, Sr)_2 SiO_4$：Eu 等。

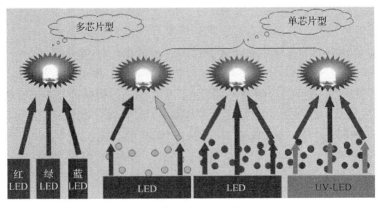

图 1-48* LED 照明模式

1. 不同晶型结构氧化铝对 YAG 荧光粉光学性能的影响

在 YAG：Ce 黄色荧光粉的工业生产中，原材料对其荧光光性能有着极大的影响。作为制备 YAG 荧光粉主要原料之一的氧化铝存在多种晶型，已知的有 α、β、γ、δ、ε、ζ、η、θ、κ、λ、ρ 及无定形等 12 种晶型。在实验过程中，发现不同晶型氧化铝对 YAG 荧光粉的形貌与性能有着极大影响，得到了烧制 YAG 荧光粉的最佳原料(图 1-49 和图 1-50)，对其性能的提高有着重要意义。

图 1-49* YAG 荧光粉

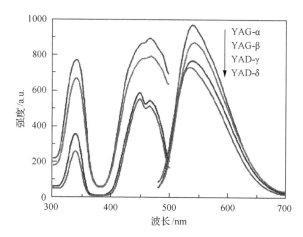

图 1-50* 荧光光谱图

YAG-α、YAG-β、YAG-γ、YAG-δ 分别
对应 α、β、γ、δ 相氧化铝制备的 YAG

2. 可调光 $Sr_3Al_xSi_{1-x}O_5$ ：Ce^{3+}, Eu^{2+} 荧光粉的合成及光谱性能

硅酸三锶(Sr_3SiO_5：Ce^{3+})体系作为一种新型荧光体系，具有较高的化学和热稳定性以及良好的温度猝灭效应。余锡宾等合成了 Al^{3+} 共掺杂 Sr_3SiO_5：Ce^{3+}, Eu^{2+} 荧光粉。通过实验发现，调节 Eu^{2+} 的浓度可使 $Sr_{2.975-y}Al_{0.025}Si_{0.975}O_5$：$Ce^{3+}_{0.025}$, yEu^{2+} ($0 \leqslant y \leqslant 0.02$)的发射光谱从 530nm 调节至 580nm、色坐标从(0.342, 0.518)调节至(0.442, 0.479)，见彩图 1。与 420nm 紫光 LED 芯片复合后，色温可从 8500K 调节至 3700K，更适合暖白光 LED 照明[155,156]。

3. $BaMoO_4$：nPr, KCl 红色荧光体

适合应用于 LED 中的红光发射荧光体，必须满足以下两点：①荧光体基质或激活剂在蓝光 LED 或是近紫外 LED 有相应的发射范围；②荧光体应该具有良好的光色性。余锡宾等发明了一种蓝光 LED 激发的 $BaMoO_4$：nPr, KCl 红光材料及稀土掺杂氟硅酸盐红光材料，该荧光材料在 430～500nm 的范围有很好的吸收，在 640nm 处有很强的发射，并具有高的色纯度；发光强度超过灯用标准红粉(GSB 04-1650-2003)，可用于红光及白光 LED 和显示器中三基色的红粉(彩图 2)[157]。

4. 高亮度上转换发射 SrF_2：Yb, Er、SrF_2：Yb, Tm 荧光粉

通过高温固相法制备得到 $Sr_{0.89}Yb_{0.1}Er_{0.01}F_2$ 和 $Sr_{0.8495}Yb_{0.15}Tm_{0.0005}F_2$ 转换荧光粉，对其物相和上转换光谱等特性进行了研究。虽然少量的稀土离子会占据晶格中 Sr^{2+} 的格位，使样品的晶格大小发生变化，但未改变物相结构。通过高温固相法合成的 $Sr_{0.89}Yb_{0.1}Er_{0.01}F_2$ 和 $Sr_{0.8495}Yb_{0.15}Tm_{0.0005}F_2$ 上转换荧光粉的发光强度是现有的商用上转换红绿光荧光粉 $NaYF_4$：Yb^{3+}，Er^{3+} 的两倍多(图 1-51)。而将这两种荧光粉按不同质量比混合后可以得到不同色温白光发射的荧光材料，该材料在防伪、三维显示及白光照明等领域具有潜在应用价值。

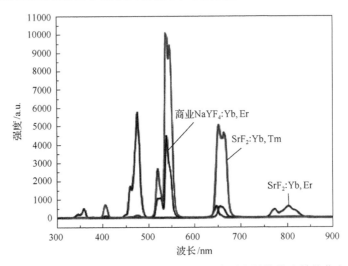

图 1-51* $Sr_{0.89}Yb_{0.1}Er_{0.01}F_2$、$Sr_{0.8495}Yb_{0.15}Tm_{0.0005}F_2$ 及商用上转换荧光粉的荧光光谱对比图

1.2.3　稀土掺杂纳米荧光材料的制备及应用

纳米荧光材料是指颗粒尺寸为 1～100nm 的发光材料。人们对稀土离子掺杂的纳米发光材料的研究有极大兴趣。在理论上，主要探讨表面界面效应和小尺寸效应对光谱结构及其性质的影响；在应用上，从材料的制备和加工入手，寻找材料的应用及功能器件制造的途径。纳米技术和分子生物学的交叉促进了稀土纳米发光材料的迅猛发展。例如，磁光多功能成像既具有核磁共振成像组织分辨率及空间分辨率高的优点，又具有荧光成像可视化形态细节成像的优点，因此提高了诊断灵敏度和精确度。

1. 溶剂热法制备空壳 $BaMoO_4$：Pr^{3+} 微纳米粒子

通过溶剂热法制备出空壳 $BaMoO_4$：Pr^{3+} 微纳米粒子。$BaMoO_4$：Pr^{3+} 纳米粒子

呈现为均匀的球形，粒径为 3～5μm。该球形纳米粒子是由粒径为 100nm 左右的 $BaMoO_4$：Pr^{3+}纳米粒子组装而成。在晶体生长之初，$BaMoO_4$：Pr^{3+}微纳米粒子为实心球体，随着生长时间的推进，经过奥氏熟化过程，它生长为空心的球体(彩图 3)。该样品在 640nm 处有很强的发射，色纯度超过商用红粉 Y_2O_2S：Eu^{3+} [158]。

2. 减反射、近红外发射双功能的纳米多孔 SiO_2/YVO_4：$0.01Yb^{3+}$薄膜

通过简单的溶胶-凝胶方法构建了一种双功能的纳米多孔 SiO_2/YVO_4：$0.01Yb^{3+}$薄膜，它既有很好的减反射性能，又能通过紫外光激发近红外光。SiO_2/YVO_4：$0.01Yb^{3+}$双层膜涂敷的载玻片基底在 500～800nm 宽带区透过率增加了约 3.7%。在 320nm 紫外光的激发下，从 950～1100nm（主峰在 983nm）的强的宽带 Yb^{3+}发射被检测到，可以归结于 Yb^{3+}：$^2F_{5/2} \rightarrow {}^2F_{7/2}$ 电子跃迁。这种简单直接的方法可以应用于其他转光材料的制作，从而开辟了一条应用于晶体硅太阳能电池增效的"光收集器"的新方法(图 1-52) [159]。

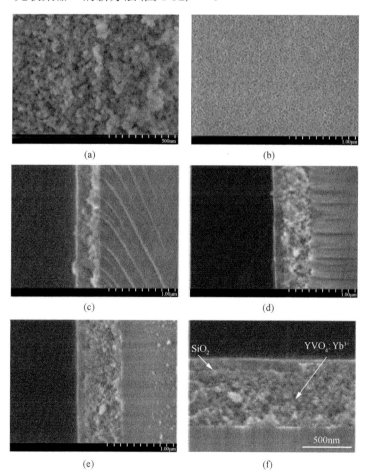

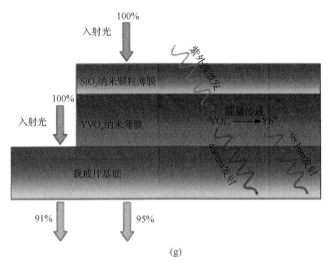

图 1-52[*]　SiO$_2$/YVO$_4$：0.01Yb^{3+}减反射转光双层薄膜

(a～f)薄膜表面 FESEM；(g)薄膜器件结构与机理示意图

3. 一步水热法制备 Gd$_2$O$_2$S：Er^{3+}, Yb^{3+} 上转换可调光纳米发光材料

采用乙二胺作为溶剂，使用溶剂热法在较为温和的条件(220℃)下一步合成了 Gd$_2$O$_2$S 纳米颗粒(NPs)。合成的 Gd$_2$O$_2$S 纳米颗粒拥有花状的形貌：由一个个小片堆积而成的花状大颗粒，花状颗粒的直径为 100～200nm，小颗粒的直径为 10～15nm，呈规则的六边形形状。从选区电子衍射图来看，这一纳米颗粒沿着[100]晶向轴生长，并且观测到了规则的衍射图样，也证明了微观为正六边形形貌，同时也证明了有良好的结晶度。Yb^{3+} 与 Er^{3+} 共掺进入 Gd$_2$O$_2$S 纳米基质中，发现其可在 980nm 红外激光器激发下产生很强的可见光发射，并可通过改变 Yb^{3+} 与 Er^{3+} 的掺杂比例调节发射光谱(彩图 4)[160,161]。

4. 重结晶法制备 CaMoO$_4$：RE^{3+} 纳米晶须

采用重结晶法，在极温和的条件(80℃、30min)下制备了高分散 CaMoO$_4$：RE^{3+} 纳米晶须。CaMoO$_4$：RE^{3+} 纳米晶须的长度为 40～70nm、宽度约为 2nm。在紫外光照射下，CaMoO$_4$：Eu^{3+}、CaMoO$_4$：Dy^{3+} 和 CaMoO$_4$：Tb^{3+} 分别呈现出很强的红光、黄光和绿光。对于 Tb^{3+}, Eu^{3+} 共掺杂的样品，发现 Tb^{3+} 对 Eu^{3+} 有很好的能量传递，随着 Eu^{3+} 浓度提高，发射光由绿光向红光过渡(彩图 5)[162]。

1.2.4 展望

稀土发光材料是稀土资源高值化的重要应用领域，对改善人们的生活品质也具有十分重要的意义。对于稀土发光材料的研究，国内外的竞争非常激烈。我国稀土发光材料总体研究水平仍落后于国外，针对未来具有极大应用前景的新型稀土发光材料，需打破我国稀土发光材料自主创新能力不足、长期处于跟踪模仿的发展现状，加强基础研究。发展我国新型稀土发光材料，拟在如下方面开展深入研究。

（1）探索和建立稀土发光材料完善的理论体系是探找新型稀土发光材料的基础。研究稀土在高能区的能级图，深入开展稀土内 4f 电子的运动规律的研究，包括研究辐射和非辐射跃迁概率、发光效率、光谱强度理论与超灵敏跃迁、晶场理论与光谱劈裂等。

（2）研究稀土激活离子在各种基质中的光吸收和发射，开发新型稀土发光材料。研究稀土化合物的合成、组成、结构、局域环境对称性、价态、缺陷、尺度等对光学性质的影响；探索稀土发光材料的组分、结构与发光性能的相互关系及其内在作用机制；开发适合紫光或紫外光 LED 激发的红、绿、蓝荧光粉及蓝光激发的白光 LED 用荧光粉。

（3）研究敏化过程与能量传递的规律，开发新的传递途径与敏化途径，以及量子剪裁等光能高效利用机理。通过基质敏化和能量传递等方式调节发光材料的最佳激发波长和不同组分之间的关系，提高发光效率。

（4）探索稀土发光材料新的制备方法，开发出适合规模化生产的新型稀土发光材料先进制备技术。开发其高光效、低成本产业化制备技术；研究高性能稀土发光材料及荧光粉表面修饰的制备技术，以改善稀土发光材料的性能；探索稀土纳米发光材料新的制备方法，开发规模化制备稀土纳米晶可控生长技术、表面修饰技术及无损分散技术；提升上转换发光效率和实现量子剪裁下转换发光效率的新材料及技术；加强工艺技术研究，注意助熔剂选择、价态变化、反应过程及产业化生产工艺等研究，保证质量稳定性；系统掌握荧光粉组成、制备工艺、后处理工艺及表面修饰对粉体的晶体结构、颗粒形貌、表面状态的影响，尤其是对制灯工艺及制灯后的光效和光衰的影响。针对我国新型、高性能白光 LED 用稀土发光材料，特别是氮化物/氮氧化物发光材料，其研究开发与国外先进水平存在较大差距，要突破氮化物/氮氧化物的常压低成本连续化与规模化地制备，开发出在多领域可以广泛采用的技术与装备，并实现氮化物荧光粉可控制备，开发出适合大功率 LED 的光功能陶瓷。

1.3　稀土催化材料

稀土元素特别是镧、铈等高丰度稀土元素，因具有未充满电子的 4f 轨道和存在镧系收缩等特征而表现出独特的化学性能，已在石油加工、石油化工、机动车尾气和挥发性有机化合物(VOCs)的净化、化石燃料的催化燃烧、烯烃聚合、固体氧化物燃料电池等诸多重要过程中得到应用。例如，20世纪60年代，美国 Mobil 公司发明了稀土改性 Y 分子筛（REY）替代无定形硅铝酸盐催化剂，引发了炼油工业的技术革命；稀土储氧材料扩大了机动车尾气净化催化剂的操作窗口，已成为机动车尾气净化催化剂的关键组成，得到了大规模应用。国际上对稀土催化材料的研究始于 20 世纪 60 年代中期，经过 50 多年的研究积累，人们对稀土的催化作用机理有了较深刻的认识。大量的实验表明，稀土与其他组分之间可产生协同作用，显著提高催化剂的性能。现已发现它们的协同效应与增加催化剂的储/放氧能力，增强催化剂的热稳定性，提高催化剂活性组分的分散度，增强催化剂的环境适应性，减少贵金属活性组分的用量，稳定其他金属离子的化学价态等密切相关。充分发挥稀土的催化作用，发展以催化剂为核心的催化技术，提高相关反应过程的效率，是稀土催化的发展方向和趋势。同时，发现和发展新结构、新功能的稀土催化材料，扩展其应用领域，是稀土催化材料发展的机遇。

目前，稀土催化材料的主要应用领域包括石油炼制催化剂、石油化工催化剂、机动车尾气净化催化剂和固定源 VOCs 净化催化剂等领域。

1.3.1 石油炼制催化剂

催化裂化（FCC）催化剂经历了天然白土催化剂（如高岭土等）、全合成硅酸铝催化剂、半合成硅酸铝催化剂和分子筛催化剂等发展阶段。分子筛催化剂具有很高的活性和更好的选择性，其出现带来了催化裂化的一次飞跃。我国约 80%的成品汽油和 35%的成品柴油均产自催化裂化装置。

催化裂化催化剂中稀土的主要作用是提高催化剂活性组分 Y 型分子筛的活性和稳定性。由于 NaY 分子筛只有当其孔道中的 Na^+ 被 H^+、NH_4^+ 及其他金属阳离子交换后，才能呈现出固体酸性，具有催化作用。轻稀土（如 La、Ce、Pr、…）离子为三价阳离子，对分子筛有亲和力，易于交换。通常认为，RE^{3+} 对其周围 H_2O 产生极化和诱导作用，有效吸引 H_2O 中 OH^- 生成 $RE(OH)^{2+}$，在热处理条件下，$RE(OH)^{2+}$ 可以由分子筛超笼迁移进 β 笼 I'位；进入分子筛 β 笼 I'位的 $RE(OH)^{2+}$ 与分子筛骨架 O2 和 O3 相互作用，增强了骨架 Al 和相邻 O 原子间的作用力，稳定了分子筛骨架结构。同时，稀土还可以调变分子筛的酸性。由于稀土离子增强了分子筛骨架结构的稳定性，保持了分子筛的酸性，并且稀土离子的高电价使水分子极化，生成的 H^+ 也提高了分子筛酸性。稀土的另一个重要作用就是提高催化裂化催化剂的抗重金属（尤其是钒）污染能力。在催化裂化反应过程中，原料油中的有机钒沉积在催化剂表面生成钒的含氧正离子（主要为 VO^{2+}），其进入分子筛孔道生成 Si-O-Al-O-V 络合物，中和了部分分子筛的酸中心，降低了催化活性；在再生过程中 VO^{2+} 与 O 生成 V_2O_5，由于 V_2O_5 具有较低熔点（690℃），在催化剂再生温度（＞700℃）下以较高流动性的液体形态存在于催化剂表面，在 H_2O 的作用下生成的钒酸进一步与分子筛中的铝反应，生成钒酸铝，破坏了分子筛结构。研究发现，沉积在催化剂上的稀土氧化物可以优先与钒反应生成钒酸稀土，在再生温度下能保持稳定，阻止了低熔点的 V_2O_5 进入分子筛内，从而保护了催化剂中分子筛的骨架结构，提高了催化剂的抗重金属污染能力。

1. 重油裂化催化剂

随着原油重质化，需要催化裂化催化剂具有更高的重油裂化能力、抗重金属污染能力和良好的焦炭产率选择性。例如，Grace Davison 公司开发了渣油催化裂化催化剂 IMPACT 家族技术，组合了突出的钒捕集能力、沸石分子筛良好的稳定性和基质对金属优异的钝化能力等技术；Albemarle 公司开发的 Centurion 渣油裂化催化剂，采用 ADZ 沸石与基质材料 ADM 相结合，在加工重质原料油方面具有更突出的性能。Engelhard 公司(现 BASF 公司)基于 DMS 基质推出了一系列重油转化催化裂化催化剂，如第一个用于短接触时间的 NaphthaMax 催化剂；在渣油转化基础上可同时降低汽油硫含量 50%、不损失汽油收率和辛烷值的 NaphthaMax R-LSG 催化剂；Flex-Tec™ 催化剂和 Converter™ 助剂等。

我国也开发出了具有重油转化能力强、干气和焦炭产率较低等特点的系列重油裂化催化剂。例如，中国石油化工股份有限公司(以下简称中国石化)石油化工科学研究院开发的 Orbit -3000 催化剂采用简化的超稳分子筛与改性 REHY 分子筛复合的活性组分，具有水热稳定性好、焦炭选择性好、轻质油收率高，可适用于原料油质量较差、剂油比较低的工况；兼顾液化气、辛烷值、抗钒的多产柴油的 CC-20D 催化裂化催化剂；以高活性高稳定性的高稀土含量的超稳改性分子筛为活性组分的 HSC-1 重油裂化催化剂，不仅具有重油裂化能力及抗金属污染能力强、产物分布好、焦炭选择性及汽油选择性好，而且具有优异的降低汽油烯烃含量等特性；掺炼焦化蜡油的 ABC 抗碱氮重油裂化催化剂等。此外，还开发了与催化裂化工艺装置相配套的专用催化剂，如以大庆全减压渣油为原料的催化裂化工艺装置(VRFCC)配套专用的 DVR-1 全减压渣油裂化催化剂，多产柴油的 MLC 系列催化剂等。

2. 抗钒污染的裂化催化剂

在催化剂基质中引入稀土氧化物能改善催化剂的抗钒污染性能。Grace Davison 公司成功开发出 RV^{4+}，是一种性能更好、更耐磨的捕钒剂，以 RE_2O_3 作为活性组分、碱式氯化铝作为黏结剂、高岭土或酸改性的高岭土作为基质。此外，该公司在高岭土上负载草酸镧，以碱式氯化铝为黏结剂，制备的助剂也具有良好抗钒作用。Albemarle 公司发展了催化剂基质的捕钒技术，催化剂有超稳 ADZ-50 分子筛、Octavision 527 催化剂和 Centurion-43L 催化剂等。其中，Octavision 527

催化剂在工业装置中表现出优良的抗重金属性能；具有抗钒能力的 Centurion-43L 催化剂采用了沉积有稀土的高稳定性的 ADZ 分子筛。BASF 公司以氧化钙或混合稀土氧化物为活性组分，通过浸渍高岭土微球后煅烧制备的捕钒剂，能有效抑制钒的流动性。

我国也相继开发了具有抗钒性能的裂化催化剂，例如，中国石化石油化工科学研究院开发的以稀土氧化物作为沸石的抗钒组分的 LV 系列和 CHV 系列催化剂，工业应用实验结果表明该催化剂性能明显优于同类进口催化剂。例如，LVR60B 催化剂具有强的抗钒污染能力和重油转化能力，焦炭、干气选择性好，汽油研究法辛烷值（RON）在 91 以上；CHV-1 催化剂与原有催化剂相比，油浆产率下降 3.85%，焦炭含量下降 0.23%，轻质油收率增加 3.17%，液化气产率增加 0.25%。

3. 降低汽油中烯烃含量的催化剂

为了进一步改善大气环境质量，美国、日本及欧洲相继颁布了新的汽油标准，对汽油中的苯、芳烃、烯烃及硫含量进行了限制。在催化剂中引入稀土和其他元素复合改性 Y 型分子筛，可以在降低烯烃含量的同时减少辛烷值损失。

Grace Davison 公司开发的催化裂化汽油降烯烃 RFG 家族催化剂与其他几项技术相结合，可以降低 25%~40% 的烯烃，同时还能保持辛烷值和轻烯烃（C_3、C_4）产率不下降。BASF 公司开发了 Syntec-RCH 降烯烃催化剂，其特点是沸石含量高、稀土含量高，可增加氢转移反应来饱和烯烃。Akzo Nobel 公司开发了 TOM 技术降烯烃催化剂，通过在分子筛中增加稀土含量促进氢转移反应，达到烯烃饱和的目的，在辛烷值不变的情况下降低烯烃含量。

我国也相应开发了系列降烯烃的裂化催化剂，如中国石化石油化工科学研究院开发了以稀土和磷复合改性 Y 分子筛为主活性组分的 GOR 系列催化剂（GOR-Q、GOR-DQ、GOR-Ⅱ、GOR-Ⅲ），可调控氢转移的深度和氢的分布，产生一定的异构化和芳构化反应，在降低汽油烯烃的同时，保持较好的焦炭选择性和较高的辛烷值。中国石油兰州石化公司催化剂厂生产的 LGO-20、LGO-21 系列降烯烃重油裂化催化剂，可显著降低催化裂化汽油中的烯烃含量，在装置维持掺渣量较高（65%~70%）的条件下，可以将催化汽油中烯烃含量降低 10%~15%，使汽油烯烃控制在 40vol% 左右，RON 在 90 以上。中国石油兰州化工研究中心针对新疆原油催化裂化汽油开发了 LBO-12 催化剂，以及针对中国石油哈尔滨石化公司开发了 LBO-16 催化剂，可使汽油中烯烃含量下降 6%~12%，明显改善了汽油的性质。

4. 降低汽油中硫含量的催化剂

我国炼油企业的二次加工以催化裂化为主，FCC 汽油约占成品汽油的 80%，而成品汽油中 90% 以上的硫来自 FCC 汽油。随着环保法规的日益严格，进一步降低汽油中硫含量，甚至是"无硫"汽油，成为研究重点。

降低 FCC 汽油中硫含量的方法有：①对 FCC 原料进行预处理；②对 FCC 汽油进行后处理；③在 FCC 过程中使用降硫催化剂和助剂；④生物脱硫和吸附脱硫。通过对原料油进行加氢预处理或对 FCC 汽油进行加氢后精制，虽然可降低汽油中硫和烯烃的含量，但投资较高、氢耗大、操作费用也较高，同时还会造成汽油收率降低、汽油辛烷值损失等问题。降低汽油终馏点温度可将部分汽油重馏分中的硫转移到柴油中，但是并未根本解决燃料油硫含量高的问题，同时降低了汽油收率。生物催化法脱硫是利用微生物或它所含的酶催化含硫化合物，使其所含的硫释放出来，目前还没有实现工业化。在 FCC 过程中使用降硫助剂是当前达到汽油新标准最经济有效的方法。

降硫助剂本身需要具有裂化活性，而且物化性质应与常规裂化催化剂接近，并具有良好的稳定性和抗磨性能。因此，在分子水平上研究 FCC 过程中硫化物吸附和裂化转化化学的基础上，开发 FCC 固体降硫助剂，使该助剂的物化性质与 FCC 催化剂相似，可以替代等量催化剂使用，显得非常重要。Grace Davison 公司成功开发出 GSR 系列降硫催化剂，高稀土含量分子筛的引入使多种形态的硫裂解，使汽油中硫含量减少 15%~25%；GFS-1 降硫助剂可使 FCC 汽油中硫质量分数减少 35%，同时提高了汽油选择性和辛烷值，并减少了焦炭和气体产率。

中国石化石油化工科学研究院也开发了一种降低 FCC 汽油中硫质量分数的固体助剂 LGSA，主要活性组分为稀土和锌改性的 Y 型分子筛，在中国石化长岭分公司和石家庄分公司 FCC 装置上分别进行了工业应用，两套 FCC 装置汽油脱硫率分别为 21.1% 和 15.9%。此外还开发了汽油降硫助剂 MS011，通过在基质中加入含稀土的多元复合氧化物，提高了脱硫率，工业应用标定结果表明，当助剂占系统催化剂藏量约 10.6% 时，脱硫率约为 37%。在此基础上，又成功开发了以稀土和可变价金属氧化物组成的复合氧化物为活性组分的增强型降低汽油硫含量的催化剂 CGP-S，利用高价金属氧化物中晶格氧的氧化作用、L 酸碱对对噻吩类硫化物的选择性吸附作用、还原后的低价金属氧化物对噻吩硫的不可逆吸附等，不仅具有良好的活性、稳定性和显著降低汽油中硫含量的效果，而且具有良好的重油转化能力和较好的产品选择性，并能有效地改善汽油质量。

FCC 催化剂的技术含量高、研发费用高、规模化生产效益明显，全球 FCC 催化剂的研发生产单位主要为 Grace Davison、Albemarle、BASF、CCIC、中国石化和中国石油等几个大公司。从全球 FCC 催化剂市场来看，北美洲占比为 41%，亚洲为 27%，欧洲为 19%，拉丁美洲为 13%。从各大炼油商的 FCC 催化剂市场份额来看，Grace Davison 为 37%，Albemarle 为 21%，BASF 为 21%，中国石化为10%，中国石油为 6%，CCIC 为 5%。受中东、中国和印度等地区和国家新建 FCC 装置陆续投产的影响，未来几年全球 FCC 催化剂市场的前景看好，有望以年均

3%～4%的速度增长，预计 2020 年全球 FCC 催化剂产量将达到 130 万 t，其中我国 FCC 催化剂产量将超过 25 万 t，用于 FCC 催化剂的稀土用量将超过 1 万 t。

随着原油日益重质化、环保法规的日趋严格和对汽油中烯烃、硫、芳烃含量的进一步限制，需要继续完善和开发重油催化裂化和 FCC 家族技术的工艺和催化剂，提高 FCC 装置的重油加工能力，开发具有更高性能的渣油裂化催化剂。与国外产品相比，目前国产 FCC 催化剂的活性、选择性、水热稳定性等性质均在同一水平，并结合我国的实际情况形成了自己的特点。由于国内市场对 FCC 增产柴油的特殊需求，在增产柴油的重油裂化催化剂品种的开发方面国内占有领先地位，国外尚未见同类催化剂的报道，但在增产汽油的 FCC 催化剂开发方面与国外相比仍有较大差距。我国还开发了增产低碳烯烃的 FCC 家族技术，在增产低碳烯烃专用催化剂的品种开发方面也占有优势。由于国外环保法规较严格并有较长的历史，在环保型 FCC 催化剂品种的开发方面占有明显优势。我国在降低 FCC 汽油中硫含量的催化剂和助剂、减少 SO_x 和 NO_x 排放助剂品种的开发方面与国外仍有较大差距。从总体上看，国产 FCC 催化剂在使用性能上已达到国外同类催化剂的水平。由于国产 FCC 催化剂大多是根据各炼油厂原料和装置的实际情况"量体裁衣"设计制造的，因此，在实际使用过程中某些性能指标优于国外 FCC 催化剂。

1.3.2　石油化工催化剂

苯乙烯是重要的基本有机化工原料，主要用于生产苯乙烯系列树脂，如聚苯乙烯(PS)、丙烯腈-丁二烯-苯乙烯(ABS)、苯乙烯-丙烯腈(SAN)及丁苯橡胶(SBR)和丁苯胶乳等。国内外生产苯乙烯的主要方法为乙苯催化脱氢法，所用的催化剂为 Fe-K 系，氧化铈为其中的主要功能性助剂(含量约为 10wt%)。目前，苯乙烯催化剂市场基本上被三大集团所垄断，它们分别是瑞士 CLARIANT 公司、德国 BASF 公司和中国石化。国外苯乙烯催化剂的研究始于 20 世纪 30 年代，至今已有近 90 年的历史。我国的研究起步于 20 世纪 80 年代，但进展很快，目前已成为乙苯脱氢催化剂的主要供应商之一。以世界乙苯脱氢催化剂年需求量 13000t 计算，用于该领域的稀土氧化物量约为 1300t，该稀土氧化物大部分由我国提供。

全球有 30 多个国家和地区建有百余套规模不等的乙苯脱氢生产装置，总生产能力约为 2750 万 t/a。"十三五"期间，世界对苯乙烯单体的需求不会发生大的变化。从地区分布来看，欧美国家和地区的苯乙烯需求基本饱和，有大量产品需要出口，缺口主要在亚洲，特别是中国，一段时间内仍需进口。我国现有 45 套苯乙烯生产装置，苯乙烯总产能为 850 万 t/a，但苯乙烯需求量会超过 1000 万 t/a，同时与其相配套的乙苯脱氢催化剂的需求量约为 4300t/a，稀土氧化物需求量约为 430t/a。

中国石化上海石油化工研究院先后开发了多代乙苯脱氢催化剂，为国内近 20 家苯乙烯生产企业提供催化剂超过 4000t，应用企业包括：中国石化、中国石油、中国海洋石油集团有限公司、中国化工集团有限公司、中国兵器工业集团有限公司、陕西延长石油(集团)有限责任公司及一批民营企业，另外还有近 800t 催化剂销往台湾、中东地区及美洲，产生了良好的经济和社会效益。其中适应节能要求的 GS-HA 催化剂，指标优于国外同类产品，使用后能有效降低苯乙烯生产能耗 10%以上，在中石化海南炼油化工有限公司、江苏双良集团实现成功应用，并销往台塑集团；适应降耗要求的 GS-12 催化剂，通过提高反应的转化率与选择性，降低苯乙烯生产过程中的能耗和物耗，该产品已经在国内大规模推广，先后在中国石油化工股份有限公司广州分公司、茂名分公司、安庆分公司和齐鲁分公司，中国石油兰州石化公司、中海油东方石化有限责任公司等大型石化公司成功应用。

乙苯脱氢催化剂重点发展趋势是稀土氧化物在降耗型、低温型乙苯脱氢催化剂中的应用研究，开发高效的低温、低水/油比等类型的催化剂，为企业新建及扩能改造苯乙烯生产装置提供催化剂方面的保障。

1.3.3　机动车尾气净化催化剂

2009 年以来我国汽车产量位居世界第一，2013 年以来更是每年产量突破 2000 万辆，2017 年汽车产量达到 2901.8 万辆。截至 2017 年底，全国机动车保有量达到 3.1 亿辆，未来 5 年我国还将新增机动车 1 亿多辆。据测算，2017 年全国机动车四项污染物排放总量为 4359.6 万 t，其中一氧化碳(CO) 3327.3 万 t，碳氢化合物(HC) 407.1 万 t，氮氧化物(NO_x) 574.3 万 t，颗粒物(PM) 50.9 万 t。目前，我国大气污染的形势非常严峻，随着机动车保有量的快速增长，我国大中城市的空气污染逐渐转变为煤烟和机动车排放为主的复合型污染，$PM_{2.5}$ 成为很多城市最为突出的大气污染问题。控制机动车污染排放，是我国各地完成减排目标、改善空气质量的重要手段。为了减少机动车的污染物排放总量，需从削减单车污染物排放量入手，因此，需要制定更加严格的排放标准。

根据发动机使用燃料的不同，目前常用的发动机主要分为汽油机、柴油机、替代燃料发动机[如压缩天然气(CNG)等]三大类，其中汽油机车又分为汽油车和摩托车两类。根据发动机和燃料的不同，尾气主要污染物的种类和浓度也有显著的差别，一般包括 HC、CO、NO_x 和 PM 等。机动车尾气净化是在催化剂的作用下将 HC、CO、NO_x 和 PM 等污染物，通过氧化或者还原反应转化为无害的 H_2O、CO_2 和 N_2。

随着全球越来越严格的机动车排放法规的不断推出和实施，以及发动机技术和种类的快速发展，催化净化材料的技术研究和应用也不断深入。目前，应用于机动车尾气净化的催化剂产品种类繁多，并且不同的国家或地区也会根据当地的法规、油品、技术水平等实际情况采用不同的后处理技术路线。表 1-2 列举了目前国内外普遍采用的机动车尾气净化催化剂。

表 1-2　机动车尾气净化催化剂

汽油车		摩托车		柴油车		CNG 车	
催化剂	污染物	催化剂	污染物	催化剂	污染物	催化剂	污染物
TWC	HC NO_x CO	TWC	HC NO_x CO	DOC	HC CO PM NO_x	TWC	HC CO NO_x
LNT	NO_x			DPF CDPF	PM	DOC	CH_4
				SCR	NO_x		
				LNT	NO_x		

注：TWC 代表三效催化剂(three way catalyst)；LNT 代表 NO_x 存储型催化剂(lean NO_x trap)；DOC 代表柴油车氧化型催化剂(diesel oxidation catalyst)；DPF 代表柴油车颗粒捕集器(diesel particulate filter)；CDPF 代表催化型 DPF；SCR 代表选择性催化还原(selective catalytic reduction)

随着全球对能源和环境的高度重视，化石燃料发动机技术向着高燃烧效率、低油耗、低 CO_2 排放的方向发展，而稀薄燃烧技术也将逐渐成为发动机的主流，油电混合动力、纯电动等新能源的应用比例也会不断升高。但较长一段时期内，传统的理论空燃比燃烧的发动机仍将是汽油车的首要选择。

1. 三效催化剂

TWC 应用于在理论空燃比(A/F=14.65)附近工作的汽油车和摩托车的尾气后处理。除了通常的汽油车外，CNG、液化石油气(LPG)等替代燃料或双燃料的轻型乘用车也多采用 TWC 净化尾气。TWC 可同时将尾气中的 HC、CO 和 NO_x 转化为 CO_2、H_2O 和 N_2。

TWC 经过四十多年的发展，是目前研究最深入、技术最成熟的尾气净化催化剂。TWC 由载体和涂层两部分构成：①载体，一般为堇青石($2MgO \cdot 2Al_2O_3 \cdot 5SiO_2$)或金属(FeCrAl 合金)材质的蜂窝状载体，用作催化剂涂层的支撑体；②催化剂涂层，由活性组分(贵金属 Pt、Pd、Rh 等)、活性载体(γ-Al_2O_3 和稀土复合氧化物等)和助剂(稀土或碱金属化合物)等组成。

稀土储氧材料(CeO_2-ZrO_2)是 TWC 涂层的核心原材料,其具有的储氧能力(OSC)是汽油车 TWC 最重要的特征,可以调节尾气中氧的含量,弥补闭环控制的不足,使 TWC 在较宽的 A/F 值范围内都具有很高的催化能力,满足日益严格的排放标准。在 CeO_2-ZrO_2 基础上掺杂少量的 La、Pr、Nd、Y 等稀土元素或 Ba、Ca、Sr 等碱金属元素,可进一步提升 CeO_2-ZrO_2 的性能。目前,TWC 普遍采用的储氧材料为改性的 CeO_2-ZrO_2 固溶体。除此之外,稀土氧化物在 TWC 中的作用还包括：通过储氧能力变化,实现对催化剂失效的车载诊断系统(OBD)的监测功能；提高负载的贵金属纳米颗粒的分散性和高温稳定性；提高涂层的高温稳定性(如掺杂 La_2O_3 提高 γ-Al_2O_3 的高温稳定性)等。

华东理工大学根据汽车工业和燃油品质的发展趋势，对汽车尾气净化的关键催化反应、净化催化剂的组成、稀土与(非)贵金属组分的相互作用等方面开展了广泛的应用基础研究，采用氧化共沉淀法、尿素水热法、反相微乳液法等制备了高稳定性与高储放氧性能的稀土基储氧材料；采用纤维素模板法和反相微乳液法等制备了大表面积和高热稳定性的氧化铝基复合氧化物；为了降低净化催化剂的成本，充分结合我国丰富的稀土资源，开展了"稀土-非贵金属-微量贵金属"的催化剂设计方案，使催化剂的成本明显下降；发展了整体式催化剂的制备方法，形成了一次涂覆可制备出均质、稳定的整体式催化剂的专有技术；解决了从实验室研究到工业化生产的工程化问题，在多家企业实现了工业化生产，产生了显著的经济效益和社会效益。使用该技术生产的汽车尾气三效催化净化器后，汽车尾气的排放可达到相关排放标准，取得了很好的应用效果。"汽车尾气三效净化催化剂" 2006 年获上海市技术发明奖一等奖，"稀土催化材料及在机动车尾气净化中应用" 2009 年获国家科学技术进步奖二等奖。

目前，国内外对于 TWC 的技术研发方向基本一致，围绕"降低催化剂贵金属用量、提高催化剂活性和耐久性、降低冷启动排放和控制 NO_x 排放"等核心问题，着重开展如下研究：①更高性能的稀土储氧材料和 Al_2O_3 材料；②冷启动 HC 的快速起燃；③拓宽催化剂的空燃比工作窗口(尤其针对 NO_x)；④提高贵金属活性组分的抗烧结、解决 Rh 的失活问题及贵金属与载体的相互作用；⑤进一步提高催化剂的抗硫中毒性能；⑥分区涂覆技术的深入研究和应用；⑦催化剂的多元化涂层结构设计；⑧针对不同尾气排放特性的整车催化剂方案的工程设计；⑨催化剂的 OBD 可监控性(尤其是对临界催化剂 NO_x 的排放阈值控制)。

对于近年来逐渐推向市场的油/电混合动力车，需要 TWC 重点解决如怠速启停时高 HC、NO_x 排放等新问题。此外，为降低油耗，提高汽油发动机的效率，燃油直喷(GDI)+稀薄燃烧+涡轮增压技术在国外逐渐被广泛使用。随着油品质量的提高和国内 GDI 技术的成熟，真正意义上的 GDI 技术很快就会推向市场。此外，由于稀燃 GDI 的燃烧温度较低，PM 排放也可能将会是一个新问题。在国 V 和国 VI 排放标准中，都针对 GDI 汽车明确规定了 PM 的排放限值，可以通过在 TWC 后安装汽油车颗粒捕集器(GPF)或直接采用涂有 TWC 涂层的 GPF，用于控制 PM 排放。

2. 柴油车氧化型催化剂

DOC 用于催化柴油车发动机(A/F 通常大于 22，O_2 过量)尾气中的 HC、CO 和 PM 与 O_2 的氧化反应。同时，作为 DPF、LNT 和 SCR 等的上游催化剂时，DOC

也能将尾气中的 NO 氧化为 NO_2。

NO_x 和 PM 是柴油车尾气中最难处理的两种污染物,其中 PM 主要由可溶性有机物(SOF)、炭烟(Soot)和硫酸盐等组成。一般而言,DOC 可以催化氧化消除 30%～80%的 HC,40%～90%的 CO,50%～80%的 SOF。DOC 结构与 TWC 类似,采用堇青石或金属材质的蜂窝载体,活性组分为 Pt 或 Pd,活性载体可以是 TiO_2、$\gamma\text{-}Al_2O_3$、SiO_2 及其复合氧化物,以及 CeO_2、$CeO_2\text{-}Pr_6O_{11}$、$CeO_2\text{-}ZrO_2$ 等稀土氧化物。

DOC 中 CeO_2 等稀土氧化物的主要作用是:为其具有的 OSC 功能提供活性氧,促进低温时 HC、CO、NO 和 SOF 的催化氧化,抑制 SO_2 的氧化(如 Pt/CeO_2),提高 Pt、Pd 的分散度和抗烧结性能,促进 Soot 颗粒与 DOC 界面紧密接触,提高 Soot 的催化氧化效率等。用于 CNG 的 DOC 主要用于催化氧化尾气中的 CH_4,催化剂涂层一般采用负载 Pd 或 Pd-Pt 的 $\gamma\text{-}Al_2O_3$ 和 CeO_2 或 $CeO_2\text{-}ZrO_2$ 等涂层材料,其中稀土氧化物可以提高催化剂氧化 CH_4 的能力。

3. 柴油车颗粒捕集器

DPF 是目前控制柴油车 PM 排放效率最高的尾气处理产品,对 PM 的捕集效率可达 90%以上。美国、日本的柴油车和欧洲的轻型车一般都采用 EGR(废气再循环)+DPF 的技术路线控制尾气排放。DPF 材料主要有堇青石、碳化硅、泡沫陶瓷、编织陶瓷纤维、金属丝网、金属纤维毡等,流体形式有壁流式、直通式和部分流等,其中最常用的是壁流式堇青石或碳化硅材质的 DPF 产品。当 DPF 中 PM 积聚到一定量时,会使排气背压过高,此时就需要更换 DPF 或进行再生处理。DPF 的再生方法分为主动再生和被动再生两大类:主动再生是利用外加能量(如电加热器、燃烧器或发动机操作条件的改变以提高排气温度),使 DPF 内部的温度达到 PM 的燃烧温度而进行的再生;被动再生是利用柴油车排气本身所具有的能量进行再生。

CDPF 是一种常被采用的被动再生用催化剂。CDPF 是在 DPF 上涂覆了催化剂涂层的催化型 DPF,可使捕集的 PM 在更低反应温度下发生催化燃烧,从而使 DPF 再生。CDPF 一般采用与 DOC 类似的涂层材料及活性组分(Pt 或 Pd)。因此,CeO_2、Pr_6O_{11} 等稀土氧化物也是 CDPF 涂层的重要原材料,其作用类似于 DOC 中的稀土氧化物,可以促进 HC、CO、PM 等的催化燃烧。

4. 选择性催化还原催化剂

柴油车发动机尾气中 O_2 过量,采用 TWC 无法实现 NO_x 的高效催化净化。SCR 是一种适合柴油车(主要针对重型柴油车)NO_x 净化的技术,是以催化剂为核心,包括尿素箱、尿素喷射器、控制单元等。$NH_3\text{-}SCR$ 不仅具有高的 NO_x 净化效率,而且通过与燃烧技术的优化匹配,还可以同时减少 PM 排放,因此,被普遍认为是欧 V、欧Ⅵ排放标准重型柴油车优先采用的后处理技术。目前 SCR 技术在欧洲已大规模推广应用，也将成为我国柴油车满足国 V、国Ⅵ排放标准的主流技术路线。SCR 催化剂的基本工作原理是：利用尿素分解得到的 NH_3 在一定反应温度范围内催化还原 NO_x 生成 N_2。V_2O_5/TiO_2 基催化剂和 Fe 或 Cu 离子交换的分子筛是目前常用的两类 SCR 催化剂。SCR 催化剂通常也是采用蜂窝陶瓷载体涂覆催化剂涂层制备而成，也有开发 SCR-DPF 一体式催化剂，即在 DPF 上涂覆 SCR 催化剂涂层。对于 V_2O_5/TiO_2 基和分子筛类 SCR 催化剂，一般可添加 CeO_2 等少量稀土氧化物作为助剂，改善 SCR 催化剂的工作温度窗口。

5. NO_x 存储型催化剂

LNT 是一种具有应用前景的处理直喷式稀薄燃烧汽油发动机(GDI)和柴油发动机 NO_x 排放的催化技术。LNT 通常由 Pt/CeO_2-BaO/γ-Al_2O_3 和 TWC 的 Rh 涂层构成，其中 CeO_2 等稀土氧化物的使用，使 LNT 具有更高的储 NO_x 能力和抗高温老化性能。当发动机在稀燃工况时，NO 被 Pt 催化氧化成 NO_2，然后被涂层中的 BaO 等碱金属氧化物捕集吸附；当稀燃工况(一般会长达 60s)结束后，发动机在理论 A/F 工况(一般不超过 1s 的脉冲)，此时被吸附的 NO_2 脱附并在 Rh 催化下被还原为 N_2。

国际著名的汽车尾气净化催化剂生产厂商主要有英国 Johnson Matthey、德国 BASF 和比利时 Umicore，它们占有全球 90%以上的市场份额，而且都在我国建立了独资企业。由于它们具有与国际著名汽车制造企业在国外相关配套的丰富经验，与国内合资整车企业形成了紧密的配套关系，国内所用的汽车催化剂 80%左右都从这些独资企业采购，国内汽车催化剂生产企业难以介入。

我国机动车催化剂生产企业主要有无锡威孚力达催化净化器有限责任公司、昆明贵研催化剂有限责任公司、凯龙高科技股份有限公司和中自环保科技股份有限公司等，国产机动车催化剂主要用于自主品牌汽车，约占 20%的国内市场份额。2020 年，我国汽车尾气净化催化剂产量将超过 6700 万 L。我国从 2017 年开始实施柴油车国 V 排放标准，国内将出现柴油车 DOC、DPF、SCR 催化剂需求量的井喷式增长，国内柴油车催化剂的潜在市场需求将达 200 亿元以上。

华东理工大学和凯龙高科技股份有限公司共同开发了"柴油机尾气净化催化剂-控制管理系统-催化转化器-整车标定与应用"的具有自主知识产权的整套柴油车尾气净化技术和产业链，已成为上海柴油机股份有限公司、潍柴控股集团有限公司、广西玉柴机器股份有限公司、一汽解放汽车有限公司无锡柴油机厂等柴油机主机厂的主要供应商，产品已出口韩国，为北京、上海等 42 个大中城市的公交车配套，覆盖率达到 85%。本项目建立的柴油机排气后处理净化技术完整产业链，填补了我国在该行业的空白，为全面实施国Ⅳ和国 V 排放标准提供了有力的支撑和保障。其发明点有：①发明了高性能柴油机尾气净化催化剂：W-Mn-Fe 基和 Fe-分子筛 NO_x SCR 催化剂，操作温度窗口为 230～620℃；低钒基 SCR 催化剂，NO_x 净化率大于 90%；柴油氧化型催化剂，碳氢化合物的起燃温度降低至 250℃；催化型颗粒捕集器，再生效率大于 95%。②发明了大尺寸整体式催化剂的制备技术和"真空涂覆-真空抽提"的整体式催化剂的涂覆技术，解决了大尺寸整体式催化剂生产一致性差的难题；发明了大尺寸陶瓷载体常温植皮和热风加湿技术，使生产效率提高约 40%，生产能耗降低 40%。"柴油车尾气净化关键技术及应用"项目于 2014 年获上海市技术发明奖一等奖。

相对于汽油车，柴油车的后处理是一个更为复杂的系统技术，也是目前国内外机动车尾气催化净化的研究热点。综合考虑我国的油品、发动机技术水平、尿素站设施建设、在用车排放管理、后处理成本等多方面因素，目前已逐步形成了较为一致的技术路线方向。总体来说，轻型车偏向于处理 PM 路线，国Ⅳ排放标准采用单 DOC 或 DOC+POC，国Ⅴ排放标准采用 DOC+CDPF，国Ⅵ排放标准采用类似 DOC+DPNR(diesel particulate-NO_x reduction，柴油车颗粒-NO_x 还原)的技术。重型车偏向于处理 NO_x 路线，国Ⅳ排放标准采用单 SCR，国Ⅴ排放标准采用 DOC+SCR，国Ⅵ排放标准采用 DOC+CDPF+SCR 或类似 DOC+DPF-SCR 的技术。

国内外针对用于柴油车的催化剂涂层技术的开发，主要研究方向包括：①更低 CO、HC 起燃温度的稀土氧化物型 DOC，NO 氧化型 DOC，提高 DOC 的抗硫中毒能力，含 Pd 型 DOC；②CDPF 涂层研究，提高 DPF 的被动再生能力；③掺杂稀土氧化物的 LNT 涂层研究，提高储 NO_x 能力及储 NO_x 材料的开发；④适用于不同工作温度窗口的 SCR 催化剂，提高 SCR 的低温活性及抗水热老化性能，尤其是新型分子筛类和稀土氧化物类催化剂的开发；⑤溢流氨的氧化催化剂的开发；⑥净化功能集成型催化剂的开发(如 DPNR)。

1.3.4　固定源 VOCs 净化催化剂

固定源 VOCs 排放涉及众多行业，如炼油与石化、有机化工、涂料行业、合成材料行业、食品饮料行业、胶黏剂生产行业、日用品行业、农用化学品行业、轮胎制造行业、装备制造业涂装、半导体与电子设备制造、包装印刷、医药化工、塑料和橡胶制品生产、人造革生产、人造板生产、造纸行业、纺织行业、钢铁冶炼行业等，包括烃类、卤代烃、醛酮类、酯类、醚类、醇类、聚合用单体、酰胺类和腈(氰)类等，是空气中普遍存在且组成复杂的一类有机污染物，具有光化学活性，是形成 $PM_{2.5}$ 和臭氧的重要前驱体，增强温室效应，在环境中具有累积性和持久性等特点，严重影响人们的身体健康和生活质量，其排放控制引起了各国政府的高度重视。

VOCs 的净化方法主要有吸附法、直接燃烧法、催化燃烧法等。其中，吸附法所需设备庞大、流程复杂、净化效果易受废气流速、温度和成分等因素的影响，并且易造成二次污染。直接燃烧法虽然工艺简单、净化效率高，但在 VOCs 浓度较低时需要投入辅助燃料，增加运行成本，而且由于燃烧温度较高，易产生 NO_x、二噁英等二次污染排放问题。相比之下，催化燃烧法具有处理废气浓度范围广、流程简单、可在较大流量下连续操作等优点，而且由于燃烧温度低、燃烧时没有火焰，不仅能避免直接燃烧法所带来的二次污染问题，还能处理易燃易爆气体，是工业 VOCs 净化的有效方法。

VOCs 催化净化技术主要可分为两类：适应于中高浓度有机废气净化（浓度＞2000mg/m³）的直接或蓄热式催化燃烧法和适用于大风量、低浓度有机废气（浓度＜2000mg/m³）的吸附-浓缩-催化燃烧法，其中高性能的氧化催化剂是关键。目前，国外生产 VOCs 净化催化剂的公司主要有英国 Johnson Matthey、德国 BASF 和瑞士 Clariant 等公司。我国从 20 世纪 80 年代开始有数家高校和科研单位，如华东理工大学、浙江大学、华南理工大学、清华大学、北京工业大学、中国科学院生态环境研究中心、中国科学院长春应用化学研究所和中国石化大连石油化工研究院等，从事催化燃烧净化技术研究，许多研究成果投入工业应用。所开发的 VOCs 净化催化剂主要有两类：负载型贵金属催化剂（以 Pt、Pd 等贵金属为活性组分的催化剂）和 Cu、Mn、Co、Fe、Cr 等复合氧化物催化剂（层状黏土、钙钛矿氧化物和六铝酸盐等），其中稀土氧化物（如 CeO_2、La_2O_3 等）作为助催化剂，对提高催化剂的氧化性能具有极其关键的作用。

随着常规芳香烃、醇类、酯类、醚类、醛酮类等 VOCs 净化催化剂的日益成熟，并得到广泛的应用，具有高毒、难降解的含杂原子 VOCs 的催化净化、与人居环境有关的 VOCs 的净化受到广泛重视。如卤代烃和酰胺类 VOCs 的高选择性催化净化、甲醛等的室温催化净化等，这些都依赖于高性能 VOCs 净化催化剂的开发。石油化工行业的生产规模较大，相应的 VOCs 排放量大，组成复杂，并且带有典型的行业特征。对于 VOCs 净化催化剂，提高低温起燃性能和稳定性是其发展的普遍要求：①对于甲醛、CO 等污染物，开发高环境适应性的低温氧化催化剂；②对于 VOCs 的催化燃烧，在提高催化剂低温活性的同时，提高催化剂的稳定性（包括热稳定性、抗中毒能力、抗热冲击等）。因工业排放 VOCs 的组成较为复杂，还需要催化剂具有广谱、高效等特点。从成本上考虑，对贵金属催化剂而言，提高贵金属的利用效率，减少贵金属的用量一直是产品开发的重点。同时研制抗中毒能力强、大空速、大比表面积和低起燃温度的非贵金属催化剂，尤其是稀土氧化物催化剂，也是研发的热点。随着环境保护需求的不断扩大和环保法规的日益严格，催化燃烧装置也向大型化、整体型和节能型方向发展，要求开发 VOCs 催化燃烧装置的集成新工艺。因此，必须开发出具有广谱、高效 VOCs 净化、抗 SO_2 中毒、热稳定性高等特点的 VOCs 净化催化剂，并在大风量条件下实现催化净化装置的稳定运行，同时对催化燃烧所放出的热量加以回收利用。

华东理工大学针对 VOCs 净化催化剂开发过程中要解决的两个关键难题(低温催化活性和高温稳定性；减少贵金属用量以降低生产成本)，运用纳米技术开发了具有自主知识产权的净化催化剂的关键材料——高性能与稳定性有机结合的稀土储氧材料、高温稳定的大比表面积氧化铝复合氧化物；在净化催化剂的组成设计方面，充分利用我国丰富的稀土资源，提出了"稀土-非贵金属-微量贵金属"的催化剂活性组分设计方案，降低了贵金属用量，从而显著降低了催化剂生产成本；运用系统工程学原理解决了均质、稳定、高净化效率的整体式催化剂的制备工艺(真空涂覆-负压抽提技术)和基于纳米组装技术的活性组分一次性涂覆技术，从而制备了高性能的 VOCs 净化催化剂。该技术在多家企业得到了推广应用，产生了明显的经济效益和社会效益。同时还开发了用于含氯有机废气催化燃烧的高活性稀土基复合氧化物催化剂，无副产物、不会产生二次污染、抗氯中毒能力强、催化剂寿命长、催化剂原材料来源丰富、制备过程简单和生产成本低。"稀土铈基复合氧化物催化剂的制备及其在工业氯代烃类废气低温催化消除中的应用"项目于 2015 年获上海市科技进步奖二等奖。

针对已有的反应过程，结合我国节能减排和环境保护的重大需求，以催化新材料和催化新技术的创新为突破口，利用稀土独特的催化作用，创制高性能的稀土催化材料，强化催化反应过程，提高反应效率，形成具有我国自主知识产权的清洁能源生产和环境治理的新方法和新技术。同时，通过深入开展基础研究和应用基础研究，明确稀土的催化作用本质，研究开发具有新功能的稀土催化材料，发现新的催化反应，进一步拓展稀土催化材料的应用领域，促进稀土资源的高效、高值和平衡利用。

1.4 稀土发光陶瓷

发光材料在现代社会中的重要性不言而喻，见图 1-53。作为无机材料晶体、玻璃、陶瓷三大形态之一的陶瓷材料的基础研究及其应用是涉及学科发展、国家重大需求、国际前沿、国民经济的关键之一，在人类科学技术和经济社会发展中占一席之地。在稀土发光陶瓷材料中，稀土既可以作为基质组分，也可以作为掺杂改性元素。稀土在陶瓷中的应用本质上源于稀土元素的金属性、离子性、4f 电子衍生的光学和磁学性能，这四种基本属性是贯穿稀土陶瓷材料发展的主线。其中，由于具有 f 电子层是稀土离子的独特性，而其相应的物理性质体现为 f 电子层内跃迁(f-f)和层间跃迁(f-d)以及未成对 f 电子展现出来的性能。

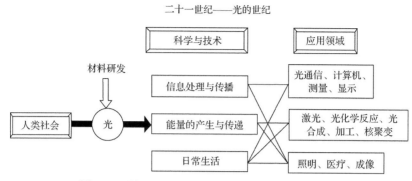

图 1-53　材料研发与人类社会、科技的关系示意图

二十世纪后期，结构陶瓷的晶界工程研究与关键制备技术、纳米技术的发展与突破，为陶瓷的功能化与结构增强等性能的提升提供理论与技术支撑。综合而言，稀土发光陶瓷具有陶瓷材料的耐高温、高强度等特性；光谱特性与晶体一致；在制备成本、尺寸（与单晶相比）、力学性能及热性能（与玻璃相比）等方面具有独特优势。陶瓷材料是一种多晶组成，与单晶（晶体材料）和无定形（玻璃材料）不同，晶粒与晶粒之间的界面是陶瓷材料所特有和极为重要的结构特征，是晶粒与晶粒之间连接的"纽带"，也是微观物质迁移和性能体现及传递的桥梁。因此针对光学材料的特点，开展发光陶瓷的晶界与微结构的调控研究是提高材料性能的基础与必经之路。

本节主要介绍利用材料基因设计、材料计算、陶瓷材料制备与新型表征技术等手段，稀土发光陶瓷（包括激光、闪烁、光电、磁光等）的研究进展与应用。

1.4.1　稀土发光陶瓷材料的主要种类

光功能晶态材料是通过微结构调控和稀土离子（或过渡离子）掺杂实现单晶或多晶陶瓷体系高透光性及光学功能的结构功能一体化材料，它的出现不仅丰富了材料科学的研究内涵，更拓展了光功能晶态材料在信息、能源、医疗、先进制造和国家安全等高技术领域的应用。激光材料和闪烁材料作为光功能晶体材料的典型代表，在高端装备制造、高能激光武器、激光核聚变点火、核医学成像、高能物理探测和国家安全检测等应用领域具有不可替代的作用。

陶瓷材料的微结构由不同取向的晶粒与晶界组成，当入射光进入陶瓷材料内部时，会产生反射、散射、折射、吸收等效应，见图 1-54。故传统的陶瓷材料不宜以光学材料作为重要应用范畴，随着陶瓷材料烧结理论与制备技术的发展，纳米技术对高纯粉体的可控制备等，在七种材料晶系中属于立方晶系（部分双折射效应较小的六方体系）的材料可制备出用于发光的陶瓷材料，部分材料的光学性能甚至可媲美同质的单晶材料。目前常用的发光陶瓷材料的制备过程类似于粉末冶金的制备过程，与普通陶瓷的制备过程基本一致，粉体—成型—烧结—加工—性能测试，以激光陶瓷制备过程为例，见图 1-55，具体装备与过程见图 1-56。作为微结构复杂的陶瓷材料，最终烧结后的发光陶瓷主要要呈现两个特点：每个晶粒的相组成与组分要一致，晶界要"干净"，即纯相与净晶界以避免双折射效应。因此，发光陶瓷与普通陶瓷的制备相比更要注意原料的纯度与晶态，烧结助剂的晶界富集与晶粒相的固溶，烧结条件对气孔的排除作用等因素。

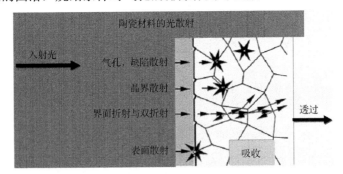

图 1-54* 光与陶瓷材料微结构的相互作用示意图

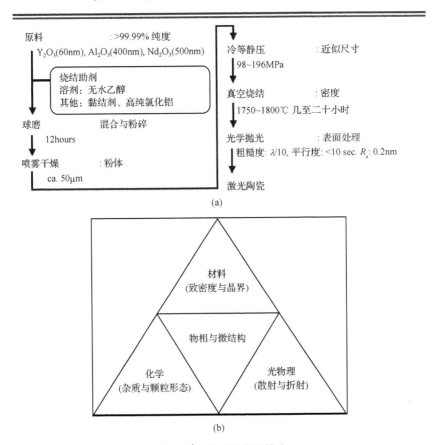

(a)

(b)

图 1-55* 透明陶瓷的特点

(a)激光陶瓷的制备流程示意图；(b)透明陶瓷材料-物性-微结构-性能的关联性示意图

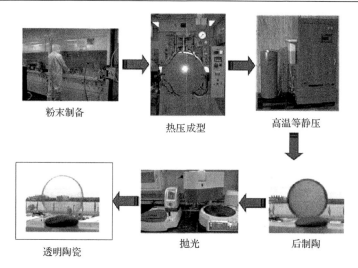

图 1-56* 　美国海军实验室透明陶瓷的制备过程[163]

1. 激光陶瓷

自 1960 年红宝石晶体激光器问世以来[164,165]，固体激光器一直是最重要的研究和开发应用对象之一。由于固体激光器在通信、军事和工业领域的巨大应用潜力，作为固体激光器的主体，激光基质材料是固体激光技术的重要支柱，从激光诞生至今人们对探索新的性能更优异的激光材料一直在进行不懈的努力。

早在 20 世纪 60 年代，科学家已经提出高纯各向同性的致密陶瓷具有与单晶相当的光学性质。1966 年，Carnall 等[166]采用真空热压烧结技术制备了光学透明的 Dy：CaF₂ 陶瓷，并且在液氮温度下实现了激光振荡，其激光阈值与单晶相似。1972 年，Anderson[167]开发出了 NDY（Nd doped yttralox，Nd 掺杂氯化钇）陶瓷激光器。1973 年，Greskovich 和 Chernoch[168, 169]用传统的陶瓷烧结方法制备了更高质量的 NDY 透明陶瓷，其激光阈值和斜率效率与当时的钕玻璃相近。

然而，在透明陶瓷内存在多种散射源，包括微孔、晶粒边界、单个晶粒内的结构梯度，以及光学各向异性材料的相和晶格缺陷等均能使局部折射率改变，在陶瓷材料的微结构中这些因素产生了较大的光损耗。随后的 20 余年中，陶瓷激光材料并没有受到关注，因为其激光性能远不及单晶和玻璃基质材料。1995 年，日本电气通信大学的 Ikesue 等[170]采用固相反应法研制出了高透过率的 Nd：YAG 陶瓷，1.1at%Nd：YAG 陶瓷的平均晶粒尺寸和相对密度分别为 50μm 和 99.98%；其折射率、热导率、硬度等物理性能与 Nd：YAG 单晶相似（表 1-3），散射损耗降至 0.22cm⁻¹，并首次实现了 Nd：YAG 陶瓷的激光输出。在初期由于激光性能远不及激光晶体而没有受到关注，直到 20 世纪 90 年代后期神岛化学公司 Yanagitani 的研究小组[171-173]采用纳米技术和真空烧结方法制备了高质量的 Nd：YAG 透明陶瓷，其吸收、发射和荧光寿命等光学特性与单晶几乎一致。2000 年，神岛化学公司和日本电气通信大学 Ueda 的研究小组一起首次用这种方法实现了高效激光输出[174,175]。基于这一技术，日本神岛化学公司、日本电气通信大学、俄罗斯科学院的晶体研究所等联合开发出一系列二极管泵浦的高功率和高效率固体激光器。到 2003 年，激光输出功率从 31W 提高到 1.46kW，光-光转化效率从 14.5%提高到 42%。从此激光透明陶瓷进入了迅速发展期，成为激光材料发展的一个重要方向[175-181]。到 2009 年美国诺格公司采用日本的 Nd：YAG 激光陶瓷制成 7个模块的固体激光器，激光输出首次突破 100kW，见图 1-57。而单晶需要 28 个激光器模块才达到同等激光输出功率。大尺寸激光透明陶瓷具有单晶和玻璃激光材料无可比拟的优势，是实现高功率激光输出的关键。目前已有实验证明激光透明陶瓷具有比单晶材料更强抗热损伤能力，激光陶瓷能满足高功率固体激光系统对激光增益介质热管理的需求，获得高光束质量，高功率激光输出，实现高功率激光系统产业化应用，可以预期 Nd：YAG 陶瓷激光的输出功率将会朝600kW～1MW 的目标迈进。

表 1-3 YAG 透明陶瓷与单晶的物化特性对比[171,178]

指标		YAG 透明陶瓷	YAG 单晶
密度/(g/cm³)		4.55	4.55
维氏硬度/GPa		12.8	12.6
杨氏模量/GPa		283.6	279.9⟨111⟩
剪切模量/GPa		115.7	113.8{111}
体积模量/GPa		178.2	(173.4)
泊松比		0.226	0.230
折射率(590nm)		1.808	1.810
导热系数/[J/(cm·℃)]	20℃	0.105	0.107
	200℃	0.067	0.067
	600℃	0.046	0.046
弯曲强度/MPa		341	252
断裂韧性/(MPa·m^{1/2})		1.41	1.04
衰减时间/μs		210	217

注：括号内数值代表按照各向同性计算

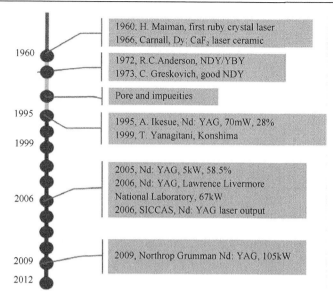

图 1-57[*]　激光陶瓷的发展历程

　　目前,日本神岛化学公司制备的高质量的 YAG 激光透明陶瓷在世界范围内是领先的。国内研究单位(如中国科学院上海硅酸盐研究所、东北大学、山东大学、北京人工晶体研究所等)已开展了 YAG 激光陶瓷制备方面的工作并取得了进展。

　　基于固体激光器热效应中散热的问题,稀土倍半氧化物激光陶瓷,Y_2O_3、Lu_2O_3、Sc_2O_3 等由于其热导率高于 YAG 而备受关注,但整体而言光学性能和激光性能与 YAG 相比仍有一定的差距,原因之一可能是这些稀土倍半氧化物虽然属于立方晶系,但原子堆积导致晶胞中 a 轴和 c 轴的物性差异较大(如 YAG 与 Y_2O_3 的物性见表 1-4),从而引起微观的非线性折射率指数要大于 YAG(表 1-5),倍半氧化物陶瓷微结构中不同晶面取向的晶粒杂乱堆积可能会引起双折射而导致散射损耗较大。

表 1-4　YAG 与 Y_2O_3 的弹性模量与剪切模量在不同晶向上的数值

YAG Spencer, JAP, 34.2059.1963				
晶向	100	110	111	各向异性
弹性模量/MPa	333	337	338	1.5%
剪切模量/MPa	115	111~115	112	2.6%
Y_2O_3 Palko, JAP, 89.7791.2001				
晶向	100	110	111	各向异性
弹性模量/MPa	224	243	249	10%
剪切模量/MPa	75	56~75	62	28%

表 1-5　YAG 与一些倍半氧化物的非线性折射率指数[182]

样品	n_λ(@532nm)	n_2(10^{-13}ESU)
SiO_2	1.461	0.76 ± 0.17
YAG 晶体	1.83	2.51 ± 0.71
YAG 陶瓷	1.83	2.49 ± 0.70
Y_2O_3 晶体	1.92	—
Y_2O_3 陶瓷	1.92	5.79 ± 1.45
Sc_2O_3 陶瓷	2.01	5.32 ± 1.33
Lu_2O_3 陶瓷	1.93	3.96 ± 1.77

注：n 代表折射率；ESU 代表非线性折射系数

2. 闪烁材料与闪烁陶瓷

19 世纪末人类相继发现了一些射线可以激发许多物质发光，随着作用于发光体上的射线强度不同，有时发光是不连续的闪光，这种现象称为闪烁。19 世纪末起人们研制出以 $CaWO_4$ 和 ZnS 为代表的闪烁体，是能够有效吸收高能射线(X 射线、γ 射线)或高能粒子并发出紫外或可见光的一种功能材料，成为人们发现和研究看不见射线的重要工具，故被广泛用于医疗诊断、工业检测、放射量测定、核医学、高能物理等辐射探测领域。20 世纪中期研制出高发光效率的 Tl：NaI 及 $Bi_4Ge_3O_{12}$(BGO)、碱土卤化物、Ce^{3+} 玻璃等新型闪烁材料；随着高能物理和核医学的需求，20 世纪后期至今大力发展高密度、高发光效率、快衰减和高辐照硬度的闪烁材料，以具有 0.6ns 的 BaF_2、密度达到 $8.28g/cm^3$ 的 $PbWO_4$，高发光强度的 Ce：Lu_2SiO_5(LSO) 等为代表。

20 世纪 80 年代，美国通用公司通过陶瓷烧结工艺制备出了 (Y, Gd)$_2O_3$：Eu 闪烁陶瓷，并将其成功地应用于医用的 X-CT 探测器，开辟了陶瓷闪烁体在医疗探测领域的应用。随后又出现了几种其他的陶瓷闪烁体，如 Gd_2O_2S：Ce, Pr(GOS)、$Gd_3Ga_5O_{12}$：Cr, Ce(GGG)、Lu_2O_3：Eu 等，由于在密度、衰减时间、光输出等方面存在着部分的不足，限制了这些材料的应用，这就迫使人们去寻找一种新型的、性能更优异的陶瓷闪烁体材料。

21 世纪初，美国、日本、德国等更是对新型闪烁透明陶瓷加大研发力度，如美国 Livermore 国家实验室、德国西门子股份公司、飞利浦、日立等著名公司。Ce：YAG、Ce：LuAG、Pr：LuAG、Ce：Lu_2SiO_5 等新型闪烁陶瓷被陆续开发出来。目前德国西门子股份公司已经成功将超快稀土陶瓷应用在 CT 上，在扫描速度(737mm/s)和空间分辨率上都有提升[183]。

Ce^{3+} 在 YAG 基质中的发光峰值位于 550nm 左右，能与硅光电二极管很好地耦合，且具有衰减时间快(约 65ns)、光产额高的特点。Ce：YAG 是在中低能量粒子射线(电子、α、β、粒子等)探测领域具有重要应用前景的闪烁材料。Zych 等报道了 Ce：YAG 透明陶瓷的荧光和闪烁性能。Yanagida 等报道了真空烧结制备不同掺杂浓度的 Ce：YAG 透明陶瓷，在 500nm 以上的可见光波段的直线透过率接近 80%，其闪烁性能与单晶相当。在成功开发了 Ce：YAG 闪烁陶瓷的基础上，Yanagida 等又研制出了对 γ 射线具有更好阻止能力的 Ce：GYAG 闪烁陶瓷，是 Ce：YAG 闪烁陶瓷的 5 倍。Ce：LuAG 具有十分优异的闪烁性能，Ce^{3+} 允许的 5d→4f 跃迁使其具有几十纳秒的快速衰减，500~600nm 的发射波长在硅光电二极管的高敏感区域范围内，满足于闪烁体的性能要求，是一种很有应用前景的闪烁材料。Ce：LuAG 透明陶瓷在 X 射线下的发射光谱为典型的 Ce^{3+} 的 $5d_1$→4f 特征发射，该发射光谱的位置在与之相耦合的硅光电二极管的高敏感区域范围内。Ce：LuAG 闪烁陶瓷与 PMT 或 Si 半导体光监测器耦合具有中等的光产额和能量分辨率，而 Pr：LuAG 闪烁陶瓷则具有更加优异的光产额、能量分辨率、快衰减。Yanagida 等首次报道了用烧结工艺成功制备了 Pr：LuAG 透明闪烁陶瓷。

随着研究的推进，近几年来人们开始关注另外两个也可以实现 5d→4f 跃迁的快衰减稀土离子 Nd^{3+} 和 Pr^{3+}，Nd^{3+} 由于 5d→4f 能级势差较高，只能在高声子能量的碘化物、卤化物基质中表现出闪烁性能，而 Pr^{3+} 的 5d→4f 能级势差介于 Ce^{3+} 和 Nd^{3+} 之间，在中等能量的氧化物基质的晶场中即可表现出优异的闪烁性能，且衰减时间明显快于 Ce^{3+}。其中石榴石结构的闪烁陶瓷由于其优异的综合性能受到广泛关注[163, 184-203]，见图 1-58。

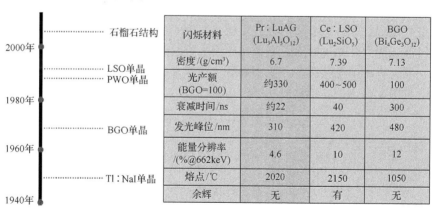

闪烁材料	Pr：LuAG $(Lu_3Al_5O_{12})$	Ce：LSO (Lu_2SiO_5)	BGO $(Bi_4Ge_3O_{12})$
密度/(g/cm³)	6.7	7.39	7.13
光产额 (BGO=100)	约330	400~500	100
衰减时间/ns	约22	40	300
发光峰位/nm	310	420	480
能量分辨率 /(%@662keV)	4.6	10	12
熔点/℃	2020	2150	1050
余辉	无	有	无

时间轴：1940年 Tl：NaI单晶；1960年 BGO单晶；1980年 PWO单晶、LSO单晶；2000年 石榴石结构

图 1-58* 闪烁材料的发展及性能

陶瓷的多晶微结构特征丰富了材料的光功能特性，主要体现在通过加入不同的离子可增强材料的可设计性与拓展其应用，例如在 20 世纪 90 年代，Ce^{4+} 一直被认为对闪烁体有不利影响[204]。现在的研究表明，在 LuAG：Ce 陶瓷中 Mg^{2+} 的引入可产生稳态的 Ce^{4+}。而相对于稳态 Ce^{3+} 发光中心，Ce^{4+} 发光中心具有快衰减的特性，能够与浅能级电子陷阱更加有效地竞争，从而提升其闪烁性能[205,206]。

Mg^{2+}共掺不仅能显著提高 LuAG：Ce 陶瓷的光产额，而且增加了其快发光分量。证实了 LuAG：Ce, Mg 陶瓷中 Ce^{4+} 的存在，对闪烁体的快速响应起促进作用。

Ce^{3+} 与 Ce^{4+} 发光中心的整个闪烁过程均为三个阶段(图 1-59)。

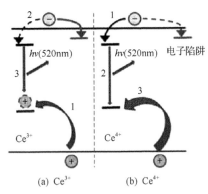

图 1-59* 稳态 Ce^{3+} 和 Ce^{4+} 发光中心的闪烁机理示意图

第一阶段：最开始时(皮秒级)，Ce^{4+} 发光中心与材料中的浅电子陷阱竞争捕获导带中刚生成的电子，而 Ce^{3+} 发光中心则首先捕获价带中的空穴。

第二阶段：已捕获电子的 Ce^{4+} 转变为激发态(Ce^{3+})发光中心并跃迁发光，Ce^{4+} 的发光是不含慢分量的快衰减发光。而第一阶段获得空穴的 Ce^{3+} 则通过继续在导带中捕获电子变为激发态。

第三阶段：发光中心的恢复阶段，Ce^{4+} 和 Ce^{3+} 分别通过捕获空穴和释放光子来恢复到稳定状态。

目前，稀土发光材料除了在激光与闪烁方面的应用以外，国际上的研究主要集中在发光机理，尤其在多种稀土离子光谱能量传递方面近期的工作比较集中和突出，见图 1-60～图 1-64。

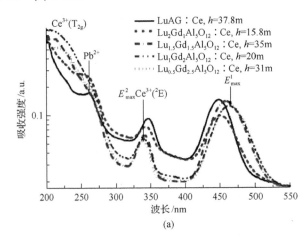

(a)

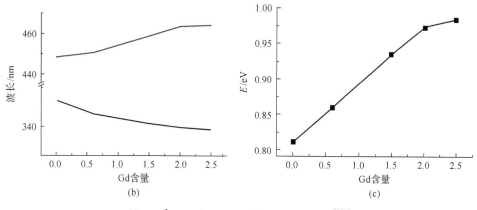

(b)

(c)

图 1-60*　Gd 含量对 Ce 离子发光的影响[207]

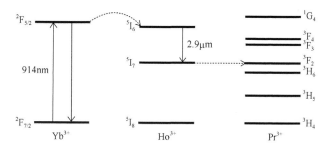

图 1-61　稀土离子能量传递实现 3μm 激光输出[208]

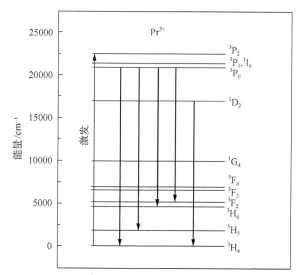

图 1-62　Pr^{3+}：PLZT 陶瓷中 Pr^{3+}能级的发光[209]

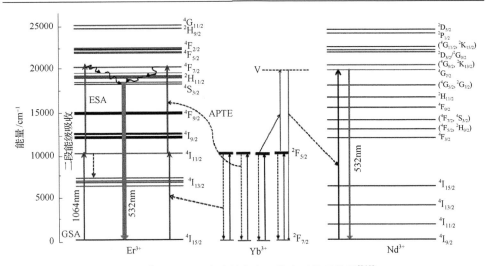

图 1-63* YCa₄O₃ 多种稀土离子的光子能量传递[210]

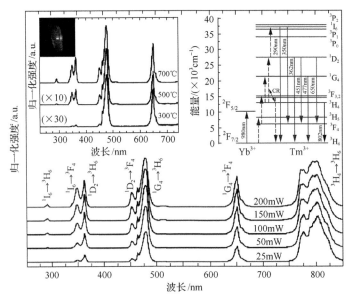

图 1-64* Sr₂LuF₇-SiO₂ 稀土离子的发光效应[211]

3. 电光与磁光陶瓷

陶瓷样品及散点图成像电光与磁光陶瓷分别用于电场和磁场下光传输性质，如传输方向(折射和散射)等的改变，从而用于制备光闸、光存储、偏光器和光调制器件等。稀土在电光陶瓷中主要作为添加剂，如 La 部分置换 $Pb(Zr_xTi_{1-x})O_3(PZT)$ 陶瓷中的 Pb，并且利用氧气气氛下的热压烧结工艺获得了高度透明的 $Pb_{1-x}La_x(Zr_yTi_{1-y})_{1-x/4}O_3$，即 PLZT 铁电陶瓷。La 的掺入进一步畸形化了原有的结构，从而增加了电滞回线的矩形性，增大介电系数、降低矫顽场强、提高机电耦合系数等。同时，La 的加入也提高了陶瓷的透明性，容易得到透光度高于 80% 的透明铁电陶瓷[212]。当前广泛研究的含稀土元素的电光陶瓷还有铌酸盐、钛铌酸盐等。

磁光效应就是在磁场作用下，物质的磁导率、介电常数、磁化方向和磁畴结构等发生变化，从而改变了入射光的传输特性的现象。现有的稀土磁光材料主要是石榴石结构化合物，最为典型、应用最广泛的是铁基石榴石系列 RE$_3$Fe$_5$O$_{12}$（RE=稀土元素），其中代表材料是钇铁石榴石（Y$_3$Fe$_5$O$_{12}$，YIG），但是 YIG 对 1μm 以下的光具有较强的吸收，这就意味着不能用于可见光或更短波长的波段。因此，各类改性材料不断被探索出来，典型的有高掺 Bi 的材料和掺 Ce 的材料，后者可以降低光吸收，而且法拉第旋光效应也更大，在相同波长、相同掺杂数量下是 Bi∶YIG 的 6 倍，因此成为当前最具发展前景的磁光材料之一。另一类石榴石结构的稀土磁光材料是 Ga 基材料，以 Gd$_3$Ga$_5$O$_{12}$（GGG）为代表，新近的发展还有 Tb$_3$Ga$_5$O$_{12}$（TGG）与 Fe 基材料。由于 Ga^{3+} 的外层电子全空，基质吸收为紫外短波段，因此这类磁光晶体可以用于可见光波段，而 Fe 的变价性导致基质在可见光区吸收严重，只能用于红外及微波段。但是对于稀土基磁光材料而言，稀土离子的光谱特性有时会带来一定的问题，如 TGG 不能用于 470～500nm 的绿光波段，这是因为 Tb^{3+} 本来就是绿光发射的发光中心，相应的在这一波段就存在严重的吸收。

铽铝石榴石（TAG）也是一种应用于可见及近红外波段的法拉第磁光材料，与TGG 具有相同的石榴石结构，相近的光学性能和热学性能，但是磁光性能更为优异，其 Verdet 常数要比 TGG 高 30%～50%。Starobor 等对 TGG、TAG、Ce∶TAG透明陶瓷在高功率隔离器中的应用做了比较，见图 1-65 和图 1-66。结果表明[214]，室温下纯 TAG 及 Ce∶TAG 比 TGG 透明陶瓷样品的 Verdet 常数分别大 21% 和 36%。

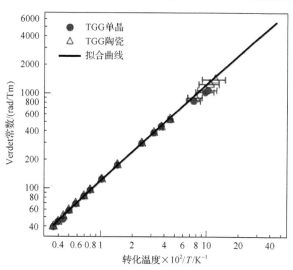

图 1-65* TGG 单晶和 TGG 陶瓷 Verdet 常数随温度的变化[213]

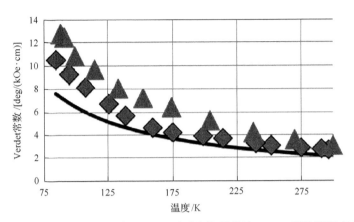

图 1-66*　TAG、Ce∶TAG(0.1at%)及 TGG 透明陶瓷样品的 Verdet 常数随温度变化的曲线

三角形为 Ce∶TAG 样品；菱形为 TAG 样品；实线为 TGG 样品

1.4.2　稀土发光陶瓷的发展与应用

　　光功能晶态材料是通过微结构调控和稀土离子(或过渡金属离子)掺杂实现单晶或多晶陶瓷体系高透光性及光学功能的结构功能一体化材料，它的出现不仅丰富了材料科学的研究内涵，更拓展了光功能晶态材料在信息、能源、医疗、先进制造和国家安全等高技术领域的应用。激光材料和闪烁材料作为光功能材料的典型代表，在高端装备制造、高能激光武器、激光核聚变点火、核医学成像、高能物理探测和国家安全检测等应用领域具有不可替代的作用。

　　按照传统的稀土发光材料及其功能替代材料的研发模式——"试错法"，一种新材料从发现到获得应用需要大量烦琐性制备、表征、评价实验反复比对，导致新材料开发周期长、效率低。为了全面创新材料研发模式，美国国家科技顾问委员会和总统科技政策办公室于 2011 年 6 月底启动了名为"材料基因组计划"(materials genome initiative，MGI)的国家科学计划，拟通过高性能材料计算能力、高通量材料实验平台和材料数据共享平台的建立与协同，力争将新材料研发时间缩短一半，并将计算机全程控制技术用于材料制备过程监控，提高材料的可靠性和重复性。该计划的核心在于整合计算技术、高通量实验手段和数据库资源，建立共享型基础设施，尝试采用"材料设计"的新理念，即通过理论预测、计算仿真模拟等手段"设计"所需材料体系，再经过快速实验手段进行验证。相比传统方法，此法对材料的预测有独特优势，可以降低对原有经验的依赖，增加对材料可预测性能的复杂性认识，提高预测的准确性，加速新材料研发与应用的进程。计算机模拟技术可以根据有关的基本理论，在计算机虚拟环境下从纳观、微观、介观、宏观尺度对材料进行多层次研究，也可以模拟超高温、超高压、强辐照和长时间等极端环境下的材料服役性能、性能演变规律、失效机理，进而实现材料设计和材料服役性能的改善。因此，将计算材料科学引入到透明闪烁陶瓷的研究中，将极大地提高研究水平，加快新材料研发速度。

鉴于稀土光功能材料对国家工业发展的重要作用，目前美国、法国、德国、日本、俄罗斯等均高度重视稀土发光材料及其功能的研发，并开发出第一性原理计算等相关的软件包，极大地促进了材料设计及性能预测。

稀土掺杂陶瓷是近 30 年来快速发展起来的一类新的多晶光功能材料。与稀土质单晶相比，陶瓷可同样具有良好的物理化学稳定性和优异的光学性能。更重要的是，陶瓷在制备温度、组分设计(高浓度、多种类掺杂)和大尺寸制备上具有更大的优势，而立方对称石榴石结构是发展闪烁透明陶瓷的理想基质，因此石榴石结构的透明陶瓷是新一代高性能(快衰减、高光产额、抗辐照损伤和低余辉等)闪烁材料的重要发展方向之一。从 21 世纪初的相关国外专利的申请情况来加以分析和研究，自 2000 年以来钇铝石榴石领域专利进入了快速增加阶段，尤其在 2003 年后，达到爆发性增长，钇铝石榴石领域专利已经转入快速增长成熟期。经过近十几年的发展，钇铝石榴石稀土陶瓷材料的应用开始进入成熟期[215]。

以石榴石体系，尤其是常用的稀土离子掺杂钇铝石榴石(YAG)和镥铝石榴石(LuAG)为重点检索对象，从 1985 年(中国开始实施专利制度)起至 2016 年，国际上相关申请和授权专利的分布见图 1-67。2014～2016 年石榴石体系材料的研究及其应用申请数量在 500 项左右，授权在 400 项以上。中国在石榴石体系材料及其应用中专利数量居美国与日本之后占据第三位，见图 1-68。

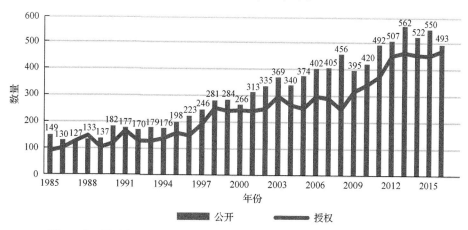

图 1-67*　国际上 1985 年起至 2016 年 12 月石榴石体系材料与应用的专利
公开与首度获得授权的年度分布图

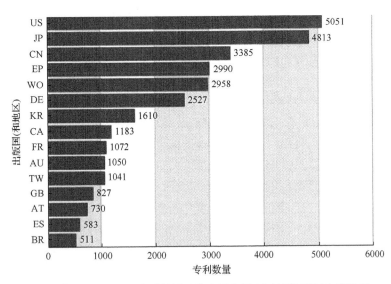

图 1-68* 关于石榴石体系材料及其应用各国(和地区)授权专利数量

在世界范围内,主要申请单位包括荷兰皇家飞利浦公司、美国通用电气公司、德国贺利氏控股集团、日本神岛化学公司、日本奥林巴斯公司、法国罗纳-普兰克化学公司等。

石榴石结构的材料体系由于其优异的特性,在激光、闪烁、光电、磁光等领域受到各国的重视,鉴于其特殊的结构,稀土离子的特性可以广泛地被利用,因此可以通过材料基因设计、材料计算、快速筛选技术、新型表征技术等先进手段,研究结构-性能关系,快速研发具有石榴石结构的新材料与提升综合性能。

国际上在石榴石结构材料及应用的专利所有权前 30 位中国外的大公司占绝对主要位置,综合分析国际上石榴石体系材料及其应用的专利状态,表明该研究正受到各方的广泛关注,近几年仍然在快速增长成熟期。

中国的科研水平在稳步提升的同时应该重视对材料及应用技术的研发,石榴石结构体系的材料组成非常丰富,在材料研究时应注意有所选择,不能一味追求研究新的组分,应结合材料计算与性能预测开展有针对性的研究工作,注重材料的应用专利申请,研究所和大学的科研机构与企业相结合,重视材料综合性能与服役行为、应用领域结合的研究,而不是侧重某一单个指标的突破以达到论文的发表为主要目的。充分利用专利申请的规则,注重研究者的初创、原型设想的专利优先权的申请,保护自己的构思与应用可能性。重视对石榴石结构材料的研究与应用上游创新技术的专利状况的分析与了解,以促进其基础研发和原始重大技术创新。

1.5　稀土抛光粉

稀土抛光粉是一种重要的稀土深加工产品。稀土抛光粉中最主要的组分是氧化铈，因此也称为铈基稀土抛光粉、氧化铈抛光粉等。稀土抛光粉作为研磨抛光材料，以其粒度均匀、硬度适中、抛光效率高、抛光质量好、使用寿命长及清洁环保等优点，成为以玻璃为代表的含硅材料抛光用材料的首选，已经广泛应用于集成电路、光学玻璃、平面显示等领域的抛光，成为电子及微电子信息产业发展的关键化学品之一。特别是近年来随着液晶显示器产业的兴起与不断壮大，高性能稀土抛光粉得到了快速发展。稀土抛光粉的广泛应用，不仅使其在国民经济和国防建设中占有越来越重要的地位，而且促进了我国稀土产业的发展，提高了稀土产品的附加值。稀土抛光粉在工业发达国家的稀土用量中占有很高的比例，其产量和用量的大小都能从某种程度上反映一个国家科技发展的速度和水平。

我国是稀土资源较为丰富的国家之一。20 世纪 50 年代以来，我国稀土行业取得了很大进步。经过多年努力，我国成为世界上最大的稀土生产、应用和出口国。我国稀土抛光粉的生产、应用、市场和技术设备等方面已经取得了很大的成就和发展。

我国稀土抛光材料行业经历了从普通玻璃制造行业向光电子显示行业的跨越，由传统应用到光电子高技术提升的过程。稀土抛光材料以其独特、灵活的使用特性，已经成为当今世界光电子传输显示行业必不可少的材料。随着下游应用领域的持续发展，国内稀土抛光材料的应用从 20 世纪 80 年代的不足 40t 增长到 2018 年的 3 万 t 左右。

我国稀土抛光材料的生产企业主要集中在内蒙古、甘肃、山东、湖南、上海等地，其中产销规模较大、技术水平领先的企业，如包头天骄清美稀土抛光粉有限公司、甘肃稀土新材料股份有限公司、上海华明高纳稀土新材料有限公司、湖南皓志科技股份有限公司等成为国内重要厂商，并占据了大部分的市场份额。

我国稀土抛光粉产品中的中低档抛光粉的规模和技术比较成熟，在高端应用中，如半导体集成电路 STI 制程用氧化铈抛光材料、液晶显示、高精密光学镜头等领域依然与国外存在一定差距，这主要是因为国内产品质量的稳定性、精密控制等方面尚存在差距，尤其是半导体集成电路 STI 制程用氧化铈抛光材料尚依赖于进口。

随着不同应用领域客户对抛光质量和效率不断提高的要求，抛光材料面临着更高的特殊性能的要求。严重的供大于求的市场局面、更高的特定性能要求、市场需求的不确定性等因素，是每个抛光材料厂家所面临的挑战与机遇。

稀土抛光粉虽然发展快速，但是系统性的基础理论研究却相当滞后。随着应用领域的拓展和高精度抛光的需求，对稀土抛光粉提出了更严格和新的要求，需要对抛光粉的认识进行相应的补充。

本书作者在结合生产实践的基础上，参考国内外的相关研究成果，围绕着稀土抛光粉的发展与现状，稀土抛光粉的制备与应用，稀土抛光粉的作用机理及影响因素，稀土抛光粉的性能评价指标与方法，稀土抛光粉发展面临的困境及方向等方面进行了梳理。

1.5.1 稀土抛光粉简介

抛光是指采用化学、机械或电化学等手段，以降低被抛光元器件表面的粗糙度，最终得到光洁、平整表面的加工工艺。抛光是表面加工技术的重要工序，而抛光粉则是抛光加工过程中的关键材料之一。

以浮法玻璃加工显示面板 STN 玻璃，其典型的抛光模拟示意如图 1-69 所示。由于浮法玻璃生产工艺的特点，玻璃表面有水波纹出现，抛光的目的是修正玻璃表面平整度、减轻水波纹，达到抛光工序要求。

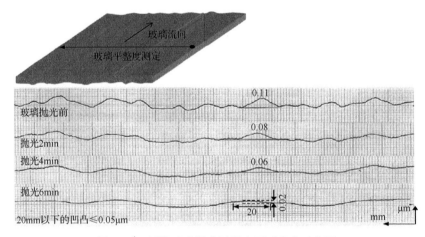

图 1-69* 浮法玻璃抛光过程表面平整度示意图

研磨抛光颗粒通过自身硬度、表面化学活性及表面带电情况等，影响着被抛光表面材料的去除。目前，市场上主流的研磨颗粒为氧化铈(CeO_2)、氧化铝(Al_2O_3)、氧化硅(SiO_2)、氧化锆(ZrO_2)，其他研磨颗粒还有氧化铬(Cr_2O_3)、氧化铁(Fe_2O_3)、碳化硼(BC_4)、金刚石，以及复合研磨颗粒等。常用研磨颗粒的莫氏硬度及等电点(isoelectric point，IEP)情况如表 1-6 所示。通常，氧化铈用于玻璃和含硅材料的抛光；氧化铝用于不锈钢的抛光；氧化硅用于含硅材料(如晶圆)及不锈钢材料的抛光；氧化铁也可用于玻璃，但速度较慢，常用于软性材料的抛光；氧化锆常用于光学软玻璃的抛光。石材的抛光常使用氧化锡，瓷砖的抛光常使用氧化铬。

表 1-6　常用研磨颗粒的莫氏硬度及等电点

研磨颗粒	SiO_2	Al_2O_3	CeO_2	ZrO_2	TiO_2	BC_4	金刚石
莫氏硬度	7	9	7	8.5	5.5~6.5	9.3	10
等电点	2~3	9	7	4	4	<1	3~4

稀土抛光粉，顾名思义，是含有稀土元素的抛光粉。稀土抛光粉是稀土产品的重要延伸产品。从 1933 年欧洲玻璃工业首次报道了在玻璃抛光领域使用氧化铈，稀土抛光粉开始取代氧化铁(即铁红)用于玻璃抛光，成为玻璃抛光加工过程中的关键材料之一。

随着对抛光精度越来越苛刻的要求，抛光粉的研发朝着干净、稳定、质软、粒径小及分布均匀的方向发展。对抛光粉的基本要求，一般包括：

(1)有合适的硬度，一般应稍大于被抛光材料。

(2)粒度均匀一致，在允许的范围之内；颗粒的大小及均匀度决定了抛光速度和精度。抛光材料的抛光能力随着粒度增大而提高，但粒度过大，则容易在光学表面造成机械损伤等问题。控制抛光粉的最大颗粒粒度，是消除划痕的重要因素之一；另外，粗颗粒含量的多少，影响到抛光粉的抛光能力和使命寿命，细颗粒含量则影响到抛光的质量效果。

(3)有合理的晶型和形貌。不同的晶型和形貌影响着抛光材料的抛光速度及抛光精度。通常，晶粒形状为带棱角材料，其抛光能力最强，但容易引起划痕；米粒状的氧化铈，其抛光能力最弱，抛光精度高。

(4)抛光粉应干净，有适宜的纯度，不含有引起划痕的机械杂质和影响制品表面质量的微量杂质元素。

(5)有适宜的分散性和吸附性，以保证加工过程的均匀和高效。抛光粉要有较好的悬浮性、分散性，同时不要产生胶连的副作用。

1.5.2　稀土抛光粉的发展历程与应用

1. 稀土抛光粉国内外发展历程

1)国外稀土抛光材料行业发展概述

人们使用抛光粉始于 17 世纪。红粉(Fe_2O_3)是历史上最早应用于玻璃抛光的抛光材料，几百年来红粉经过不断的改良，直到 20 世纪 40 年代还是主要的玻璃抛光材料。

经过不断的实践，人们对抛光材料的认识不断深化。20 世纪 30 年代，随着稀土工业的发展，首先在欧洲出现了用稀土氧化物作抛光粉来抛光玻璃(图 1-70)。

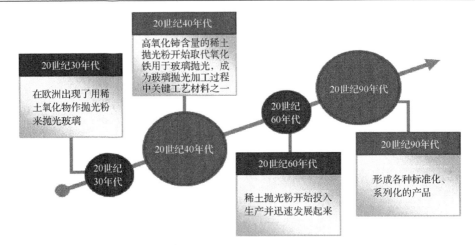

图 1-70* 国外稀土抛光材料的发展历程

20 世纪 40 年代,高氧化铈含量的稀土抛光材料开始取代氧化铁用于玻璃抛光,成为玻璃抛光过程中的关键工艺材料之一。由于稀土抛光粉具有抛光效率高、质量好、污染小等优点,激发了美国等国家的群起研究。

1940～1941 年,加拿大光学工业开始使用氧化铈,标志着北美大陆玻璃冷加工行业开始使用氧化铈。1943 年,伊利诺伊州罗克福德的 Barnes J 公司开发了一种巴林士粉(Barnesite)的稀土氧化物抛光粉,该抛光粉很快在抛光精密光学仪器方面获得了成功。

20 世纪 60 年代,国外稀土抛光粉生产工艺及设备逐渐完善,开始投入生产稀土抛光粉,并开始采用稀土精矿为原料制备稀土抛光粉。美国康宁公司、法国罗地亚经营管理公司[现法国索尔维集团(Solvay)]、日本旭硝子株式会社等开始围绕稀土抛光粉开展业务。其中,日本的旭硝子株式会社在 70 年代以氟碳铈镧矿为原料生产稀土抛光粉,主要用于 CRT 显示器的抛光,后来开始以氯化稀土为原料,采用化学法,除杂结晶,合成生产稀土抛光粉。

20 世纪 90 年代,国外稀土抛光材料已形成各种标准化、系列化的产品达 30 多种规格牌号。国外稀土抛光粉生产技术逐渐完善,市场竞争日益激烈,日本、美国和欧洲逐渐成为稀土抛光粉的主要市场。而中国,作为世界上稀土资源最丰富的国家,是国外进口稀土资源的主要目标国。

目前,世界各国的稀土抛光粉在生产工艺上各不相同,以日本的稀土抛光粉烧结设备和技术最具有特色。随着技术和市场集中程度的提高,国外稀土抛光材料行业的竞争格局也逐渐明朗,稀土抛光粉生产厂家主要集中在日本、法国、美国、英国和韩国等国家,比较知名的生产厂商有日本的昭和电工株式会社、三井金属矿业株式会社、AGC 清美化学株式会社,法国的罗地亚经营管理公司[现法国索尔维集团(Solvay)],美国的嘉柏微电子材料股份有限公司等,其中,以日本为最多,不仅规模大,而且在国际市场上占有主要的市场份额。

2)国内稀土抛光材料行业发展概述

我国稀土抛光粉起步较晚,可追溯到 1958 年(图 1-71)。北京有色金属研究总院、北京长城光学仪器厂、云南光学仪器厂、南京江南光学仪器厂和上海光学仪器厂等单位在 20 世纪 60 年代开展了较多的研究工作,分别在以混合稀土、氟碳铈矿和纯氧化铈为原料生产各种规格的抛光粉方面取得了一些成果,为国内稀土抛光粉的生产与应用奠定了基础。西北光学仪器厂、云南光学仪器厂相继以独居石等为原料,研制出不同类型的稀土抛光粉。中国科学院长春应用化学研究所于 1963 年开始研制稀土抛光粉。

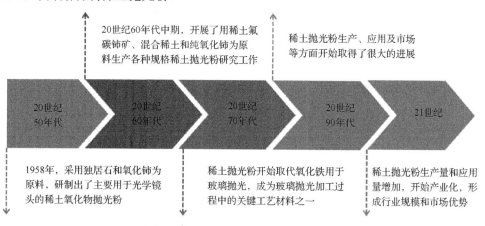

图 1-71* 国内稀土抛光材料发展历程

20 世纪 70 年代,稀土抛光粉开始取代氧化铁用于玻璃抛光,成为玻璃抛光加工过程中的关键工艺材料之一。这一时期,我国稀土抛光粉取得较大发展。1973 年,上海光学仪器厂以上海跃龙化工厂生产的混合氯化稀土为原料,水溶解后,加入草酸沉淀,灼烧成含 CeO_2 约 45%的低铈抛光粉,供自己抛光学玻璃用。1974 年,上海跃龙化工厂就研制成含 99%氧化铈的高铈稀土抛光粉 A-1、A-4、A-8 三种规格共 500kg,通过一段时间的使用,该厂淘汰了 A-1、A-4 牌号抛光粉,并修订 A-8 抛光粉的各项质量指标,集中推出 A-8 抛光粉。A-8 高铈抛光粉的使用范围也从相机镜头、精密仪器玻璃发展到金属工艺饰品(金、银制品)、铬板(线路板)抛光及家具、皮革抛光。1981 年 10 月,该产品通过鉴定;1986 年,该产品获国家优质产品银质奖。北京有色金属研究总院、北京工业学院等单位于 1976 年研制并推广了 739 型稀土抛光粉,1977 年又研制了 771 型稀土抛光粉。甘肃稀土公司(现为甘肃稀土新材料股份有限公司)在 1976 年引进了北京有色金属研究总院的 739 型精密光学镜头抛光用稀土抛光粉工艺,1979 年自主研制出第一代工业批量生产的稀土抛光粉——797 型抛光粉,并建成了与咸阳彩虹集团公司相配套的国内第一家稀土抛光粉生产车间。

20 世纪 90 年代,国外来华企业的进入一定程度上推动了我国稀土抛光材料的发展。例如,1995 年,AGC 清美化学株式会社与我国内蒙古包钢稀土(集团)高科技股份有限公司合资在包头建立包头天骄清美稀土抛光粉有限公司,采用 AGC 清美化学株式会社的专利生产技术,生产稀土抛光材料,产品应用于液晶玻璃基板、硬盘玻璃基板、手机盖板玻璃、精密光学元件、光掩模及饰品等领域。

进入 21 世纪,随着下游应用领域的持续发展,国内稀土抛光材料的应用从 20 世纪 80 年代的不足 40t 增长到 2018 年的 3 万 t 左右。与此同时,国内稀土抛光材料行业不断细分化与专业化,主要表现在:随着抛光材料应用行业的发展及生产企业的技术提升,不同行业在价格和品质方面呈现出对抛光粉不同的要求,进一步将稀土抛光材料行业根据应用领域细分为光学、光电、玻璃工艺品等应用细分领域,这一方面有利于整合混乱的稀土市场,另外有利于抛光生产技术的稳定发展,缩小与国外品牌间的差距。

目前,我国的稀土抛光材料行业从无到有,从小到大,已走过了近 60 年的历史。我国在生产、应用、市场和技术设备等方面已取得很大的成就和发展,并成为世界稀土抛光材料的生产和供应大国。目前,国内抛光粉的品种和质量基本满足了光学玻璃、液晶玻璃基板及触摸屏玻璃盖板的抛光、ITO 镀膜玻璃、水晶水钻抛光等领域的需求,扭转了我国相关产品依赖进口的不利局面。但与国外相比仍有较大差距,主要是稀土抛光粉的产品质量不稳定,未能达到标准化、系列化,还不能完全满足各种工业领域的抛光要求,因此必须迎头赶上。

2. 稀土抛光粉国内外产能现状

目前,国外的稀土抛光粉生产厂家主要集中在日本、法国、美国等。其中,在生产能力方面,日本昭和电工株式会社稀土抛光粉生产能力为 4000t/a,日本 AGC 清美化学株式会社为 3500t/a,法国罗地亚集团电子与催化剂有限公司为 3000t/a,日本三井化学株式会社为 4500t/a。日本生产稀土抛光粉的原料采用氟碳铈矿、粗氯化铈和氯化稀土三种,工艺上各不相同。

日本是目前世界上利用稀土实现附加值最高的国家,用于高新技术领域的稀土占到其消费总量的 90%以上。日本没有稀土资源,稀土原料完全依赖进口,但却是目前世界上主要的稀土产品生产国,主要以高纯稀土氧化物和其他稀土产品为原料生产高附加值产品,其稀土深加工产品主要销往欧美和东南亚等国。日本稀土在高新技术领域的应用居世界前列。近年来,日本生产稀土及其应用产品的企业逐步转向重点开发和生产技术含量高、附加值高的稀土产品,以保持它们对稀土在高新技术领域中应用的优势。

目前，国内已有稀土抛光粉生产厂家几十家，总产量已位居世界第一，国内稀土抛光粉主要生产企业见表 1-7，国外稀土抛光粉主要生产企业见表 1-8。产能最大的是包头天骄清美稀土抛光粉有限公司。该公司 1997 年建成投产 1200t/a 的 H-500 稀土抛光粉生产线，2003 年建成了 840t/a 的 TE 稀土抛光粉生产线，2012 年于包头国家稀土高新技术产业开发区建设 3000t/a 稀土抛光材料生产线及配套公辅设施，2016 年又新增了 1000t/a 的 LCE 系列生产线，累计达到 6040t/a 的产能。

表 1-7　国内稀土抛光粉主要生产企业

省/市/自治区	企业
内蒙古	包头天骄清美稀土抛光粉有限公司
	包头市新源抛光粉有限公司(现更名为内蒙古新雨稀土功能材料有限公司)
	呼和浩特市同达新材料有限责任公司
	包头海亮科技有限责任公司
	包头市佳鑫纳米材料有限责任公司
	包头市金蒙研磨材料有限责任公司
	包头市科蒙新材料开发有限责任公司
	包头市华星稀土科技有限责任公司
	包头市启通稀土有限责任公司
	包头索尔维稀土有限公司
	包头华辰稀土材料有限公司
	包头志仁抛光材料有限公司
	包头物华特种材料有限公司
	内蒙古包钢和发稀土有限公司
	内蒙古威能金属化工有限公司
	包头市新世纪稀土有限责任公司
	巴彦淖尔市银海新材料有限责任公司
甘肃	甘肃稀土新材料股份有限公司
	甘肃金阳高科技材料有限公司
	甘肃德宝新材料有限公司
	甘肃信利生稀土新材料有限公司
山东	淄博包钢灵芝稀土高科技股份有限公司
	泰安麦丰新材料科技有限公司
	淄博市临淄鑫方园化工有限公司
	淄博山外山抛光材料有限公司

续表

省/市/自治区	企业
上海及江苏	上海华明高纳稀土新材料有限公司
	德米特(苏州)电子环保材料有限公司
	苏州孚纳特电子新材料有限公司
	宜兴新威利成稀土有限公司
	苏州苏铁光学磨料厂
	上海界龙集团有限公司
湖南	湖南皓志科技股份有限公司
河南	安阳方圆研磨材料有限责任公司
陕西	西安迈克森新材料有限公司
	西安西光精细化工有限公司
江西	赣州同联稀土新材料有限公司
	赣州通诚稀土新材料有限公司
四川	四川省乐山锐丰冶金有限公司
	四川德昌县志能稀土科技有限责任公司
	冕宁县茂源稀土有限公司
黑龙江	海城海美抛光材料制造有限公司
广东	东莞市大明稀土材料有限公司
	东莞市赛亚稀土实业有限公司

表 1-8　国外稀土抛光粉主要生产企业

国家	企业名称	备注
日本	昭和电工株式会社	包头设立合资企业(包头天骄清美稀土抛光粉有限公司)
	AGC 清美化学株式会社	
	三井金属矿业株式会社	
	日立化成工业株式会社	
法国	索尔维(Solvay)	中国包头设立合资企业(包头索尔维稀土有限公司,索尔维持股 55%)
美国	福禄公司(Ferro)	

　　尤其需要指出的是,2010 年下半年至 2011 年上半年,在稀土原料暴涨过程中,一些稀土分离企业转型为稀土抛光材料企业,稀土抛光粉的产能得到了很大的提升,全行业呈现严重的供大于求的局面。目前中国的抛光粉企业的设计产能为 9 万 t,而实际需求量近几年维持在 3 万 t 左右。而且过剩的产能大多集中在

中低端，高端上的产能则明显不足。

2012 年 10 月 30 日，中国稀土行业协会抛光材料分会成立大会暨第一届会员大会在北京召开。会议选举包头天骄清美稀土抛光粉有限公司为中国稀土行业协会抛光材料分会第一届理事会会长单位，选举甘肃稀土新材料股份有限公司、包头市新源抛光粉有限公司、上海华明高纳稀土新材料有限公司、湖南皓志科技股份有限公司为分会第一届理事会副会长单位。中国稀土行业协会抛光材料分会的成立，给予了行业有效的指导和规范，促进了抛光材料的发展。

3. 稀土抛光粉的分类

稀土抛光粉可按多种方式分类，如按照所用原材料、氧化铈含量、颗粒尺寸、化学组成、生产工艺、应用对象、添加剂品种等方式分类。

按照氧化铈含量不同，常分为高铈（＞90%）、中铈（70%～90%）和低铈（约50%）。对于高铈抛光粉来讲，氧化铈的含量越高，抛光能力越强，使用寿命也增加，特别是硬质玻璃（石英、光学镜头等）长时间循环抛光时。低铈抛光粉一般含有 50%左右的氧化铈，其特点是成本低，以及初始抛光能力与高铈抛光粉比几乎相同，因而广泛用于平板玻璃、显像管玻璃、眼镜片等的玻璃抛光，但使用寿命难免要比高铈抛光粉短。

按照颗粒尺寸的不同，国际上一般将超细粉体分为三种：纳米级（1～100nm）、亚微米级（100nm～1μm）、微米级（1～100μm）。稀土抛光粉的粒度及粒度分布对其性能有重要影响。对于一定组分和加工工艺的抛光粉，平均颗粒尺寸越大，则玻璃磨削速度和表面粗糙度越大。相反地，如果抛光粉颗粒平均粒度较小，则磨削量减少，磨削速度降低，玻璃表面平整度提高。标准抛光粉一般有较窄的粒度分布，太细和太粗的颗粒很少，无大颗粒的抛光粉能抛光出高质量的表面，而细颗粒少的抛光粉能提高磨削速度。据此分类方法，稀土抛光粉可以分为：纳米级稀土抛光粉、亚微米级稀土抛光粉及微米级稀土抛光粉三类。通常使用的稀土抛光粉一般为微米级，其粒度分布在 1～10μm 之间，稀土抛光粉根据其物理化学性质一般使用在玻璃抛光的最后工序，进行精磨，因此其粒度分布一般不大于 10μm。粒度大于 10μm 的抛光粉（包括稀土抛光粉）大多用在玻璃加工初期的粗磨。小于 1μm 的亚微米级稀土抛光粉，由于在液晶显示器与计算机光盘领域，尤其是半导体集成电路 STI 制程化学机械抛光的应用逐渐受到重视，产量逐年提高。

生产中也有按照颜色进行区分的，如黄色抛光粉、白色抛光粉、红色抛光粉等。

目前，广泛使用的分类方法是根据化学组成和颗粒尺寸进行组合。根据化学组成可分为三类，纯铈抛光粉（俗称黄粉）、镧铈抛光粉（俗称白粉）和镧铈镨抛光粉

(俗称红粉)。根据颗粒尺寸，D_{50}一般为 0.5～3.0μm，细分可以包括 0.5～1.0μm、1.0～1.5μm、1.5～2.0μm、2.0～3.0μm 等。每家企业根据自己的情况，综合考虑元素组成及颗粒尺寸，组合成自己的型号。

另外，按照应用领域分类，目前的主流包括：光学抛光粉、盖板抛光粉、液晶(ITO)抛光粉、减薄(TFT)抛光粉、3D 扫光抛光粉等。

4. 稀土抛光粉的应用

稀土抛光粉因其独特的化学机械作用原理而带来的高抛光效率，成为玻璃抛光材料的首选，被广泛用于镜片、光学元件(透镜、棱镜)、彩电玻壳、平板显示器用电子玻璃、硅片、磁盘玻璃基片等产品的抛光加工。

目前，稀土抛光粉主要用于以玻璃为代表的含硅材料的抛光，根据应用领域可分为光学元件、光电器件、玻璃饰品与建材三类。

1) 光学元件

光学元件对抛光粉的需求最为稳定和长久，这与光学元件加工工艺的复杂性及高要求分不开。多种光学元件需要应用抛光粉，包括各类光学镜头、棱镜、光学晶体和滤光片等。近年来，智能产品的飞速发展带动了行业的增长，光学元件对抛光粉的需求量一直稳定增长。特别在光学镜头方面，由于智能手机与平板计算机兼顾了照相机功能，随着消费者对电子产品拍摄要求得更加严苛，为稀土抛光材料提供了新的市场需求。

另外，在光通信方面，随着光纤越来越普及，对与光纤相配套的光学产品需求呈现增长趋势，这也成为抛光粉在光学元件方面的又一增长点。

2) 光电器件

自智能终端爆发性增长以来，触摸屏作为一种人机交互的方式受到了追捧，触摸屏的上下游企业如雨后春笋般涌现，国内的触摸屏企业已有 1600 多家。被 Iphone 带动的触屏行业空前繁荣，预计 2019 年触摸屏的销售量将达到 50 亿片，这也给抛光粉行业带来了前所未有的发展机遇。目前光电行业涉及玻璃抛光工艺的主要有三个方面：盖板玻璃(cover lens)、TFT-LCD 玻璃及 ITO 镀膜玻璃。

盖板玻璃在智能终端起步阶段，由于受玻璃厚度及工艺方面的限制，对抛光粉的需求量非常大。正是这个行业需求量的暴涨，使得业内对抛光粉行业前景纷纷看好。虽然 2011 年稀土原料价格的上涨，加速了盖板行业的技术革新，加之玻璃自身厚度的减小、工艺的进步使这个行业对抛光粉的需求下降明显，但由于智能手机出货量逐年增加，盖板加工行业对抛光粉需求量依然巨大。

与盖板玻璃类似，TFT-LCD 液晶显示面板也同时面临质量下降、厚度减小的挑战。尤其是 2012 年以来，不同尺寸的平板计算机的迅猛发展，使得大量的

TFT-LCD 减薄生产线项目上马，TFT-LCD 减薄成为抛光粉新的市场机遇。随着各大工厂减薄线的正式开工，减薄用稀土抛光粉的需求量将持续增加。

在 ITO 镀膜玻璃方面，薄膜(Film)的成本优势及 OGS 技术的发展，使得镀膜玻璃在抛光粉需求方面增长缓慢，但由于智能终端惊人的增长速度，这方面的需求仍不容小觑。

3)玻璃饰品与建材

玻璃饰品与建材属于抛光粉的传统消费行业，目前占抛光粉总体消耗量的 30%以上，主要应用于服饰(如烫钻与水钻)、玻璃工艺品(如灯饰与玻璃艺术品)、建材玻璃等方面。与光学、光电领域不同，此领域的稀土抛光材料主要是以有机磨具的形式使用，对稀土抛光材料的性能也有特殊的要求。

由于玻璃饰品与建材对成本的承受能力有限，在 2011 年稀土抛光粉价格大幅度上涨时，行业内出现了用氧化铝替代稀土抛光粉的现象。目前随着稀土抛光粉价格的回落，加上稀土抛光粉在玻璃加工方面的独特优势，稀土抛光粉重新成为市场的首选，而且需求量正在稳定增长。

1.5.3　稀土抛光材料国内外专利分析

1. 国外稀土抛光材料行业专利分析

国外最早的稀土抛光材料申请始于 1953 年，由美国康宁公司申请，专利公开号为 US2816824(A)，专利名称为 "Cerium oxide polishing composition"(氧化铈抛光组合物)。

经过六十多年的发展，国外稀土抛光材料取得了非常显著的发展，截至 2016 年 3 月 31 日，国外稀土抛光材料专利申请数量已达到 1485 件，专利申请趋势如图 1-72 所示。

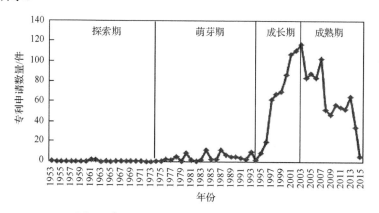

图 1-72*　国外稀土抛光材料专利申请趋势图

从图 1-72 中专利申请趋势来看，国外稀土抛光材料技术的发展大致可分为四个阶段：探索期(1953~1974 年)、萌芽期(1975~1994 年)、成长期(1995~2003年)和成熟期(2003 年以后)。目前，国外稀土抛光材料技术的发展处于成熟期，行业发展面临调整，垄断和集中程度日益突出。

尽管美国、英国、德国等国家较早研究稀土抛光材料技术，但是，随着稀土抛光材料产业的发展，日本企业迅速崛起，并在研究水平、应用范围、市场份额等各个方面均占据国际领先地位。目前，日本稀土抛光材料专利申请排名位居全球首位。国外稀土抛光材料专利申请分布如图 1-73 所示。

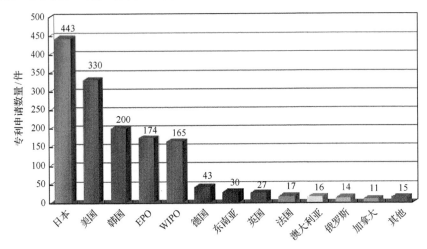

图 1-73[*]　国外稀土抛光材料专利来源分布图
EPO：欧洲专利局；WIPO：世界知识产权组织

国外稀土抛光材料专利申请排名前三位的是日本、美国和韩国。其中，日本的稀土抛光材料专利排名首位，为 443 件，占国外稀土抛光材料专利申请总量的29.8%；美国排名第二，专利申请为 330 件，占国外稀土抛光材料专利申请总量的22.2%；韩国的稀土抛光材料专利申请位列第三位，为 200 件，占国外稀土抛光材料专利申请总量的 13.5%；其他国家的稀土抛光材料专利申请均较少。

从申请人排名(表 1-9)来看，日本公司处于主导地位，占据排名前十的七席，且排名前四位的均为日本企业。其中，日立化成工业株式会社独占鳌头，专利申请数量排名第一。该公司是日本研究稀土抛光材料技术最早的企业之一，既重视对其国内市场的保护，又注重国外市场的扩展和专利布局。目前，日立化成工业株式会社在其本国及美国、欧洲、韩国等国家和地区共申请专利高达 360 件，占据国外稀土抛光材料专利申请的 1/4 左右，具有较高的垄断地位。

表 1-9　国外稀土抛光材料专利申请人排名

排名	企业名称	企业中文名称	专利申请数量/件	所属国家	专利布局 主要国家或地区
1	Hitachi Chemical Co., Ltd	日立化成工业株式会社	360	日本	日本、美国、欧洲、韩国
2	Asahi Glass Co., Ltd	旭硝子株式会社	93	日本	日本、美国、欧洲、韩国
3	Fujimi INC	福吉米株式会社	83	日本	日本、美国、英国、欧洲
4	Mitsui Mining & Smelting Co.,Ltd	三井金属矿业株式会社	66	日本	日本、欧洲、美国
5	Rhodia Operations	罗地亚经营管理公司	64	法国	法国、美国、韩国、欧洲
6	Showa Denko KK	昭和电工株式会社	57	日本	日本、美国、欧洲、德国
7	Nissan Chemical Industries Ltd	日产化学工业株式会社	32	日本	日本、欧洲、美国、德国
8	AGC Seimi Chemical Co., Ltd	AGC 清美化学株式会社	31	日本	美国、欧洲、日本
9	Cabot Microelectronics Corporation	嘉柏微电子材料股份有限公司	25	美国	美国、日本、欧洲、东南亚
10	Ferro Corporation	福禄公司	14	美国	美国、日本、欧洲、东南亚

2. 国内稀土抛光材料行业专利分析

我国稀土抛光材料行业的专利申请大致可以分为两个阶段：①1995～2008年，国外企业的核心专利布局阶段；②2008 年以后，国内申请兴起的阶段。近几年，稀土抛光材料国外来华专利申请数量逐渐下降，我国稀土抛光材料行业专利申请依旧呈现较快的增长趋势(图 1-74)。

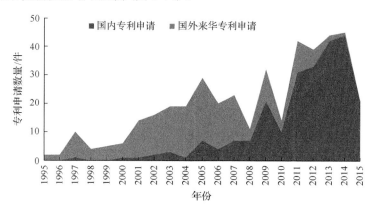

图 1-74　国内稀土抛光材料专利申请趋势图

目前，我国稀土抛光材料专利申请共 417 件，其中，来自国内申请人的专利申请 236 件，占我国稀土抛光材料专利申请总量的 56.6%；来自国外申请人的专利申请 181 件，占我国稀土抛光材料专利申请总量的 43.4%。

国外来华专利申请中，以来自日本申请人的专利申请数量最多，共 119 件，占我国稀土抛光材料专利申请总量的 28.5%，占我国稀土抛光材料国外来华专利申请总量的 65.7%。其次是美国和韩国，专利申请数量均为 22 件。这三个国家不仅在我国拥有较多的稀土抛光材料专利申请，而且专利申请集中趋势非常明显，其中，来自日本的专利申请主要集中在日立化成工业株式会社、三井金属矿业株式会社、昭和电工株式会社和旭硝子株式会社；来自美国的专利申请主要集中在嘉柏微电子材料股份有限公司、不二见美国股份有限公司、圣戈本陶瓷及塑料股份有限公司；来自韩国的专利申请主要集中在 LG 化学株式会社。

图 1-75 显示了国内稀土抛光材料专利申请人的构成。从申请人类型来看，国内稀土抛光材料专利申请人主要包括企业、高校、研究所和个人 4 种类型，其中，企业占据主导地位，来自企业的稀土抛光材料专利申请为 347 件，占国内稀土抛光材料专利申请总量的 83.2%。

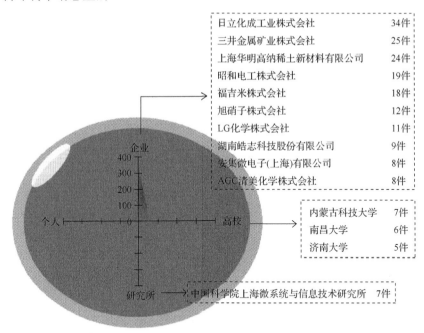

图 1-75* 国内稀土抛光材料专利申请人构成分布图

从申请人排名来看，在国内稀土抛光材料专利申请中，排名前十位的申请人全部是企业，且大多数是国外来华知名企业。国内申请人仅 3 家，分别是上海华明高纳稀土新材料有限公司、湖南皓志科技股份有限公司和安集微电子(上海)有限公司，这三家企业的稀土抛光材料专利申请分别为 24 件、9 件和 8 件。不难看出，我国虽然是稀土抛光材料的生产和销售大国，但专利申请却处于劣势地位。

高校类型的申请人中，比较突出的是内蒙古科技大学、南昌大学和济南大学；研究所类型的申请人中，比较突出的是中国科学院上海微系统与信息技术研究所。

1.5.4　稀土抛光粉的制备

1. 稀土抛光粉的传统制备工艺

按照氧化铈含量、制备原料及制备方法，常分为高铈（＞90%）、中铈（70%～90%）和低铈（约 50%）稀土抛光粉。

1）高铈系稀土抛光粉的制备

以稀土混合物分离后的氧化铈为原料，以物理化学方法加工成硬度大，粒度均匀、细小，呈面心立方晶体的粉末产品。其主要工艺过程为原料→高温→焙烧→水淬→水力分级→过滤→烘干→高铈系稀土抛光粉产品。

主要设备：焙烧炉、水淬槽、分级器、过滤机、烘干箱。

主要指标：产品中 w[REO（稀土总量）]=99%，$w(CeO_2)$=99%；稀土回收率约 95%；平均粒径 1～6μm（或粒度 200～300 目），晶型完好。该产品适用于高速抛光。这种高铈系稀土抛光粉最早代替了古典抛光的氧化铁粉（红粉）。

2）中铈系稀土抛光粉的制备

用混合稀土氢氧化物[w(REO)=65%，$w(CeO_2)$≥48%]为原料，以化学方法预处理得稀土盐溶液，加入中间体（沉淀剂）使转化成 $w(CeO_2)$=80%～85%的中铈系稀土抛光粉产品。其主要工艺过程为原料→氧化→优溶→过滤→酸溶→沉淀→洗涤过滤→高温焙烧→细磨筛分→中铈系稀土抛光粉产品。

主要设备：氧化槽、优溶槽、酸溶槽、沉淀槽、过滤机、焙烧炉、细磨筛分机及包装机。

主要指标：产品中 w(REO)=90%，$w(CeO_2)$=80%～85%；稀土回收率约 95%；平均粒度 0.4～1.3μm。该产品适用于高速抛光，比高铈系稀土抛光粉高速抛光的性能更为优良。

3）低铈系稀土抛光粉的制备

（1）以少铕氯化稀土[w(REO)≥45%，$w(CeO_2)$≥48%]为原料，对合成中间体（沉淀剂）进行复盐沉淀等处理，可制备低铈系稀土抛光粉产品。其主要工艺过程为原料→溶解→复盐沉淀→过滤洗涤→高温焙烧→粉碎→细磨筛分→低铈系稀土抛光粉产品。

主要设备：溶解槽、沉淀槽、过滤机、焙烧炉、粉碎机、细磨筛分机。

主要指标：产品中 w(REO)=85%～90%，$w(CeO_2)$=48%～50%；稀土回收率

约 95%；平均粒径 0.5～1.5μm（或粒度 320～400 目）。该产品适合光学玻璃等的高速抛光。

(2) 用混合型的氟碳铈矿高品位稀土精矿[w(REO)≥60%，w(CeO$_2$)≥48%]为原料，直接用化学和物理的方法加工处理，如磨细、焙烧及筛分等可直接生产低铈系稀土抛光粉产品。其主要工艺过程为原料→干法细磨→配料→混粉→焙烧→磨细筛分→低铈系稀土抛光粉产品。

主要设备：球磨机、混料机、焙烧炉、细磨筛分机等。

主要指标：产品中 w(REO)≥95%，w(CeO$_2$)≥50%；稀土回收率≥95%；产品粒度 1.5～2.5μm。该产品适合眼镜片、电视机显像管的高速抛光。

2. 稀土抛光粉的制备工艺现状

以氟氧化稀土为例，其制备过程主要包括前驱体的制备、焙烧、后处理（粉碎分级）等。

1）前驱体的制备

前驱体的制备是制备性能优良抛光粉的先决条件。前驱体的性能和状态决定了抛光粉晶粒的大小、形状等，最终影响抛光粉的应用性能。根据目前抛光粉的生产，前驱体的制备主要目的在于一方面进行了颗粒、晶型、形貌的控制，另一方面在于引入氟以形成氟碳酸稀土。其中，颗粒与形貌的控制包括化学沉淀法和湿法球磨控制两种；氟元素的引入包括化学沉淀时引入和通过氢氟酸或高氟碳酸稀土以湿法或干法的形式引入。

典型的制备工艺包括：

(1) 采用湿法球磨控制颗粒大小、晶型、形貌，氟的引入方式为用氢氟酸以湿法的形式引入。以 H500 抛光粉生产工艺（图 1-76）[216]为例，包括将碳酸稀土与水打浆，研磨至 10μm 以下后，在氟化反应罐中引入氢氟酸，最终形成具有特定颗粒大小、晶型、形貌的氟碳酸稀土。

(2) 通过化学沉淀法控制颗粒、晶型、形貌，通过氟硅酸在化学沉淀过程中引入氟，最终形成具有特定颗粒大小、晶型、形貌的氟碳酸稀土[217]。典型的工艺包括首先配制含有特定组成的氯化稀土料液，然后将硅氟酸、硫酸铵添加剂一同放入搪瓷搅拌槽内，经充分搅拌均匀后升温至 85～95℃时进行沉淀，沉淀剂选用碳酸氢铵。由于沉淀剂的加入速度直接影响沉淀的成核速度，沉淀反应快，成核速度快，颗粒不易长大，所以需要控制沉淀时间。沉淀完成后经煮沸，促使沉淀物由碳酸盐转变为有利于抛磨的碱式碳酸盐，经水洗槽内洗去微量的超细粉和 NH$_4$Cl。经真空过滤系统去掉水分，用推板式隧道窑进行焙烧，温度控制在 950～1000℃。焙烧后，物料与纯水进行调浆，400 目湿法振动过筛进行分级，再用电热干燥箱烘去水分，干法分级机进行干法粒度分级，获得符合粒度要求的稀土抛光粉。

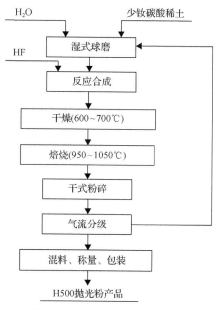

图 1-76　H500 抛光粉生产工艺

(3)通过化学沉淀法控制颗粒大小、晶型、形貌，通过氟化盐(氟化钠、氟化铵等)在化学沉淀的过程中引入氟，最终形成具有特定颗粒大小、晶型、形貌的氟碳酸稀土。包括配制含有特定组成的氯化稀土料液，以氟化盐、碳酸钠的混合溶液为沉淀剂，控制在一定的温度下进行沉淀反应，然后经洗涤、抽滤、焙烧、后处理(粉碎、分级)等制备符合要求的稀土抛光粉。

(4)通过具有特定晶型要求的碳酸稀土与氢氟酸以湿法形式生产抛光粉前驱体，包括：首先将碳酸稀土与水打浆，然后加入氢氟酸，制备具有特定颗粒大小、晶型、形貌的氟碳酸稀土。

(5)以碳酸稀土或低温焙烧后的氧化稀土，与高氟碳酸稀土或者低温焙烧的氟氧化稀土混合，然后经焙烧、后处理(粉碎、分级)等制备符合要求的稀土抛光粉。

2)焙烧

焙烧过程对抛光粉晶粒尺寸、形貌、比表面积、密度、硬度等起关键作用，从而决定抛光粉的物理化学性能。焙烧过程涉及众多的固体化学问题，如升温曲线、高温区温度、进出料速度、装料量等，这需要根据焙烧炉的参数来决定。典型的焙烧炉包括辊道窑、回转窑、推板窑等。焙烧过程主要分为低温焙烧(800~900℃)和高温焙烧(950~1050℃)。低温焙烧需要焙烧时间加长，所制得的抛光粉具有优良的初始抛光速度和优良的抛光精度，但是耐磨性不好；高温焙烧具有良好的耐磨性，抛光精度需要在后处理阶段严格控制。

3）后处理

后处理包括粉碎、分级、水洗、包覆等过程，对抛光粉的粒度及分布、表面状态等具有重大的作用，从而决定抛光粉的性能。

粉碎，是利用机械粉碎、气流粉碎、研磨等技术将粗颗粒的工业原料制备至所需的粒度。不同尺度颗粒及物性材料的物理粉碎常选择不同的粉碎方法。实际上，任何一种粉碎机器都不是单纯的某一种粉碎机理，一般都是由两种或两种以上粉碎机理联合起来进行粉碎，例如，气流粉碎机是以物料的相互冲击和碰撞进行粉碎；高速冲击式粉碎机是冲击和剪切起粉碎作用；振动磨、搅拌磨和球磨机的粉碎机理则主要是研磨、冲击和剪切；而胶体磨主要通过高速旋转的磨体与固定磨体的相对运动所产生的强烈剪切、摩擦、冲击等。常用的设备包括机械冲击式粉碎机、气流粉碎机、球磨机、搅拌磨等。

在颗粒物理控制制备过程中，有一个重要环节是确保粉体产品达到要求的粒度分布，同时，为了降低能量消耗和避免过磨，要在物料粉碎过程中必须有效地分离出微细颗粒或排除粗颗粒产品。粉碎后颗粒产品的粒度分布一般再由后续的分级工艺来控制。

分级，是利用颗粒粒径大小、密度等特性的不同将颗粒分为不同的几个部分。狭义的分级是根据不同粒径颗粒在介质(通常采用空气和水)中受离心力、重力、惯性力等的作用，产生不同的运动轨迹，从而实现不同粒径颗粒的分级。根据不同的介质，分为干式分级与湿式分级。干式分级利用颗粒在气流中沉降速度差，或者利用轨迹不同来进行的。作用于颗粒的力有：阻力、浮力、重力、离心力、科里奥利力、惯性力、静电力、磁力、摩擦力、对撞力、附着力等。分级机即是利用这些力中的一种或几种组合而制成的。湿式分级机理与干式基本相同，包括水力筛分、水力沉降、水力旋流等。湿法分级具有众多明显的优点，包括分级精度高、分级范围狭窄、浆料输送操作简便。湿法分级也有缺点，包括：①分级产物为湿状，为制得干粉要有干燥过程，往往形成干燥团结；②因沉降速度小，单位面积产量低；③对于可溶解于分散介质的物质和易变质的物质不适用。目前干法分级与湿法分级在抛光粉行业均得到了广泛的应用。

1.5.5 稀土抛光粉的作用机理及影响因素

1. 稀土抛光粉的作用机理

以氧化铈为主要成分的稀土抛光粉主要用于以玻璃为代表的含硅材料的表面抛光，而玻璃抛光是一个极其复杂的过程。氧化铈的抛光机理研究也一直被关注，由于对不同材质的抛光机制不同，抛光过程又涉及摩擦学、表面化学、固体物理等诸多因素，相关理论还处于探索总结阶段。

Silvermail[218]认为氧化铈之所以是极其有效的抛光用化合物,是因为它能用化学分解和机械摩擦两种形式同时抛光玻璃。在抛光过程中,氧化铈抛光粉有两种作用,即机械作用和胶体化学作用,这两种作用是同时出现的。抛光的初始阶段,是氧化铈去除表面凹凸层的过程,因而呈现新的抛光面,这时机械作用是主要的。同时,由于抛光液中有水,在抛光过程中形成 H_3O^+,在玻璃表面 H_3O^+ 与 Na^+ 相互交换而与玻璃形成水解化合物;同时由于氧化铈抛光粉具有多价的性质,Ce(III)/Ce(IV)的氧化还原反应会破坏硅酸盐晶格,并通过化学吸附作用,玻璃表面与抛光粉的接触物质(包括玻璃及水解化合物)被氧化或形成络合物(···Ce—O—Si···)而被除去。

Hoshino 等[219]通过感应耦合等离子体-俄歇电子能谱(inductively coupled plasma-Auger electron spectroscopy,ICP-AES)、傅里叶变换红外光谱仪(Fourier transform infrared spectrometer,FTIR)、扫描电子显微镜(scanning electronic microscope,SEM)及 X 射线微分析(X-ray micro-analysis,XMA)等手段,对二氧化硅薄膜抛光前后及抛光废液进行了分析。基于分析结果,他们提出的使用氧化铈抛光液对二氧化硅的抛光机制:首先,氧化铈研磨颗粒与二氧化硅表面发生反应,在二氧化硅表面形成了大量的 Si—O—Ce 键,然后机械作用使得二氧化硅以块状的形式被去除,去除后的块状产物在脱离二氧化硅表面后溶解在抛光废液中。图 1-77 给出了"Hoshino"二氧化硅去除模型的示意图。

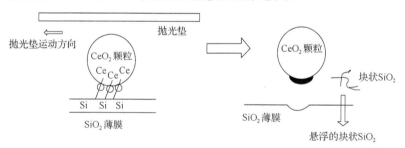

图 1-77　"Hoshino"二氧化硅去除模型示意图

早在 1990 年,Cook[220]就在他的光学玻璃抛光综述文章中提出了后来广为流传的"化学牙齿"(chemical tooth)模型。在 Cook 的模型中,他认为:首先,Si—O—Si 键与水的反应决定着抛光行径;其次,CeO_2 具有所谓的"化学牙齿",这种"化学牙齿"能同时加快 CeO_2 与光学玻璃表面所成键的去除和传送反应产物离开光学玻璃表面;另外,SiO_2 以 $Si(OH)_4$ 分子的形式被去除。

与 Cook 的"化学牙齿"模型相反,Abiade 等[221]则提出了 CeO_2 抛光 SiO_2 时本质上以机械作用为主的论断。他们通过使用 CeO_2 和 SiO_2 颗粒来模拟 CeO_2 研磨颗粒和 SiO_2 薄膜,通过原子力显微镜(atomic force microscopy,AFM)测量研磨过程中 CeO_2 和 SiO_2 之间的相互作用力,以及使用 SEM 观察研磨前后 AFM 针尖的变化，得出了 CeO_2 抛光 SiO_2 时本质上以机械作用为主的结论。图 1-78 给出了不同 pH 条件下，使用 SiO_2 和 CeO_2 研磨颗粒抛光 SiO_2 薄膜时的摩擦力情况。

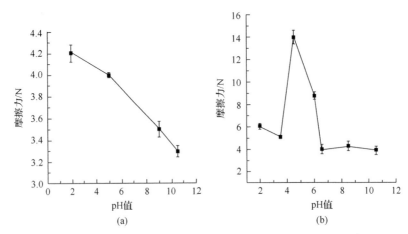

图 1-78　使用 SiO_2(a) 和 CeO_2(b) 研磨颗粒抛光 SiO_2 薄膜时的摩擦力情况

"Hoshino" 模型和 "Cook" 模型比较相似，着重提出了 CeO_2 在去除 SiO_2 时的优异表现，主要与其化学特性相关；而 "Abiade" 模型则提出了相反的论断，指出 CeO_2 抛光 SiO_2 时本质上以机械作用为主。迄今为止，虽然 CeO_2 已经在 SiO_2 的抛光中得到了广泛的应用，但使用 CeO_2 抛光 SiO_2 的机制仍无定论。

也有学者围绕界面间的化学和电性相互作用对 CeO_2 抛光机理进行了研究。例如，Cook 等发现具有中性等电点的磨料（如 CeO_2、ZrO_2）对玻璃的抛光速度较佳。

一些学者[221]研究了表面活性剂、电解质、pH 对 CeO_2 浆料抛光过程的影响。

总体来看，国内外学者从不同的角度对 CeO_2 浆料抛光机理开展了大量研究，但是由于实验方法、类型、条件等大多是在特定情况下进行的，所得到的结果往往具有一定的局限性。目前总体的认识还是停留在美国科学家 Cook 于 20 世纪 90 年代提出的模型上。有的学者也只是沿用传统的解释，并未给出直接的实验证据。新的机理认识和新的研究手段是开拓本领域的重大课题之一。无论是现有抛光技术的改进还是新技术的开发都有赖于抛光机理的清晰认识。

事实上，抛光是颗粒对工件表面的切削，活性物质的化学作用及工件表面挤压变形等综合作用的结果，同时根据加工性质、加工过程的进展而有所不同。

总结 CeO_2 的抛光机理，既有化学作用又有物理作用，是化学机械抛光的综合作用。CeO_2 晶体具有的莫氏硬度为 6.5~7，非常接近大多数玻璃的硬度。具有萤石型 CaF_2 晶型的 CeO_2，控制一定的制备条件可以生成由三边形和八边形键成的等轴球体。球化的 CeO_2 对玻璃表面不易产生划痕，这也是 CeO_2 具有良好的抛光效率的原因之一[222-224]。

2. 影响抛光粉抛光性能的主要因素

稀土抛光粉的物化性质、理化指标是决定抛光能力的关键因素。影响抛光速度、抛光精度等各项抛光能力和效果的主要因素包括抛光粉的组成、氧化铈含量、氟含量等化学组成，也包括粒径分布、物相结构、形貌、比表面积等物理指标，还有悬浮分散性能、抛光粉使用时的浆料浓度等应用性能。抛光粉在实际应用中，从人、机、料、法、环等方面都有很大的影响(图 1-79)。

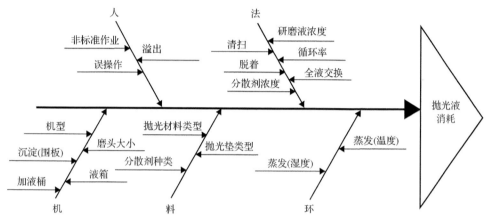

图 1-79　影响抛光的因素

以下讨论稀土抛光粉的理化性能对抛光性能的影响[225]。

1)化学组成

稀土抛光粉的化学组成，包括稀土总量、氧化铈含量、稀土配方、氟含量、非稀土杂质含量等。

(1)氧化铈含量。

一般而言氧化铈的含量越高，抛光能力越强，使用寿命也延长，特别是硬质玻璃(石英、光学镜头等)长时间循环抛光时。氧化铈含量低的抛光粉特点是成本低及初始抛光能力与高铈系抛光粉相比几乎相同，因而广泛用于平板玻璃、显像管玻璃、眼镜片等的玻璃抛光，但使用寿命难免要比高铈系抛光粉低。

随着稀土工业的发展，目前主流的抛光粉为氟氧化镧铈抛光粉(俗称白粉)及氟氧化镧铈镨抛光粉(俗称红粉)。氟氧化镧铈抛光粉稀土总量在 90%以上，其中 CeO_2 含量 60%～80%，F 含量小于 8%，其余为 La_2O_3；氟氧化镧铈镨抛光粉稀土总量在 90%以上，CeO_2 含量 60%～80%，F 含量小于 8%，Pr_6O_{11} 含量 0.5%～6%，其余为 La_2O_3。

关于氧化铈含量对抛光粉的影响，据报道[226]，稀土抛光粉中氧化铈含量超过 40%后，抛光能力与氧化铈含量无线性关系，即研制 50%～90%氧化铈抛光粉无意义；具有立方晶体结构的氧化铈、氧化镨有抛光作用，而氧化镧、氧化钕没有抛光能力；当氧化钙含量大于5%时，抛光能力下降25%。

当然，抛光粉中氧化铈含量与制备工艺有关，选择合理的制备工艺，无论是不同的氧化铈含量还是元素组成，均能制备高性能的稀土抛光粉。

(2) 其他稀土元素。

稀土抛光粉中的化学成分包括La、Ce、Pr、Nd、O、F、Si、Fe、S等元素。其中起主要作用的是CeO_2，其他稀土元素主要以固溶体的方式存在CeO_2的晶格中，起到改变晶体形貌、结构及抛光性能的作用

在抛光粉中其他稀土元素对抛光能力起积极的作用，原因在于其他元素在不改变CeO_2晶体结构的前提下，使晶型在萤石型和六方晶系之间变化。面心立方结构的Pr_6O_{11}与CeO_2结构相同，也适用于抛光；一些其他稀土氧化物几乎没有抛光能力，但可以在不改变CeO_2晶体结构的基础上，在一定范围内与CeO_2形成固溶体，使晶型在萤石型和六方晶系之间变化。

根据稀土固溶体晶型的变化情况，当CeO_2含量达到70%时，是等轴晶系的萤石型结构。当CeO_2含量达到70%以上时，抛光粉的晶型结构就与纯CeO_2的结构一样，都为萤石型结构。萤石型结构被认为是一种具有优良性能的抛光粉。这也是目前随着稀土工业的发展所形成的以氟氧化镧铈及氟氧化镧铈镨为主流抛光粉的原因。

另外，CeO_2中掺杂其他元素，使焙烧温度改变、晶粒细化及产生晶格畸变并形成氧空位，有利于提高抛光能力。

(3) 非稀土杂质。

非稀土杂质包括O、F、S、Si、Fe、Ca等元素。有些非稀土元素如F、S等能改变抛光粉晶型、颜色和抛光性能。有些杂质元素在抛光粉中是有害的。抛光粉中有少量的CaO，不但会影响抛光粉的颜色，而且会降低抛光粉的抛光能力。当CaO含量大于5%时，抛光能力下降25%。

上海跃龙化工厂采用不同的稀土原料中间体，如氯化物、硫酸盐、碳酸盐、氢氧化物为原料，并添加F^-、NH_4^+、SO_4^{2-}等离子，全面研究稀土抛光粉对各种玻璃的抛光性能。

另外，除了上述非稀土杂质外，抛光粉中不能存在机械杂质和个别过硬的粒子，这些杂质，包括工艺设备及工艺过程中引入的金属、金属锈，或来自焙烧过程中产生的沙砾状氧化物凝聚体或者氟化物硬颗粒，会在抛光过程中对工件表面产生机械划伤，造成划痕，因此这些杂质是需要杜绝或尽可能减少的。

(4) 氟含量。

关于氟含量，目前稀土抛光粉的氟含量均小于8%，一般为4%～6%。关于氟含量对稀土抛光粉的影响，目前没有统一的定论，主要有两种说法。一是，除了

氧化铈的机械研磨作用以外，还同时发生如下化学研磨作用：磨料中所含的氟组分和玻璃表面发生反应，使玻璃成为氟化物而加快玻璃表面的侵蚀。二是抛光粉中的镧以氧化镧的形式存在，氧化镧在水存在的情况下容易转变为碱性的氢氧化镧，容易造成抛光垫气孔堵塞，不利于抛光的进行，进而导致研磨力下降，而添加氟，可以使氧化镧转化成氟化镧或者氟氧化镧，抑制镧的副作用。目前虽然氟的作用并未形成定论，但主流抛光粉还是基于含氟的存在。

　　2) 稀土抛光粉的物理性能

　　稀土抛光粉的物理性能包括颗粒的大小及粒度分布、物相组成、硬度、比表面积、密度、形貌等，这些均对抛光粉的应用产生影响。

　　(1) 颗粒大小及粒度分布。

　　稀土抛光粉的颗粒大小及粒度分布对其性能有重要影响。对于一定组分和加工工艺的抛光粉，平均颗粒尺寸越大，则玻璃磨削速度和表面粗糙度越大。相反地，如果抛光粉颗粒平均粒度较小，则磨削量减少，磨削速度降低，玻璃表面平整度提高。标准抛光粉一般有较窄的粒度分布，太细和太粗的颗粒很少，无大颗粒的抛光粉能抛光出高质量的表面，而细颗粒少的抛光粉能提高磨削速度。

　　实际上颗粒大小和粒度分布也有着综合性的考虑。抛光粉的粒度控制，不能仅从中位粒径 D_{50} 出发，而要从最大粒径、中位粒径 D_{50} 及粒度分布等多方面进行综合考虑。

　　(2) 比表面积。

　　比表面积从侧面反映了稀土抛光粉的硬度和化学活性。硬度大的颗粒具有更快的切削率，更好的耐磨性，但也具有化学活性较小的缺点。

　　影响抛光粉抛光性能的一个重要因素是氧化铈的晶体生长特征。晶体生长特征受最高焙烧温度、保留时间、升温速度等因素的影响。在使用高的焙烧温度时，初级颗粒具有相当大的尺寸，这会引起抛光面的划伤；而当使用低的焙烧温度时，氧化铈的比表面积增加，能造成粘连或团聚。若焙烧过度，则结晶度上升，易使被磨削物产生伤痕；而若焙烧不足，则磨削力下降。因此，需要十分小心地调节控制温度，若要大量制造质量保持均匀的产品，对质量管理的要求很高。

　　一般情况，稀土抛光粉的 BET 为 $2\sim5m^2/g$。当比表面积过小时，会形成划痕；而当比表面积过大时，抛光速度会下降。

　　(3) 物相组成。

　　目前主流的抛光粉在制备过程中均引入氟。而在前驱体的制备和后续的焙烧过程中，氟的引入方式和焙烧工艺影响着物相组成。不均匀的氟化反应会在焙烧时形成混合稀土氟化物的硬块，或导致保留下未反应的稀土氧化物颗粒。混合稀土氟化物颗粒的硬块会导致划痕。另外，如果保留了未反应的稀土氧化物颗粒，则不能长时间保持高抛光速度。

对稀土抛光粉的制备，预期的稀土抛光粉的物相组成为立方晶系的复合稀土氧化物和复合稀土氟氧化物。立方晶系复合稀土氧化物和稀土氟氧化物主峰的位置(2θ)分别大约为 28.2°和 26.7°。

(4)形貌。

不同的晶型和形貌影响着抛光材料的抛光速度及抛光精度。以氧化铈为例，氧化铈的粒度和晶粒形状主要由其制备过程中采用的中间体(由原材料用不同化学方法制取氧化铈的前驱体)决定，若所采用的前驱体不同，其制备工艺复杂程度、成本高低不同，所制得的氧化铈颗粒大小和晶粒形状也不同。晶粒形状为棱角的氧化铈，其抛光能力最强；片状晶粒的氧化铈，其抛光能力次之；米粒状的氧化铈，其抛光能力最弱。

3)稀土抛光粉的应用性能

稀土抛光粉的应用性能，涉及悬浮分散性能、抛光能力(抛蚀量)、抛光精度等。

(1)悬浮分散性能。

一般而言，抛光粉需要分散在介质(如水或有机溶剂)中使用，因此，抛光浆液的悬浮分散性能对其抛光效果有很大影响。

抛光粉的悬浮分散性能对抛光工件表面质量和抛光速度有影响。当抛光浆料的悬浮分散性较差时，抛光粉颗粒容易发生聚沉，一方面使抛光浆液中颗粒分布不均匀，产生团聚颗粒，使加工表面出现划痕，影响抛光表面的质量；另一方面，团聚会导致实际参与抛光的粒子数减少，从而降低抛光速度。提高抛光浆液的悬浮分散性，成为铈基稀土抛光粉应用中的重要研究对象。抛光粉浆料的固含量及抛光粒子颗粒大小是影响其悬浮分散性及稳定性的主要因素，此外，浆料的稳定性还受分散剂的种类和用量、浆料温度的影响。

另外，抛光粉的悬浮分散性能对应用成本和操作有影响。鉴于稀土抛光粉的真密度比较大，在使用过程中容易沉淀，一方面沉淀后不易循环使用，导致了抛光粉在使用过程中相对抛光粒子的减少，降低了抛光效率；另一方面，抛光粉沉淀在机台上，导致了抛光粉的用量增加。因此，改善抛光粉的悬浮分散性十分必要。

目前为了改善稀土抛光粉的悬浮分散性，一方面，通过焙烧温度控制抛光粉的堆密度。假定抛光材料的粒径基本相同，那么焙烧温度越高，沉淀物的堆密度越大；焙烧温度越低，沉淀物的堆密度越小。无论是焙烧温度过高，或者过低，都将影响抛光粉的抛光效率，甚至会引起制品的划伤。另一方面，通过在抛光粉中添加分散剂，提高抛光粉在使用过程中的悬浮分散性。虽然目前很多的分散剂均可以对抛光粉起分散作用，但在实际使用过程中还有很多问题。一方面，虽然使用过程中抛光粉分散在水中有着比较理想的分散效果，但是抛光浆料也容易在玻璃表面吸附，导致清洗性变差；另一方面，目前使用的分散剂导致抛光粉在使用过程中更容易产生胶状物质，这些胶状物质进一步吸附在玻璃表面，使玻璃的清洗变得更难。同时，当抛光粉配成浆液后，在间歇性的操作过程中(不可避免的)，抛光浆液静置后在储料罐的底部产生大量的胶状物质而变硬，导致抛光粉难以搅拌，这就导致了抛光粉的有效利用率下降，同时变硬胶状物质也是玻璃产生划伤的关键因素之一。另外，因为抛光过程中抛光液残留在玻璃等表面，水分等的快速挥发导致研磨粒子残留在玻璃的表面，导致清洗难度增大，进而导致清洗的良率不高。

(2)抛蚀量。

抛蚀量，又称抛光速度、抛光效率，是影响抛光粉使用的一个关键因素。抛蚀量的测试参考《稀土抛光粉物理性能测试方法　抛蚀量和划痕的测定　重量法》(GB/T 20167—2012)，测试的原理为：试样与纯水混匀后开启研磨机，通过泥浆泵使试样浆经过研磨机循环流动，称量研磨前、后玻璃片的质量，计算出抛蚀量。

4)抛光粉使用的应用条件

抛光粉在使用过程中，抛光浆料的浓度、抛光垫、研光压力、转速等对抛光均具有重要的影响。

(1)浆料浓度。

在光学、光电行业，抛光粉一般需要配制成抛光液使用，抛光过程中浆料的浓度决定了抛光速度，一般情况下，浓度越大抛光速度越快。

抛光液的浓度是抛光粉与抛光粉和水的质量之比。通常情况下，抛光液的浓度在 10%左右，不同应用领域和应用企业会根据情况进行相应的调整。例如，半导体集成电路 STI 制程一般选用 1%的纯氧化铈抛光液；光学、光电行业一般为5%～15%。在 0%～15%的范围内，抛光速度随着浓度的增加呈线性关系，当浓度超过 30%时，抛光速度开始下降，这是因为水量不足，抛光粉密集程度大，在玻璃表面有过多抛光粉堆积，导致抛光压力不能有效发挥作用，同时会降低表面温度，使抛光粉不能有效地切削玻璃，因此降低抛光速度。不同抛光粉的性能不同，其悬浮分散性能好，切削力会强一些。抛光粉的制备方法、组成成分等不同，配制抛光液的浓度也会不同。有些应用条件还需要针对特定牌号的玻璃及要求，专门加添加剂。一般而言，抛光粉在使用过程中 4h 补加一次，7d 全液更换一次。

另外，虽然抛光速度通常随着浓度的增加而增大，但是颗粒含量过大也会产生副作用，主要体现在抛光后表面质量下降，严重时会产生凹坑。

一般而言，抛光材料生产过程中以抛光液的形式制造相比抛光粉而言具有质量优势，这主要是在浆料制备过程中对异常大颗粒、金属杂质(如磁性物质)等的控制更加容易。当然一方面需要考虑浓度，当浓度太低时，运输成本会提高；当浓度太高时，很难制得充分分散的抛光浆料。同时，很多添加剂，包括悬浮剂、分散剂、消泡剂等多以液体的形式存在，在抛光液的配制过程中也方便添加。另一方面，还需要考虑浆料的稳定性，以防产生板结现象，因此还需要考虑防板结添加剂。

(2)浆料的悬浮、分散和稳定性能。

抛光粉使用时需要配制成抛光液使用，因此对抛光粉的悬浮、分散、稳定性能具有一定的要求。

抛光粉的悬浮性能体现在抛光粉颗粒在介质中的沉降速度，沉降速度慢，则认为悬浮性能好。抛光粉的分散性能体现在抛光粉颗粒在介质中的粒径不随时间增加而增大，则认为分散性能好。抛光粉的稳定性能一般综合考虑悬浮性能、分散性能，同时抛光粉颗粒在介质中不能随时间的增加而产生板结，即使产生沉淀，也应该是松软的沉淀，通过轻微的搅拌即可再次搅开，则认为抛光粉的稳定性能好。

(3)抛光液的pH。

不同的抛光对象因材质问题，对 pH 有不同的要求，尤其是光学玻璃。抛光液的 pH 对玻璃表面的抛光质量和抛光效率也有很大的影响，这主要体现在：pH会影响抛光液在介质中的悬浮分散性能，同时 pH 也会对玻璃产生腐蚀，因此在使用过程中必须控制合理的抛光液的 pH。

(4)抛光过程中的工艺参数对抛光能力的影响。

抛光过程中的工艺参数包括压力、温度、转速、时间等，对抛光能力起着非常重要的作用。

抛光过程中，使用的压力越大，抛光效率越高，因此，在条件允许的情况下，可以调高抛光压力。

随着温度的升高，抛光效率增大，但是温度过高会对表面质量产生副作用，如产生橘皮等，因此，也需要控制合理的抛光液温度，必要时需要保持恒温。一般而言，抛光液的温度为 20~35℃。

随着抛光时间的增加，玻璃的去除量将会持续增加，直至表面粗糙度达到一定值后保持恒定。

(5)抛光垫对抛光能力的影响。

抛光垫是抛光速度和平坦化能力的重要消耗品之一，在抛光中起着传输机械压力到工件表面、传送抛光液和抛光产物的功能。通常，抛光垫具有一定的机械特性和多孔特性，其中的小孔能帮助传输磨料和提高抛光均匀性。抛光垫的各种特性，如表面粗糙度、质量密度、硬度、弹性模量、刚性系数、厚度、表面开槽情况及抛光过程中的修复状况等，均能对抛光结果产生重要影响。

另外，随着液晶显示和玻璃工业的发展，抛光垫的选择随着抛光工艺的发展而变化。对于盖板玻璃，一方面要求抛光速度快，需要达到一定的抛光量(俗称下丝量），以对玻璃减薄，同时对玻璃表面质量有要求，常选用聚氨酯抛光垫。随着玻璃制造工艺的发展，在液晶抛光过程中目前对抛光减薄量的要求下降，更多地倾向于抛光的精度，同时抛光垫的材质较软(如采用羊毛轮)，这就对抛光粉有新的要求。目前 3D 玻璃扫光工艺采用棕毛刷(如猪鬃毛)，则抛光过程中的抛光压力也会变化，因此对抛光粉及其配方的要求也在发生变化。

5) 稀土抛光粉的性能评价指标与方法

抛光性能的好坏是衡量抛光粉质量优劣的最主要标准，影响抛光粉性能的指标很多，最终体现在终端应用时的抛光性能上，核心在于抛光效率和抛光后工件的表面质量。随着科学技术的不断进步，抛光粉的性能评价手段也越来越多。目前 SEM、TEM、XRD、ICP、比表面仪(BET)、激光粒度仪(PSD)、Zeta 电位、比重计、色差计等表征手段均已在抛光粉的制备与应用中得到了广泛的使用。通过各种表征手段的组合，可以获得抛光粉颗粒的组成、结构、形貌、尺寸大小等信息，为抛光粉的生产与应用提供参考价值。

由于不同企业采取的生产工艺及产品特点不相同，在原材料的选择，生产中的控制手段、检测方法、控制指标也都不相同，各个企业需要根据自身的条件选择合理的评价体系。抛光粉的标准，包括理化指标、应用性能和检测方法，也有一些参考的标准。

《稀土抛光粉》(GB/T 20165—2012)于 2012 年 11 月 5 日发布，2013 年 5 月 1 日实施。该标准规定了稀土抛光粉的要求、实验方法、检验规则及标志、包装、运输、储存及质量证明书。该标准适用于以铈基稀土化合物为原料，经化学法加工制得具有特定物相和一定抛光性能的粉末状产品，主要用于电视、计算机等显示器及显示屏的玻璃基板、光学玻璃元件、玻璃眼镜片、集成电路基板、玛瑙、水晶、玉石、石英等的表面抛光处理。在产品要求方面，对理化指标、比放射性、悬浮液 pH、外观等进行了限定。其中，理化指标包括 REO、CeO_2/REO、F、灼减、水分等化学成分，中心粒径 D_{50}、最大粒径 D_{100}、真密度、研磨效果(抛蚀量、划痕率)等物理性能，物相组成。随后又细化了化学分析方法和物理性能测试方法，包括《稀土抛光粉化学分析方法 第 1 部分：氧化铈量的测定 滴定法》(GB/T 20166.1—2012)、《稀土抛光粉化学分析方法 第 2 部分：氟量的测定 离子选择性电极法》(GB/T 20166.2—2012)、《稀土抛光粉物理性能测试方法 抛蚀量和划痕的测定 重量法》(GB/T 20167—2012)。

2017 年 4 月，中国稀土行业协会发布了中国稀土行业协会组织制定的首个中国稀土行业协会团体标准——《盖板玻璃抛光用稀土抛光粉》，标准编号：T/ACREI 34001—2017。该标准负责起草单位：包头稀土研究院、上海华明高纳稀土新材料有限公司、包头天骄清美稀土抛光粉有限公司等。该标准规定了盖板玻璃抛光用稀土抛光粉的要求、实验方法、检验规则和标志、包装、运输、储存及质量说明书。该标准适用于钠硅酸盐体系盖板玻璃抛光用稀土抛光粉。在产品要求方面，对化学成分、物理性能、应用性能、比放射性、外观质量等进行了限定。其中，化学成分包括 REO、$(La_2O_3+CeO_2)/REO$、$(Pr_6O_{11}+Nd_2O_3)/REO$、Mn、Pb、Cr（Ⅵ）、Hg、Cd、Cl^-+Br^-、F^-、pH 等；物理性能包括中心粒径（$D_{50}\pm\delta$）、最大粒径（$D_{100}\pm\delta$）、比表面积、松装密度、悬浮性；应用性能包括产品的抛蚀量。该标准充分考虑《关于限制在电子电气设备中使用某些有害成分的指令》（RHOS）和卤素要求，同时对产品测试可能存在的仪器系统误差 δ 进行了描述。

1.5.6 稀土抛光粉的理化指标评价

1. 化学组成

稀土抛光粉中 REO 常用《稀土金属及其化合物化学分析方法 稀土总量的测定》（GB/T 14635—2008）规定的草酸盐重量法或 EDTA 滴定法测试。草酸盐重量法的原理是：试样经酸分解后，氨水沉淀稀土，以分离钙、镁等。以盐酸溶解稀土，在 pH 为 1.8～2.0 的条件下用草酸沉淀稀土，以分离铁等。于 950℃将草酸稀土灼烧成氧化物，称其质量，计算稀土总量。EDTA 滴定法的原理是：试料用酸溶解，采用磺基水杨酸掩蔽铁等离子，在 pH 为 5.5 的条件下，以二甲酚橙为指示剂，用 EDTA 标准溶液滴定稀土。

氧化铈含量（CeO_2/REO）常用《氯化稀土、碳酸轻稀土化学分析方法 第 1 部分：氧化铈量的测定 硫酸亚铁铵滴定法》（GB/T 16484.1—2009）规定的硫酸亚铁铵法测试。硫酸亚铁铵法的原理是：试样用盐酸溶解，在磷酸介质中，高氯酸将三价铈氧化为四价；于稀硫酸介质中，在尿素存在下，用亚砷酸钠-亚硝酸钠溶液还原高价锰，以苯代邻氨基苯甲酸为指示剂，用硫酸亚铁铵标准溶液进行滴定。

稀土配分常用《氯化稀土、碳酸轻稀土化学分析方法 第 3 部分：15 个稀土元素氧化物配分量的测定 电感耦合等离子体发射光谱法》（GB/T 16484.3—2009）规定的 ICP 测试。其原理是：试样以盐酸溶解，在稀盐酸介质中，直接以氩等离子体光源激发，进行光谱测定。以系数校正法校正被测元素间的光谱干扰。

非稀土杂质，根据元素特性，选择《氯化稀土、碳酸轻稀土化学分析方法》（GB/T 16484—2009）各子部分规定的测试方法，通过原子吸收、分光光度、ICP 等方法测试。

氟元素的测试，推荐性的标准为《稀土抛光粉化学分析方法 氟量的测定 离子选择性电极法》（GB/T 20166.2—2012），其工作原理是：试样经碱熔融后浸出过滤，使氟与铁、稀土等氢氧化物沉淀分离，在 pH 为 6.5～7.0 的溶液中，以氟离子选择性电极为指示电极，饱和甘汞电极为参比电极，测量两电极间的平衡电位，求得氟含量。企业一般选择 EDTA 滴定法测试，其工作原理是：试样经碱熔融后浸出过滤，加入过量硝酸镧，以二甲酚橙为指示剂，EDTA 反滴定法滴定至溶液从紫红色变为深黄色。

水分量常用《稀土金属及其氧化物中非稀土杂质化学分析方法　第 3 部分：稀土氧化物中水分量的测定　重量法》(GB/T 12690.3—2015)规定的重量法测试。其工作原理是：试料在 105～110℃下干燥一定时间，水分可以完全蒸发。称量样品干燥前后的质量，计算出水分量。

灼减量常用《稀土金属及其氧化物中非稀土杂质化学分析方法　第 2 部分：稀土氧化物中灼减量的测定　重量法》(GB/T 12690.2—2015)规定的重量法测试。其工作原理是：试料经 950℃灼烧 60min，由灼烧前后质量的差值计算灼减量。

2. 物理性能

1) 粒度及粒度分布

稀土抛光粉粒度及粒度分布(PSD)参考《稀土金属及其化合物物理性能测试方法　稀土化合物粒度分布的测定》(GB/T 20170.1—2006)与《粒度分析　激光衍射法》(GB/T 19077—2016)。其工作原理是：一个有代表性的试样，在一个装有适当液体的容器中分散成适当的浓度，然后使其通过激光光束，光遇到颗粒后以各种角度散射，由多元探测器测量这些光束，并且记录散射图上相应的数据，然后通过适当的光学模型和数学程序转化记录下来的散射数据，计算某一粒度颗粒相对于总体积的百分比，从而得出颗粒体积分布。

2) 比表面积

比表面积的测试参考《气体吸附　BET 法测定固态物质比表面积》(GB/T 19587—2017)。其工作原理是：置于气体体系中的样品，其物质表面(颗粒外部和内部通孔的表面积)在低温下将发生物理吸附。当吸附达到平衡时，测量平衡吸附压力和吸附的气体量，根据 BET 方程式求出试样单分子层吸附量，从而计算出试样的比表面积。

3) 抛蚀量

抛蚀量的测试参考《稀土抛光粉物理性能测试方法　抛蚀量和划痕的测定　重量法》(GB/T 20167—2012)。其工作原理是：在规定条件下，抛光件被抛光粉研磨、抛蚀，使抛光件表面达到规定程度时，根据所称取抛光件被抛光前后的质量计算差值，此差值除以抛光时间和被抛光表面积的积即为抛蚀量

4) 物相结构

物相结构的测试参考《无机化工产品晶型结构分析　X 射线衍射法》(GB/T 30904—2014)。其工作原理是：利用晶体对 X 射线的衍射效应，根据 X 射线穿过物质晶格时所产生的衍射特征，鉴定晶体的内部结构。

1.5.7　稀土抛光粉的应用性能

1. 悬浮分散性能[227]

抛光浆液的悬浮分散性可以用抛光粉颗粒的 Zeta 电位来表示。在零 Zeta 电位点（即 IEP）时，颗粒表面不带电荷，颗粒间的吸引力大于双电层之间的排斥力，此时悬浮体的颗粒易发生凝聚或絮凝；当颗粒表面电荷密度较大时，颗粒有较高的 Zeta 电位，颗粒表面的高电荷密度使颗粒间产生较大的静电排斥力，结果悬浮体保持较高的分散稳定性。Zeta 电位可以通过电泳仪或电位仪测出。但对生产企业而言，由于仪器及测量取样方面的困难，Zeta 电位法不具可行性。

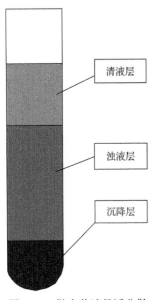

图 1-80　抛光浆液悬浮分散性能的评价示例

针对抛光粉的生产企业及应用企业，常用沉降速度法表示（图 1-80）。沉降速度法简单易行，数据直观明了，易于抛光粉制备及应用企业进行品质检测。但是，抛光粉的密度、粒度及其分布、比表面积等对抛光粉的悬浮性能均有很大的影响。例如，粒度分布范围较宽的颗粒受力不均，导致沉降速度不等，小颗粒沉降速度慢，呈悬浮状态，大颗粒沉降速度快，迅速分层下沉。分层液面沉降速度没有可对比性，因此各企业应根据自己的实际情况制定相应的标准。另外，利用该方法测试抛光粉的悬浮性能时，对抛光粉的胶连情况也可以同时评价。抛光浆液静置 24h，去掉清液层和浊液层后，在一定压力和流量的水力下，观察沉降层的易清洗性。如果水力下容易冲洗，对抛光粉使用过程中是有利的；如果沉降层比较硬或者黏稠，水力下可以冲掉一部分，其余需要毛刷等工具进行清洗，这样对抛光粉的应用是不利的。另外，抛光粉生产及应用企业对沉淀物等级的描述也可参考《建筑涂料水性助剂应用性能试验方法 第 1 部分：分散剂、消泡剂、增稠剂》（GBT 21089.1—2007）中表 2，优选 C8～C10 等级。

2. 杂质及大颗粒

关于杂质与大颗粒的检测，目前报道的较少。抛光粉的制备过程中不可避免地会混入铁锈等磁性物质、工艺不当引起的稀土氟化物硬颗粒等，这些杂质及大颗粒可能受取样问题或者检测仪器而无法检测出来。而这些杂质与大颗粒会严重影响抛光粉的应用性能，产生严重划痕。关于该杂质及大颗粒的检测，建议通过 500 目尼龙网湿法振动过筛，以此作为抛光粉的生产与应用企业的检测。

3. 抛光效果

抛光粉的应用企业常关注的抛光效果包括切削率、良率、刮伤比例、易清洗性等。切削率的检测通过抛光前后玻璃厚度的变化利用厚度仪检测；良率即加工合格率；刮伤比例即刮伤不良占总产量的比例。抛光粉在实际应用中，从人、机、料、法、环等方面都有很大的影响，其中良率和刮伤比例会涉及表面缺陷的类型，进而分析是由抛光粉产生的表面缺陷还是加工过程中的应用条件所产生的。

1.5.8　稀土抛光粉行业面临的挑战与应对策略

1. 稀土抛光粉行业面临的挑战

目前国内已有稀土抛光粉生产厂家几十家，总产量已位居世界第一，但是，目前稀土抛光粉依然面临一些困境，主要包括以下两点。

1)高性能稀土抛光材料难以满足国内需求

随着电子信息产业在国内外的飞速发展，稀土抛光材料的应用领域也在不断变化，由传统的电视机显像管玻壳抛光、水钻抛光等向液晶显示器、较精密光学仪器等高性能抛光领域转变。从发展趋势看，液晶显示器领域和高档光学玻璃加工领域是稀土抛光材料应用的发展方向。目前，高性能稀土抛光材料的开发和生产主要集中在日本、韩国、美国等国家。

我国稀土抛光材料生产企业中，传统工艺生产抛光材料的企业居多，而生产高性能稀土抛光材料的企业不多。我国生产的稀土抛光材料低档次较多，在较高档次的稀土抛光材料生产上与国外相比仍有很大差距，在要求较高的器件抛光上仍依赖进口。目前虽有几家生产高性能稀土抛光材料，但仍不能满足国内市场的需求，尤其是半导体集成电路 STI 制程中纳米氧化铈抛光材料。因此，加速高性能稀土抛光材料生产产业化是当前十分迫切的任务。高性能稀土抛光材料具有较高的附加值，且与高速发展的精密光学和电子信息等高新技术领域密切相关，如果能形成一定的规模，将在国际市场上具有较强的竞争力。

2)行业发展呈两极分化

目前我国稀土抛光材料生产企业参差不齐，形成规模化生产的企业很少，小企业居多，在国际市场很难具有竞争优势。这些小企业产品基本雷同，竞争激烈，利润低下，发展缓慢无序。行业发展的两极分化也将带动整个行业进行资源整合，行业领先企业吞并弱小企业，企业实现规模效应，增强研发实力，才能使我国的稀土抛光材料在国际市场上具有一定的竞争力。

2. 稀土抛光粉行业的应对策略

面对挑战，稀土抛光粉行业需积极应对，通过全面提高行业的技术水平，实现行业的健康有序发展。具体应对策略为以下三点：

(1)行业细分。对稀土抛光粉行业进行细分，对不同应用领域抛光粉的不同要求进行研究、分析，各企业针对性地开发光学元件、玻璃减薄、玻璃镀膜、水钻抛光辊、挂件抛光盘用的抛光粉，使得全行业的价格竞争转为在各细分行业的产品性能竞争，可大大改善因供大于求所导致的无序状态。

(2)标准建立。由于目前没有进行行业细分，因此现行抛光粉的国家标准指导性不明显。通过应用行业的细分，稀土抛光粉的应用条件已比较明确，可制定出更有实际指导性的国家标准，实现抛光粉产品明确的等级划分。

(3)技术进步。面对高铝玻璃等新型玻璃材料的挑战，改变过去全部使用稀土为原料的思路，积极开发与氧化铝、氧化锆、二氧化硅、氮化硼、碳化硅等材料复配的稀土抛光粉，通过技术进步来应对市场的变化，将是未来稀土抛光粉行业的发展思路。

1.6 稀土医用材料

有关稀土在医学中的应用和理论问题，长期以来都是全世界很重视的研究领域。人们很早就发现稀土的药理作用。自20世纪60年代以来陆续发现稀土无机盐、稀土化合物具有一系列特殊的药效作用，如是Ca^{2+}的优良拮抗剂，有镇静止痛作用，可广泛用于治疗烧伤、炎症、皮肤病、血栓病等，从而引起了人们的广泛关注。前期主要关注稀土在药物上的应用，集中在筛选具有抗凝血和促进愈伤组织生长作用、抗炎、杀菌作用、抗动脉硬化作用及放射性核素与抗肿瘤作用的药物，同时稀土的很多药用机理也还处于探索阶段。另外，稀土在医疗器械开发中的应用，主要包括利用稀土永磁材料进行磁穴疗法，用含稀土的激光材料制成的激光刀可做精细手术等。随着材料合成技术的发展，有关稀土材料的医用越来越多地被报道[228, 229]。

1.6.1 稀土材料在体外检测中的应用[230, 231]

癌症的出现总伴随着一些特定生物分子的含量改变或者一些新生物分子的产生，这些生物分子存在于患者的血液、唾液、体液、细胞或组织中，部分生物分子可作为肿瘤标志物，对其及早、准确地识别，尤其是提高这类靶标分子的检测极限，对肿瘤的早期诊断、疗效观察及预后评价具有重要意义。体外诊断试剂(*in vitro* diagnostics, IVD)是在疾病的预防、诊断、治疗监测、预后观察、健康状态评价及遗传性疾病的预测过程中，用于对人体样本(各种体液、细胞、组织样本等)进行体外检测，以获取临床诊断信息。

稀土离子独特的 4f 电子能级结构，使稀土材料具有丰富的磁性和光学性能，使其在生物体外和体内检测、环境检测应用方面具有较好的光学稳定性、窄发射谱带、长寿命和高的化学稳定性。一般稀土材料按发光机理包括下转换和上转换发光材料，也可以利用时间分辨荧光法、化学发光原理和免疫反应原理相结合的化学发光法作为稀土材料体外检测应用的常用方法。

镧系解离增强荧光免疫分析(DELFIA)技术作为目前最灵敏的荧光生物检测方法，在癌症诊断领域获得了广泛应用。这一技术是基于镧系螯合物(Eu, Sm, Tb, Dy)发出的荧光，这些镧系螯合物标记比传统的荧光素基团发出的荧光衰减时间长得多、Stokes 位移大、发射光比较尖锐，利用这些特点，DELFIA 技术具有检测范围广、灵敏度高、样品用量少等优势。

DELFIA 技术也存在稀土离子标记比例低、光化学稳定性差等缺点。与稀土螯合物相比，稀土纳米发光材料具有化学稳定性高、可修饰性好、生物毒性小、成本低等优点，是目前普遍看好的新一代荧光生物标记材料。中国科学院福建物质结构研究所陈学元等研发了系列用于生物检测的稀土纳米荧光探针，为新型纳米荧光生物探针的合成和设计提供了新的思路。他们发展了基于 $KGdF_4$：Ln 纳米探针的光/磁双模生物标记方法，实现时间分辨荧光分析(TR-FRET)生物检测和磁共振成像(MRI)。他们还建立了基于稀土纳米晶溶解增强的荧光免疫分析方法(DELBA)，该方法比目前最灵敏的商用 DELFIA 试剂盒灵敏度提高了近 3 个数量级。

最近引起人们关注的上转换纳米探针，是一类具有吸收长波长、低能量光子，发射短波长、高能量光子的特殊发光性能的新型荧光纳米材料，可以将近红外激发光转变为可见光区的发射光，而红外光的长波光子不易被生物分子吸收，对生物分子的光毒性较少，此外还具有化学稳定性高及生物毒性低等优点，因此对生物检测分析应用具有重要的意义。

利用稀土上转换材料的生物检测大多是基于供体和受体间的发光共振能量转移(LRET)过程进行，在检测中，被检测物起到耦合供体和受体的作用，使得共振能量传递得以实现。该方法可以避免受体直接对激发光吸收发出的干扰信号，其检测限比传统的常规方法要低很多，因此在核酸检测、蛋白质检测等方面具有广泛的应用前景。

1.6.2　稀土材料在生物成像中的应用[232-234]

生物成像技术是结合物理、化学、生物、医学和材料科学等学科发展起来的可视化技术，在生命科学与医学基础研究及临床诊断中都有着很广泛的应用。生物成像技术包括光学成像、超声波成像、磁共振成像、光声成像、X 射线计算机断层成像、单光子发射型计算机断层成像和正电子发射型计算机断层成像等技术。荧光显微成像技术将荧光标记与生物成像技术结合，利用光学显微镜直接获得细胞或组织的结构图像，以进一步分析细胞或组织的生理过程，对揭示生命遗传的奥秘、病理的研究和临床医学的诊断与治疗都起着至关重要的作用。同时，荧光显微成像技术不仅使检测结果更加直观，而且可以进行实时监测与连续成像，因而在生物与医药领域中的应用越来越受到重视。随着新型荧光探针的开发与应用，稀土配合物荧光探针、稀土纳米材料将会对细胞生物学、组织学及光子学成像研究产生重要的影响。

稀土离子本身的光吸收能力很弱，导致直接激发稀土离子本身的发光效率很低，所以要引入其他的介质来敏化稀土离子发光。而有机配体在紫外光区有较强的吸收，其与稀土发光离子形成配合物后能有效地将激发态能量通过无辐射跃迁转移的方式转移到中心离子的发射态，从而敏化稀土离子发光。稀土有机配合物的光致发光是将有机配体作为"天线分子"来敏化稀土离子发光。目前，稀土配合物已广泛用于时间分辨的免疫荧光分析与荧光成像。

传统的稀土配合物需要紫外光进行激发，检测与成像时存在光损伤和光穿透深度小的缺点，因此开发可见光敏化稀土发光配合物，或者可见光激发的近红外发光的稀土配合物成为发展趋势和研究重点。在稀土配合物探针的活细胞成像研究中，人们多采用单光子共聚焦荧光显微成像技术。由于双光子荧光显微成像所具有的近红外激发、暗场成像、避免光漂白及降低组织自发荧光等诸多特点而明显地优于单光子荧光显微成像，人们的目光也逐渐向双光子及多光子荧光显微成像转移。另外，时间分辨荧光显微成像技术由于可以消除复杂生物细胞中背景荧光干扰，有效提高检测灵敏度，也被广泛应用。稀土配合物可以对细胞及细胞器成像，也可以对细胞内的各种生物活性小分子、离子和生物大分子实现实时在线的成像分析，对生命科学研究与发展具有重要的价值。

稀土掺杂无机纳米晶具有高光化学稳定性、窄线宽、长荧光寿命和可调荧光发射波长等优点，是新一类荧光生物标记材料，具有比有机染料与量子点及稀土有机配合物更优越的性质，更适用于生物成像与检测，如肿瘤的早期诊断。在光学成像中，光透过生物组织的能力与光的波长和生物组织的结构、物理化学性质均有关系。近红外光能比可见光更好地穿透生物组织，因为生物组织对于近红外光的吸收和散射都要比可见光少很多。

作为一种新型的标记物，稀土掺杂上转换发光纳米颗粒为细胞成像技术注入了新的活力，推动了生物学、医学和临床学等相关领域的发展。上转换纳米颗粒具有无漂白、毒性小、激发能量低及对生物体损害小等优点，因此，稀土离子掺杂的上转换发光纳米材料作为新型的荧光成像标记材料，在细胞、组织和活体层次均可以很好成像，尤其一些具有很强上转换荧光强度和很好水溶性的小尺寸上转换发光纳米颗粒被合成后用于小动物的活体成像，受到了研究人员的更广泛关注。

目前用于临床的磁共振成像造影剂主要为顺磁性和超顺磁性造影剂，对磁共振成像造影剂的研究也主要集中在这两类。Gd-DTPA 是临床上使用最早、最广泛的一种磁共振成像造影剂，1983 年开始临床试验，1988 年获得德国卫生局的批准。钆特酸葡胺是继 Gd-DTPA 之后进入临床应用的第二个磁共振成像造影剂，具有很高的动力学和热力学稳定性，是迄今稳定性最高的钆配合物。在后面的研究中，人们不断尝试研制新的具有高弛豫效率的靶向性磁共振成像造影剂。例如，在 Gd-DTPA 和 Gd-DOTA 等小分子的结构中引入高分子制备大分子造影剂。使用大分子造影剂可以减少用药量并提高图像对比度和分辨率，大分子螯合物成为磁共振成像造影剂研制的热点之一。也可以通过在大环上进行化学修饰，可以键联上光学活性基团或者其他功能性基团，而不影响大环配体与钆离子的螯合能力，可以构筑成一类双模式分子探针。稀土掺杂无机纳米粒子由于大的比表面积和易于化学修饰等优点，逐渐用于构建多模式分子探针。

尽管稀土上转换发光具有很高的细胞和组织层次的灵敏度，但是光在组织中穿透深度有限，比较适用于浅层高灵敏成像。而磁共振成像、CT 和放射性成像具有非侵入性活体成像和三维成像的优点，具有较好的空间分辨率，可以给出活体组织的功能和生理学的信息。但是它的灵敏度不够好，很难进行细胞和组织层次的成像。因此，在医疗过程中，要根据不同的需要，构建不同类型的稀土纳米粒子以实现不同层次、不同方式的多模成像，来提高检测的灵敏性，确保医学研究和医疗分析的正确性。

1.6.3　稀土材料在治疗中的应用[235-237]

自从 20 世纪 60 年代顺铂抗肿瘤活性的发现及临床运用，开辟了金属配合物抗肿瘤药物研究的新领域。从 20 世纪 70 年代起，Anyhilelri 报道了稀土氨基酸配合物的抗肿瘤活性，稀土配合物在抗癌中的作用引起了人们的关注。

许多稀土配合物的抗肿瘤活性实验证明，稀土配合物具有比稀土离子更优的抗肿瘤活性。此领域的很多研究都集中在利用具有一定药理活性的配体与稀土离子生成配合物，通过增加脂/水比，增强其抗肿瘤作用。报道比较多的配体主要包括氨基酸类 Schiff 碱、香豆素类、抗肿瘤药物维甲酸、氨基酸、环烷烃羧酸类等多种类型。从已有的研究结果来看，稀土及其配合物的抗肿瘤作用机制，可以通过直接作用于细胞 DNA，影响 DNA 的合成或复制，或直接剪切 DNA，发挥"分子剪刀"的作用产生抗肿瘤效果；也可能通过对癌基因、抑癌基因的调控产生抑制效果；也可能通过离子与细胞膜的相互作用来完成；也有证据显示，稀土能够调节机体免疫机能，从而起到抑制肿瘤发生、发展的作用。随着稀土配合物的抗肿瘤研究的深入，相关机理研究也在逐步发展完善。不足的是，目前相关的体内实验数据还不足，从而限制了临床应用。

光动力学治疗(photodynamic therapy，PDT)是近几年来迅速发展起来的选择性治疗新技术。光动力学治疗需要三元素：光敏剂、特定波长的光与细胞中的氧分子。当使用光线照射时，光敏剂会吸收特定波长的光能，启动光化学反应产生自由基及单线态氧，氧化损伤周围的癌细胞。相比于传统的癌症治疗方法，光动力学治疗有非常好的选择性，不伤害周围的正常组织；可与其他疗法并用；无药物累积的毒性，可反复治疗。现在临床常用的光敏剂以血卟啉衍生物(HPD)为代表，但光吸收效率及波长范围、光毒性等不足制约了其应用。为了改进第一代光敏剂的不足，人们在光敏剂的研究领域做了许多改进，稀土配合物、稀土纳米材料就是其中的代表。

五氮杂配位基稀土配合物就是一类具有成为第二代光动力学治疗药物的基本特征的稀土配合物，实验结果表明，该类配合物能够有效地产生单线态氧和其他活性氧。

近年来，越来越多的研究表明利用荧光上转换纳米材料具有更好的穿透深度，在肿瘤部位有更多的富集，并且可以在上转换纳米颗粒表面修饰靶向分子，从而从被动靶向效应和主动靶向效应两个方面克服传统光动力学治疗靶向性不强的问题。将以荧光上转换纳米颗粒为基础的复合多功能光敏纳米颗粒引入光动力学疗法，可以有效提升光动力学治疗的穿透深度，改善光敏剂的靶向性及调控单线态氧的释放，推动光动力学治疗癌症的发展。光敏分子一般通过三种方法装载到上转换纳米颗粒上，包括硅封装、非共价的吸附和共价的偶联。

Zhang 课题组第一次阐述了利用荧光上转换纳米颗粒在癌症光动力学治疗中应用的机理。随后，不同课题组从不同角度开展了稀土上转换纳米颗粒在癌症光动力学治疗中的应用工作。例如，提高光动力学治疗的效率、增加光敏剂在纳米载体上的稳定性、通过调节掺杂元素及改变上转换纳米材料的结构，来调节上转换纳米材料的发光光谱与光敏剂的吸收相匹配，从而激发一种甚至多种光敏剂。另外，光动力学治疗还可以与癌症的其他治疗方法结合，达到了光动力学治疗与其他疗法互补协同治疗的效果，有重要的应用前景。

1.6.4　稀土材料在放射治疗中的应用

放射治疗(简称放疗)没有手术治疗那样强的入侵性，更没有化疗的全身毒副作用，在剂量安全范围之内可以有效杀死异常增殖的肿瘤，同时机体又再次尽可能发挥最大的调节功能。但是，放疗也有明显的弊端，如无法杀死肿瘤中的所有癌细胞(特别是大肿瘤)。为了提高治疗效果，不能单纯依靠提高放射剂量，因此，如何通过低放射剂量达到较显著的放疗效果，是放疗领域面临的一个巨大挑战。

通过引入放射增敏剂是目前常用的方法。

　　由重金属元素组成的纳米颗粒在放射情况下产生光电效应、康普顿散射、电子对效应等，使得纳米颗粒周围的放射剂量增强，增加肿瘤区域的放疗效果，这种效应就是放疗增敏。由于稀土对肿瘤组织具有较强的亲和力，目前在临床诊断和肿瘤治疗中作为增敏剂备受关注。例如，在欧美等国家和地区利用钇-90微球体放射治疗中晚期肝癌。钇90微球体是一种带有放射线物质的微小球体，可发射β射线，但不发射初级γ射线，可以携带在玻璃微球或是脂质之中，其辐射范围仅1.1cm，半衰期时间短(约64h)，经导管将含放射性钇-90送达供给肿瘤养分的血管，会随着血流停驻在肿瘤内的微细动脉中，有相当好的肿瘤覆盖率。接着局部会进行约两个星期(β射线随时间衰减，在11天内放出94%的放射能量，14天后少于2.5%的发射能量)的放射性治疗，借由近距离、高辐射剂量的β射线杀死肝肿瘤。

1.6.5　展望

　　稀土元素及稀土化合物具有特殊的药理作用，人们对此有较多的关注和实际应用。自20世纪60年代以来，稀土及相关化合物在抗凝血、抗炎杀菌、治疗烧伤、抗动脉硬化、抗肿瘤等方面得到了广泛应用。现今随着合成方法、纳米技术及生物医学研究技术的发展，稀土材料的合成种类更加多样化，对稀土材料的应用研究更加广泛和深入。稀土材料目前主要包括稀土配合物、稀土掺杂的纳米晶材料等。在医学中，稀土材料最近主要用于生物成像及肿瘤治疗。但是正在临床上应用的新的稀土材料还相对较少。因此，如何制备高效、低毒、可控的稀土材料，并能向临床转化，仍面临挑战。

1.7　稀土农用材料

　　稀土元素可与氧、硫、氮、氢、碳、磷等发生反应，同时具有络合配位、催化等多种特性，因此在生物体内能起多种作用，具有奇特的生物效应。研究表明，适量的稀土可促进植物新陈代谢，增强生理活性，加速植物细胞的分裂与增生，提高叶绿素含量，增强光合作用，促进作物对养分的吸收、利用，增强对干旱、低温等不良条件的抗御能力；对动植物产生系列有益的影响，使产量和品质均得到提高，并且对植物、人、畜无害，因此在农林畜牧养殖业中得到广泛应用[238]。稀土农用研究在我国始于20世纪70年代初，从80年代中期大面积推广使用稀土至今，在稀土农用方面的研究与应用一直处于世界领先地位，不仅在稀土农用技术，而且在基础理论的研究中都取得了一系列的重要突破，并产生了很大的经济效益[239-246]。

1.7.1　稀土材料在转光农膜中的应用

转光农膜是在农用薄膜中引入转光助剂，以改善透过温室棚膜的光质，使其有益于植物进行光合作用的一种功能塑料膜。稀土离子独特的外层电子结构，使得其在形成有机或无机化合物后，容易吸收近紫外光的激发，因而发射出相应于中心离子的可见荧光发射。绿色植物的叶子之所以是绿色的，是因为叶面将阳光中的大部分绿光反射掉。所以，转光助剂的重要性能是能够吸收绿光，换言之，转光助剂激发光谱主峰应在绿光区域；另外，由于 300～350nm 区域的紫外光能诱发植物产生病虫害，所以，转光助剂除转绿光外最好能同时将 300～350nm 区域的紫外光转成蓝光或红光。由于垂直入射到地面的太阳光中，紫外光只有绿光的 1%～2%，所以转光助剂只有以转绿光为主才真正起到光转换作用。另外转光助剂需要掺入 PE 树脂制成转光膜，需接受全天候的风吹日晒，所以，转光助剂必须有很好的耐候性。从目前塑料转光膜的应用实验结果来看，几乎所有的塑料转光膜对塑棚温室植物生长都起到了一定的促进作用，具体表现出光合效应、增温效应、生物效应、增产效应和早熟效应等。

我国转光农膜研究始于 20 世纪 80 年代末。1985 年，我国从日本引进蓝光转化膜用于水稻育秧覆盖，使用效果良好。1989 年，中国科学院长春光学精密机械与物理研究所李文连等将稀土荧光助剂添加到聚氯乙烯（PVC）树脂，制成了光转化蔬菜大棚薄膜，用于蔬菜扣棚、水稻育秧和人参栽培。1991 年，黑龙江省伊春市塑料厂研制出了可以将紫光转化成蓝光和红光的棚膜，使黄瓜、番茄、人参得到增产。1991 年，上海师范大学傅楚瑾等将稀土荧光络合物添加到聚乙烯中，可使番茄、茄子增产。1994 年，中国科学院化学研究所和北京农业大学等单位，将俄罗斯科学院的转光技术引进国内，开发出商品名为"瑞得来"（red light）的转光母料，并由北京市华盾塑料包装器材公司等单位制成转光农膜，进行了大规模的扣棚实验。1992 年，公开了姚瑞刚等制备的 β-二酮型配合物，加入有机磷后，分散到适当的高聚物或具有配位能力的共聚物中制成了透明的荧光材料。1995 年，华北化工研究所的杨明山等使用中国科学院电子学研究所生产的光转换剂制备高光效膜，并在大同、太原地区进行了农田实验，取得了增产增收的良好效果。同年辽宁省锦州塑料制品厂的王铁军等利用稀土铕配位化合物作为转光剂，制成了紫外转光农膜。之后，中国科学院长春应用化学研究所、中国科学院大连化学物理研究所、大连第九塑料厂、武汉大学、湖南师范大学、北京轻工学院、福建师范大学高分子研究所等分别制出了稀土转光农膜。回顾农用转光农膜的开发进程，国内对光转换剂、转光母料、转光农膜的研究十分活跃，其中稀土转光材料的开发更为引人注目，且塑料加工厂家对转光农膜的研究与产业化也十分重视，使得一些转光农膜已经在一些地区得到了应用，取得了良好的经济和社会效益。

中国农膜用量快速增加，2013 年全国农膜使用量达到 249.3 万 t，其中地膜用量为 136.2 万 t。地膜是人工合成的高分子化合物，在自然条件下很难分解或降解。随着使用年限的增加及残膜回收措施不利，土壤中残膜污染越来越严重，将导致一系列生产和环境问题：一是阻碍了植物根系对水分和养分的吸收，容易造成烂种、烂芽，幼苗枯黄甚至死亡，导致作物产量下降；二是在机械采收作物过程中，不可避免地混入残膜，降低了作物等级。所以，为了解决农膜污染尤其是地膜污染问题，稀土转光膜是一种好的选择，其在多功能农膜的基础上又增加了转光的功能，可广泛地应用于农业，发展潜力巨大，开发前景光明。

1.7.2　稀土材料在畜牧业中的应用

大量的实验结果和应用实例表明，稀土具有显著促进畜禽生长、提高饲料利用率、降低饲料消耗和提高经济效益的作用。用于畜牧业的稀土产品主要有无机稀土(硝酸稀土、盐酸稀土、碳酸稀土、硫酸稀土)、有机稀土(维生素 C 稀土、柠檬酸稀土)和稀土螯合物(稀土蛋氨酸、稀土赖氨酸、稀土甲壳素)及一些小肽类的稀土化合物。目前应用较多的是无机稀土和有机稀土。

稀土在畜牧业中应用，能够产生明显效果的机理在于：稀土元素作为催化剂进入动物机体内的代谢系统，对机体多种功能产生协调和活化作用，可激活动物体内多种酶的活性，提高酶的活力，促进消化液的分泌，增强新陈代谢，使动物对体内有效营养成分的吸收、利用得到提高，对体内多种矿物质的分布、代谢及效应有明显影响，促进动物体内对有益元素的吸收、利用和积累，使动物的生长发育、繁殖、产蛋、产奶及产品品质等生物指标得到提升。稀土能够有效清除体内有害自由基，提高动物的自体免疫功能，并对体内多种有害细菌的繁殖有抑制作用，对家畜(特别是草食动物)肠道内的有益菌群的生存有提升作用。另外，稀土离子与细胞磷脂和肽链上的羧基有较强的亲和力，因此能稳定在细胞膜及溶酶体膜上，从而抑制溶酶体释放炎症物质，使创面炎症减轻，加速愈合；稀土离子能抑制血液中细胞成分的增殖及液体从血管中的过度渗出，从而促进肉芽组织的生长及上皮组织的代谢，促进炎症愈合；对细菌的抑制作用，适量浓度的稀土能够抑制细菌的生长，防止炎症扩散。稀土的消炎、抗炎和抑菌作用，被广泛用于防止仔猪肠炎、仔鸡痢疾和草鱼炎症，大大提高了它们的成活率。

稀土元素进入动物体的方式有经口摄入、呼吸道吸入和皮肤呼吸等。稀土进入动物体内后，绝大部分以氢氧化物或磷酸盐的形式进入网状内皮系统，再转运到淋巴结、肝脏和骨骼。各种稀土元素性质虽相似，但在动物体内的分布却有很大差异。轻稀土元素主要沉积于肝脏，其次是骨骼；重稀土元素沉积于骨骼中。稀土元素的排泄与其他微量元素一样，主要通过尿液、汁、胃肠壁排出。

大量研究表明，在饲料中适量添加稀土元素，动物体内残留极少，且残留绝大部分又在骨骼中，组织、器官中极微，不会有累积中毒现象。畜禽体内的蓄积与毒理卫生学研究表明：一定剂量的稀土元素经口摄入后，极少量的经胃肠道吸收，而绝大部分从粪便排出体外，体内无明显蓄积。研究还表明，添加稀土元素对畜禽体内各种脏器无致畸、致突变作用且血液中未发现稀土元素。因此，稀土饲料添加剂具有广泛的应用前景。稀土元素毒性高低与化合物性质、生物种属、性别及染毒方式等有关。静脉注射具有最大毒性效应，具最小毒性效应的是口服。研究表明，有机稀土化合物的毒性低于无机稀土化合物。在毒理学研究中，发现稀土元素在动物体内发挥作用，主要是通过作用于机体中间代谢或局部代谢，进而影响动物的生长性能。在动物饲料中添加适量剂量的稀土元素，动物组织、器官对稀土的吸收微乎其微。

国内的许多研究表明，添加含少量稀土元素的饲料不仅能增加牛、猪、鸡、鱼和兔的体重，还能增加牛奶和鸡蛋等的产量，饲料转化率也有所提高。稀土元素吸附性强，不易与饲料混匀。目前采用的方法有溶液喷施法，即将稀土元素溶于水，再喷入饲料；预混法，即将稀土元素与少量骨粉或贝壳粉混匀制成包裹稀土，再均匀混入饲料。稀土元素对畜禽生长性能的作用表现出生长最快阶段效果最好的特点，且其用量要求严格，每种畜禽都有一个最佳饲喂剂量，低于或高于最佳剂量，不但不能显示促生长的优势，还有可能产生不良影响。因此，添加稀土元素要根据畜禽品种、性别、年龄、饲养条件、日粮水平及稀土产品品质来确定合适剂量。

1.7.3　稀土材料在植物中的应用

大量实验研究表明，稀土元素对植物生长能起一定调节和刺激作用，对促进植物的生长及提升植物的生产效益有着极大的作用。但在使用中普遍存在低促高抑的作用，即稀土元素的作用具有双重性，低剂量时是农作物的生理活性物质，具有促进生长发育、增强抗性、促进果实成熟、提高产量和改善品质的作用；高剂量时具有毒理效应，对作物生长造成不良影响，进而产生毒害作用[239, 240]。

稀土元素在土壤中广泛存在，但植物体内稀土元素的含量与多种因素有关。土壤环境、植物的种类、气候条件等都会使植株内的稀土元素含量差异很大。同一植株的不同器官，不同生长部位的含量也不相同。从整体看，在自然状态下，植物从土壤中吸收稀土元素后，不同器官中稀土元素的含量由大到小的顺序是：根、叶、茎、花、果实。不同的实验表明，作物体内稀土元素的富集和分配与土壤环境、作物种类、作物不同器官、气候条件、稀土元素施用方式、稀土元素自身特点等多种因素密切相关。

稀土元素对植物的生长有一定的促进作用[244]，当然，具体的应用效果主要与植物生理有关。适宜浓度的稀土元素处理可以提高作物体内硝酸还原酶、固氮酶、淀粉酶、蛋白酶、脂肪酶、过氧化物酶和酯酶等活性及土壤酶的活性，促进新陈代谢，可清除体内活性氧和过多自由基，维持体内活性氧平衡，降低细胞膜的过氧化作用和膜脂过氧化产物丙二醛(MDA)含量，增强抗胁迫能力，提高作物产量和品质。适当浓度的稀土元素能够促进作物对养分的吸收、转化和利用。稀土元素通过提高土壤中酶的活性，促进土壤释放氮、磷、钾等无机离子，有利于作物吸收。稀土离子能促进叶绿体蛋白质的合成或者是延缓叶绿体衰老，从而提高叶绿素含量。另外，稀土元素可促进作物叶绿素的合成。稀土离子与叶绿体色素的结合，可能加强了光合色素对光的捕获能力或者提高了叶绿体中二磷酸核酮糖羧化酶的羧化活性，从而提高对二氧化碳的同化作用，最终表现为较高的光合能力。

　　稀土元素除了通过作为植物生长调节剂、促进叶绿素增加等方式提高产量和改善品质以外，对植物抗逆性也有一定的影响。稀土抗旱保水剂、稀土改性磷肥等新技术具有保水、保肥、使用简便、效果显著和成本低廉等特点。

　　我国保水剂的研制始于 20 世纪 80 年代[241-243]，目前大部分产品已经定型，相当一部分产品已通过技术鉴定。稀土抗旱保水材料是吸纳国外的保水技术，采用独特的稀土催化和添加技术，研制出稀土高分子吸水材料，它具有 500 倍以上的高吸水率和加压也不脱水的高保水性能，并且能在 10~15min 内快速吸足水分，然后再缓慢释放，这就如同给种子提供了一个抗旱保墒的"小水库"。对于我国北方干旱地区的春播，这种作用尤其明显，它可以使小麦等作物提前出苗 1~2 天，出苗率提高 10%~20%，为作物生长打下良好的基础。保水剂的作用机制主要是其具有较强的保水能力和供给作物所需的水分，其次是能够改善土壤结构，增强土壤的吸水、保水和保肥能力等。保水剂的使用方式有许多种，包括土壤直施、种子包衣、种子丸衣造粒、根部涂层、流体播种、育苗培养基质、地面喷洒等，适用于不同的作物，施用量也不相同。稀土抗旱保水材料中含有一定量的稀土和其他营养元素，还为种子提供了一个"小肥库"。稀土作为植物生长调节剂，能增强种子发芽的生根活力，促进养分吸收，并明显增强作物的抗逆性。由于种子包衣薄膜具有吸附屏蔽作用，减少了营养元素的流失，延长了肥效，提高了稀土等常微量元素的利用率，从而促进了幼苗根系发达、苗齐苗壮、分蘖增加、产量提高。稀土抗旱保水材料还可复合高效生物杀虫剂和杀菌剂，在种子发芽出苗后，也能传导到植物全株发挥作用，药效期可达 40~60 天，对地下虫害的防治效果几乎达到 100%。每个包衣都如同是一个小"农药库"，对作物早期防治病虫害，提高抗灾病能力，发挥着重要作用。国内外研究表明，保水剂施用得当，对提高土壤的水分和养分都有保蓄作用，能有效抑制土壤的水分蒸发，提高土壤养分利用能力，并可促进作物根系发育，提高出苗率和移栽成活率，促进植株生长发育。但保水剂用量过大，也会适得其反。

　　稀土元素还可以与其他肥料和营养元素(钾、钙及其他微量元素)配比，获得适宜的增效肥料[245]。稀土肥料可影响作物吸收，影响作物光合作用，影响物质转运等。我国常用碳铵化肥，由于碳铵易挥发，有效养分单一等问题造成大量积压，已成为急待解决的问题。研究者通过选用稀土转型调理剂、脱水调理剂和新型复合调理剂，研制出碳铵系和尿素（氮化铵）系两类含稀土复混肥料，解决了碳铵及稀土可配性差、水溶磷退化等问题，并通过肥效实验，证明了稀土复混肥料的肥效及复肥中稀土的增效作用和效益。市场中的稀土磷肥不是在磷肥产品中机械混入稀土元素，而是在硫酸分解磷矿粉时，浓硫酸中预先引入稀土离子，在制备过程中稀土元素是反应体系中的一个组分，参与化学和物理反应的全过程。稀土元素起着活化、催化作用并影响反应过程和反应机制，从而优化反应体系状态、反应产物和产品指标。实验证明，稀土磷肥的植株吸收好、利用率高、土壤固定少，已被中国科学院地理科学与资源研究所称为"绿色磷肥"。

稀土元素具有多方面的作用效应，现在也在鱼、虾、甲鱼、河蟹等淡水养殖和海水养殖方面有较为广泛的应用[246]。基本使用方式是：水体喷施、饲料添加和注射。稀土元素在养殖中的作用，经过实验表明，主要结论为：适量稀土元素饲喂可提高成活率、增加体重、提高产量、改善免疫功能等。稀土元素在水体中主要通过体表渗透或饲料添加食用进入生物体内，在生物体内含量与该水体中稀土元素含量密切相关，水体中稀土元素含量越高，生物体内的稀土元素含量也就越高。跟踪实验表明，将稀土元素添加进饲料而被鱼食用进入消化道后，只有极少量能被吸收，绝大部分都会随粪便排出体外，经过一段时间的饲养，稀土元素在鱼体内含量分布顺序为肝胰脏＞心脏＞骨骼＞肠＞鳞＞肌肉。稀土元素在鱼体内的积累主要在内脏和骨骼中，而通常所食用的鱼体肌肉中稀土元素含量最少，说明稀土元素的添加对鱼类食用价值的影响较小。

1.7.4　展望

我国从 20 世纪 70 年代以来，通过深入的实验研究与反复的生产实践，并成功地将稀土元素应用于农业生产、畜牧业、水产养殖等多个方面，不仅在稀土农用技术，而且在基础理论的研究中都取得了一系列的重要突破，并产生了很大的经济效益，但仍存在诸多不足，如稀土元素植物、动物等毒理研究缺乏系统性和完整性，也缺乏统一标准。对稀土元素生物有效性的机理仍需进一步研究。由于各地气候、土壤、环境等的差异性，如何保证在一定剂量范围内能体现促进作用而不是抑制作用，这些深层次研究需要更进一步的开展。尤其随着现代实验技术的发展，建立和发展分子水平，特别是基因水平方法研究稀土元素的生理效应，以此指导人们优化稀土元素的物理组分及化学特性，从而进一步了解稀土元素及其相应的作用，能更充分利用宝贵的稀土资源。

参 考 文 献

[1] 赖维明. 2 : 17 型钐钴永磁材料的微观分析研究[D]. 成都: 电子科技大学, 2013.

[2] Sugimoto S. Current status and recent topics of rare-earth permanent magnets[J]. Journal of Physics D: Applied Physics, 2011, 44: 064001.

[3] Geng S M, Niedra J M, Schwarze G E. Overview of NASA magnet and linear alternator research efforts[J]. ATP Conference Proceedings, 2005, 746: 666-673.

[4] Romero S A, de Campos M F, de Castro J A, et al. Microstructural changes during the slow-cooling annealing of nanocrystalline SmCo 2 : 17 type magnets[J]. Journal of Alloys and Compounds, 2013, 551: 312-317.

[5] Nishida Y, Endo M, Sakurada S. A modeling study of domain wall pinning in magnets[J]. Journal of Magnetism and Magnetic Materials, 2012, 324: 1948-1953.

[6] 彭龙. 钐钴基高温稀土永磁材料的制备与磁性能研究[D]. 成都: 电子科技大学, 2009.

[7] Strnat K, Hoffer G, Olson J, et al. A family of new cobalt-base permanent magnet materials[J]. Journal of Applied Physics, 1967, 38: 1001-1002.

[8] Velge W A, Buschow K H. Magnetic and crystallographic properties of some rare earth cobalt compounds with $CaZn_5$ structure[J]. Journal of Applied Physics, 1968, 39: 1717-1720.

[9] Benz M G, Martin D L. Cobalt-samarium permanent magnets prepared by liquid phase sintering[J]. Applied Physics Letters, 1970, 17: 176-177.

[10] Benz M G, Martin D L. Initial observations: Cobalt-mischmetal-samarium permanent magnet alloys[J]. Journal of Applied Physics, 1971, 42: 1534-1535.

[11] Nesbitt E A, Willens R H, Sherwood R C, et al. New permanent magnet materials[J]. Applied Physics Letters, 1968, 12(11): 361-362.

[12] Nesbitt E A, Chin G Y, Hull G W, et al. Intrinsic magnetic properties and mechanism of magnetization of Co-Fe-Cu-R permanent magnets[J]. 1973: 593-597.

[13] Ojima T, Tomizawa S, Yoneyama T, et al. New type rare earth cobalt magnets with an energy product of 30 MGOe[J]. Japanese Journal of Applied Physics, 1977, 16: 671-672.

[14] Tang N, Chen Z, Zhang Y, et al. Nanograined YCo_5-based powders with high coercivity[J]. Journal of Magnetism and Magnetic Materials, 2000, 219: 173-177.

[15] Kündig A A, Gopalan R, Ohkubo T, et al. Coercivity enhancement in melt-spun $SmCo_5$ by Sn addition[J]. Scripta Materialia, 2006, 54: 2047-2051.

[16] 王璨. Cu、Cr 掺杂 Sm_2Co_{17}/Cu 薄膜性能及磁交换偏置效应的研究[D]. 合肥: 安徽大学, 2014.

[17] 孙建春. $SmCo_5$ 永磁材料组织结构及温度磁特性的研究[J]. 功能材料, 2010, 增刊: 336-338.

[18] 王辉. SPS 制备各向异性微米晶 $SmCo_5$ 烧结磁体的研究[J]. 金属功能材料, 2014, 21: 5-9.

[19] 张健. 球磨 $SmCo_5$ 纳米晶的结构与磁性[J]. 金属功能材料, 2001, 8: 10-12.

[20] 许刚, 杨建军. 块状纳米晶 $SmCo_5$ 烧结磁体的结构及其磁性能[J]. 中国有色金属学报, 2009, 19: 1305-1309.

[21] 龚维幂. 高温用 2 : 17 型 SmCo 合金及 Re-Tm 基复合磁性合金的研究[D]. 北京: 清华大学, 2009.

[22] 王云峤. 高性能 2 : 17 型 SmCo 永磁体的成分、结构及磁硬化机理研究[D]. 北京: 北京工业大学, 2018.

[23] 黄钢祥. 稀土永磁材料的发展[J]. 世界科学, 1998, 6: 29-30.

[24] Feng H, Chen H, Guo Z, et al. Investigation on microstructure and magnetic properties of Sm_2Co_{17} magnets aged at high temperature[J]. Journal of Applied Physics, 2011, 109(7): 07A763.

[25] 李建奎. 2∶17 型 SmCo 合金的 HD 工艺及吸氢机理研究[D]. 北京: 钢铁研究总院, 2009.

[26] Goll D, Stadelmaier H H, Kronmüller H. Samarium-cobalt 2∶17 magnets: Analysis of the coercive field of Sm$_2$ (CoFeCuZr)$_{17}$ high-temperature permanent magnets[J]. Scripta Materialia, 2010, 63: 243-245.

[27] Kronmüller H, Goll D. Micromagnetic theory of the pinning of domain walls at phase boundaries[J]. Physica B: Condensed Matter, 2002, 319: 243-245.

[28] Liu J F, Zhang Y, Dimitrov D, et al. Microstructure and high temperature magnetic properties of Sm (Co, Cu, Fe, Zr)$_z$ (z=6.7-9.1) permanent magnets[J]. Journal of Applied Physics, 1999, 85: 2800-2804.

[29] Schobinger D, Gutfleisch O, Hinz D, et al. High temperature magnetic properties of 2∶17 Sm-Co magnets[J]. Journal of Magnetism and Magnetic Materials, 2002, 242: 1347-1349.

[30] Zhang Y, Cortereal M M, Hadjipanayis G C, et al. Magnetic hardening studies in sintered Sm (Co, Cu$_x$, Fe, Zr)$_z$ 2∶17 high temperature magnets[J]. Journal of Applied Physics, 2000, 87(9): 6722-6724.

[31] Liu S, Potts G, Doyle G, et al. Effect of z value on high temperature performance of Sm (Co, Fe, Cu, Zr)$_z$ with z=7.14-8.10[J]. IEEE Transactions on Magnetics, 2000, 36: 3297-3299.

[32] Tang W, Zhang Y, Hadjipanayis G C. Microstructure and magnetic properties of Sm (Co$_{bal}$Fe$_x$Cu$_{0.128}$Zr$_{0.02}$)$_{7.0}$[J]. Journal of Magnetism and Magnetic Materials, 2000, 221: 221-268.

[33] Liu J F, Ding Y, Hadjipanayis G C. Effect of iron on the high temperature magnetic properties and microstructure of Sm (Co, Fe, Cu, Zr)$_z$ permanent magnets[J]. Journal of Applied Physics, 1999, 85: 1670-1674.

[34] Chen C H, Walmer M S, Walmer M H, et al. Sm$_2$ (Co, Fe, Cu, Zr)$_{17}$ magnets for use at temperature 400℃[J]. Journal of Applied Physics, 1998, 83: 6706-6708.

[35] 田悦. 2∶17 型烧结 SmCo 磁体磁畴壁钉扎机制[J]. 材料导报 B: 研究篇, 2016, 30: 30-33.

[36] Romero S A, de Campos M F, Rechenberg H R, et al. Interacting Stoner-Wohlfarth behavior in hysteresis curves of Sm (CoFeCuZr)$_z$ magnets[J]. Journal of Magnetism and Magnetic Materials, 2008, 320: 73-76.

[37] Rabenberg L, Mishra R K, Thomas G, et al. Microstructures of precipitation-hardened SmCo permanent magnets[J]. Journal of Applied Physics, 1982, 53: 545-550.

[38] Wang G, Jiang C. The coercivity and domain structure of Sm (Co$_{bal}$Fe$_{0.1}$Cu$_x$Zr$_{0.033}$)$_{6.9}$ (x=0.07, 0.10, 0.13) high temperature permanent magnets[J]. Journal of Applied Physics, 2012, 112: 1-5.

[39] Maury C. Genesis of the cell microstructure in the Sm (Co, Fe, Cu, Zr) permanent magnets with 2∶17 type[J]. Physica Status Solidi, 1993, 140: 57-72.

[40] Guo Y, Feng W, Li W, et al. Magnetism and phase stability of R (Co, M)$_7$ pseudobinary intermetallics with TbCu$_7$-type structure[J]. Journal of Applied Physics, 2007, 101: 023919.

[41] Menushenkov V. Phase transformation-induced coercivity mechanism in rare earth sintered magnets[J]. Journal of Applied Physics, 2006, 99: 08B523.

[42] Yan A, Handstein A, Gemming T, et al. Coercivity mechanism of Sm$_2$ (Co, Cu, Fe, Zr)$_{17}$-based magnets prepared by melt-spinning[J]. Journal of Magnetism and Magnetic Materials, 2005: 1206-1209.

[43] Tang W, Zhang Y, Hadjipanayis G C. Effect of Zr on the microstructure and magnetic properties of Sm (Co$_{bal}$Fe$_{0.1}$Cu$_{0.088}$Zr$_x$)$_{8.5}$ magnets[J]. Journal of Applied Physics, 2000, 87: 399-403.

[44] Hadjipanayis G C, Tang W, Zhang Y, et al. High temperature 2∶17 magnets: relationship of magnetic properties to microstructure and processing[J]. IEEE International Magnetics Conference, 2000, 36(5): 3382-3387.

[45] Livingston J D, Martin D L. Microstructure of aged (Co,Cu,Fe)$_7$Sm magnets[J]. Journal of Applied Physics, 1977, 48: 1350-1354.

[46] Livingston J D. Domains in sintered Co-Cu-Fe-Sm magnets[J]. Journal of Applied Physics, 1975, 46: 5259-5262.

[47] 胡晨宇. 高磁性能 Sm_2Co_{17} 永磁体的关键制备技术研究[D]. 成都: 中国计量大学, 2016.

[48] 张文臣. 高性能 2 : 17 型 Sm-Co 永磁体制备及温度稳定性机理研究[D]. 北京: 钢铁研究总院, 2011.

[49] Zhang Y, Tang W, Hadjipanayis G C, et al. Evolution of microstructure, microchemistry and coercivity in 2 : 17 type Sm-Co magnets with heat treatment[J]. IEEE Transactions on Magnetics, 2001, 37: 2525-2527.

[50] 周寿增. $Sm(Co, Cu, Fe, Zr)_{7.4}$ 合金在等级时效过程中矫顽力的可逆变化和显微结构[J]. 北京钢铁学院学报, 1982, 增刊: 114-121.

[51] Xiong X Y, Ohkubo T, Koyama T, et al. The microstructure of sintered $Sm(Co_{0.72}Fe_{0.20}Cu_{0.055}Zr_{0.025})_{7.5}$ permanent magnet studied by atom probe[J]. Acta Materialia, 2004, 52: 737-748.

[52] Sagawa M, Fujimura S, Togawa N, et al. New material for permanent magnets on a base of Nd and Fe (invited)[J]. Journal of Applied Physics, 1984, 55: 2083-2087.

[53] Sagawa M, Fujimura S, Yamamoto H, et al. Permanent magnet materials based on the rare earth-iron-boron tetragonal compounds[J]. IEEE Transactions on Magnetics, 1984, 20(5): 1584-1589.

[54] Herbst J F, Croat J J, Pinkerton F E, et al. Relationships between crystal structure and magnetic properties in $Nd_2Fe_{14}B$[J]. Physical Review B, 1984, 29: 4176-4178.

[55] Givord D, Li H S, Moreau J M, et al. Magnetic properties and crystal structure of $Nd_2Fe_{14}B$[J]. Solid State Communications, 1984, 50: 497-499.

[56] 胡伯平. 稀土永磁材料的现状与发展趋势[J]. 磁性材料及器件, 2014, 45: 66-80.

[57] 闫阿儒, 刘壮, 郭帅, 等. 稀土永磁材料的最新研究进展[J]. 金属功能材料, 2017, 24: 5-16.

[58] 崔熙贵. 烧结 Nd-Fe-B 永磁材料显微结构优化与性能研究[D]. 杭州: 浙江大学, 2009.

[59] 徐芳. 晶界结构和晶界化学对 NdFeB 材料矫顽力的影响[D]. 上海: 上海交通大学, 2011.

[60] 莫文剑. 烧结 NdFeB 永磁材料的晶界相改性及其显微结构[D]. 上海: 上海交通大学, 2011.

[61] Durst K D, Kronmuller H. The coercive field of sintered and melt-spun NdFeB magnets[J]. Journal of Magnetism and Magnetic Materials, 1987, 68: 63-75.

[62] Ramesh R, Thomas G, Ma B M. Magnetization reversal in nucleation controlled magnets. II. Effect of grain size and size distribution on intrinsic coercivity of Fe-Nd-B magnets[J]. Journal of Applied Physics, 1988, 64: 6416-6423.

[63] Ramesh R, Srikrishna K. Magnetization reversal in nucleation controlled magnets. I. Theory[J]. Journal of Applied Physics, 1988, 64: 6406-6415.

[64] Fukuno A, Hirose K, Yoneyama T. Coercivity mechanism of sintered NdFeB magnets having high coercivities[J]. Journal of Applied Physics, 1990, 67: 4750-4752.

[65] 周庆. 烧结 NdFeB 永磁晶界结构和晶界相调控及其对性能的影响[D]. 广州: 华南理工大学, 2016.

[66] 刘涛, 周磊, 程星华, 等. 烧结钕铁硼添加合金元素的研究进展[J]. 金属功能材料, 2011, 18: 56-63.

[67] Cui X G, Yan M, Ma T Y, et al. Effects of Cu nanopowders addition on magnetic properties and corrosion resistance of sintered Nd-Fe-B magnets[J]. Physica B: Condensed Matter, 2008, 403: 4182-4185.

[68] 张培. 钕铁硼晶界重构与高抗蚀性磁体制备研究[D]. 杭州: 浙江大学, 2014.

[69] Edgley D S, Breton J M, Steyaert S, et al. Characterisation of high temperature oxidation of NdFeB magnets[J]. Journal of Magnetism and Magnetic Materials, 1997, 173: 29-42.

[70] Skulj I, Evans H E, Harris I R. Oxidation of NdFeB-type magnets modified with additions of Co, Dy, Zr and V[J]. Journal of Materials Science, 2007, 43: 1324-1333.

[71] Jakubowicz J. Corrosion resistance of $(Nd,Dy)_{16}(Fe,Co)_{76-x}Ti_xB_8$ mechanically alloyed magnets[J]. Journal of Alloys and Compounds, 2008, 450: 284-287.

[72] Zhang H, Song Z L, Mao S D, et al. Study on the corrosion behavior of NdFeB permanent magnets in nitric acid and oxalic acid solutions with electrochemical techniques[J]. Materials and Corrosion, 2011, 62: 346-351.

[73] 倪俊杰. 高抗蚀性烧结钕铁硼制备与性能研究[D]. 杭州: 浙江大学, 2011.

[74] 谢发勤, 都海, 邹光荣. NdFeB 磁体组成相的电化学腐蚀行为[J]. 腐蚀科学与防护技术, 2002, 14: 260-262.

[75] Schultz L, Elaziz A M, Barkleit G, et al. Corrosion behaviour of Nd-Fe-B permanent magnetic alloys[J]. Materials Science and Engineering: A, 1999, 267: 307-313.

[76] Knoch K G, Schneider G, Fidler J, et al. Al-doped Nd-Fe-B permanent magnets: wetting and microstructural investigations[J]. IEEE Transactions on Magnetics, 1989, 25: 3426-3428.

[77] Yan A, Song X, Wang X, et al. Effect of minor intergranular additives on microstructure and magnetic properties of NdFeB based magnets[J]. Journal of Magnetism and Magnetic Materials, 1997, 169: 193-198.

[78] Szymura S, Bala H, Rabinovich Y M, et al. Properties of sintered Al substituted NdFeB magnets[J]. Modern Physics Letters B, 1998, 12: 257-263.

[79] Pandian S, Chandrasekaran V, Markandeyulu G, et al. Effect of Al, Cu, Ga, and Nb additions on the magnetic properties and microstructural features of sintered NdFeB[J]. Journal of Applied Physics, 2002, 92: 6082-6086.

[80] Hu Y, Jones I P, Aindow M, et al. Zn diffusion induced precipitation along grain boundaries in Zn-coated NdFeB magnets[J]. Journal of Magnetism and Magnetic Materials, 2003, 261: 13-20.

[81] Hu Y, Aindow M, Jones I P, et al. Effects of Zn coating on the microstructure and magneticproperties of Nd-Fe-B magnets[J]. Journal of Alloys and Compounds, 2003, 351: 299-303.

[82] Harris I R, Aindow M, Jones I P. Defect formation in $Nd_2Fe_{14}B$ grains caused by Zn diffusion[J]. Philosophical Magazine Letters, 2001, 81: 233-241.

[83] Walton A, Speight J, Williams A J, et al. A zinc coating method for Nd-Fe-B magnets[J]. Journal of Alloys and Compounds, 2000, 306: 253-261.

[84] Lin C H, Chen C J, Wu C D, et al. Magnetic properties on sintered permanent magnets R-Fe-Cu-B (R= Pr, Nd)[J]. IEEE Transactions on Magnetics, 1990, 26: 2607-2609.

[85] Kianvash A, Harris I R. Magnetic properties of the sintered magnets produced from a Nd-Fe-B-Cu-type material[J]. Journal of Applied Physics, 1991, 70(10): 6453-6455.

[86] Sepehri-Amin H, Ohkubo T, Shima T, et al. Grain boundary and interface chemistry of an Nd-Fe-B-based sintered magnet[J]. Acta Materialia, 2012, 60: 819-830.

[87] 李正, 何叶青, 胡伯平, 等. 烧结 Nd-Fe-B 中的热力学影响[J]. 物理学报, 2005, 54: 5400-5404.

[88] Suzuki M, Yasui A, Kotani Y, et al. Magnetic domain evolution in Nd-Fe-B：Cu sintered magnet visualized by scanning hard X-ray microprobe[J]. Acta Materialia, 2016, 106: 155-161.

[89] Ragg O M, Harris I R. A study of the effects of the addition of various amounts of Cu to sintered NdFeB magnets[J]. Journal of Alloys and Compounds, 1997, 256: 252-257.

[90] Kim T H, Lee S R, Lee M W, et al. Dependence of magnetic, phase-transformation and microstructural characteristics on the Cu content of Nd-Fe-B sintered magnet[J]. Acta Materialia, 2014, 66: 12-21.

[91] Fukagawa T, Hirosawa S, Ohkubo T, et al. The effect of oxygen on the surface coercivity of Nd-coated Nd-Fe-B sintered magnets[J]. Journal of Applied Physics, 2009, 105: 07A72.

[92] Cui X G, Wang X H, Yin G C, et al. Magnetic properties and microstructure of sintered NdFeB magnets with intergranular addition of Ni powders[J]. Journal of Alloys and Compounds, 2017, 726: 846-851.

[93] Liang X, Yan G. Magnetic properties and thermal stability of sintered Nd-Fe-B magnet with Dy-Ni additive[J]. Wuhan University Journal of Natural Sciences, 2016, 21: 339-343.

[94] Mural Z, Kollo L, Xia M, et al. The effect of nano-TiC addition on sintered Nd-Fe-B permanent magnets[J]. Journal of Magnetism and Magnetic Materials, 2017, 429: 23-28.

[95] Chiu C H, Chang H W, Chang C W, et al. The effect of Ti and C on the phase evolution and magnetic properties of $Pr_9Fe_{bal}Ti_xB_{11-y}C_y$ (x=0~4, y=0~11) nanocomposites[J]. Journal of Applied Physics, 2006, 99: 08B519.

[96] Zhang R, Liu Y, Li J, et al. Effect of Ti&C substitution on the magnetic properties and microstructures of rapidly-quenched NdFeB alloy[J]. Materials Characterization, 2008, 59: 642-646.

[97] Chen Z, Yan A, Wang X, et al. Improvement of magnetic properties and intergranular microstructure of Nd-Fe-B magnets by intergranular addition of MgO oxide[J]. Journal of Applied Physics, 1997, 81: 4456-4458.

[98] Zhou Q, Liu Z W, Zhong X C, et al. Properties improvement and structural optimization of sintered NdFeB magnets by non-rare earth compound grain boundary diffusion[J]. Materials & Design, 2015, 86: 114-120.

[99] Sepehri-Amin H, Ohkubo T, Hono K. The mechanism of coercivity enhancement by the grain boundary diffusion process of Nd-Fe-B sintered magnets[J]. Acta Materialia, 2013, 61: 1982-1990.

[100] Li W F, Ohkubo T, Hono K. Effect of post-sinter annealing on the coercivity and microstructure of Nd-Fe-B permanent magnets[J]. Acta Materialia, 2009, 57: 1337-1346.

[101] Li Z J, Wang X E, Li J Y, et al. Effects of Mg nanopowders intergranular addition on the magnetic properties and corrosion resistance of sintered Nd-Fe-B[J]. Journal of Magnetism and Magnetic Materials, 2017, 442: 62-66.

[102] Zhang P, Ma T, Liang L, et al. Influence of Ta intergranular addition on microstructure and corrosion resistance of Nd-Dy-Fe-B sintered magnets[J]. Journal of Alloys and Compounds, 2014, 593: 137-140.

[103] Wang Z, Liu W Q, Zhang D T, et al. Enhancement of corrosion resistance in sintered Nd-Fe-B permanent magnet doping with different $CuZn_5$ contents[J]. Rare Metals, 2016, 36: 812-815.

[104] Yan G L, Williams A J, Farr J P, et al. The effect of density on the corrosion of NdFeB magnets[J]. Journal of Alloys and Compounds, 1999, 292: 266-274.

[105] Pan M X. Improvement of corrosion resistance and magnetic properties of NdFeB sintered magnets with Cu and Zr Co-added[J]. International Journal of Electrochemical Science, 2016, 11: 2659-2665.

[106] Elmoneim A A, Gebert A, Uhlemann M, et al. The influence of Co and Ga additions on the corrosion behavior of nanocrystalline NdFeB magnets[J]. Corrosion Science, 2002, 44: 1857-1874.

[107] Wu P L, Li X H, Li W, et al. Microstructure and magnetic behavior of electrodeposited CoPt thick films upon annealing[J]. Materials Letters, 2008, 62: 309-312.

[108] Zhang P, Ma T, Liang L, et al. Improvement of corrosion resistance of Cu and Nb co-added Nd-Fe-B sintered magnets[J]. Materials Chemistry and Physics, 2014, 147: 982-986.

[109] Sun C, Liu W Q, Sun H, et al. Improvement of coercivity and corrosion resistance of Nd-Fe-B sintered magnets with Cu nano-particles doping[J]. Journal of Materials Science & Technology, 2012, 28: 927-930.

[110] 涂少军, 严密, 崔熙贵, 等. AlN 纳米粉晶界添加对烧结 Nd-Fe-B 磁体耐腐蚀性能的影响[J]. 稀有金属材料与工程, 2010, 9: 1777-1780.

[111] Liu W, Sun C, Yue M, et al. Improvement of coercivity and corrosion resistance of Nd-Fe-B sintered magnets by doping aluminium nano-particles[J]. Journal of Rare Earths, 2013, 31: 65-68.

[112] Cui X G, Yan M, Ma T Y, et al. Effect of SiO_2 nanopowders on magnetic properties and corrosion resistance of sintered Nd-Fe-B magnets[J]. Journal of Magnetism and Magnetic Materials, 2009, 321: 392-395.

[113] 倪狄. 粘结钕铁硼稳压制备工艺及磁性能的研究[D]. 合肥: 合肥工业大学, 2017.

[114] Takeshita T. Present status of the hydrogenation-decomposition-desorption-recombination process as applied to the production of magnets[J]. Journal of Alloys and Compounds, 1933, 193: 231-234.

[115] 罗阳. HDDR 各向异性 NdFeB 研究进展[J]. 金属功能材料, 2009, 16: 24-28.

[116] Nakayama R, Takeshita T. Magnetic properties and microstructures of the Nd-Fe-B magnet powder produced by hydrogen treatment[J]. Journal of Applied Physics, 1991, 70: 3770-3774.

[117] 周寿增, 董清飞. 超强永磁体——稀土铁系永磁材料[M]. 北京: 冶金工业出版社, 1999.

[118] 潘树明. 强磁体——稀土永磁材料原理、制备与应用[M]. 北京: 化学工业出版社, 2011.

[119] 刘敏. 各向异性 HDDR NdFeB 磁粉的制备与研究[D]. 济南: 山东大学, 2010.

[120] 岳明, 刘旭波, 肖耀福, 等. 合金元素 Co, Zr, Ga 在 HDDR 各向异性 NdFeB 中的作用[J]. 金属功能材料, 2001, 8: 35-38.

[121] Sepehri-Amin H, Li W F, Ohkubo T, et al. Effect of Ga addition on the microstructure and magnetic properties of hydrogenation-disproportionation-desorption-recombination processed Nd-Fe-B powder[J]. Acta Materialia, 2010, 58: 1309-1316.

[122] Sugimoto S, Murai H, Koike N, et al. Improvement of coercivity of anisotropic Nd-Fe-B HDDR powders by Ga addition[J]. Journal of Magnetism and Magnetic Materials, 2002, 239: 444-446.

[123] Burkhardt C, Steinhorst M, Harris I R. Detailed SEM studies of the HDDR behaviour of direct-reduced $Nd_{15}Fe_{77}B_8$ and $Nd_{15}Fe_{77-x}B_8Ga_x$ powders[J]. Journal of Alloys and Compounds, 1996, 237: 113-120.

[124] Morimoto K, Katayama N, Akamine H, et al. Coercivity enhancement of anisotropic Dy-free Nd-Fe-B powders by conventional HDDR process[J]. Journal of Magnetism and Magnetic Materials, 2012, 324: 3723-3726.

[125] Knoch K G, Grieb B, Henig E T, et al. Upgraded Nd-Fe-B-AD(AD=Al, Ga)magnets: Wettability and microstructure[J]. IEEE Transactions on Magnetics, 1990, 26: 1951-1953.

[126] Knoch K G, Henig E T, Fidler J. Correlation between Al addition and microstructural changes in Nd-Fe-B magnets[J]. Journal of Magnetism and Magnetic Materials, 1990, 83: 209-210.

[127] Rodewald W, Fernengel W. Properties of sintered Nd-Fe-TM-B magnets[J]. IEEE Transactions on Magnetics, 1988, 24: 1638-1640.

[128] Dempsey N M, Woodcock T G, Sepehri-Amin H, et al. High-coercivity Nd-Fe-B thick films without heavy rare earth additions[J]. Acta Materialia, 2013, 61: 4920-4927.

[129] Liu S, Kang N H, Yu J H, et al. Effect of grain boundary modification on the microstructure and magnetic properties of HDDR-treated Nd-Fe-B powders[J]. Journal of Magnetics, 2016, 21: 51-56.

[130] Matin M A, Kwon H W, Lee J G, et al. Origin of poor thermal stability of HDDR-treated Nd-Fe-B-type material[J]. IEEE Transactions on Magnetics, 2014, 50: 1-4.

[131] Matin M A, Kwon H W, Lee J G, et al. Coercivity of hot-pressed compacts of Nd-Fe-B-type HDDR-treated powder[J]. Journal of Magnetics, 2014, 19: 106-110.

[132] Nishio S, Sugimoto S, Goto R, et al. Effect of Cu addition on the phase equilibria in Nd-Fe-B sintered magnets[J]. Materials Transactions, 2009, 50: 723-726.

[133] Sepehri-Amin H, Ohkubo T, Nishiuchi T, et al. Coercivity enhancement of hydrogenation-disproportionation-desorption-recombination processed Nd-Fe-B powders by the diffusion of Nd-Cu eutectic alloys[J]. Scripta Materialia, 2010, 63: 1124-1127.

[134] Wang H, Chen R, Yin W, et al. The effect of Nd-Cu diffusion during hot pressing and hot deformation on the coercivity and the deformation ability of Nd-Fe-B HDDR magnets[J]. Journal of Magnetism and Magnetic Materials, 2017, 438: 35-40.

[135] Noguchi K, Mishima C, Yamazaki M, et al. Development of Dy-free NdFeB anisotropic bonded magnet[C]. Electric Drives Production Conference (EDPC), 2011 1st International.

[136] Wan F M, Han J Z, Zhang Y F, et al. Coercivity enhancement in HDDR near-stoichiometric ternary Nd-Fe-B powders[J]. Journal of Magnetism and Magnetic Materials, 2014, 360: 48-51.

[137] Lin Z, Han J Z, Yang J B, et al. Self-organized rod-like nanostructure in $Pr_2Fe_{14}B$-type alloy and its role in inducing texture during the early stages of disproportionation[J]. Scripta Materialia, 2011, 65: 206-209.

[138] Lin Z, Han J Z, Xing M Y, et al. Improvement of coercivity and thermal stability of anisotropic $Nd_{13}Fe_{79.4}B_7Nb_{0.3}Ga_{0.3}$ powders by diffusion of Pr-Cu alloys[J]. Applied Physics Letters, 2012, 100: 052409.

[139] Ming Y, Liu X B, Fu X Y, et al. Magnetization reversal mechanism of anisotropic HDDR $Nd_2Fe_{14}B$-based magnet powder[J]. Journal of Magnetism and Magnetic Materials, 2004, 269: 227-230.

[140] Cui W B, Takahashi Y K, Hono K. $Nd_2Fe_{14}B/FeCo$ anisotropic nanocomposite films with a large maximum energy product[J]. Advanced Materials, 2012, 24: 6530-6535.

[141] 李彬. 晶粒尺寸对 α-Fe/$Nd_2Fe_{14}B$ 纳米复合永磁材料磁性能的影响[D]. 秦皇岛: 燕山大学, 2015.

[142] Coehoorn R, de Mooij D B, de Waard C, et al. Meltspun permanent magnet materials containing Fe_3B as the main phase[J]. Journal of Magnetism and Magnetic Materials, 1989, 80: 101-104.

[143] Kneller E F, Hawig R. The exchange-spring magnet: a new material principle for permanent magnets[J]. IEEE Transactions on Magnetics, 1991, 27: 3588-3600.

[144] Skomski R, Coey J M D. Giant energy product in nanostructured two-phase magnets[J]. Physical Review B, 1993, 48: 15812-15816.

[145] Waldfried C, Mcavoy T, Welipitiya D, et al. Wave-vector-dependent exchange splitting in a local moment system[J]. Physical Review B, 1998, 58: 7434.

[146] Sabiryanov R F, Jaswal S S. Electronic structure and magnetic properties of hard/soft multilayers[J]. Journal of Magnetism and Magnetic Materials, 1998, 177: 989-990.

[147] 谢春红. 合金元素添加对 $Nd_2Fe_{14}B/\alpha$-Fe 纳米复合永磁材料矫顽力的影响[D]. 秦皇岛: 燕山大学, 2015.

[148] 初洪超. 软磁相与铁钴比对 SmCo/α-(Fe,Co) 系磁体微结构及磁性的影响[D]. 秦皇岛: 燕山大学, 2016.

[149] 潘仲彬. NdFeB 基纳米双相复合永磁材料研究进展[J]. 稀土, 2014, 35: 92-98.

[150] 高静. 化学气相沉积法制备 Nd-Fe-B/Fe 纳米复合磁体[J]. 稀有金属材料与工程, 2010, 39: 1121-1124.

[151] Rong C B, Wang D, Nguyen V V, et al. Effect of selective Co addition on magnetic properties of $Nd_2(FeCo)_{14}B/\alpha$-Fe nanocomposite magnets[J]. Journal of Physics D: Applied Physics, 2013, 46: 045001.

[152] Zhao G P, Ong C K, Feng Y P, et al. Remanence enhancement of single-phased isotropic nanostructured permanent magnets[J]. Journal of Magnetism and Magnetic Materials, 1999, 192: 543-552.

[153] 赵世华. 稀土发光材料的合成、发光机理及今后展望[J]. 化工新型材料, 2015, 43: 213.

[154] 徐叙瑢, 苏勉曾. 发光学与发光材料[M]. 北京: 化学工业出版社, 2004.

[155] Luo H D, Liu J, Zheng X, et al. Enhanced photoluminescence of Sr_3SiO_5 : Ce^{3+} and tuneable yellow emission of Sr_3SiO_5 : Ce^{3+}, Eu^{2+} by Al^{3+} charge compensation for W-LEDs[J]. Journal of Materials Chemistry, 2012, 22: 15887-15893.

[156] Zheng X, Luo H, Liu J, et al. Sr_3AlO_4F : Ce^{3+}-based yellow phosphors: Structural tuning of optical properties and use in solid-state white lighting[J]. Journal of Materials Chemistry C, 2013, 1: 7598-7607.

[157] Yang X, Liu J, Yang H, et al. Synthesis and characterization of new red phosphors for white LED applications[J]. Journal of Materials Chemistry, 2009, 19: 3771-3774.

[158] Yang X, Zhou Y, Yu X, et al. Bifunctional highly fluorescent hollow porous microspheres made of $BaMoO_4$: Pr^{3+} nanocrystals via a template-free synthesis[J]. Journal of Materials Chemistry, 2011, 21: 9009-9013.

[159] Peng Y, Liu J, Zhang K, et al. Near-infrared luminescent and antireflective in SiO_2/YVO_4 ∶ Yb^{3+} bilayer films for c-Si solar cells[J]. Applied Physics Letters, 2011, 99: 121110-121112.

[160] Liu J, Luo H D, Liu P J, et al. One-pot solvothermal synthesis of uniform layer-by-layer self-assembly of ultrathin hexagonal Gd_2O_2S nanoplates and luminescent properties from single doped Eu^{3+} and codoped Er^{3+}, Yb^{3+}[J]. Dalton Transactions, 2012, 41 (45): 13984-13988.

[161] Liu H, Liu P, Su X M, et al. One-pot solvothermal synthesis of singly doped Eu^{3+} and codoped Er^{3+}, Yb^{3+} heavy rare earth oxysulfide Y_2O_2S nano-aggregates and their luminescence study[J]. RSC Advances, 2014, 4 (100): 57048-57053.

[162] Ding Y, Liu J, Zhu Y, et al. Brightly luminescent and color-tunable $CaMoO_4$ ∶ RE^{3+} (RE = Eu, Sm, Dy, Tb) nanofibers synthesized through a facile route for efficient light-emitting diodes[J]. Journal of Materials Science, 2017, 53 (7): 4861-4873.

[163] Kim W, Villalobos G, Baker C, et al. Overview of transparent optical ceramics for high-energy lasers at NRL[J]. Journal of Applied Optics, 2015, 54 (31): 211-221.

[164] Maiman T H. Optical and microwave-optical experiments in ruby[J]. Physical Review Letters, 1960, 4: 564-566.

[165] Maiman T H. Stimulated optical radiation in ruby masers[J]. Nature, 1960, 187: 493-494.

[166] Carnall E, Hatch S E, Parsons W F. Materials Science Research[M]. New York: Plunum, 1966.

[167] Anderson R C. Transparent zirconia-, hafnia-, and thoria-rare earth ceramics: US3640887[P]. 1972-02-08.

[168] Greskovich C, Chernoch J P. Polycrystalline ceramic lasers[J]. Journal of Applied Physics, 1973, 44: 4599-4606.

[169] Greskovich C. Chernoch J P. Improved polycrystalline ceramic lasers[J]. Journal of Applied Physics, 1973, 45: 4495-4502.

[170] Ikesue A, Kinoshita T, Kamata K, et al. Fabrication and optical properties of high-performance polycrystalline Nd ∶ YAG ceramics for solid-state lasers[J]. Journal of the American Ceramic Society, 1995, 78 (4): 1033-1040.

[171] Yanagitani T, Yagi H, Ichikawa A. Production of yttrium aluminum garnet fine powder: 10-101333[P]. 1998-04-21.

[172] Yanagitani T, Yagi H, Imagawa M. Production of powdery starting material for yttrium aluminum garnet: 10-101334[P]. 1998-04-21.

[173] Yanagitani T, Yagi H, Yamazaki H. Production of fine powder of yttrium aluminum garnet: 10-101411[P]. 1998-04-21.

[174] Lu J F, Prabhu M, Song J, et al. Optical properties and highly efficient laser oscillation of Nd ∶ YAG ceramics[J]. Applied Physics B, 2000, 71: 469-473.

[175] Lu J, Ueda K, Yagi H, et al. Potential of ceramic YAG lasers[J]. Laser Physics, 2001, 11 (10): 1053-1057.

[176] Ueda K, Lu J, Yagi H, et al. High power ceramic lasers, 128W output and future// European Physics Society. CLEO Europe & EOEC Focus Meeting[C]. Munich Germany: [s. n.]. 2001, 18-22.

[177] Shoji I, Kurimura S, Sato Y, et al. Optical properties and laser charactertics of highly Nd^{3+}-doped $Y_3Al_5O_{12}$ ceramics[J]. Physical Review Letters, 2000, 77 (7): 939-941.

[178] Yanagitani T, Yagi H, Imagawa M. Production of yttrium aluminum garnet powder: 10-114519[P]. 1998-05-06.

[179] Wu Y S, Li J, Qiu F Q, et al. Fabrication of transparent Yb, Cr ∶ YAG ceramics by a solid-state reaction method[J]. Ceramics International, 2006, 32 (7): 7857-7888.

[180] Li J, Wu Y S, Pan Y B, et al. Fabrication of Cr^{4+}, Nd^{3+} ∶ YAG transparent ceramics for self-Q-switched laser[J]. Journal of Non-Crystalline Solids, 2006, 352 (23-25): 2404-2407.

[181] Lu J, Lu J, Murai T, et al. Nd^{3+} ∶ Y_2O_3 ceramic laser[J]. Japanese Journal of Applied Physics, 2001, 40 (12): L1277-L1279.

[182] Saikawa J, Sato Y, Taira T, et al. Absorption, emission spectrum properties, and efficient laser performances of Yb：$Y_3ScAl_4O_{12}$ ceramics[J]. Physical Review Letters, 2004, 85(11)：1898-1900.

[183] Mezeix L, Green D J. Comparison of the mechanical properties of single crystal and polycrystalline yttrium aluminum garnet[J]. International Journal of Applied Ceramic Technology, 2006, 3(2)：166-176.

[184] Senatsky Y V, Shirakawa A, Sato Y, et al. Nonlinear refractive index of ceramic laser media and perspectives of their usage in a high-power laser-driver[J]. Laser Physics Letters, 2004, 1(10)：500-506.

[185] 谁是顶级 CT 的老大. http://www.360doc.com/content/16/0204/23/29658862_532783613.shtml. [2016-02-04].

[186] 潘裕柏, 李江, 姜本学. 先进光功能透明陶瓷[M]. 北京：科学出版社, 2012.

[187] Greskovich C D, Cusano D A, Hoffman D M, et al. Ceramic scintillators for advanced, medical X-ray detectors[J]. American Ceramic Society Bulletin, 1992, 71(7)：1120-1130.

[188] Zorenko U, Gorbenko V, Ja Vasylkivb A, et al. Growthand luminescent properties of scintillators based on the single crystalline films of $Lu_{3x}Gd_xAl_5O_{12}$：Ce garnet[J]. Materials Research Bulletin, 2015, 64: 355-363.

[189] Hu C, Liu S, Fasoli M, et al. O-centers in LuAG：Ce, Mg ceramics[J]. Physica Status Solidi-Rapid Research Letters, 2015, 9(4)：245-249.

[190] Hu C, Liu S, Fasoli M, et al. ESR and TSL study of hole and electron traps in LuAG：Ce, Mg ceramic scintillator[J]. Optical Materials, 2015, 45(45)：252-257.

[191] Hu C, Shi Y, Feng X, et al. YAG：Ce/(Gd, Y)AG：Ce dual-layered composite structure ceramic phosphors designed for bright white light-emitting diodes with various CCT[J]. Optics Express, 2015, 23(14)：18243-18255.

[192] Hu C, Liu S, Shi Y, et al. Antisite defects in nonstoichiometric $Lu_3Al_5O_{12}$：Ce ceramic scintillators[J]. Physica Status Solidi B-Basic Solid State Physics, 2015, 252(9)：1993-1999.

[193] 胡辰, 刘书萍, 冯召东, 等. LuAG：Ce, Mg 闪烁陶瓷的 X 射线平板探测器成像研究[J]. 无机材料学报, 2015, 30(8)：814-818.

[194] Liu S, Feng X, Shi Y, et al. Fabrication, microstructure and properties of highly transparent Ce^{3+}：$Lu_3Al_5O_{12}$ scintillator ceramics[J]. Optical Materials, 2014, 36: 1973-1977.

[195] Liu S, Feng X, Nikl M, et al. Fabrication and scintillation performance of nonstoichiometric LuAG：Ce ceramics[J]. Journal of the American Ceramic Society, 2015, 98: 510-514.

[196] Liu S, Feng X, Mares J A, et al. Optical, luminescence and scintillation characteristics of non-stoichiometric LuAG：Ce ceramics[J]. Journal of Luminescence, 2016, 169: 72-77.

[197] Liu S, Mares J A, Feng X, et al. Towards bright and fast $Lu_3Al_5O_{12}$：Ce, Mg optical ceramics scintillators[J]. Advanced Optical Materials, 2016, 4(5)：731-739.

[198] 沈毅强, 石云, 潘裕柏, 等. 高光输出快衰减 Pr：$Lu_3Al_5O_{12}$ 闪烁陶瓷的制备和成像[J]. 无机材料学报, 2014, 5(29)：534-538.

[199] Liu S, Feng X, Zhou Z, et al. Effect of Mg^{2+} co-doping on the scintillation performance of LuAG：Ce ceramics[J]. Physica Status Solidi-Rapid Research Letters, 2014, 8(1)：105-109.

[200] Shen Y, Feng X, Shi Y, et al. The radiation hardness of Pr：LuAG scintillating ceramics[J]. Ceramics International, 2014, 2(40)：3715-3719.

[201] Ogino H, Yoshikawa A, Nikl M, et al. Growth and luminescence properties of Pr-doped $Lu_3(Ga, Al)_5O_{12}$ single crystals[J]. Japanese Journal of Applied Physics Part 1-Regular Papers Brief Communications & Review Papers, 2007, 46(6A)：3514-3517.

[202] Nikl M, Pejchal J, Mihokova E, et al. Antisite defect-free $Lu_3(Ga_xAl_{1-x})_5O_{12}$：Pr scintillator[J]. Applied Physics Letters, 2006, 88(14)：170.

[203] Fasoli M, Vedda A, Nikl M, et al. Band-gap engineering for removing shallow traps in rare-earth $Lu_3Al_5O_{12}$ garnet scintillators using Ga^{3+} doping[J]. Physical Review B, 2011, 84 (8) : 81102.

[204] Cherepy N J, Seeley Z M, Payne S A, et al. Development of transparent ceramic Ce-doped gadolinium garnet gamma spectrometers[C]. Nuclear Science Symposium and Medical Imaging Conference, 2012, 60 (3) : 2330-2335.

[205] Munoz-Garcia A B, Seijo L. Structural, electronic, and spectroscopic effects of Ga codoping on Ce-doped yttrium aluminum garnet: first-principles study[J]. Physical Review B, 2010, 82 (18) : 184118.

[206] Baryshevsky V G, Korzhik M V, Minkov B I, et al. Spectroscopy and scintillation properties of cerium-doped $YAlO_3$ single-crystals[J]. Journal of Physics-Condensed Matter, 1993, 5 (42) : 7893-7902.

[207] Kamada K, Endo T, Tsutumi K, et al. Composition engineering in cerium-doped $(Lu, Gd)_3 (Ga, Al)_5O_{12}$ single-crystal scintillators[J]. Crystal Growth & Design, 2011, 11 (10) : 4484-4490.

[208] Stites R W, Harris T R. Spectroscopic investigation of Yb, Ho, Pr : YAG as a 3μm laser source[C]. Proceedings Volume 9726, Solid State Lasers XXV: Technology and Devices; 97261O (2016).

[209] Plonska M, Pisarski W A. Excitation and emission of Pr^{3+} : PLZT ceramics[J]. Ceramics International, 2016, 42 (15) : 17822-17826.

[210] Kalidasan M, Baskar K, Dhanasekaran R. Investigation of Er^{3+}, Yb^{3+}, Nd^{3+} doped yttrium calcium oxyborate for photon upconversion applications[J]. Solid State Sciences , 2016, 57: 9-15.

[211] Yanes A C, del-Castillo J, Luis D, et al. Novel Sr_2LuF_7-SiO_2 nano-glass-ceramics: structureand up-conversionluminescence[J]. Journal of Luminescence, 2016, 170: 789-794.

[212] a. 刘光华. 稀土材料学[M]. 北京: 化学工业出版社, 2007; b. Haertling G H. Improved hot-pressed electrooptic ceramics in the (Pb, La) (Zr, Ti)O_3 system[J]. Journal of the American Ceramic Society, 1971, 54 (6) : 303-309.

[213] Yasuhara R, Tokita S, Kawanaka J, et al. Cryogenic temperature characteristics of Verdet constant on terbium gallium garnet ceramics[J]. Optics Express, 2007, 15 (18) : 11255-11261.

[214] Starobor A, Zheleznov D S, Palashov O V, et al. Study of the properties and prospects of Ce : TAG and TGG magnetooptical ceramics for optical isolators for lasers with high average power[J]. Optical Materials Express, 2014, 4 (10) : 2127-2132.

[215] 潘裕柏, 唐鹏. 国际石榴石结构材料的研究与专利状态[J]. 竞争情报, 2017, 13 (6) : 30-38.

[216] 李学舜. 稀土碳酸盐制备铈基稀土抛光粉的研究[D]. 沈阳: 东北大学, 2008.

[217] 任立华, 杨文浩, 高国勤, 等. 稀土抛光粉及其制造方法: 101899281 A[P]. 2010-12-01.

[218] Silvermail W L, Goetzinger N J. The mechanism of glass polishing[J]. Glass Industry, 1971, 52 (5) : 172-175.

[219] Hoshino T, Kurata Y, Terasaki Y, et al. Mechanism of polishing of SiO_2 films by CeO_2 particles[J]. Journal of Non-Crystlline Solids, 2001, 283 (1-3) : 129-136.

[220] Cook L M. Chemical process in glass polishing[J]. Journal of Non-Crystlline Solids, 1990, 120 (1) : 152-171.

[221] Abiade J T, Yeruva S, Choi W, et al. A tribochemical study of ceria-silica interactions for CMP[J]. Journal of the Electrochemical Society, 2006, 153 (11) : G1001.

[222] Abiade J T, Wonseop C, Singh R K. Effect of pH on ceria-silica interactions duiring chemical mechanical polishing[J]. Journal of Material Resarch Society, 2005, 20 (5) : 1139-1145.

[223] Kang H G, Kim D H, Katoh T, et al. Deonendence of non-prestonian behavior of ceria slurry with anionic surfactant on abrasive concentration and size in shallow trench isolation chemical mechanical polishing[J]. Japanese Journal of Applied Physics, 2006, 45 (5) : 3896-3904.

[224] 宋晓岚, 邱冠周, 史训达, 等. 混合表面活性剂分散纳米 CeO_2 颗粒的协调效应[J]. 湖南大学学报, 2005, 32 (2) : 95-99.

[225] 林海梅. 添加剂在氧化铈抛光中的作用机理的探索[J]. 光学技术, 1991, 3: 42-44.

[226] 伊藤昭文, 望月直义, 渡边广幸, 等. 铈类研磨材料及其制造方法: 1240802C[P]. 2006-02-08.

[227] 黄绍东, 陈维, 梁丽霞, 等. 铈基稀土抛光粉的悬浮性能评价方法与不同分散剂的影响[J]. 稀土, 2014, 35(5): 45-49.

[228] 程上穆, 邓胜昌, 孟庆江. 稀土在医学领域中应用研究现状[J]. 稀土, 1999, 20(5): 59-61.

[229] 孔薇, 张秀英. 稀土元素在医药上的应用[J]. 微量元素与健康研究, 2000, 17(2): 67-69.

[230] Zheng W, Zhou S Y, Xu J, et al. Ultrasensitive luminescent in vitro detection for tumor markers based on inorganic lanthanide nano-bioprobes[J]. Advanced Science, 2016, 3: 1600197.

[231] Chen C L, Li C G, Shi Z. Current advances in lanthanide-doped upconversion nanostructures for detection and bioapplication[J]. Advanced Science, 2016, 3: 1600029.

[232] 吴伯岳, 严秀平. 稀土发光材料在荧光成像中的应用[J]. 生物物理学报, 2011, 27(4): 289-300.

[233] 林敏, 赵英, 董宇卿, 等. 稀土上转换发光纳米材料的制备及生物医学应用研究进展[J]. 中国材料进展, 2012, 31(1): 36-43.

[234] 刘波, 胡丹, 刘玉萍, 等. 上转换发光纳米材料在生物成像中应用的研究进展[J]. 科学通报, 2013, 58: 517-523.

[235] 刘燕, 周铁平, 罗敏, 等. 稀土配合物抗肿瘤活性研究进展[J]. 中国稀土学报, 2014, 32(2): 143-155.

[236] Zhang P, Steelant W, Kumar M, et al. Versatile photosensitizers for photodynamic therapy at infrared excitation[J]. Journal of the American Chemical Society, 2007, 129(15): 4526-4527.

[237] 郑晓鹏, 田甘, 谷战军. 荧光上转换纳米材料在光动力学治疗癌症中的应用[J]. 中国肿瘤临床, 2014, 41(1): 28-31.

[238] 唐庆华. 稀土元素的植物生理效应[J]. 吉林工程技术师范学院学报, 2016, 32(2): 87-88, 96.

[239] 王小玲, 刘腾云, 高柱, 等. 稀土元素对作物生长及作物品质影响的研究进展[J]. 核农学报, 2016, 30(6): 1240-1247.

[240] 张勇, 秦樊鑫, 廖莉玲, 等. 稀土在植物学中的应用[J]. 贵州农业科学, 2010, 6: 137-140.

[241] 周岩, 武继承, 张彤, 等. 2种保水剂对砂土土壤持水性能的影响[J]. 河南农业科学, 2012, 41(2): 78-81, 92.

[242] 管秀娟, 武继承. 保水剂在农业上的应用及发展趋势[J]. 河南农业科学, 2007, 39007: 13-17.

[243] 蒋锦霞. 保水剂在农业上的应用进展[J]. 甘肃农业科技, 2000, (12): 25-26.

[244] 吴晶, 冯秀娟. 稀土元素对植物的生物有效性研究进展[J]. 中国资源综合利用, 2012, 30(4): 37-40.

[245] 孟韵, 王犇, 段春生, 等. 稀土肥料的研究进展[J]. 山东化工, 2005, 34(5): 15-16, 20.

[246] 肖信锦, 李阳洋. 稀土元素在水产养殖中的应用研究[J]. 水产渔业, 2015, 32(4): 177-178.

第 2 章　农业废弃物的开发及利用

2.1　秸秆的综合利用

2.1.1　引言

我国是一个农业大国，也是农作物秸秆资源最为丰富的国家之一。农作物秸秆是指农作物待籽实成熟后收割脱粒的剩余部分，其主要由两部分组成，一部分是由茎秆、枝叶组成，称为秸秆；一部分是荚壳，约占 15%[1]。我国传统的种植业结构是以小麦、玉米、稻谷和豆类为主，因此，麦秸、玉米秸、稻草和豆秸也是我国主要的秸秆资源，共占总秸秆量的 80%以上[2]。我国农作物秸秆资源有近 20 余种[3]，数量巨大，据统计，2015 年全国作物秸秆理论资源量为 10.4 亿 t，可收集资源量约 9 亿 t，利用量约 7.2 亿 t，秸秆综合利用比达到 80.1%，其中肥料化占 43.2%、饲料化占 18.8%、燃料化占 11.4%、原料化占 2.7%、基料化占 4.0%[4]。

我国政府高度重视农作物秸秆利用问题并采取了一系列技术、经济、政策等措施，一方面是推动农作物秸秆的资源化利用，另一方面则是严禁农作物秸秆的焚烧。2008 年，国务院办公厅就印发了《国务院办公厅关于加快推进农作物秸秆综合利用的意见》（国办发〔2008〕105 号）；2011 年，国家发展改革委、农业部、财政部又联合出台了《国家发展改革委、农业部、财政部关于印发"十二五"农作物秸秆综合利用实施方案的通知》（发改环资〔2011〕2615 号）；2015 年，国家发展改革委、财政部、农业部、环境保护部四部委又联合出台了《关于进一步加快推进农作物秸秆综合利用和禁烧工作的通知》（发改环资〔2015〕2651 号），对农作物秸秆综合利用和禁烧等工作进行了具体部署[5]。

对秸秆资源再利用的研究，一方面可减少燃烧秸秆所造成的环境污染，使秸秆能够得到很好的利用，提高资源利用效率；另一方面，能变废为宝，提高秸秆的经济效益，还可以缓解我国能源紧张的问题，从而促进社会经济的发展。

2.1.2　农作物秸秆的组成[6]

秸秆的化学成分是由大量有机物、少量无机物和水组成，其有机物的主要成分为碳水化合物，其次是粗蛋白(各种含氮物质的总称)和粗脂肪。碳水化合物又由纤维素类物质和可溶性糖组成，纤维素类物质包括纤维素、半纤维素和木质素等，一般用细胞成分表示。

纤维素是细胞壁的主要成分，在其四周由半纤维素和木质素填补，有效地防止了纤维素酶与纤维素的直接接触。纤维素是由 β-D-葡萄糖通过 β-1,4-糖苷键连接的线型结晶高聚物，聚合度高，其分子内和分子链之间的氢键能够使很多纤维素分子共同组成结晶结构，进而组成复杂的基元纤维、微纤维、结晶区和无定形区等纤维素聚合物的超分子结构。正是因为纤维素这种复杂的结构，使得纤维素分子很难与其分子内部的糖苷进行有效的反应。

半纤维素是植物纤维原料中的另一个主要组分。1891 年，舒尔茨(Schulze)认为在植物组织中较易分离的一类多糖是纤维素的半成品，或是纤维素的前体分子，所以把它称为半纤维素。木质素由于其结构组成等特点，在生物技术的运用下，已在生物能源、造纸、化工等领域扮演着相当重要的角色。

2.1.3　农作物秸秆的营养价值[7]

秸秆中富含 N、P、K、Ca、Mg 和部分有机质等，是一种具有多用途的可再生生物资源[8]，一旦能够被人类合理利用，将是一个取之不尽、用之不竭的资源库。由于秸秆的成分受诸多因素的影响，在不同地区生产的秸秆其成分也会存在差异。究其原因，影响农作物秸秆营养价值的因素主要包括以下四方面。

第一，由于秸秆种类的不同，不同农作物秸秆的营养价值差异较大。有研究证明，稻草秸秆、小麦秸秆和玉米秸秆的营养成分含量差异很大，其中粗蛋白质质量分数分别为 5.1%、4.1% 和 9.8%，中性洗涤纤维质量分数分别为 61.9%、73.0%和 70.4%，木质素质量分数分别为 4.6%、8.4% 和 4.9%，干物质消化率分别为 55.4%、47.3% 和 49.1%[9]。

第二，同一农作物秸秆不同部位的营养价值不同。例如，玉米秸秆中木质素主要集中在茎皮，且木质化程度也是最高的，其质量分数高达 9.36%，降解最少；而叶片的木质素和纤维素质量分数最低，分别为 4.24% 和 35.6%，粗蛋白和半纤维素质量分数最高，分别为 7.22% 和 30.9%[10]。

第三，收获期不同也导致秸秆营养价值的差异。农作物成熟收获前期营养价值较高，成熟后随着时间的推移营养价值越来越低。有研究证明，甜玉米秸秆冬季在摘穗后 6 天内收割，夏季在摘穗后 9 天内收割营养价值较高[11]。

第四，秸秆贮藏方法对其营养价值也有一定的影响。Ishizaki 等在研究中将成熟阶段的整株小麦和小麦秸秆青贮 2～12 个月后发现，整株小麦青贮和小麦秸秆青贮均保存良好，且整株小麦青贮饲料在瘤胃中能提供可发酵能量。此外，小麦秸秆也可以通过青贮用作纤维材料[12]。

2.1.4　农作物秸秆的综合利用现状

秸秆的综合利用是一个世界性课题，一些发达国家在工业原料、饲料、肥料和燃料等领域做了大量研究并取得进展。例如，畜牧业发达的澳洲已利用秸秆进行养殖，其饲喂秸秆的肉食转化率已超过90%；利用秸秆作为主要原料进行生物发电的丹麦，现已有过百家秸秆发电厂遍及全国，其秸秆发电等可再生能源占全国能源消费量的1/4以上；美国已将秸秆气化技术广泛用于区域取暖、餐饮等民用设施；日本则采用堆田并加焚烧、还田、离田利用或一年一季种植、休耕种植来处理秸秆。

当前，我国的秸秆资源很丰富，拥有量居世界第一，具有分布广、产量大、种类多的特点，但是由于技术和经济等因素的影响，秸秆再利用的效率并不是很高。我国秸秆综合利用仍然尚未进入工业化阶段，大量过剩的秸秆主要靠机械化秸秆还田来消化。目前秸秆的综合利用途径主要有：秸秆肥料化利用、秸秆能源化利用、秸秆饲料化利用、秸秆基料化利用、秸秆工业原料化利用及其他利用方式[13]。我国秸秆的综合利用方法主要包括以下几个方面[14]。

1. 秸秆肥料化利用[15,5]

秸秆还田是当下一项普遍被重视的培肥地力的增产措施。其可促进土壤有机质及氮、磷、钾等含量的增加，可提高土壤水分的保蓄能力，还可改善植株性状、提高作物产量、改善土壤性状、增加团粒结构等。

农作物秸秆中含有大量有机质、氮、磷、钾和微量元素。有关分析得出，每100kg鲜秸秆中含氮0.48kg、磷0.38kg、钾1.67kg，相当于2.4kg氮肥、3.8kg磷肥、3.4kg钾肥。相关实验资料说明，经过长时间连续性秸秆还田，避免了土壤有机质持续下降的问题，并且呈现逐年上升的趋势，大概平均年增加量为0.02%～0.05%。尤其是麦秸还田，麦田土壤含有的细菌数量高出了16倍，其纤维分解菌增加了8.5倍，放线菌增加了3.6倍，真菌增加了2.7倍。随着微生物数量变多，土壤活动更强，促进土壤有机质得以分解转化，从而增强了土壤的供肥能力。由此可见，秸秆还田是增肥地力、改良土壤、提高产量的重要措施之一。

2016年，我国农作物秸秆实现还田30994.81万t。调研发现，秸秆还田有多种方式，不同区域具有显著的差异性。最直接的还田方式以机械粉碎、覆盖、留高茬还田等为主。秸秆还田起初得到广泛认可，基于两个方面的原因：一是可以减少将秸秆从田间收集、运输出来的劳动力投入；二是在一定程度上可以提高土壤有机质含量，改善土壤结构，提高土壤肥力。但这种物理方式在一些高寒地区适应性不好，短期内秸秆难以腐烂，影响了耕作。因此，应重视一些间接还田和秸秆生化腐熟还田技术等方式的推广及应用。

2. 秸秆能源化利用[5]

对广大农村而言，农作物秸秆一直是农村传统的生活能源。农作物秸秆作为一种清洁的可再生的生物质能源，不仅在农村生活能源利用中具有重要的作用，而且可以降低对煤炭、石油等不可再生能源的消耗。近年来，农作物秸秆作为能源利用的一些新型技术不断出现，如秸秆的气化、秸秆的液化等技术。农作物秸秆能源化利用，不仅节约了生活成本，更有助于农村人居环境的改善。

3. 秸秆饲料化利用[5,16]

农作物秸秆是农作物生长过程中通过光合作用形成的有机质，具有很高的营养价值，因此可以作为养殖业饲料。有关研究表明，通过加工可以成为牲畜适口的饲料的秸秆比重达到85.67%，在很大程度上弥补了因草地面积缩小退化导致的饲料供应不足。此外，农作物秸秆的饲料化可节约大量粮食，解决畜牧业原料不足的难题。

4. 秸秆作为中药材种植的基料[5]

农作物秸秆含有食用菌生长所需要的碳、氮及矿物质等营养素，将其通过机械粉碎或者整体作为培养食用菌的基料，还可作为一些中药材种植的基料，为农作物秸秆利用开辟了新的领域。当前，农作物秸秆作为基料的比例依然很低。

2.2 稻壳的综合利用

2.2.1 引言

稻壳是稻谷加工的副产品，稻壳占稻谷质量的20%，内含粗纤维30%～45%、木质素 21%～26%、蛋白质 2.5%～3%、多缩戊糖 16%～22%、无定形二氧化硅20%[17]。

我国是世界上第一产稻大国，占世界稻谷总产量的 1/3 以上，年生产稻谷4 亿多吨。稻壳作为稻米加工的副产物，是一种天然的植物类生物质资源，年产8000 多万吨，产量非常巨大，占世界总产量的30%[18,19]。如此丰富的稻壳资源对于稻壳综合利用和提高水稻生产效益具有重要经济意义。然而，稻壳的木质素和硅含量较高，不易吸水，大多被丢弃或者燃烧，因而利用率不高[20]，且燃烧处理还会释放 CO_2 而造成二次污染。目前，根据稻壳独特的理化特性，使其在能源、畜牧饲料填充物和工业原料中得到有效利用[21]。

2.2.2 稻壳的利用

稻壳中含有的维生素、脂肪、氨基酸等营养成分低，而且其表面有坚硬、粗糙的木质素-二氧化硅复合层，对动物的适口性差，难以被消化和降解，因此不适用于当作饲料，更不适合直接作掩埋还田处理。另外，它的表面凹凸不平、多有毛刺、密度小、运输困难、堆放时占据的空间大，这些缺点都限制了稻壳的利用[22]。

稻壳的综合利用主要包括以下几方面。

1. 稻壳在农业中的应用

近年来，国内一些学者利用稻壳资源在农业领域的应用取得了一定的进展。研究表明，将稻壳铺在地表面，能够防止杂草的生长，保持土壤温度，进而有利于植物吸收养分，提高抗菌能力[23]；而在苗床播种后用粉碎的稻壳覆盖，可直接作为栽培基质实现无土育苗，且培育出的苗根多且长，同时便于幼苗起运[24,25]。也有研究表明，育秧基质采用稻壳和菌糠同体积混合可提高秧苗的综合质量，有效地节约生态资源[26]；而在钵体育秧覆土部分掺入 20%稻壳，可提高出苗率，改善秧苗质量[27]。

此外，稻壳与其他物质等量混合能够改善土壤的酸性条件，且稻壳燃烧后可作为土壤改良剂；而在稻田中施用稻壳灰有机复合肥可以提高水稻的抗病和抗倒伏能力，进而实现增产，同时因稻壳灰中的二氧化硅能够将昆虫胸部的蜡质表层腐蚀，进而打乱昆虫正常的新陈代谢，致使其死亡[21]。

2. 稻壳在化工中的应用

1)用稻壳生产木糖和木糖醇[28]

将稻壳在 150℃下蒸煮，除去果胶、单宁、灰分等不利于水解的物质，在 120℃下向体系中加入 1% H_2SO_4 进行水解反应，然后用石灰乳中和，压滤机过滤，滤液采用真空蒸发，经颗粒状炭柱脱色、离子交换柱除去阴阳离子及有机酸等杂质，析出木糖晶体，离心干燥后即得成品木糖。木糖醇则以木糖为原料，经催化加氢、浓缩、结晶、离心分离、干燥等过程而获得。木糖醇是不发酵物质，它不像木糖、蔗糖，经发酵可变成木糖醇。木糖醇是生产口香糖的最好原料之一。

2)用稻壳生产糠醛和糠醇[29]

糠醛是至今为止仍无法合成，只能用农作物秸秆生产的一种重要的有机化工原料。生产糠醛的主要原料是多缩戊糖含量高的玉米芯、甘蔗渣、稻壳等农作物秸秆。对稻壳深度水解即可获得糠醛，其生产工艺简单，主要有水解、脱水、蒸馏、分离等步骤，即将稻壳等原料放进蒸煮罐内，加入稀酸催化剂，通入水蒸气进行加热处理，升温加压后，多缩戊糖水解为戊糖，戊糖进一步脱水为糠醛，随水蒸气馏出，经减压蒸馏可得纯品糠醛。以糠醛为原料，在铜、镉、钙的催化作用下，经加氢还原可获得糠醇。

3)用稻壳灰制备二氧化硅

吉林大学化学学院王子忱教授利用稻壳中富含 Si 的特性，通过剔除无机物、纤维和杂质及燃烧去掉碳成分等方式，从稻壳中提取高纯纳米 SiO_2，并获得了国家专利。整个过程没有废料产生，所有成分均被充分利用，而且在除碳的过程中，通过一定的程序将碳保留下来，成为制作活性炭的原料。

贾中兆[30]采用稻壳热解法和反相微乳液法制备纳米 SiO_2，研究和比较了两种制备方法的工艺参数和实验条件，通过表征实验中所得的样品，从中寻求出一种简单有效的制备工艺，从而得到分散效果好、颗粒分布均匀的纳米 SiO_2 颗粒。

李浩洋和汪海滨[31]研究了以稻壳为原料，通过预处理、焙烧稻壳、提纯、滤液中和、浓缩和结晶等过程提取 SiO_2 和木糖，并对影响其性能的工艺条件进行了讨论，得出最优工艺条件和纯度可达到 98%以上，粒径为 40～60nm 的 SiO_2。

据了解，矿石加工的 SiO_2 多是微米级 SiO_2，而稻壳加工出的则是纳米级 SiO_2，分子体积是微米级 SiO_2 的 1%，因此，它的强度和透明度都较微米级 SiO_2 强，成本也低很多。目前，这项技术正准备大规模应用于生产。稻壳经细粉碎、酸处理、$FeCl_2 \cdot 6H_2O$ 浸泡、过滤、干燥、高温分解与合成、HF 溶液处理，即可得到纯度为 50%～70%的合成 SiC[32]。

4)用稻壳灰制备吸附材料

稻壳具有高灰分含量，可以生产活性炭，且经过化学改性后，吸附能力更强[33]。国外一些相关研究表明，以稻壳为原料可以制备吸附 Hg^{2+}、Pb^{2+}、Cd^{2+}等重金属有害离子的改性活性炭[34]。Ioannidou 和 Zabaniotou[35]的研究表明，稻壳中的 SiO_2 起骨架作用，当稻壳中木质素和纤维素被降解后，炭便会附着在骨架上，使稻壳成为理想的吸附剂原料。Ding 等[36]制备了稻壳活性炭，用来吸附水中的罗丹明 B。Zheng 等[37]的研究表明，稻壳中的生物炭可以减少水稻秧苗地上部对 Cd、Pd 和 Zn 的吸收量。李楠等[38]利用稻壳，经炭化、活化、酸洗和水洗等工艺制备出活性炭，其对 P 的吸附速度较快。龙逸云等[39]认为改性稻壳可作为吸附剂吸附水中的铀(U)，且吸附效果好，去除率达 98%。

3. 稻壳在建筑行业中的应用

1)稻壳灰的利用[21]

美国普渡大学 Jan Olek 的研究表明，在混凝土中掺入稻壳灰会使水泥变得更加坚固和更具抗腐蚀性。修筑摩天大楼、桥梁、近海或水上建筑时，如果能用稻壳灰替代 20%的水泥，则制成的混凝土优势会大大体现。

2)绝热耐火砖[40]

稻壳内含有 20%左右的优良无定形硅石，是制砖的上等原料。日本将稻壳与水泥、树脂混匀后，再经快速模压制成砖块，具有防火及隔热性能，密度小，不易破碎。巴西一家公司根据稻壳熔点高、热传导率极低的特性，将其放入球磨机内研磨后，与耐火黏土、有机溶剂混合制成耐火砖用于修建易燃易爆品仓库很受欢迎。

3) 稻壳灰水泥[21]

稻壳煅烧成活性高的黑色炭粉后，与石灰反应便可生成黑色的稻壳灰水泥。这种新颖的水泥防潮，不结块，使用时再配上防老化性能良好的罩光剂，能赋予建筑物柔和、典雅的光泽。

4) 人造木材[21]

稻壳与树脂混合可制成人造木材。它是由稻壳粉和树脂粉混合制成的塑性产品，具有节约木材资源、工艺简单、成本低廉、终端产品性能稳定无污染、自然木质感强、保温性能好、耐磨、耐水、阻燃、使用寿命长、机械强度高且易于加工的特点，其物理及化学性能均优于一般木材，具有巨大的经济效益和社会效益，广泛应用于建筑、装修、家具等领域，以代替木材使用。用稻壳为主要原料制成的新颖吊顶材料——天花板，不仅价廉物美，而且具有防火、防蛀、防霉等优点，适用于造船和建筑业，以及潮湿多雨和白蚁多的地区。

5) 稻壳涂料

稻壳内含有约 38% 的干性纤维素。美国利用此特性将稻壳灰添加到涂料中，可使涂料常见的龟裂现象消失[32,23]。

2.3 棉花副产品的综合利用

棉花是我国重要的经济作物之一，在棉花丰收的同时产生大量的副产品，如棉秆、叶子和棉籽，如能将这些副产物充分利用，其经济效益和社会效益十分巨大。

2.3.1 棉花副产品的组成与化学结构[41]

棉秆的组成：半纤维素 20.76%，纤维素 41.42%，木质素 23.16%，灰分 9.47%（百分比为绝干原料，下同）。棉籽壳的组成：半纤维素 22%～25%，纤维素 37%～48%，木质素 29%～32%，灰分 2.0%～3.5%，其他还含有少量蜡、树脂、色素、胶质、单宁等。

2.3.2 棉秆的利用[42]

棉秆由棉茎、棉花壳、棉根和棉叶组成，是重要的可再生资源，在肥料、饲料、工业原料应用等方面潜力巨大。目前，我国棉秆资源综合利用技术创新不足，利用效率低，其主要应用如下。

1. 棉秆还田

棉秆还田主要有两种方式，一是直接还田。通过简单的机械粉碎还田，并施入一定量的氮肥促进其在土壤中的腐解，有利于改良土壤团粒结构，实现土地用养结合，促进增产[43]。二是间接还田。施用腐熟棉秆有机肥改善土壤次生灾害，促进作物生长。棉秆含有丰富的氮、磷、钾等元素，可采用直接还田方式作为有机肥使用[44]。

2. 棉秆作饲料

棉秆含有大量的纤维素、粗蛋白、半纤维素、木质素等营养物质，将棉秆中毒棉酚处理掉，可以制成禽畜饲料，用于养殖业、畜牧业。高瑞芳和张吉树[45]的研究显示，每万吨棉秆压缩粗饲料用于养殖业，可供 3000 头牛食用一年，肉牛、奶牛分别增加产值 15%、16%。食用这些饲料形成的粪便可用于沼气或替代化肥。

3. 棉秆作原料

棉秆燃烧值为 17.1～18.1MJ/kg，接近于木材。相比玉米、小麦等禾本科作物秸秆，棉秆是更理想的能源材料。棉秆作为燃料，其利用有固化和气化两种模式，早在 20 世纪，我国科学家对此就有研究[46]。棉秆作为能源材料还可用于发电。至 2016 年我国生物质发电并网装机容量为 950 万 kW，居世界第二位，但是利用率不高。我国可以引进先进技术，结合国情在农村推广实施棉秆发电技术，使棉秆资源得到更有效的利用。

棉秆中含有木质素、纤维素和半纤维素，其纤维长度及木质化程度与木材大致相同，可以利用棉秆代替木浆，用于造纸、造板等，使其得到合理的利用[47]。棉秆还可制作高密度纤维板、隔音板等。通过机械法分离、成型和热压等一系列工序加工成人造木板，有很好的市场效益[48]。

4. 棉秆制备活性炭

目前，活性炭广泛应用于化学、食品、医药及国防、环境保护等方面，棉秆是可再生资源，利用棉秆制备活性炭可减少对煤炭、石油等的消耗。利用棉秆制备的活性炭质量优于标准活性炭[49,50]。樊希安等[51]利用微波辐射法制备的活性炭，质量可达到一级标准。

2.3.3　棉籽壳的利用[52]

棉籽剥取短绒后，再用破壳机脱壳，100kg 棉籽可得棉籽壳 40kg。棉籽壳含多缩戊糖 22%～25%，纤维素 37%～48%，木质素 29%～32%，是具有多种用途的化工原料，可生产糠醛、丙酮、丁醇、乙醇、甘油、乙酸、乙酰丙酸、植物激素、活性炭等。

近年来，棉籽壳主要用于培养食用菌。它是理想的天然综合培养基，经加水浸泡、高压灭菌、接种培养，100kg 棉籽壳可生产鲜猴头菇、鲜平菇 100kg，或鲜木耳 70～80kg，或鲜草菇 30～45kg，或干灵芝 10～15kg，或干银耳 3～4kg。每千克棉籽壳生产食用菌的产量值最高可达 5 元以上。

生产食用菌后的棉籽壳残渣，含有大量菌丝体，是优良的饲料和肥料，也可作沼气池的填料。

2.3.4　棉仁饼的利用[52]

棉籽脱壳后的棉仁含油脂 35%，蛋白质 37%～40%，蛋白质含量高于稻米、小麦、玉米，氨基酸种类齐全，富含维生素 E，消化率达 90%以上。但是，普通棉花品种的棉仁中含有棉酚(棉毒素)，能使单胃动物中毒。所以，目前仅有一部分棉仁饼作为反刍动物牛、羊的饲料，大部分仍作为肥料，使蛋白质资源浪费。去毒最理想的途径是选育低酚棉(无毒棉)新品种，国际卫生标准中棉仁的棉酚含量低于 0.02%～0.04%。我国已育成低酚棉品种 100 多个。

普通棉花品种棉仁中棉酚含量为 1.6%～2.8%，必须经脱毒处理后方可食用和饲用。棉仁饼脱毒的方法很多，有加热脱毒法、加碱脱毒法、小苏打脱毒法、尿素脱毒法、硫酸亚铁脱毒法、石灰水脱毒法等。中国农业科学院畜牧研究所用硫酸亚铁加石灰水浸泡法脱毒，中国农业工程设计院用膨化法脱毒，无锡轻工学院用有机溶剂浸出法分离棉酚，效果都很好。美国采用先进的旋液分离加工法，加工成的棉仁蛋白粉含蛋白质 65%～70%，棉酚含量在 0.04%以下。脱毒的棉仁粉可作食品、饲料、饵料，促进养殖业和食品业的发展。

2.3.5　棉叶的利用[52]

低酚棉叶无毒，可以饲用。有毒棉与无毒棉的区别：有毒棉的茎叶有油腺(黑褐色小点)，无毒棉的茎叶无油腺。通过采叶、洗净、晒干、粉碎即成棉叶粉，含粗蛋白 16%～18%，粗脂肪 1.4%，无氮浸出物 12%，用于添加猪饲料，日增重提高 3.8%；添加奶牛饲料，产奶量提高 12%～20%。棉叶还可提取多种有机酸，用于食品、医药、化工等；棉叶又可提取加快水泥凝固的增凝剂，用于提高钢筋混凝土质量，减少水泥费用 5%～8%。

2.3.6　棉籽油的利用[53]

我国棉花籽及菜籽产量在世界上均居首位。在我国各种油料中，菜籽油已占第一位，成为食用植物油的主要油源。随着菜籽油的日益丰富，除食用外还有剩余，棉籽油也逐步不再食用，因而对棉籽油的工业利用已成为重要课题。棉籽经过压榨浸出后制得毛棉油。毛棉油经精炼后，所含的可皂化物——磷脂、游离脂肪酸等，以及不皂化物——甾醇、脂肪醇、棉酚、生育酚、色素等被脱除并进入下脚料或排入废水中。棉仁饼中含有大量的蛋白质，以及维生素、矿物质等营养物质，现在大量用作肥料，而棉籽油的充分利用有待研究。

1. 从毛棉油中提取工业棉酚

过滤后的毛棉油与 20%的邻氨基苯甲酸油性悬浮体在 60℃下相混合，邻氨基苯甲酸的量为棉酚的 53%，加热至 80℃左右，反应 0.5h，待冷至 20～30℃静置 1h，即形成棉酚邻氨基苯甲酸盐沉淀。用过滤或离心法分离出沉淀物，用石油醚洗涤，得浅黄色沉淀物。棉酚邻氨基苯甲酸盐在抗氧化剂存在下，用 4%氢氧化钠水溶液加热至 80℃溶解，用 1%硫酸酸化，离心分离除水得沉淀。将所得沉淀物水洗至中性，离心分离废水。沉淀物用石油醚洗涤，再经 60℃真空干燥，即得成品工业棉酚。

棉酚及其某些衍生物具有抗氧化的性质，可用作石油产品、橡胶制品和食品的抗氧化剂。精制棉酚在医药上用作男性节育药、镇咳剂、抗肿瘤制剂等。

2. 棉籽油的化学加工

棉籽油与菜籽油所含脂肪酸多数为 C_{14}～C_{22} 的含 1～3 个非共轭双键的直链不饱和酸，占 70%以上，因此其化学加工以双键上的反应为主。

1) 双键上的环氧化

环氧化可用乙酸与过氧化氢在催化剂作用下生成的过氧乙酸作为氧化剂。将棉籽油与乙酸和催化剂固体酸按 100∶15∶6(质量比)加入反应釜，然后控制温度在(65±5)℃，滴加过氧化氢[按棉籽油∶过氧化氢=1∶(1～1.3)(摩尔比)]反应，反应后进行中和、水洗、脱色即得成品。

环氧棉籽油是无毒的、性能良好的 PVC 用增塑剂，还可作为高速冷压油。环氧棉籽油酸丁酯可作为 PVC 的增塑剂及热稳定剂，其耐寒性能优越。

2) 双键上的硫化

棉籽油等不饱和油脂与硫或硫的衍生物可发生硫化反应，生成一类弹性树胶状物质，统称为硫化植物油。目前，国内生产的黑油膏和白油膏就是其中的两个品种。黑油膏可用作橡胶填充剂和用于干性油漆的生产中。白油膏可广泛用作天然橡胶和合成橡胶的软化剂，使液体增塑剂或柔软剂便于加入橡胶制品中使其柔软发泡，具有高度弹性，增强抗光和抗氧化能力。

3) 双键上的硫酸化、磺化

棉籽油经硫酸化和磺化反应可制成表面活性剂。硫酸化棉籽油的表面活性和润滑性能均较好，可用以调配制革用的软皮白油及润滑油等。α-磺化植物油可作为纺织、皮革化工助剂和硬水软化剂等。

4) 直接制取饱和高碳醇

由棉籽油可制取饱和高碳醇，它是生产优质表面活性剂——脂肪醇类表面活性剂的主要原料。制取时，脂肪酸首先发生甲酯化，再将甲酯用 Cu-Cl-Ba 三元催化剂于 300～310℃ 下进行加氢，得到 C_{16}～C_{22} 的饱和脂肪醇。

2.4　生物质油的综合利用[54]

2.4.1　菜籽油

1. 来源

油菜籽是一种适用于温带地区的油料作物，它能在低温下发芽生长，与其他油料作物相比，可以在较冷和海拔较高地区生长，同时作为越冬作物，适宜在冬天不太寒冷的地区生长。油菜适应于水分不受限制的欧洲和亚洲温带地区生长，世界上油菜籽的主要生产国有中国、加拿大、印度、巴基斯坦，总的来说，有 65% 的产量来自加拿大、中国、印度。

油菜籽品种属于十字花科，菜籽油是由油菜籽经压榨或萃取、精制而成，其外观为淡棕至淡黄色透明液体，碘值为 94～106，皂化值为 168～178。它是由不同的高级脂肪酸与甘油形成的三甘酯，其中所含的脂肪酸平均组成为：棕榈酸 2%～5%、硬脂酸 1%～2%、油酸 10%～35%、亚油酸 10%～20%、亚麻酸 5%～15%、芥酸 25%～55%、花生四烯酸 7%～14%。本节着重探讨菜籽油及其化学改性衍生物的反应原理，以及在皮革加脂中的应用。

2. 生产工艺

油菜籽含油量 38%～44%，这意味着最有效的提油方法是先用机械压榨法提取约 60% 的油，再用溶剂浸出法提取残留物中的油脂。油菜籽最普遍的加工工艺为：油菜籽→清理→预热软化→破碎/轧坯→蒸炒→压榨(得压榨毛油)→膨化→溶剂浸出→混合油蒸发→浸出油→脱胶→油加工，其中油粕经过：粕脱溶→粕粉碎/造粒→粕储存/运输。

菜籽油生产食用油产品，在原理上与其他食用油所应用的方法十分相似，即毛油→脱胶→碱炼→脱色→氢化→脱蜡→脱臭。

3. 应用

油菜籽的种植遍布世界，已有数千年的历史，印度早在公元前 2000 年已有种植，13 世纪期间在欧洲进行大规模种植，用菜籽油点灯、做肥皂、油漆和烹饪。

菜籽油作为我国产量较大的一种植物油，不仅是主要食用油之一，也是油脂化工的重要原料。菜籽油经过不同的化学改性深加工，可制得在许多行业如纺织、印染、油墨、涂料、塑料和皮革等领域中广泛应用的油脂化工产品。尤其是在皮革、毛皮加工中，菜籽油及其衍生物在重要的皮革化学品——加脂剂的制备中具有特殊的意义。

菜籽油可以进行各种方式的化学改性，如酯交换、甲酯化、硫酸化、酰胺化等，以及菜籽油改性衍生物的二次改性，如含羟基菜籽油衍生物的马来酸酐酯化及磺化、磷酸化等。对菜籽油进行化学改性的结果，使原来非极性的油变成含有一定极性基团的并具有表面活性的衍生物，它们不仅可以作为皮革加脂剂的中性油或表面活性剂的活性物等，还可以作为油基性表面活性剂用于其他行业，如精细化工和日用化工等领域。

菜籽油是制革工业中最早使用且沿用至今的植物油基加脂剂原料之一。以廉价的菜籽油为原料，将其与乙二胺进行部分酰胺化反应，适当降低碳链长度，同时引进—OH，然后通过丙烯酸引入—COOH，再加入亚硫酸氢钠对菜籽油进行亚硫酸化改性，制得改性菜籽油(MRO)加脂剂。

高芥酸菜籽油的沸点、闪点高，热容量大，芥酸对热稳定，聚合氧化速度较慢，是一种较好的淬火用油。

菜籽油是良好的船舶机械润滑油及各种机械加工润滑油和脱模剂。此外，它还可作为纺丝润滑油、铁路车辆润滑油配方中的原料。

菜籽油与硫或硫的衍生物发生反应，产生具有弹性的树胶状物质，统称硫化植物油。目前国内菜籽油硫化生产的黑油膏、白油膏，可广泛用作天然橡胶和合成橡胶的软化剂。

菜籽油经氢化后可代替桐油用作漆料，质量高，价格低，干燥慢，经得起日晒、雨淋，深受用户欢迎。

菜籽油的硫酸化反应较易进行，在常温常压下，用硫酸处理几小时即可。菜籽油经硫酸化后，成为润滑性能良好的表面活性剂。太古油的原料中可用 35%的菜籽油(硫酸化产物)代替蓖麻油，再制造软皮白油(皮革软化剂)。

2.4.2 椰子油

1. 来源

椰子油来源于椰子的果实。椰树主要生长于亚洲、太平洋中的岛屿、非洲及美洲的中南部。椰树一年四季都可以给人类提供食物、饮料、栖息的场所、动物饲料及油脂化学工业的原料。因此，在椰树种植国家，人们虔诚地把它比喻为生命之树。

2. 生产工艺

椰果最外层是纤维状果皮，再下面是坚硬的内果皮，也就是壳，壳内包裹了一层 1～2mm 厚的果肉，也就是果仁，果仁内腔约有 300mL 胚乳液，即椰子汁。椰子的果仁可以加工椰子油、椰子干、椰子脱脂乳、椰子奶、椰子粉、蛋白粉及椰子粕。椰子汁是无菌汁液。外种皮和硬壳都可以作为燃料。

用传统机械压榨方法生产椰子油，干燥椰肉是必要的步骤。椰肉干燥的方法有晒干、直接烘干、热风吹干。在工厂里，干法加工是从原料椰子干中提取椰子油的传统工序，提油是从碾碎机或螺旋榨油机内通过压榨椰子干来完成的，饼粕可用溶剂进一步处理以提取残油。湿法加工的原料是鲜椰肉，而不是椰子干。湿法加工提取的椰子油不像干法加工的椰子油需要精炼。湿法提油的副产品可以食用。精炼包括中和、脱色、脱臭工序。其中，中和是用氢氧化钠稀溶液将椰子毛油中的游离脂肪酸中和制成皂脚，利用重力将含有皂脚的水相从油中分离出来。脱色是将油中的色素用白土和活性炭颗粒进行吸附除去。脱臭是将挥发性臭味物质在负压下用蒸汽汽提法除去。

3. 应用

椰子油广泛用于食品和非食品领域。它是医疗食品和婴儿食品的生产原料。在工业应用中，椰子油脂肪酸是一种通用原料，由此生产出从柴油替代品到医疗食品等一系列产品。椰子油广泛用作煎炸油。椰子油和氢化棕榈油的混合物及其酯交换后生成的混合物可加工成人造黄油和起酥油。由椰子奶油得到的蔗糖形式的糖浆液可用作甜点、面包抹酱和米饼的配料。添加配料的脱脂奶无论是液态还是粉状，都含有代替黄油的椰子油和多不饱和脱脂乳化油，作为饼干和曲奇饼的起酥油。由于椰子油的抗氧化酸败性，提高了这类产品的货架寿命。椰子油广泛用于奶油、饼干奶油和糖果用脂的组分。

将椰子油水解得到中碳链混合脂肪酸 MCFA，主要是碳八和碳十产物，用甘油进行再酯化处理，随机生成中等碳链的甘油三酯 MCT 混合物。MCT 能迅速被吸收并快速氧化放热。在许多医药和婴儿食品配方中 MCT 作为多不饱和脂肪酸的主要来源。通常用椰子油做的非食品类产品是肥皂。经过煮沸和冷却制成的条形洗衣皂，即使在中等硬度的水中也有很好的起泡性能。牛油和椰子油按照比例67：33～85：15 混合可以形成一种制作肥皂的理想油脂。用这种混合物做的肥皂具有起泡快，对机械腐蚀性小及皂块无膨胀裂开等令人满意的性质。

椰子油中的脂肪酸衍生物是许多非食物产品的原料。椰子油中的脂肪酸和甘油被水解和醇解释放，随后分馏出脂肪酸或其甲酯，后者是油脂化学工业的原料。此外，副产品甘油通过真空蒸馏纯化。纯化的甘油产品是药用组分之一，也是牙膏中重要的成分，还是制造硝化甘油的原料及液压千斤顶和减震器中使用的流体等。

2.4.3　玉米油

1. 来源

玉米的发源地可能是墨西哥中部，随着美洲的发现，玉米传到了欧洲、非洲和亚洲。玉米能适应环境变化，对不同的气候、海拔和生长季节能做出相应调整。玉米中油脂含量仅占玉米质量的 3.1%～5.7%，油脂分布为：胚芽 83%、胚乳 15%、玉米皮 1.3%、玉米冠 0.7%。由于玉米胚芽富含油脂，因此，在进行干法或湿法磨粉加工中首先将胚芽与胚乳分离，作为制油原料。谷物蛋白和饲料加工中产生的玉米胚芽是制油的重要来源。玉米油在脂肪酸组成上变化不大，亚油酸、油酸、棕榈酸、亚麻酸、花生酸 5 种主要脂肪酸大约占了总脂肪酸的 99.4%。尽管不饱和度很高，天然玉米油在各种不同的应用(包括油炸)中仍具有极好的稳定性，这部分归功于甘油三酯上脂肪酸规则的分布。玉米油具有极好稳定性的另一个原因是含有较多天然抗氧化剂，如阿魏酸和维生素 E 等。同时，玉米油不含叶绿素，而叶绿素在光照下会加速氧化进程。具有生物活性、抗氧化性的泛醌(又称辅酶Q)可能是玉米油稳定的另一个因素。

2. 生产工艺

湿磨法浸泡过程中，玉米胚芽中的糖类、淀粉、蛋白质类部分溶解在水中排出，制得的玉米胚芽晒干后含水 2%～4%和油脂 44%～50%。小型工厂采用压榨法制油，可得 89%～94%的毛油。大型工厂利用预榨浸出工艺，用螺旋榨油机进行预榨使饼中残油为 18%～22%，再用溶剂对饼进行浸出以获得更多的油和提高产率。采用预榨浸出工艺，胚芽油回收率可达 97%～98%。

干磨法制得的玉米胚芽含油量为 20%～25%，干磨胚芽常用溶剂浸出法直接浸出制油。

还有工艺采用将湿胚芽分散于油中，接着磨浆，真空干燥去除浆中多余水分，然后用离心分离法将油从胚芽中分离，最后用常规的压榨法制取胚中剩余的油脂。

常规工艺制得的玉米毛油含有杂志，必须在精炼中除去。通常用苛性碱液中和游离脂肪酸，沉淀磷脂，去除不溶杂质。碱炼后的油用活性白土在真空下脱色过滤，然后脱蜡去除高熔点成分，如蜡及玉米油中少量的三饱和酸甘油酯。脱蜡后可确保玉米油在室温及冷藏温度下清澈透亮。最后采用蒸汽脱臭处理以保持香气稳定、延长货架寿命。

3. 应用

玉米油被消费者看作是一种优质的油脂，它有令人愉快的风味、微甜、轻微的果仁味，令人想起煮过的甜玉米。由于其固有的稳定性，玉米油有很长的货架寿命。即使在如煎炸等不利的条件下，玉米油仍有抗氧化作用。因此，大多数的玉米油产品以液态油的形式出售，在家庭中得到广泛应用，如色拉调味剂、煎炸用油、爆米花和烘焙用油等。

玉米油可以用于生产人造黄油，传统的煎炸和烘焙，液体和固体起酥油、蛋黄酱、色拉调味料、调味汁、点心、糖霜、搅打奶油、涂抹油，并能作为肉、家禽烘焙食品的辅料。目前大约有 50% 的玉米油用于生产色拉油和煎炸油，而 30%～35% 的玉米油用于人造黄油的生产。

由于玉米油广泛地用于煎炸，有学者在连续五天的模拟实验中，通过测定煎炸油中残留生育酚和稳定度值可知，玉米油具有很好的抗氧化能力和抗降解能力，在相同的条件下，菜籽油和大豆油的变质速率明显要快。另外有类似的研究表明，在各种储存条件下，玉米油的氧化速度要低于葵花籽油。另一研究表明，玉米油在加热过程中产生的极性和非极性挥发性化合物的总量要低于大豆油，但是要高于椰子油。玉米油是非常受欢迎的食用油，由它能够提供较多的能量，易消化，为人体提供必需的脂肪酸和维生素 E，且富含多种不饱和脂肪酸，这对花生四烯酸的合成，调理血液中胆固醇含量和降低血压起很大的作用。

2.4.4　棉籽油

1. 来源

古印度教的医药书中有压碎棉籽取油的记载。压碎棉籽后用煮沸的方法提取油用于制备药物。进入 19 世纪后，油脂的短缺使日用品物质上涨，欧洲许多低收入人群难以在其饮食谱中具有足够油脂。橄榄油由于受产地限制而无法大量扩增。黄油和固体动物油脂价格高、产量不能满足需求，为了满足对廉价油脂的需求，欧洲的商人开始从各种油料种子和坚果中榨油，包括来自印度和埃及的棉籽。1793 年，轧花机的发明使棉花的种植迅速推广。

2. 生产工艺

轧花机发明是发展棉籽榨油工业的关键一步。棉纤维在轧花机上脱除后，棉籽上仍有一些残余的纤维(称为棉短绒)与壳连在一起。棉短绒与壳约占棉籽质量的一半，剩下一半为棉仁的质量。去除的棉短绒用作棉絮、纸张、胶卷、化工原料等。壳是棉籽非常强硬的保护层，必须将它去除才能将棉仁暴露出来取油。棉仁中壳的存在，使产油量有所降低，因为降低了仁的比例，也会吸附一部分油。棉仁是棉籽的主要部分，棉仁中蛋白质和油脂的含量大致相等，各占干重的30%左右。

在对棉籽进行加工时，尘土和其他杂质必须除去。棉籽清理系统是建立在某种筛分的基础上的，轻于或小于棉籽的杂质将在气体系统中被吸走或被机械筛分除去，较大的杂质被筛除，铁制金属用磁铁除去。脱绒，短绒纤维必须从棉籽中去除，因为这些物质在棉籽中存留会降低油的产量。大多数厂家用机械的方法来脱绒。脱绒后便是脱壳。如果壳与仁混在一起，会在油的提取过程中吸油，同时也会因降低蛋白质含量而影响棉籽饼的品质。脱壳后棉仁被轧坯以利于取油。棉籽经常在一组有五个光辊组成的轧机中轧坯，因为光辊有利于形成更薄的料坯。轧好的料坯在取油前需要经过热处理，也就是蒸炒。蒸炒薄坯的目的是使细胞壁破裂，使油溢出，降低油的黏度，控制水分含量等，但是过度蒸炒会降低棉籽饼的营养品质。棉籽油的提取方法通常有两种，分别是机械螺旋压榨和用己烷作溶剂浸出，有时把两种方法结合使用，称为预榨浸出。这种方法是先用压榨法将其含油量降低 1/2～2/3，再用溶剂浸出法完成剩下的工作。工业生产中可以见到三种方法，即螺旋压榨法、预榨浸出法和直接溶剂法。

棉籽从收获到产品油的加工过程为：收获→籽棉→轧花机(得棉纤维、棉絮)→棉籽→储存→清理杂质→脱绒→剥壳→分离→棉仁→整理→轧坯→萃取(副产品棉饼、棉粕)→棉籽毛油→精炼→脱色→氢化脱臭(得起酥油)，脱色→脱臭(得烹调油)，脱色→冬化脱臭(得色拉油、副产品为硬脂)。

3. 应用

19 世纪 70 年代所产棉籽油有 2/3 仅用于肥皂生产。在第二次世界大战之前，棉籽油在美国食用油市场上一直占据主导地位。棉籽油可以增强玉米脆片的烤玉米风味，因为油本身有轻微的坚果味。感官评定员对口味和风味的评分，棉籽油产品比花生油和大豆油(包括氢化大豆油)高。在各种脆片中，煎炸油具有配料和烹饪介质双重功能。脆片的储存和感官品质取决于所使用的煎炸油，除品质外成本也是考虑的因素。棉籽油煎炸的土豆片在长达 27 周的储存期间，每个采样期都比花生油产品含有更多的生育酚，含量下降水平也较小。生育酚是具有维生素 E 活性的天然抗氧化剂，可被作为天然的和保健的抗氧化剂使用在脆片市场上。60℃加速储存条件下储存 16 天后，玉米油、橄榄油、花生油、红花籽油、葵花籽油及大豆油样品的过氧化值均比棉籽油高，表明棉籽油更抗氧化，尤其是氧化稳定性，所以棉籽油用于烹饪油和色拉油有它的优势。因为蛋黄酱通常含有至少 80%的油，所用油的品质对乳状液的风味和稳定性至关重要。冬化棉籽油是极好的蛋黄酱用油，多年来是该产品的标准用油。可可脂是来自可可豆的油脂，是用于糖果制造业的独特原料，由于其市场状况引起价格和可采购量的波动，因此，有人研究了国内生产的油种(包括棉籽油)作为可可脂代用品。

油在色拉调味品中的作用是提供愉快的口感和能够感觉到香辛料和醋的滋味，分提的棉籽油常被用于调味品。棉籽油因具有清淡的坚果风味可被用于风味强烈的油脂不能使用的食品领域。例如，煎炸油一般是饱和程度较高的油脂，要求油品发烟少、热稳定好、不易发黏及产生泡沫等。棉籽油是"天然的氢化油"，26%的饱和脂肪酸赋予其天然的稳定性，经分提的固体脂完全符合煎炸油使用要求。通过对商品炸土豆片使用的新鲜的和受热的油进行检测，棉籽油作为煎炸油，煎炸后游离脂肪酸仅增加 0.17%；脆片产品货架期较长，对油脂的吸收比用室温下为固体的油脂少 10%～15%，风味和口味评分也较高。此外，棉籽油应用在脆片煎炸中可以获得令人愉快的口感和色泽鲜亮的产品。为增加油脂的独特风味和营养价值，棉籽油分提固体脂可与其他油品进行调和作煎炸油。

起酥油是在不同加工条件下，各种油脂按不同的配方混合加工而成的。棉籽油中含有 20%以上的棕榈酸，且主要分布在甘油三酯的 1，3 位上。经分提的固体脂中棕榈酸含量可达 30%以上，具有较高的熔点，其组成成分及物性参数完全符合起酥油的用料要求，还可与具有 β 晶体的葵花籽油、红花籽油或卡诺拉油在制备可塑性起酥油时进行调和。

棉籽油的 β 结晶特性能够使油均匀地分散在水相中，最终产品具有一致的质构和平滑、奶油样的外观。因而棉籽油分提固体脂已经作为蛋糕、糖衣等许多人造黄油产品的油源加以使用。

可可脂是用于糖果制造业的独特原料，主要脂肪酸组成包括棕榈酸、油酸、硬脂酸等。经分提的棉籽油固体脂主要以棕榈酸甘油三酯为主，具有不良的熔化和质构特性。其他脂肪与可可脂混合存在最高软化点下降的问题，而棉籽油固体脂组分与可可脂混合后，软化点只降低了 0.1～0.2℃，糖果涂层有良好的质构和光泽，储存数月后未出现脂肪霜斑，实验证明棉籽油固体脂是一种更为合适的可可脂代用品。此外，棉籽油固体脂还可应用于制皂、化妆品、食品乳化剂等行业。

生物柴油即脂肪酸甲酯，有人以棉籽油为研究对象，采用酯交换工艺对制备生物柴油的工艺条件进行了研究，并对生物柴油的使用进行了拓展。结果表明，在常压下，以碱为催化剂时，催化剂浓度、反应物摩尔比、反应时间、反应温度对收率有明显影响。其中，反应物摩尔比、反应时间对收率的影响最大，在优化工艺的条件下，棉籽油的收率最高达 94.6%。

2.4.5 橄榄油

1. 来源

橄榄油是地中海地区人们日常膳食中的重要成分之一，它是通过机械提取的方法从橄榄科植物橄榄树的果实中得到的。橄榄科拥有 400 多个品种，在温带和热带气候条件下生长旺盛。橄榄种植业于公元前 1000 年前后在巴勒斯坦和叙利亚出现了令人瞩目的发展。橄榄油工业在巴勒斯坦已经很发达，以及橄榄油从巴勒斯坦出口到埃及等历史均已被埃及王朝记录在案。橄榄的种植提供了照明灯用燃料、润滑剂及涂抹身体用的油膏等的原料。后来橄榄果成为食用油资源。目前，全世界 95% 以上的橄榄树种植在地中海沿岸，橄榄油总产量的 84% 来自欧盟国家。

2. 生产工艺

橄榄油是用适当的机械方法从油橄榄鲜果中提取出来的油脂。油橄榄在地中海沿岸已有 4000 多年的栽培历史，其橄榄油产量占世界橄榄油总产量的 85% 左右。世界上橄榄油产量最多的国家是西班牙，其次是意大利、希腊、突尼斯、葡萄牙。在这些国家，橄榄油占其全国食用油的 80%～90%。橄榄油的加工方式已由传统的石磨和机械挤压、水压压榨及板框过滤工艺发展到破碎机破碎、果浆融合、离心倾析和离心分离等工艺，尤其是离心倾析又分为三相离心系统和二相离心系统。前者是将破碎的果浆分离为果渣、废水和油，并且在分离过程中需加入大量的水，因此废水量大；后者直接将果浆分离为果渣和油，不需加入水，因此废水量减少，但果渣含水量高于 60%，需进一步分离。

橄榄油的生产工艺及设备比较简单。传统做法是先将成熟、经过清理的橄榄果实放在石磨上碾碎，然后用清洁的专用草袋装好，放在挤压机上将油挤压出来，经过滤、沉淀、装瓶，即可得到成品油。现代制油工艺是用高速离心机将油和渣快速分离，有效提高了出油率和油品的质量标准。

现代制油工艺流程：鲜果采集—→运输和存放—→去枝叶—→清洗—→磨碎—→融合—→离心倾析—→离心分离—→储存—→装瓶。

3. 应用

橄榄是用连枷打树的方法收获的，收获后橄榄被浸泡在热水中并压榨以提取出油，油在一个大桶中与水分开，然后储存于类似储存葡萄酒的罐中。油在当地被用来点灯，用于卫生目的的清洁身体及作为食物，尤其烹饪用油。

橄榄油在医药方面可以增进消化系统的功能，由于它含有比任何植物油都高的油酸(单双键不饱和脂肪酸)及适当比例的多双键不饱和脂肪酸，能激化胰酶的活力，使油脂降解而被肠黏膜吸收，因此长期食用橄榄油有助于预防消化系统疾病。单双键不饱和脂肪酸可以降低低密度脂蛋白胆固醇而维持高密度脂蛋白胆固醇，易于被人体吸收，不易氧化沉积在人体心血管壁上，如心脏冠状动脉等部位，因而可以有效地防止心血管疾病的发生。同时，它能促进骨骼和神经系统的发育，预防癌症的功能，也具有减肥作用，提高内分泌系统功能。橄榄油对治疗烧伤、烫伤也有非常显著的效果，具有抗病毒感染和各种炎症的作用。

橄榄油在日化方面用于健美及拳击运动。橄榄油可作为健美用油，有利于健美运动员的肌肉获得更多氧气、养分，而使肌肉更为发达。橄榄油含有抗氧化剂，能防止衰老，并能延年益寿。对女性来说，橄榄油中所含丰富的不饱和脂肪酸和维生素 A、维生素 D、维生素 E、维生素 K 等及酚类抗氧化物质，能消除面部皱纹，防止肌肤衰老，护肤护发和防治手足皲裂等。当今国际上一些名牌高档化妆品，大多是用橄榄油作基质。

橄榄油在烹饪中的用途有，冷压初榨橄榄油：适合直接涂抹面包、比萨；初榨橄榄油：适合直接凉拌色拉或低温煮；低酸度冷压初榨橄榄油：轻煎食品(如煎鸡蛋、扒蔬菜)；橄榄油：煎/炸/烤/煮；橄榄渣油：更适合工业大规模制作食品用；特淡橄榄油：适合炸/煎等高温烹调，同时也可浸泡各种地中海香料(罗勒、迷迭香、鼠尾草、百里香、刁草等)，果皮(青柠、柠檬、柚子皮)，中药(桂皮、丁香、花椒)，辣椒、大蒜等改善菜肴的口感和风味。在烹饪中常会看见橄榄油上有精制油的标识。精制油已经将初榨油脂中大部分的杂质去除，让它在高温烹饪时散发固有的香味并具有柔和的口感，在常温下存储更加安全不会变质。牛、羊、猪、家禽类等动物性油脂和清黄油有很多与精制油相似的特性。这些油脂在常温下或低温下变成固态，在制作糕点时可发挥特殊的功效。

2.4.6　棕榈油

1. 来源

棕榈油属于食用油脂，是从油棕果的果肉中提取的。未经精炼的棕榈油是红棕色的，常温下呈半固体状态。棕榈油与棕榈仁油不同。棕榈油是从油棕果的果肉中提取的油脂，而棕榈仁油则是从油棕果的核仁中提取的。两者的物理性质及化学性质不相同，按照其供应和需求情况，两者的应用领域和市场也各不一样。

在过去的几十年里，东南亚国家(尤其是马来西亚、印度尼西亚)、巴布亚新几内亚等大量种植棕榈树，因而世界棕榈油产量得到迅猛发展。20 世纪 80 年代，科特迪瓦成为非洲最大的生产及出口棕榈油的地区。棕榈油是全球产量、贸易量和消费量最大的植物油品种。

棕榈树生长的最适宜地区为赤道南北纬度 5° 之间的热带地区。棕榈树生长的理想条件是每年超过 2000mm 的降雨量，25～33℃的温度。只有马来西亚、印度尼西亚是主要的棕榈油净出口国，近几年来一直控制着 90%以上的棕榈油的出口量。棕榈仁油是棕榈油的伴随产品，若生产 100t 棕榈油，就可以得到 10～13t 棕榈仁油。

棕榈油的主要成分是甘油三酯，其中饱和脂肪酸和不饱和脂肪酸约各占 50%。这种平分状态决定了棕榈油的碘价(约 53)。天然棕榈油在室温下呈半固体状态，就是由于不饱和油酸的存在。棕榈油中含有的类胡萝卜素、维生素 E、三烯生育酚及 50%的饱和脂肪酸，使得棕榈油比其他植物油具有更好的氧化稳定性。对棕榈油及其馏分来讲，胆固醇含量低，且含有抗凝血性和抗癌作用的类胡萝卜素、维生素 E、三烯生育酚，使得棕榈油有很好的营养价值。

2. 生产工艺

油棕果是一种高产油料。油棕单位面积产量远比其他植物油料产量高。例如，大豆每公顷产油约 2t，菜籽或油橄榄每公顷产油约 3t，椰子或葵花籽每公顷产油约 4t，与这些油料相比，生长在东南亚种植园中的油棕每年每公顷产油一般为 5t，有的甚至更高。

棕榈毛油可进一步加工成精制油，目前市场上销售的棕榈油产品均为通过物理精炼的，利用分提可以把棕榈油精炼油分成固相和液相两部分。棕榈油的生产工艺如下：油棕果→灭菌→脱粒→蒸煮→油脂制取→毛油→净化→精炼→成品油，具体过程如下。

首先将把装满物料的灭菌箱放入卧式容器中灭菌；其次把油棕果从树上分离，脱粒；将油棕果送入压榨之前，通过蒸煮将杀菌过的果子重新加热使果肉松软，在连续式螺杆榨油机中提取油脂。将提取的油脂进行净化，机榨毛油中一般含有 66%油脂、24%水分、10%非油固体。由于毛油中含有较多固体杂质，需要用水稀释，稀释后的棕榈油经过过滤，把纤维物质从油中去除。泵入棕榈油至连续沉降罐以使混合油分成油及沉淀物两部分，上部油脂撇出后，离心分离，然后进行真空干燥，经冷却后最终泵入储存罐储存。沉淀物中约含油 10%，经回收后再打入沉降罐进行二次沉降，泵入存储的油脂需要达到一定要求：其水分含量为 0.1%～0.2%，杂质应小于 0.02%。

3. 应用

棕榈油主要用于食品工业，其次是油脂化工行业、生物燃料行业。工业生产方面，棕榈油广泛应用于生产皂类、生物柴油、润滑剂、造纸助剂、工艺蜡烛、氢化油、硬脂酸、甘油等生产原料；食品工业方面，棕榈油被广泛用于烹饪和食品制造业。棕榈油在国内食品领域的应用，30%用作烘焙、糖果等食品专用油脂，

25%用作烹调油，20%用于方便面加工，5%用于薯条、炸鸡等煎炸食品，20%用于其他食品用途。

作为起酥油。由于棕榈油饱和脂肪酸含量占一半，不需氢化可直接使用且不含胆固醇和反式脂肪酸，价格低廉，因而可以降低食品生产成本。

焙烤食品中使用。增加制品的营养；调节面团中面筋的胀润度，提高其可塑性；起酥作用；影响面团的发酵速度，提高面团的层次性；润滑作用；改善制品的风味。

作为烹调、煎炸油使用。氧化稳定性优异，棕榈油相比其他植物油具有较长的自动氧化诱导时间，在100℃下长达44h；煎炸使用寿命长；煎炸过程中不易起泡、溅油；赋予煎炸食品良好的风味和口感。

在方便面中的应用。棕榈油是做煎炸油最好的选择，棕榈油在方便面加工中，能起到凝固作用，增加面硬度。企业普遍反映，用棕榈油煎炸面块存放期长、不回软、色泽淡。

在婴幼儿配方食品中的应用。科学家发现，棕榈油中相当比例的棕榈酸甘油三酯的结合位为β位，即1,3-二油酸-2-棕榈酸甘油三酯(OPO)，这与母乳脂肪中甘油三酯的结构相同，婴儿摄入后有益于消化吸收。因此国际上有研究者采用棕榈油为原料生产OPO代乳脂配料，使用在婴幼儿配方奶粉中。我国市场上的合生元、惠氏、飞鹤、贝因美品牌的部分类别婴幼儿配方奶粉中已采用了OPO产品。

由于棕榈油具有的这几种特性，在食品工业中应用广泛，如用作人造黄油、起酥油、烹饪、糖果用油脂等。①起酥油：起酥油与人造黄油不同，人造黄油是80%的油脂和20%的水，而起酥油是100%的纯油脂。起酥油有很多种，严格来说，每一种食品的制造都需要用到特殊的起酥油，但也有适用于多种食品的通用型起酥油，通常是用来煎炸和烘焙食品，如薯条、蛋糕、饼干、夹心饼和面包等食品。②人造黄油：棕榈油适用于制造液态人造黄油，棕榈硬脂更适合制造固态人造黄油。③氢化棕榈油：氢化棕榈油在印度、巴基斯坦及中东国家有着很广泛的市场，这些市场通常将其当作酪脂类产品使用。④煎炸油：这是棕榈油在食品工业中最广泛的用途之一，主要原因是其具有很好的抗氧化性，在包括中国在内的大部分国家的方便面生产中，绝大部分是用棕榈产品来煎炸面饼。而在中国市场，一些具有地方特色的煎炸食品(如煎炸早点、煎炸小食等)也开始使用棕榈产品来进行制作。⑤专用油脂：专用油脂主要用于糖果，特别是巧克力类食品的生产。棕榈油和棕榈仁油都是生产专用油脂的理想原料，将其进行分提，使固体脂与液体油分开，其中固体脂可用来代替昂贵的可可脂制作巧克力；其中棕仁硬脂由于其物理性质非常接近于可可脂，因此又被称为"代可可脂"。液态油则可用作凉拌、烹饪或煎炸用油，其味清淡爽口。

近些年来，棕榈油的工业用途得到了快速的发展。在发达国家，大量棕榈油被应用于工业,在我国,棕榈工业产品有"工业味精"之称,足见其应用之广泛。工业使用的精炼棕榈油,要求熔点不低于 44℃,主要用于制造肥皂、硬脂酸及甘油,每年的需要量基本是十几万吨。近年来,随着原油价格的上涨,生物燃油再度被挖掘,棕榈油作为生物燃料的用途被发现,成为未来棕榈油用途的新增长点。许多学者已利用棕榈油及棕榈仁油制备生物柴油,在欧洲及马来西亚等地已经工业化生产,而目前我国还没有全面和深入的研究。

棕榈油的工业应用主要分两类:一是从棕榈产品中直接得到的,如皂类、环氧棕榈油及其多元醇、聚氨酯和聚丙烯酸酯类产品。二是油脂化工类产品,如脂肪酸、酯、脂肪醇、含氮化合物及甘油,而在这几种产品的基础上,还可以通过不同的化学方式生产出各种衍生产品。油脂化工的原料主要是富含碳链长度在 C_{12}~C_{14} 和 C_{16}~C_{18} 的油脂,其中棕仁油、棕榈硬脂、棕榈酸都是主要的原料。

2.4.7　大豆油

1. 来源

大豆具有优良的农学特性,用它作原料能获得优质蛋白质及食用油产品,货源既丰富又可靠,价格还具有竞争力。大豆油因其质量好、成本低,成为世界上最重要的植物油之一。

粗品大豆油含质量分数为 95%~97%的三甘油酯(由饱和或不饱和脂肪酸组成),其中不饱和脂肪酸的质量分数约为 85%,不饱和脂肪酸中亚油酸(含两个双键,易被氧化为油酸)为 53.7%,油酸(含一个双键)为 23.3%,亚麻酸(含三个双键)为 7.6%;饱和脂肪酸为 15%,其中棕榈酸为 10.6%,硬脂酸为 4%。

2. 生产工艺

从大豆中制油有三种方法,液压机压榨、螺旋榨油机压榨、溶剂浸出。溶剂浸出工艺分以下四个部分。

(1)大豆的储存和预处理。大豆加工前,首先应清洗,接着干燥至最佳水分(9.5%~10%),再储存 10 天调节使其容易脱壳。

(2)从大豆中浸出油脂。含油的物料在渗透型/浸泡型浸出器中被浸泡在正己烷中,因而油溶解于溶剂中形成混合油。

(3)从油和粕中回收溶剂。来自浸出器的混合油是毛油、溶剂、水分和粕末的混合物,大部分工厂采用二级蒸发器,然后进入汽提塔闪蒸,最后使用低压无氧汽提蒸汽脱除残余溶剂。

(4)油脂储存。建议将油冷却至环境温度再泵入大罐,毛油储存前应先处理水分,防止水解。

从制油车间获得的毛油需要进一步精炼处理，基本步骤：毛油→脱胶→碱炼(得色拉油)→脱色(得烹调油)→部分氢化，与其他油脂调和得起酥油、人造黄油、色拉油、烹调油。

3. 应用

制备生物柴油。大豆油与甲醇进行反应是制备生物柴油的重要方法。生物柴油比石化柴油具有相对较高的运动黏度；闪点高，有利于安全运输、储存；十六烷值较高，大于 56(石化柴油为 49)；含氧量高，燃烧性能好；无毒，无芳香成分和有害物质；环境友好，是最重要的清洁燃料之一。

制备大豆油基油墨。美国、日本等发达国家已广泛使用大豆油基油墨，其中日本胶印油墨已 100%采用大豆油环保油墨。我国王鑫等以大豆油和乙醇为原料，研究了在 KOH 催化作用下，制备大豆油脂肪酸乙酯的反应工艺以及大豆油脂肪酸乙酯在印刷油墨中的应用，得到的大豆油脂肪酸乙酯黏度和相对分子质量接近矿物油水平，并具有优异的溶解性能和环保特性。

大豆油是世界上产量最丰富的可再生植物油之一，其结构中的双键可发生加成、氧化和聚合等反应。其中，环氧大豆油(ESO)是对大豆油结构中的双键进行环氧化反应得到的一种高附加值的商业化产物，被广泛应用于 PVC 塑料、涂料、新型高分子材料和橡胶等工业领域。

使用可再生的植物油脂为亲油基的原料源和水溶性纤维素为亲水源制备高分子表面活性剂，不仅可以缓解过度依赖石油带来的能源危机，而且可以为纤维素及其衍生物的合理利用开辟新的途径。有文献利用羟乙基纤维素(HEC)和 ESO，通过接枝聚合反应制备羟乙基纤维素接枝环氧大豆油高分子表面活性剂，并对其进行结构表征及性能研究。

以大豆油为基本原料，经过酯交换、环氧化、季铵化一系列反应合成酯交换季铵型阳离子表面活性剂。季铵型阳离子大豆油表面活性剂与广泛使用的十六烷基三甲基溴化铵(CTAB)进行对比，结果表明：经过酯交换合成的季铵型阳离子大豆油表面活性剂能较显著地降低水的表面张力，具有更低的临界胶束浓度。

2.4.8　葵花籽油

1. 来源

葵花籽油是一种含油很高的油料，平均出油率为 40%，顾名思义来源于植物油葵籽，原产于美洲大陆，后在全球范围内广泛种植。

2. 生产工艺

从油葵籽中提取油脂,既可用机械压榨法也可用溶剂萃取法,又可两种方法结合。在美国,几乎所有的葵花籽油制取都是采用机械压榨与溶剂萃取相结合的方式。葵花籽油是一种混合脂肪酸甘油三酯,即有各种类型的脂肪酸与甘油分子相连。

葵花籽加工流程为:清理过的葵花籽经干燥存储剥壳、预压榨或溶剂浸出、螺旋压榨机压榨毛油、制粒或轧坯、溶剂浸出毛油、脱溶烤粕、干燥冷却油粕。

葵花籽毛油精炼流程为:葵花籽毛油、脱胶(副产品磷脂或家禽饲料)、碱炼(副产品皂脚或家禽饲料)、脱色、脱蜡、部分氢化、脱臭,最后生成蛋黄酱、色拉油、烹调油、氢化人造黄油、起酥油。

脱胶是为了脱除毛油中的磷脂及外来杂质,水化脱胶一般能脱除90%的磷脂。碱炼即化学精炼,目的是脱除非甘油酯杂质,主要包括游离脂肪酸和一定量的黏性物质、磷脂、叶绿素及发色体。吸附脱色是用来改进油脂色泽,脱除金属化合物和氧化促进剂等杂质。脱色工艺通过脱除色素来改进油脂色泽。脱蜡工艺能脱除蜡一类的非油组分。过滤和净化是用来脱除油脂中的外来固体杂质的工艺。脱臭是食用油脂加工过程中最后一道工序,即高温高真空条件下的水蒸气蒸馏。脱臭能降低游离脂肪酸含量,脱除不受欢迎的、挥发性的、带有气味和异味的化合物,脱除某些甾醇及色素,并破坏过氧化物。这些带有气味和异味的化合物是醛、酮、醇及烃类化合物。氢化常常被用来将液体植物油转变为半固体塑性油脂。这些半固体塑性油脂被用于各种油脂产品中,如起酥油、人造黄油、煎炸油及一些专用油脂。氢化是将氢直接加至脂肪酸的不饱和点(脂肪酸链的双键处)的一种工艺。由于需要将液体油转化为半固体油脂,以扩大在某些食品工业方面的应用和增加油脂的氧化稳定性,人们研究出了氢化工艺。

3. 应用

葵花籽油由于有利于健康及广泛适用于各种用途的特性,被认为是一种优质植物油。它清淡透明,烹饪时可以保留天然食品风味。色泽淡黄透明且澄清,这些特性使葵花籽油成为一种优质油用于凉拌、焙烤和煎炸。它的烟点接近232.2℃,高于其他植物油。这是它用作煎炸油的另一个优点。

全世界范围内消费者关心健康饮食的意识越来越强,现在许多地方葵花籽油已经成为消费者和厨师的首选油。葵花籽油对健康有益,烟点高,风味柔和,清澈透亮,这使它成为焙烤、煎炸和色拉调味品的最佳选择。葵花籽油也被广泛用于人造黄油中,由于其特殊的品质,加上有利于健康的特点,越来越多的食品加工企业已逐步意识到消费者对这种植物油的偏好。

为了健康，人们希望使用饱和酯含量较低的油。葵花籽油饱和酯含量很低，它含有单不饱和酸(油酸)及比例很高的多不饱和酸(亚油酸)。单不饱和酸及多不饱和酸都被认为对健康有益。由于亚麻酸易很快氧化，所以含有亚麻酸的油间隔一段时间后将逐渐产生不良风味。葵花籽油亚麻酸含量低于0.5%，一般不需要部分氢化。用作色拉油的葵花籽油有时需要轻度氢化。若用作人造黄油和起酥油的原料，葵花籽油仅需氢化至需要的程度。

氢化葵花籽油可用于生产各种油脂产品。碱炼中获得的钠皂可用作添加剂加入饲料和饼粕中，也可进一步加工成肥皂、酸化后获得脂肪酸及碱炼脱羧后被夹带的中性油。

皂脚和磷脂都能用于动物饲料，这一类油脂物质含有很高的热量。而且磷脂又是一种很好的磷来源。但是由于运输费用高，这类产品又容易发酵，皂脚只能用于当地的动物饲料。皂脚酸化变成酸化产品即酸油，酸油与毛油一样可以储存和运输，将它用于道路灰尘控制效果很好。游离脂肪酸可用来生产肥皂。葵花籽蜡已成功用作牛饲料的配料，油脂物质通常与其他成分，如粗粉、谷物和青饲料等一起使用。副产品的用途很多，包括将它们进行分子蒸馏后可作为一些化学合成的原料，这些物质也能用于肥料的胶囊化和杀虫剂配方中。

参 考 文 献

[1] 邢廷铣. 农作物秸秆饲料加工与应用[M]. 北京: 金盾出版社, 2000.

[2] 郭冬生, 黄春红. 近10年来中国农作物秸秆资源量的时空分布与利用模式[J]. 西南农业学报, 2016, 29(4): 948-954.

[3] 郭永奇. 河南省主要农作物秸秆生物质资源定量评价及其地理分布[J]. 农业现代化研究, 2013, 34(1): 114-117.

[4] 佚名. 国家发展改革委办公厅 农业部办公厅关于印发编制"十三五"秸秆综合利用实施方案的指导意见的通知[EB/OL]. (2016-10-24) http://zfxxgk.ndrc.gov.cn/web/iteminfo.jsp?id=2651.

[5] 于法稳, 杨果. 农作物秸秆资源化利用的现状, 困境及对策[J]. 社会科学家, 2018(2): 33-39.

[6] 王宁, 郭靖, 李京彦. 农作物秸秆的综合利用[J]. 山西科技, 2018, 33(3): 123-125.

[7] 段珍, 张红梅, 张建华, 等. 农作物秸秆饲料研究进展[J]. 粮食与饲料工业, 2017(2): 40-43.

[8] 曹稳根, 高贵珍, 方雪梅, 等. 我国农作物秸秆资源及其利用现状[J]. 宿州学院学报, 2007, 22(6): 110-112.

[9] 邢廷铣. 秸秆饲料的有效利用[J]. 饲料研究, 1995(9): 2-3.

[10] 夏冬华, 雒秋江, 杨开伦. 利用体外累积产气技术对玉米秸秆不同部位营养价值的评定[J]. 畜牧兽医科技信息, 2004(7): 19-20.

[11] 崔卫东, 董朝霞, 张建国, 等. 不同收割时间对甜玉米秸秆的营养价值和青贮发酵品质的影响[J]. 草业学报, 2011, 20(6): 208-213.

[12] Ishizaki Y, Kondo M, Kamal M U, et al. Fermentation characteristics, nutrient composition and in vitro ruminal degradability of whole crop wheat and wheat straw silage cultivated at dried paddy field[J]. Journal of Food, Agriculture & Environment, 2013, 11(1): 664-668.

[13] 王琦. 浅析秸秆利用的途径和对策[J]. 农业装备技术, 2018, 41(6): 51-53.

[14] 刘瑞伟. 我国农作物秸秆利用现状及对策[J]. 农业与技术, 2009, 29(1): 7-9.

[15] 孙自萍. 农作物秸秆的科学利用[J]. 农民致富之友, 2017(9): 199.

[16] 李海亮, 汪春, 孙海天. 农作物秸秆的综合利用与可持续发展[J]. 农机化研究, 2017(8): 256-262.

[17] 鹿保鑫, 张丕智. 稻壳的综合利用技术[J]. 农机化研究, 2005(4): 195-196.

[18] 张平, 李科林, 肖剑波, 等. 米糠在微波条件下解毒铬渣中六价铬的研究[J]. 环境科学与技术, 2010, 33(12): 124-127.

[19] Li Y, Ding X F, Guo Y P, et al. A new method of comprehensive utilization of rice husk[J]. Journal of Hazardous Materials, 2011, 186(2-3): 2151-2156.

[20] Chuah T G, Jumasiah A, Azni I, et al. Rice husk as a potentially low-cost biosorbent for heavy metal and dye removal: an overview[J]. Desalination, 2005, 175(3): 305-316.

[21] 赵黎明, 王士强, 顾春梅, 等. 稻壳理化特性及其综合利用研究进展[J]. 黑龙江农业科学, 2017(3): 147-151.

[22] 张宏喜. 稻壳主要组分的分离与应用基础研究[D]. 长春: 吉林大学, 2011.

[23] 刘晓军. 稻壳的开发利用[J]. 粮食加工, 2007(5): 14-15.

[24] 郭图强. 彩椒有机生态型无土栽培基质的筛选[J]. 中国农学通报, 2005, 21(5): 278-280.

[25] 谢嘉霖, 徐卫红, 林弘, 等. 弯叶画眉草的无土栽培试验[J]. 江苏农业科学, 2006(6): 229-231.

[26] 刘双, 赵洪颜, 陈迪, 等. 不同育秧基质对水稻育苗的影响[J]. 安徽农业科学, 2015, 43(4): 45-46.

[27] 刘祥臣, 李彦婷, 丰大清, 等. 不同覆盖物对水稻钵苗育秧出苗率及秧苗素质的影响[J]. 江苏农业科学, 2016, 44(7): 94-97.

[28] 崔小明. 稻壳资源的综合利用[J]. 企业技术开发, 1997(12): 4-5.

[29] 刘博, 李跃东. 浅谈稻壳的综合利用与开发[J]. 农产品加工创新版, 2010(5): 64-66.

[30] 贾中兆. 纳米二氧化硅颗粒的制备研究[D]. 南京: 南京工业大学, 2006.

[31] 李浩洋, 汪海滨. 从稻壳中提取二氧化硅和木糖的工艺研究[J]. 广东化工, 2007, 34(11): 43-45.

[32] 程贤春, 石萍. 利用稻壳合成 SiC 的研究[J]. 耐火材料, 1998, 32(6): 337-338.

[33] Chen Y, Zhai S R, Liu N, et al. Dye removal of activated carbons prepared from NaOH-pretreated rice husks by low-temperature solution-processed carbonization and H_3PO_4 activation[J]. Bioresource Technology, 2013, 144: 401-409.

[34] Lin L, Zhai S R, Xiao Z Y, et al. Dye adsorption of mesoporous activated carbons produced from NaOH-pretreated rice husks[J]. Bioresource Technology, 2013, 136: 437-443.

[35] Ioannidou O, Zabaniotou A. Agricultural residues as precursors for activated carbon production—a review[J]. Renewable and Sustainable Energy Reviews, 2007, 11(9): 1966-2005.

[36] Ding L L, Zou B, Gao W, et al. Adsorption of Rhodamine-B from aqueous solution using treated rice husk-based activated carbon[J]. Colloids and Surfaces A: Physicochemical and Engineering Aspects, 2014, 446: 1-7.

[37] Zheng R L, Cai C, Liang J H, et al. The effects of biochars from rice residue on the formation of iron plaque and the accumulation of Cd, Zn, Pb, As in rice (*Oryza sativa* L.) seedlings[J]. Chemosphere, 2012, 89(7): 856-862.

[38] 李楠, 单保庆, 唐文忠, 等. 稻壳活性炭制备及其对磷的吸附[J]. 环境工程学报, 2013, 7(3): 1024-1028.

[39] 龙逸云, 李金轩, 李小燕. 改性稻壳对废水中铀的吸附性能[J]. 济南大学学报: 自然科学版, 2013, 27(4): 386-389.

[40] 李新华, 董海洲. 粮食加工学[M]. 北京: 中国农业出版社, 2002.

[41] 胡健华. 棉花副产物的综合利用[J]. 商业科技开发, 1995, 4: 32-34.

[42] 赵树琪, 李蔺, 戴宝生, 等. 棉花秸秆综合利用现状分析[J]. 湖北农业科学, 2017(12): 2201-2203.

[43] 熊昌国, 谢祖琪, 易文裕, 等. 农作物秸秆能源利用基本性能的研究[J]. 西南农业学报, 2010(5): 1725-1732.

[44] 刘娅. 农作物秸秆治理与综合利用[J]. 辽宁农业科学, 2003(1): 18-23.

[45] 高瑞芳, 张吉树. 新疆棉花秸秆饲料化开发利用研究[J]. 中国畜牧杂志, 2016, 52(8): 76-79.

[46] 黄明权, 张大雷. 影响生物质固化成型因素的研究[J]. 农业工程学报, 1999(1): 33-37.

[47] 张顺明, 吴学志. 浅析棉花秸秆综合利用及配套机具[J]. 河北农机, 2015(5): 25-26.

[48] 杜建, 安成立, 邢宏宜, 等. 棉花环保超强木地板及其制造方法研究[J]. 中国棉花, 2003, 30(10): 36-37.

[49] 庞捷. 用棉秆制备活性炭初步研究[J]. 河南化工, 1995(8): 15-16.

[50] 左宋林, 倪传根, 姜正灯. 磷酸活化法制备棉秆活性炭的研究[J]. 林业科技开发, 2005, 19(4): 46-47.

[51] 樊希安, 彭金辉, 王尧, 等. 微波辐射棉秆制备优质活性炭研究[J]. 资源开发与市场, 2003, 19(5): 275-277.

[52] 薛志成. 棉花副产物综合利用[J]. 保鲜与加工, 2002, 2(4): 36.

[53] 乔冠儒, 佘健. 棉籽油与菜籽油的综合利用[J]. 化工时刊, 1988(6): 17-22.

[54] Y. H. Hui. 贝雷: 油脂化学与工艺学 (第四卷)[M]. 徐生庚, 裘爱泳, 译. 北京: 中国轻工业出版社, 2001.

第3章 盐湖植物资源开发利用

盐湖中除了蕴藏着许多重要的化学成分，如锂、钾等，是多种无机化学品的重要来源外，盐湖及其周边还蕴藏着大量重要的生物资源，包括盐湖植物资源和盐湖动物资源等，它们是近年来逐渐被重视和相继开发利用的自然资源。本节将重点介绍盐湖植物资源[1,2]。

3.1 盐湖植物概述

3.1.1 盐湖植物及其分布

盐湖植物是生长在盐湖(湖盆水体盐度通常＞50‰)边缘沼泽地带的多年生草本植物，缮湖地和盐湖保护区内的乔木、灌木及沙生、盐生植物，还有盐湖内低矿化度水中生长的青苔、盐藻等植物的总称。其中，盐生植物是能在含有 3.3bar(相当于 70mmol/L 的单价盐)以上的盐水土壤中正常生长并完成生活史的植物[3-5]。

在我国广袤的国土上，北起东北大兴安岭南端，沿长城内外阴山山脉、祁连山脉、东冈底斯山脉一线以北，盐湖众多，形成了我国的盐湖带。青海、西藏、新疆、内蒙古是我国盐湖分布最集中的省(自治区)。尤其是青藏高原，盐湖星罗棋布，也是世界盐湖主要分布区之一。新疆盐生植物有 331 种(包括 15 变种 7 亚种)，隶属于 38 科 125 属，约占我国盐生植物总数的 61%。在青海省有 5%的植物为盐生植物，共 106 种，分属于 24 科 59 属，占我国盐生植物总数的 26%。河北省濒临渤海，具有长达 421.0km 的大陆海岸线，滨海盐生植物共计有 25 科、62 属、91 种[6-10]。

3.1.2 盐湖植物的类型[7,11-13]

盐分过多的生长环境对植物会造成吸水困难、单盐毒害和生理紊乱等危害。盐湖植物之所以能够在盐渍土土壤及低矿化度水体中正常生长并完成其生活史，其最大特点是具有较强的抗盐能力，归根到底是它们具有较大的渗透调节能力和较强的细胞区域化盐离子的能力。根据 1990 年 Breckle 的耐盐机理标准，将盐生植物可以分为如下 3 类。

(1)真盐生植物(稀盐盐生植物)能不断从外界吸收大量盐离子，同时其叶或茎不断地肉质化，即薄壁细胞大量增加，吸收和储存大量水分，使吸收和运输到植物体内的盐离子被稀释到不会产生伤害的浓度。它包括两类，即叶肉质化真盐生植物和茎肉质化真盐生植物。叶肉质化的种类，如碱蓬属(*Suaeda*)、猪毛菜属(*Salsola*)、滨藜属(*Atriplex*)植物等；茎肉质化的种类，如盐穗木属(*Halostachys*)、盐节木属(*Halocnemum*)、盐爪爪属(*Kalidium*)植物等。

(2)泌盐盐生植物能大量吸收盐分，盐溶液进入根后便通过木质部的导管向上运输到叶片内，到达叶片内的盐分通过叶片上的盐腺重新排出体外，达到抗盐的目的。此外，叶片中的囊泡可以将运输来的盐分储存起来，以降低叶片细胞中的盐浓度，如遇到外界破坏因素，囊泡也会破裂，将泡内盐分释放到外界。泌盐盐生植物包括两类：利用盐腺泌盐和利用囊泡泌盐。常见的有补血草属(*Limonium*)、柽柳属(*Tamarix*)、米草属(*Spartina*)植物等。

(3)假盐生植物(拒盐盐生植物)的避盐手段是不让外界盐分进入植物体，或进入植物体后储存在根部而不向地上部分运输或只运输一部分，从而降低整体或地上部分的盐浓度，免遭离子伤害，同时大量合成有机可溶性渗透剂以及吸收和储存一定量的无机离子，以降低植物组织水势来避免渗透胁迫。常见的种类有芦苇属(*Phragmites*)、蒿属(*Artemisia*)、灯芯草属(*Juncus*)植物及杜氏藻(*Dunaliella*)等。

3.2 盐湖植物资源调查

3.2.1 盐湖植物资源概况[6,14-17]

迫于人口增长、资源短缺、粮食不足和环境恶化问题，人类开始重视对盐渍土资源的开发利用，盐生植物资源调查及利用也因此成为国内外研究的热点。美国、以色列、巴基斯坦、澳大利亚、墨西哥及欧洲许多国家和地区都进行了盐生植物资源的调查，并在资源调查的基础上纷纷开展盐生经济植物的筛选和培育。美国亚利桑那大学历经 18 年从野生盐生植物盐角草中筛选出 SOS-10 新品种，欧盟投巨资进行盐生经济植物的筛选和栽培利用研究。1989 年，美国旱地植物研究室的 Aronson 根据大量报道材料出版了《盐生植物——世界耐盐植物汇编》，记载了 1560 余种盐生植物，它们分别属于 117 科、550 属。虽然记录不全，但已引起世界科学界的重视。1990 年，美国国际事务研究基金国际发展办公室为发展中国家出版了一本专著——《盐地农业》，专门介绍世界上的经济耐盐植物。这足以说明，全世界开始关注这方面的问题。

中国是一个拥有丰富植物资源的国家，但长期以来无人专门研究中国盐生植物。只是一些植物生态学家，如侯学煜、周光裕和众多植物分类学家在研究中国的植物学、生态学和植被时，才将盐生植物包括进去进行研究，另外少数科学家，如林鹏等，专门研究盐生植物中的红树植物，取得很大成绩。赵可夫等在前人的研究基础上，通过全国盐碱地区的植物调查和采集，将大部分盐生植物种类做了鉴定和记录，并出版了《中国盐生植物》一书。经初步统计，中国大约有盐生植物(包括蕨类植物和种子植物)422 种，分属于 66 科、197 属(表 3-1)，种类约占世界盐湖植物的 1/4，其中盐生植物最多的科有藜科、禾本科、菊科、豆科等，其种数占中国盐生植物种类总数的近一半。

表 3-1　中国盐生植物的科、属和种

科名	属名	种数
爵床科 Acanthaceae	*Acanthus*	2
卤蕨科 Acrostichaceae	*Acrostichum*	2
番杏科 Aizoaceae	*Sesuvium*	1
	Trianthema	1
苋科 Amaranthaceae	*Allmania*	1
	Trichurus	1
夹竹桃科 Apocynaceae	*Apocynum*	1
	Cerbera	1
	Poacynum	2
萝藦科 Asclepiadaceae	*Cynanchum*	2
	Gymnanthera	1
	Tylophora	1
桦木科 Betulaceae	*Betula*	1
紫葳科 Bignoniaceae	*Dolichandrone*	1
紫草科 Boraginaceae	*Coldenia*	1
	Cynoglossum	1
	Gastrocotyle	1
	Heliotropium	2
	Mertensia	1
	Messerschmidia	2
	Nonea	1
	Rochelia	1
石竹科 Caryophyllaceae	*Spergularia*	1
藜科 Chenopodiaceae	*Anabasis*	3
	Atriplex	10
	Bassia	3
	Borszczowia	1
	Chenopodium	4
	Corispermum	3
	Halocnemum	1
	Halopeplis	1
	Halostachys	1
	Kalidium	5
	Kirilowia	1
	Kochia	3
	Petrosimonia	2
	Salicornia	1
	Salsola	16
	Suaeda	16
	Sympegma	1
使君子科 Combretaceae	*Lumnitzera*	2
	Terminalia	1
鸭跖草科 Commelinaceae	*Murdannia*	1

续表

科名	属名	种数
菊科 Compositae	Artemisia	7
	Brachyactis	1
	Chorisis	1
	Cirsium	1
	Dendranthema	1
	Helichrysum	1
	Inula	1
	Ixeris	1
	Karelinia	1
	Ligularia	2
	Mulgedium	1
	Paramicrophychus	1
	Pluchea	2
	Pyrethrum	1
	Saussurea	9
	Soorzonera	3
	Seriphidium	9
	Taraxacum	4
	Tripolium	1
	Youngia	1
旋花科 Convolvulaceae	Calystegia	1
	Ipomoea	7
	Stictocardia	1
十字花科 Cruciferae	Dilophia	1
	Lepidium	4
	Thellungiella	2
莎草科 Cyperaceae	Carex	4
	Cyperus	1
	Fimbristylis	4
	Juncellus	1
	Mariscus	1
	Remirea	1
	Scirpus	4
鳞毛蕨科 Dryopteridaceae	Cyrtomium	1
胡颓子科 Elaeagnaceae	Elaeagnus	1
大戟科 Euphorbiaceae	Euphorbia	2
	Excoecaria	1
瓣鳞花科 Frankeniaceae	Frankenia	1
草海桐科 Goodeniaceae	Scaevola	2
藤黄科 Guttiferae	Calophyllum	1
莲叶桐科 Hernandiaceae	Hernandia	1
水鳖科 Hydrocharitaceae	Enhalus	1
	Halophila	3
	Thalassia	1
鸢尾科 Iridaceae	Iris	3
水麦冬科 Juncaginaceae	Triglochin	3

续表

科名	属名	种数
唇形科 Labiatae	Ajuga	1
	Leucas	3
	Scutellaria	1
玉蕊科 Lecythidaceae	Barringtonia	2
豆科 Leguminosae	Alhagi	1
	Astragalus	8
	Canavalia	2
	Derris	1
	Desmodium	1
	Glycine	1
	Glycyrrhiza	6
	Guddenstaedtia	1
	Halimodendron	1
	Indigofera	1
	Lathyrus	1
	Melilotus	2
	Oxytropis	2
	Pongamia	1
	Sesbania	1
	Smithia	1
	Sphaerophysa	1
	Trifolium	1
百合科 Liliaceae	Asparagus	1
马钱科 Loganiaceae	Mitrasacme	1
千屈菜科 Lythraceae	Pemphis	1
锦葵科 Malvaceae	Althaea	2
	Hibiscus	1
	Thespesia	2
楝科 Meliaceae	Xylocarpus	1
苦槛蓝科 Myoporaceae	Myoporum	1
紫金牛科 Myrsinaceae	Aegiceras	1
茨藻科 Najadaceae	Cymodocea	1
	Zannichellia	2
铁青树科 Olacaceae	Ximenia	1
柳叶菜科 Onagraceae	Oenothera	1
列当科 Orobanchaceae	Cistanche	2
	Orobanche	1
棕榈科 Palmae	Nypa	1
露兜树科 Pandanaceae	Pandanus	1
车前科 Plantaginaceae	Plantago	4
白花丹科 Plumbaginaceae	Limonium	11

科名	属名	种数
禾本科 Gramineae	Achnatherum	1
	Aeluropus	2
	Cenchrus	1
	Crypsis	2
	Digitaria	3
	Hordeum	3
	Ischaemum	1
	Lepturus	1
	Leymus	7
	Panicum	1
	Parapholis	1
	Paspalum	1
	Phacelurus	3
	Phrgmites	1
	Puccinellia	5
	Sclerochloa	1
	Spartina	4
	Spinifex	1
	Sporobolus	1
	Thuarea	1
	Zoysia	3
蓼科 Polygonaceae	Polygonum	8
	Rumex	2
眼子菜科 Potamogetonaceae	Halodule	2
	Phyllospadix	2
	Posidonia	1
	Ruppia	1
	Syringodium	1
	Zostera	6
报春花科 Primulaceae	Glaux	1
	Lysimachia	1
毛茛科 Ranunculaceae	Halerpestes	5
帚灯草科 Restionaceae	Leptocarpus	1
红树科 Rhizophoraceae	Bruguiera	4
	Eriops	1
	Kandelia	1
	Rhizophora	3
蔷薇科 Rosaceae	Potaninia	1
	Potentilla	1
	Sibbaldia	1
茜草科 Rubiaceae	Scyphiphora	1
芸香科 Rutaceae	Haplophyllum	1
杨柳科 Salicaceae	Populus	2
无患子科 Sapindaceae	Allophylus	1
	Dodomaea	1
玄参科 Scrophulariaceae	Castilleja	1
	Dodartia	1
	Linaria	1
	Odontites	1

续表

科名	属名	种数
苦木科 Simaroubaceae	*Suriana*	1
茄科 Solanaceae	*Lycium*	4
海桑科 Sonneratiaceae	*Sonneratia*	3
梧桐科 Sterculiaceae	*Heritiera*	1
柽柳科 Tamaricaceae	*Reaumuria* *Tamarix*	2 13
伞形科 Umbelliferae	*Cnidium* *Glehnia* *Peucedanum* *Schumannia* *Seseli* *Sium*	2 1 1 1 1 1
马鞭草科 Verbenaceae	*Avicennia* *Clerodendrum* *Vitex*	1 1 1
蒺藜科 Zygophyllaceae	*Nitraria* *Peganum* *Zygophyllum*	2 1 5

关于盐湖中浮游藻类植物的种类研究仅有少量报道，根据不完全统计，将我国盐湖藻类植物列于表 3-2。

表 3-2　中国盐湖藻类植物

门	种名
蓝藻门 Cganophyta	螺旋藻、大螺旋藻、小颤藻、微小色球藻、细小平裂藻、针晶蓝纤维藻等
绿藻门 Chlorophyta	盐生杜氏藻、湖生卵囊藻、衣藻、绿球藻、小球藻、四角十字藻等
硅藻门 Bacillariophyta	牟氏角刺藻、马鞍藻、茧形藻、孟氏小环藻、细小桥弯藻、系带舟形藻等
金藻门 Chrysophyta	三毛金藻、变形金藻、多变棕鞭藻等
隐藻门 Cryptophyta	尖尾蓝隐藻、啮蚀隐藻等
裸藻门 Euglenophyta	双鞭藻
黄藻门 Xanthophyta	黄丝藻
甲藻门 Pyrrophyta	光甲藻

3.2.2　盐湖植物代表种[18-20]

1. 北美海蓬子

北美海蓬子(*Salicorni abigelovii*)属于藜科盐角草属，原产于北美洲沿海盐沼中。Aron 的研究表明，北美海蓬子最适生长环境的盐分为 200mmol/L，在此浓度下其各项生物学指标如分枝数、株高、种子数等均达到最大值。北美海蓬子对盐分的适应性主要表现在：种子对盐碱化土壤的生理适应性，如种子的多态性和休眠的特性；成株形态对高盐环境的适应性，如增强避盐效果的叶肉质化；细胞水平上的渗透调节机制；维护质膜系统完整性的活性氧清除机制；离子胁迫下的钠离子外排和区域化机制等。目前，我国的荒废滩涂急需恢复利用，北美海蓬子正好符合滩涂植被的所有指标。北美海蓬子在我国的种植主要集中在江苏沿海地区，黄河三角洲地区自2010年开始尝试引种，北美海蓬子的引种及开发对黄河三角洲的大规模开发将起到积极作用。

2. 盐地碱蓬

盐地碱蓬（*Suaeda salsa*），又称海英菜，地方俗称盐蒿子，属藜科碱蓬属，一年生草本植物。盐地碱蓬的茎直立，呈圆柱形，有微条棱，上半多分枝，枝细长，斜伸或展开，叶互生；无柄；叶片线形，半圆柱状，肉质，长1.0～2.5cm，宽约1.5cm，先端尖锐，灰绿色，光滑或微被白粉。花单生或2～5朵集生于叶腋的短柄上，排列成聚伞花序；两性花花被环状；雌花的花被近球形；花被裂片果时增厚；使花被略呈五角星状；雌花的花柱伸出较长。胞果扁球形。盐地碱蓬分布于欧洲、亚洲及中国大陆等地，生长于海拔100～3800m的地区，一般生于盐碱土、海滩及湖边，约有100余种，喜盐湿，由于茎叶肉质，叶内储有大量的水分，可以忍受暂时性的干旱。

盐地碱蓬的利用价值包括：①食用价值。盐地碱蓬生长在沿海滩涂，属于自然野生植物，没有使用化肥和农药，其嫩茎叶营养成分丰富，味道鲜美，是无污染的绿色食品，可作为蔬菜食用。苏北民众食用时一般先揉去其茎叶汁浆、晒干备用，烹饪时再用水泡发洗净，有凉拌、制作包子馅等多种食法。据测定，盐地碱蓬的营养成分全面而丰富，其每100g所含营养价值成分为：碳水化合物17.0g、脂肪0.7g、蛋白质3.1g、纤维素2.2g、维生素A 67.0μg、维生素C 30.0mg、胡萝卜素400.0μg、硫胺素0.04mg、核黄素0.18mg、烟酸6.6mg、钙83.0mg、铁3.6mg和磷69.0mg。因此，盐地碱蓬对于维生素A缺乏引起的干眼症、夜盲症、角膜退化甚至失明等有一定的预防作用；同时，盐地碱蓬含有植物纤维，经常食用具有降低血糖、血脂和胆固醇的作用。可见，盐地碱蓬是一种食用营养价值较高且具有一定保健作用的绿色食品。②药用价值。盐地碱蓬为全草药用，据《救荒本草》记载：味微咸，性微寒，归肾经。可拥有清热、消积、治瘰疬、腹胀等功效。现代研究表明，盐地碱蓬可用于预防心血管系统疾病、眼部疾病及增强人体免疫力等药用效能。③观赏价值。盐地碱蓬在3月上中旬至6月上旬都可出苗，长到约30cm时，颜色由碧绿色转为红色，9～10月为结实期，11月初种子完全成熟。成熟后的植株变成棕红色，具有很高的观赏价值。

3. 盐角草

盐角草(*Salicornia europaea*)属于藜科盐角草属，又名欧洲海蓬子，是迄今为止报道过的地球上最耐盐的高等植物之一，属于茎肉质化真盐生植物。

盐角草的利用价值包括：①防治海洋赤潮。近年来的研究显示，盐角草过滤培养液和 4 种根的有机相提取物(甲醇相、正丁醇相、氯仿相和石油醚相)能显著抑制东海原甲藻的生长，改变细胞大小。其中，石油醚相和正丁醇相提取物还能影响藻细胞叶绿素 a 的含量。有机相提取物中以甲醇相提取物的抑制效果最强，对盐角草甲醇相提取物进行气相层析-质谱联用(GC-MS)分析，得到 27 种化合物，含量最高的 3 种组分为 5-羟甲基-2-呋喃甲醛、棕榈酸和 4-乙烯基-2-甲氧基苯酚。因此，滩涂盐生植物盐角草能够抑制东海原甲藻的生长，具备开发新型赤潮生物抑藻剂的潜力，有望应用于海洋赤潮的防治。②药用价值。盐角草还是一种传统中药原料，全草可用作利尿剂。③修复滨海湿地污染。盐角草和盐地碱蓬一样，能以其自身的喜盐特性抵抗高盐碱环境，累积吸收重金属，有效降解石油烃类污染物，能较大程度地改善水体富营养化状况，是修复盐碱滨海湿地污染环境的良好选择。④种质资源。盐角草还是不可多得的、包含着多种有益功能基因的宝贵种质资源，其所包含的耐盐基因在合适的基因工程技术操纵下，以各种转基因技术为桥梁，有望将盐角草的耐盐基因植入到其他植物，如水稻、玉米、小麦、大麦中，以大幅度提高这些大田作物的耐盐能力和生态适应能力，为开发利用盐碱地资源提供物质基础。

4. 白刺

白刺(*Nitraria tangutorum*)是蒺藜科白刺属植物，为落叶具刺的小灌木，为聚盐植物。白刺的适应性极强，耐旱、喜盐碱、抗寒、抗风、耐高温、耐瘠薄，是我国寒温、温和气候区的盐渍土指示植物，也是沙漠和盐碱地区重要的固沙植物。其茎灰白色，具贴生丝状毛；叶簇生，肉质，被丝状毛。

白刺的利用价值包括：①绿化环境。白刺耐盐碱，且特抗风沙，作为盐碱地植被的优势树种。在我国广大的盐碱地区，通过合理区划和科学种植，扩大白刺栽培面积，充分发挥其防风固沙、保持水土、改良盐碱、增加植被、绿化环境及维护生态平衡方面的重要作用。②食用价值。白刺有"沙漠樱桃"之称，以白刺果干或新鲜白刺果为主要原料研制出白刺保健饮料，营养丰富、香味浓郁、口感细腻、组织均匀，具有较好的色泽和稳定性。青海柴达木地区已开发出白刺果冷冻干燥粉，以及以白刺果为主要原料的降血糖、调节血脂和降血压等系列营养保健食品。③提取天然生物色素。白刺果汁、果皮均富含生物色素，每 100g 鲜果汁含花青素 24mg，在酸性条件下呈天然玫瑰红色。每 10kg 鲜果可产膏体色素

1.2kg，产粉状色素 1kg，该色素对光、热、氧的稳定性良好，且其中色素具有大量的营养物质。所以，可以从白刺果实中提取天然色素，用于食品饮料。

在白刺资源开发利用方面，青海省自 2009 年以来开展了"沙棘、白刺资源高值化利用技术集成及产业化"专项研究，完成了白刺优良单株选择及示范造林；开展了白刺育苗，营造白刺生态经济林。同时，在白刺果实采集、分离、浓缩果汁、活性果粉和籽油的产业化生产技术上均有重大突破，形成了完整的产业链。2011 年，中国科学院新疆生态与地理研究所在塔中沙漠植物园繁育白刺 2.8 万株，形成了一套稳定的繁育和栽培技术。2014 年，该研究所沙漠工程勘察设计所将白刺应用于五彩湾神火集团有限公司厂区绿化，使光秃秃的盐碱砂石地变成了绿海。

5. 肉苁蓉

肉苁蓉(*Cistanche deserticola*)属列当科肉苁蓉属，多年生寄生草本，是名贵的中药材，主产于新疆、内蒙古阿拉善盟，甘肃、宁夏也有分布，有补肾阳、益精血、润肠道的功效。

由于掠夺式挖掘开发屡禁不止，肉苁蓉资源量锐减，濒临灭绝，是国家三类重点保护植物。目前，仅国内市场 1 年的肉苁蓉需求量干品即可达 3000t，而年实际供应量仅为 150t，缺口非常大，市场供需矛盾突出。因此，发展肉苁蓉的人工栽培，促进肉苁蓉产业发展与升级具有广阔的市场前景。1981 年，中国医学科学院药用植物资源开发研究所与内蒙古阿拉善盟医药有限责任公司合作，以梭梭为寄主进行人工种植研究，于 1985 年获得成功。1992 年，中国科学院新疆生态与地理研究所种植以红柳为寄主的管花肉苁蓉取得成功。截至 2009 年底，新疆人工种植管花肉苁蓉 12840.533hm²，其中 0.6 万 hm² 已产生了较高的效益。目前，国内肉苁蓉属植物的种类与资源、化学成分、传统功效的药理作用已基本明确，其质量控制方法和标准体系也比较完善。今后，应加强肉苁蓉及其寄主植物的生物学研究，开拓肉苁蓉新用途，加大安全性研究等。

6. 盐生杜氏藻

盐生杜氏藻(*Dunaliella salina*)是绿藻门团藻目 Volvocales 杜氏藻科 Dunaliellaceae 的藻类植物。它为单细胞个体，卵形或梨形，前端有 1 对较长的鞭毛，细胞内有 1 个细胞核，含有 1 个蛋白核的杯状叶绿体，有或无眼点，除生活于低盐度水中的种类外，都没有伸缩泡。细胞内常含有大量胡萝卜素，致使细胞呈橘红色。环境不良时，细胞内的结构常为所含的色素所掩盖。本藻是盐生藻类，见于许多盐湖、盐池及一些含盐量高的水体中。

该藻于 1982 年在西藏仲巴县扎布耶盐湖被首次发现大面积存在。对该藻种的初步研究表明，它具有许多优良的生物学性能和很好的培养利用前景。在高盐、

高光强及氮磷缺乏的高原盐湖环境下，杜氏藻呈金黄色或橘红色，具有较高的
β-胡萝卜素，含量可达干重的 5%～10%。杜氏藻在适当的培养条件下，可以大量
连续培养，连续采收，便于通过生物工程来大量获取天然食用色素。此外，杜氏
藻提取 β-胡萝卜素后的藻渣中含有 38%左右的蛋白质，可以作为功能食品和优质
饲料添加剂，还可从中提取复合氨基酸、藻多糖等有用的副产物。此外，杜氏藻
还具有多种芳香成分，在制备清洁能源——生物柴油方面具有重要的研究价值。
由于杜氏藻是单细胞生物，生长期短、繁殖快、产率高，因此培养杜氏藻的生物
工程产业具有极高的经济价值，是迄今发现的利用价值极大的藻类植物之一。

7. 罗布麻

罗布麻（*Apocynum venetum*）属夹竹桃科罗布麻属植物，既是优质纤维材料，
又是重要的中药材，主要产于塔里木盆地的冲积平原、河岸高阶地的草甸及胡杨
林区内。

2000 年以后，罗布麻繁育手段日臻成熟，主要分为有性繁殖和无性繁殖。虽
然目前人工引种已经取得成功，但还要做小面积的野外适应性驯化实验，为进一
步大面积推广奠定基础，后续工作还有待进一步开展。尽管科研工作者对罗布麻
各方面已进行了一些探索，且市场上也已出现诸多罗布麻产品，如罗布麻纺织服
饰、保健茶、保健烟等，但总体来说，研究还处于起步阶段，没有形成体系。要
实现罗布麻优势的转换战略，提高罗布麻系列产品的加工技术，提高罗布麻资源
的利用价值，需要改变目前的技术低水平循环状态，实现由粗加工向深加工、精
加工改变，由一般开发向高精尖产品开发转变，由单纯依靠区内开发向区外的联
合开发转变，提高产品的科技含量和附加值，走高科技的发展道路。

8. 黑果枸杞

黑果枸杞（*Lycium ruthenicum*）即"黑枸杞"，属于茄科枸杞属植物，也是一种
常见于沙漠、戈壁的多年生灌木，主要分布于新疆、青海、宁夏等西北干旱地区。
黑果枸杞富含蛋白质、脂肪、糖类、游离氨基酸、有机酸、矿物质、微量元素、
生物碱、维生素 C 和维生素 B_1、维生素 B_2 等各种营养成分。与红枸杞相比，其
维生素、矿物质等营养成分含量更丰富，尤其含具有清除自由基、抗氧化功能的
天然花色苷素，药用、保健价值远远高于普通红枸杞，被誉为"软黄金"。2013 年，
市场上销售的黑果枸杞都是境内的野生黑枸杞，市价在 2000 元/kg 以上。据报道，
新疆一八八团黑果枸杞种植基地在人工种植黑果枸杞上实现了技术突破，2014 年
黑果枸杞基地已种植 26.67hm^2。但是栽培技术和人工大规模种植仍需要探索。栽
培技术缺乏，导致黑果枸杞产量不稳定，且果实难采摘，不易保存也阻碍了黑果
枸杞的开发利用。另外，黑果枸杞营养结构尚未确定，导致无法走向市场研发新

产品，市场上的黑果枸杞仅能用来泡水喝，再无其他附属产品上市。这些原因均给新疆黑果枸杞产业的发展带来了障碍。

3.3　盐湖植物资源开发利用现状[21]

我国有丰富的盐湖植物资源，盐湖植物能够吸收和积累大量的盐分，是很好的盐碱土生物改良剂，对盐碱荒地的恢复具有非常重要的意义，此外其中许多种类还具有重要的经济价值。

3.3.1　食用植物资源

一些盐生植物的果实、种子、叶片、块根或块茎等含有丰富的营养成分，如碳水化合物、蛋白质、油脂、维生素等，可以作为食品原料。因此，食用盐生植物主要包括淀粉类植物、蛋白质类植物、油料类植物、蔬菜类植物、保健饮料植物和食品加工类植物 6 大类别，集中归属于藜科、蒺藜科、茄科、胡颓子科和豆科等。①淀粉类植物主要有鸢尾、马蔺；②蛋白质类植物主要有滨藜属、猪毛菜、苜蓿等；③油料类植物主要有盐地碱蓬、盐角草、野大豆、蒿类、单叶蔓荆和野菊等，其中盐地碱蓬种子富含油脂和蛋白质，且不饱和脂肪酸含量高，种子出油率为 26.1%，其精炼油中亚油酸含量高于花生油、豆油、菜籽油等食用植物油，是品质优良的食品和工业用油料植物；④蔬菜类植物主要有碱蓬、猪毛菜、藜属等；⑤保健饮料植物主要有沙棘、枸杞、黑果枸杞、白刺等；⑥食品加工类植物主要有西北天门冬、甘草属等。

此外，猪毛菜的叶片和白刺、枸杞的果实中富含维生素 C，甘草、天门冬是制造甜味剂的原料，用于制糖业。苋属植物中蛋白质含量特别是赖氨酸含量比小麦和大米都高，它是古代印第安人的主要食品，用苋与小麦制成的面包中蛋白质含量大致等于牛奶。蒲公英、羊角菜、海边香豌豆、沙枣、海乳草等也可食用。

3.3.2　药用植物资源

药用盐生植物是我国十分宝贵的野生经济植物资源，有 50～70 种，如甘草属植物的根和茎可以补益脾胃、清热解毒、润肺止咳。现代医学研究显示其有类似肾上腺皮质激素样作用，对组胺引起的胃酸分泌过多有抑制作用，并有抗酸和缓解胃肠平滑肌痉挛作用；甘草中富含的甘草黄酮、甘草浸膏及甘草次酸均有明显的镇咳、祛痰作用；甘草还有抗炎、抗过敏作用，能保护发炎的咽喉和气管黏膜；甘草中含有甘草素，有助于平衡女性体内的激素含量，常用来治疗更年期症状；甘草所含的次酸具有阻断致癌物诱发肿瘤生长的作用。

　　罗布麻具有清热泻火、平肝熄风、养心安神、利尿消肿的作用，其叶子含有大量黄酮、三萜、有机酸、氨基酸等化学成分。进一步研究黄酮化学结构系槲皮素和异槲皮素苷，其药理作用有降血压、降血脂、增加冠状动脉流，是治疗高血压的中药。罗布麻叶现已被加工成降压药和降压茶。

　　枸杞属植物的果实有滋阴、壮阳、明目、补血之功效，其中富含枸杞多糖。枸杞多糖是一种水溶性多糖，由阿拉伯糖、葡萄糖、半乳糖、甘露糖、木糖、鼠李糖 6 种单糖成分组成，能够增强非特异性免疫功能，提高抗病能力，抑制肿瘤生长和细胞突变。枸杞果实能有效降低患高脂血症的大鼠血清中甘油三酯和胆固醇的含量，具有明显的降血脂、调节脂类代谢功能，对预防心血管疾病具有积极作用。枸杞富含胡萝卜素，在人体内能转化成维生素 A，具有维持上皮组织正常生长与分化的功能，量充足时可预防鼻、咽、喉和其他呼吸道感染，提高呼吸道抗病能力。

　　此外，肉苁蓉有润肠通便、抗衰老、抗疲劳等作用。鹅绒委陵菜全草入药，可治肿瘤、坏血病和疝痛，植株榨取汁液可以排除泌尿系统结石，子宫下垂等。西伯利亚蓼全草可清热解毒，祛风除湿。灰绿藜全草可治痢疾，湿疮痒疹。藏沙蒿、川藏蒿有止血功效。水麦冬、水葫芦苗有清热消炎作用。藏麻黄有平喘功效。藏布红景天有补气、益智、抗疲劳的作用。药用盐生植物还有白花草木犀、中亚滨藜、二色补血草等。

3.3.3　观赏植物资源

　　许多盐生植物还具有观赏价值，如沙枣耐盐碱能力较强，枝条茂密，常形成稠密株丛；枝条被沙埋后，易生长不定根，有防风固沙作用；叶带有白色鳞片，沙枣的花色美丽、芳香宜人，果形漂亮，既是盐碱地行道树绿化的优选树种，又是优良的蜜源植物。

　　二色补血草的花不仅美丽，其花在初期呈现紫色和粉红色，随着成熟变为白色，花萼、花瓣宿存不脱落，而且花期长、花色不消退，交相辉映，植株内水分含量少，花朵久不萎蔫，在园艺上有"自然干燥花"之称，很适合作干花和切花材料，是优良的盐碱地区地被植物。

　　柽柳呈灌木丛型，广泛分布在各类植物群落中；喜光，能适应各种气候条件，抗风、耐旱、耐湿、更耐盐碱，营养繁殖能力很强；生长快，寿命长，根深，根系发达，耐沙埋，是盐碱地重要的绿化树种。

　　西伯利亚白刺(小果白刺)为匍匐小灌木，多分枝，常形成白刺堆，为抗盐碱的优良地被植物或用于防风固沙。

　　除此，还有罗布麻、芨芨草、碱菀、盐地风毛菊、胡杨、枸杞、紫穗槐、马蔺和马兰等也是良好的观赏植物资源。

3.3.4　饲料植物资源

可作为饲料的盐生植物,如猪毛菜茎叶含粗蛋白 15%左右,年产饲料 10t/hm²。滨藜属植物叶片富含蛋白质,一般每 100kg 新鲜叶片可提取 5kg 叶蛋白,可作为饲料添加剂或人类食品添加剂。碱茅植物耐盐、耐旱又耐冻,饲料营养价值较其他种类高,粗蛋白含量为 9.9%～18.1%,脂肪含量为 3%～4%。豆科植物骆驼刺草质优良,适口性好,生态分布幅度宽,资源数量大,具有很好的开发前景。

我国已从英国引种大米草,在沿海地区种植,不仅起到了固滩护岸、改良盐碱地的作用,还可用大米草养鱼,发挥良好的经济效益。

另外,可作为牧草饲料的植物还有滨麦、星星草、狗牙根、饲用高粱、野苜蓿、羊草、虎尾草、鼠尾粟、赖草、驼绒藜、芦苇、獐毛、芨芨草、甘草、盐地碱蓬、地肤、盐穗木、苦豆子、香豌豆等。

3.3.5　香料植物资源

含芳香油类的盐生植物主要有海州蒿、砂引草、单叶蔓荆和野菊等。海州蒿在滨海盐碱荒地广泛分布,蕴藏量丰富,种子的含油量达 19%,可用作肥皂和油漆的原料,也可食用,开发利用潜力较大。草木犀、露兜树的花可生产芳香油。

据报道,西藏扎布耶盐湖生长的杜氏藻具有芳香气味,有趣的是这种藻在水面上嗅不到其香味,只有离开水面后才能嗅到。经色谱-质谱联用定性鉴定出其中的 37 个香气成分(表 3-3),其中以环己烯骨架结构的系列化合物为主。这些衍生物可直接由 β-紫罗兰酮产生,β-紫罗兰酮来自于 β-胡萝卜素的代谢或降解,它是该降解过程中关键的媒介物,也是杜氏藻的香气来源。

表 3-3　杜氏藻的香气成分

编号	化合物名称	编号	化合物名称
1	乙酸乙酯	12	十七烯
2	二丙酮醇	13	正丁基环丙烷
3	柠檬烯	14	2,2,6-三甲基己酮
4	Δ⁵-蒈烯	15	6-甲基-5-庚烯-2-酮
5	3,5-二甲基苯乙烯	16	正丙基环己烷
6	3,4-二甲基苯乙烯	17	3,3,5-三甲基-2-环己烯酮
7	萘	18	3,4,4-三甲基-2-环己烯酮
8	α-紫罗兰酮	19	十五烷
9	β-紫罗兰酮	20	4-甲基-6-癸烯
10	1,2-二乙氧基乙烷	21	3,5,5-三甲基-2-环己烯醇
11	异丙醇	22	3,6,6-三甲基-1-甲酰基-环己烯

续表

编号	化合物名称	编号	化合物名称
23	十七醇	31	壬醛
24	9,17-十八二烯醛	32	盖烷醇
25	2,6-二叔丁基对甲酚	33	正壬醇
26	5,6-环氧-β-紫罗兰酮	34	3-癸烯-1-醇
27	邻苯二甲酸二乙酯	35	β-环柠檬醛
28	2,6-二甲基-5-庚烯醛	36	2,6,6-三甲基-2-环己烯醇
29	4-甲基-1-戊烯-3-醇	37	4-羟基-3,5-二叔丁基苯甲酸甲酯
30	6-甲基-2-庚酮		

3.3.6 纤维植物资源

许多盐生植物的茎皮、叶片含有丰富的纤维素，既可用来纺织各种用途的布料，也是制造纸浆的上好原料。例如，芦苇含纤维素 50%，芨芨草含纤维素 46% 左右，都是造纸的上好原料。罗布麻能纯纺或混纺成 60~160 支高级纱，织成高级布料，被称为"野生纤维之冠"。它的纤维制成的绳索耐沤，是早期制作海底电缆外皮的原料，因此，它是重要的纤维植物。柽柳是编织筐、篓的好原料。此外，还有田菁、蜀葵、马蔺、白茅、披碱草、灯心草和黄槿等都可作为纤维原料。

3.3.7 鞣料植物资源

作为鞣料通常指单宁而言，是一种重要的化工原料，它可以制成熟皮用的鞣质、钢笔墨水、染布用的染料等。可作为鞣料的植物主要是红树植物，因其茎秆富单宁呈红色而得名。中国有红树植物 37 种，如木果楝含鞣质 30%，秋茄含 17%~36%，角果木含 28%~29%，海莲含 20%~22%，红海榄含 12%~17%，其他含鞣质较多的植物还有柽柳、酸模和锁阳等。

3.3.8 色素植物资源

天然食用色素属于食品添加剂中的一种，是从动物、植物、微生物或微生物代谢产物中提取出来的，以改变食品的外观颜色和营养特性的添加剂。相较于合成着色剂，采用天然食用色素为着色剂更加安全、健康，且生理活性更高。

从盐地碱蓬中提取的盐地碱蓬红色素作为价值较高的色素添加剂，属甜菜红色素类，易溶于水，是一种较为理想的天然食用色素。改性棉织物采用盐地碱蓬红色素染色后还具有良好的抗菌性，对大肠杆菌、金黄色葡萄球菌、枯草芽孢杆菌、绿脓杆菌均具有较好的抑菌性。

杜氏藻细胞 β-胡萝卜素含量高达 10%(干重)，是已知 β-胡萝卜素含量最高的生物。早在 20 世纪 80 年代就有学者研究杜氏藻人工养殖提取 β-胡萝卜素的技术。现在已在澳大利亚和以色列先后建立了大规模的生产厂。β-胡萝卜素是一种优良的天然色素，也是天然强抗氧化物质，具有良好的保健功能。我国杜氏藻分布较广，大规模养殖虽早已开始，但市场开拓还需加强。

综上所述，大力发掘经济盐湖植物，在盐湖及盐渍土壤上进行引种和驯化，不仅可以通过盐湖植物的生长，将土壤中的盐分带入植物体内，降低土壤的含盐量，起到改良盐碱地的作用，还能带来巨大的经济效益。

3.4　盐湖植物资源开发利用展望

3.4.1　合理开发利用盐湖植物的意义[22]

盐湖植物具有多种经济价值，对盐碱荒地的恢复和发展畜牧业具有重要的意义。另外，盐湖植物能够吸收和积累大量的盐分，又是很好的盐碱土生物改良剂。

(1)盐湖植物资源中聚盐和泌盐植物是盐渍生态系统中唯一的、不可代替的生产者。在严峻的环境条件下，这些植物把光、热、水、气、肥转化为有机物，吸收二氧化碳，放出氧气，为其他生物提供在盐渍环境中生存的条件。

(2)盐湖植物是生物脱盐、生物排水和生物改土三位一体的先锋植物。它们的生长增加了地面覆盖，减少蒸发，防止返盐；同时，其根系的生长，植物残体的积累，促进了土壤有机质的含量不断增加，改善了土壤的结构及孔隙状况，进一步促进盐分淋洗。由于叶面蒸腾，增加空气相对湿度，降低地下水位，抑制返盐。盐湖植物有效地促进盐在生态系统的良性发展。

(3)利用盐生植物可促进滨海地区盐碱地的改良。现存的盐生植物作为滨海地区盐生植物重要的物种种质库，保留了该地区盐生型植物的宝贵基因，是今后进行植被恢复的重要依据，对于盐湖地区的改良和植被恢复具有重要意义。

(4)开发利用盐湖植物有利于社会可持续发展。从生态角度出发，有目的、有计划地合理利用盐湖植物，可促进盐渍生态系统转化，而不致受到大自然的惩罚。

3.4.2　合理开发利用盐湖植物的展望

(1)加强基础研究。盐湖植被是伴随着盐湖及其附近区域的地质演变过程，在漫长的演替过程中形成了极为适应盐碱性环境的物种和群落。要充分有效地开发利用野生盐湖植物资源，必须对资源的储量、环境、年产量和繁殖特性等进行系统的调查研究，从而为合理采收、利用和扩繁提供理论依据。

例如，对于补血草、盐地碱蓬、黄菜和白刺 4 种盐生植物的研究发现，其总黄酮提取物的还原能力、对自由基的清除活性、对脂质的过氧化抑制作用与浓度有一定的关系，且对大肠杆菌和金黄色葡萄球菌均具有较强的抑制作用。4 种盐生植物的总黄酮含量为 5～100μg/mL，对小鼠淋巴细胞均具有极显著的促进作用，且均随浓度的增加呈现先增大后减小的趋势。因此，加入不同浓度的 4 种盐生植物总黄酮提取物均可减少细胞损伤，恢复超氧化物歧化酶(SOD)活力，降低丙二醛(MDA)含量。这些研究为充分开发这 4 种盐湖植物资源提供了科学依据。

(2)增强资源保护意识。在盐湖植物资源的开发利用过程中，乱采滥挖现象非常普遍，要防止"杀鸡取卵式"的采挖，使得某些资源免于濒临灭绝的危险是刻不容缓的。例如，西北地区的甘草，由于市场看好，群众群起乱挖，不长时间即造成甘草资源的匮乏，市场甘草短缺，为了避免这种愚蠢的行为，有必要将盐生植物资源交由地方政府管理，或由集体或个人承包。在利用野生盐生植物资源中，一定要做到：首先，根据盐生资源植物的储量、生长年限有计划的发展利用；其次，要轮采轮挖，给盐生植物以休养生息的机会；最后，采大留小，采集数量不能大于生产量，达到能够持续的采集。此外，要建立和健全相关的政策、规定，使盐湖植物资源的开发、规划工作做到有法可依、有规可循。

(3)开辟综合利用途径。以往在对植物资源开发利用上，往往采取单一的生产经营方式，从而产生大量的"余料"，这不仅造成资源的极大浪费，而且"余料"成为难以处理的包袱，造成环境污染。许多盐湖植物资源功用是多样的，有的不仅有化工价值，还有药用、食用、观赏、饲用等利用价值，如柽柳、甘草、枸杞等。因此，增加盐湖植物资源的综合利用途径，必将产生更大的经济效益。

中国科学院新疆生态与地理研究所在传统开发利用的基础上提出盐生植物利用新思路[23]。首先，在修复石油污染方面，提出盐生植物-微生物联合修复措施。因为在中国西北干旱地区的石油污染区域，盐生植物可为具有降解能力的根际/内生微生物提供庇护所，从而使这些微生物达到较高的种群数量并稳定维持降解作用。因此，种植盐生植物，利用根际/内生细菌可能是修复石油污染盐渍土的有效方法。其次，在修复盐渍土重金属污染方面，提出应该筛选高生物量并具有中等重金属吸收能力的盐生植物。因为绝大多数重金属超累积植物不是盐生植物，而且超累积植物的生物量普遍较低，所以无法利用这些植物有效修复盐渍土的重金属污染。很多盐生植物不但耐盐，而且能耐受、吸收重金属。此外，盐分还能促进一些盐生植物对重金属的吸收和转运。因此，发展盐生植物修复技术将有助于解决盐渍土重金属污染问题。

(4)建设盐生植物园。建立盐生植物种质资源室及植物园，并在有一定代表性的地区建立自然保护区，建立盐渍环境生态农业示范区和实验区，引种盐生植物，经过人工驯化，能在盐碱化土地及人工盐湖环境中正常生长发育[24]。目前，已经引种成功的有沙枣、甘草、地肤等。目前，我国只有一个地方性的盐生植物园——东营盐生植物园。建设省级甚至是国家级盐生植物园，对于迁地保护大量的盐生植物资源，引种驯化更多更有价值的盐生植物具有重大的生态意义。

(5)建立特色产业基地。挖掘盐湖植物的经济价值，积极开发地肤、盐地碱蓬等粮油系列盐湖植物，以及冬枣等水果类产品，探索药用盐生植物的开发，形成盐湖植物有效利用的特色产业对于盐湖植物的开发利用是非常必要的。

参 考 文 献

[1] Aronson J A. Halophytes: A database of salt tolerant plants of the world[S]. Office of Arid land Studies Turson, 1989: 1-77.

[2] 白福易. 浅议湖盐资源保护和可持续发展[J]. 海湖盐与化工, 1998, 27(1): 1-6.

[3] 陈家华, 林祖铭, 金声, 等. 西藏高原盐湖植物——杜氏藻的香气成分研究[J]. 北京大学学报(自然科学版), 1995, 31(4): 383-386.

[4] 崔世友, 白善军, 张蛟蛟. 盐生地被植物白刺的研究与展望[J]. 长江大学学报(自然科学版), 2013, 29(10): 59-62.

[5] 贺超兴. 西藏扎布耶盐湖植物考察[J]. 植物杂志, 1998(3): 14-15.

[6] 胡鸿钧, 魏印心. 中国淡水藻类——系统、分类及生态[M]. 北京: 科学出版社, 2006.

[7] 姜丹, 黄凌风, 张可, 等. 滩涂盐生植物盐角草对东海原甲藻生长的抑制效应[J]. 湿地科学与管理, 2014, 10(1): 42-47.

[8] 李从娟, 王世杰, 谢贻军, 等. 新疆盐生植物资源及开发利用[J]. 安徽农业科学, 2017, 45(23): 1-5.

[9] 李岩. 河北滨海地区四种盐生植物黄酮类化合物分析[D]. 保定: 河北农业大学, 2015.

[10] 李砧, 谢树莲. 山西运城盐池湖区藻类及分布[J]. 湖泊科学, 2006, 18(2): 189-192.

[11] 宋彭生, 李武, 孙柏, 等. 盐湖资源开发利用进展[J]. 无机化学学报, 2011, 27(5): 801-815.

[12] 苏旭, 吴学明, 祁生贵. 青海省盐生植物资源种类与开发利用[J]. 青海草业, 2004, 13(4): 17-21.

[13] 孙黎, 徐海霞. 盐生植物及其开发利用[J]. 生物学通报, 2005, 40(11): 25-26.

[14] 万洪善. 连云港市药用盐生植物及其开发利用[J]. 江苏农业科学, 2004(4): 92-93.

[15] 王玉江, 段代祥. 黄河三角洲地区盐生植物资源的开发与利用[J]. 安徽农业科学, 2008, 36(11): 4606-4607.

[16] 杨海平, 杨嘉源. 海英菜的开发利用[J]. 江西农业, 2017(11): 54.

[17] 杨佳, 李锡成, 王趁义, 等. 利用海蓬子和碱蓬修复滨海湿地污染研究进展[J]. 湿地科学, 2015, 13(4): 518-522.

[18] 赵惠明. 盐生植物盐角草的资源特点及开发利用[J]. 科技通报, 2004, 20(2): 167-171.

[19] 赵可夫, 李法曾, 樊守金, 等. 中国的盐生植物[J]. 植物学通报, 1999, 16(3): 201-207.

[20] 赵可夫, 李法曾. 中国盐生植物[M]. 北京: 科学出版社, 1999.

[21] 赵文. 中国北方内陆盐水的浮游植物[J]. 大连水产学院学报, 1992, 7(2-3): 49-64.

[22] 赵珍珍, 荣钺钺, 柳海宁, 等. 典型盐生植物北美海蓬子耐盐机理研究进展[J]. 滨州学院学报, 2013, 29(3): 42-46.

[23] 中国科学院新疆生态与地理研究所. 中国科学院新疆生态与地理研究所提出盐生植物利用新思路[J]. 干旱区地理, 2014, 36(1): 124.

[24] 周嘉倩, 魏月, 苑宁, 等. 我国盐地碱蓬的研究现状及展望[J]. 农产品加工, 2017(8): 61-67.

第4章 光电转换

4.1 光电转换的原理与应用

4.1.1 光电转换的原理

一般而言，光电转换可以分为两类，一类是光电效应，即光照射到金属上，引起其发射电子或产生其他载流子的现象；另一类是光伏效应，即材料在太阳光的照射下产生电流和电压的现象。可以通过产生的电子是否仍停留在材料中来区分这两类光电转换现象，如果产生的电子被发射出材料表面即为光电效应，反之，如果产生的电子仍保留在材料中即为光伏效应。从广义上讲，光伏效应也是一种光电效应。下面具体介绍光电效应和光伏效应。

1. 光电效应

光电效应是指当光照射到物体上时，引起其发射电子或产生其他载流子的现象。依据粒子学说，光是由一份一份不连续的光子组成，当某一光子照射到对光灵敏的物质(如硒)上时，它的能量可以被该物质中的某个电子全部吸收。电子吸收光子的能量后，动能立刻增加；如果动能增大到足以克服原子核对它的引力，就能在十亿分之一秒的时间内飞逸出金属表面，成为光电子，形成光电流。单位时间内，入射光子的数量越大，飞逸出的光电子就越多，光电流也就越强，这种由光能变成电能的自动放电现象称为光电效应。

在光线作用下，物体的电导性能发生改变的现象称为内光电效应，如光敏电阻、光敏二极管等就属于这类光电器件。在光线作用下，能使电子逸出物体表面的现象称为外光电效应，如光电管、光电倍增管就属于这类光电器件。在光线作用下，能使物体产生一定方向电动势的现象称为光生伏特效应，即阻挡层光电效应，如光电池、光敏晶体管等就属于这类光电器件。下面简单介绍一下内光电效应。

内光电效应又称光电导效应、光敏效应，是光照变化引起半导体材料电导变化的现象，即受到光照的半导体的电导率 σ 发生变化或产生光生电动势的现象。当光照射到半导体材料时，材料吸收光子的能量，使非传导态电子变为传导态电子，引起载流子浓度增大，因而导致材料电导率增大。在光线作用下，半导体材料吸收了入射光子能量，若光子能量大于或等于半导体材料的禁带宽度，就激发出电子-空穴对，使载流子浓度增加，半导体的导电性增加，阻值降低，这种现象称为光电导效应(photoconductive effects)。光敏电阻就是基于这种效应的光电器件。

通过大量实验，科学家发现了光电效应的一般规律：

(1)每一种金属在产生光电效应时都存在极限频率(或称截止频率)，即照射光的频率不能低于某一临界值。相应的波长被称为极限波长(或称红限波长)。当入射光的频率低于极限频率时，无论多强的光都无法使电子逸出。

(2)光电效应中产生光电子的速度与光的频率有关，而与光强无关。

(3)光电效应的瞬时性。实验发现，几乎在光照到金属时的瞬间，立即产生光电流，响应时间不超过 10^{-9}s(1ns)。

(4)入射光的强度只影响光电流的强弱，即只影响在单位时间单位面积内逸出的光电子数目。在光颜色不变的情况下，入射光越强，饱和电流越大，即一定颜色的光，入射光越强，一定时间内发射的电子数目越多。

2. 光伏效应

光伏效应，又称光生伏打效应，是在光照条件下半导体产生电位差的现象。通过光伏效应将太阳辐射直接转换成电能的过程称为光电转换。这一过程的原理是光子照射到半导体后形成电子-空穴对，在 p-n 结电场的作用下，空穴流向 p 区，电子流向 n 区，这样就形成了电位差，接通电路后就形成了电流。这一过程有两种解决途径，最常见的一种是使用以硅为主要材料的固体装置，另一种则是使用光敏染料分子来捕获光子的能量。

当材料被光子照射后，电子从外界获得能量时将会跳到较高的能级，获得的能量越多跳的能级也越高，电子处在较高的能级时并不稳定，很快就会把获得的能量释放回到原来的能级。如果电子获得的能量足够高，就能摆脱原子核的束缚成为自由电子，电子空出来的位置则称为空穴。自由电子可能会因为摩擦或碰撞等因素损失能量，最后受到空穴的吸引而复合。例如，硅原子的最外层电子要成为自由电子需要吸收 1.1eV 的能量，当硅原子最外层电子吸收的光能量超过 1.1eV 时将会产生自由电子及空穴，称之为光生电子-空穴对(light-generated electron-hole pairs)。电子-空穴对的数目越多导电的效果也越好，由光照而使导电效果变好的现象称为光导效应(photoconductive effect)。

根据物理学定义，载流子为可以自由移动的带电荷的物质微粒。在半导体中，存在两种载流子，电子及电子流失而导致的空穴。根据半导体中载流子的不同，可以将半导体分为以电子导电为主的半导体，即为 n 型半导体，以及以空穴导电为主的半导体，即为 p 型半导体，其中 n 为英文 negative 的第一个字母，p 为英文 positive 的第一个字母。

载流子(即自由电子与空穴)的多寡对材料的电子特性有很大的影响，越多的自由电子与空穴可以使导电性增加，同时也可以使输出电流增加。而在半导体中，自由电子与空穴的产生是由于材料受到太阳光辐射，因此可以推测太阳光越强时生成的自由电子与空穴越多，则输出电流也越大。然而如果只是单纯的产生自由电子与空穴，将会因为摩擦及碰撞等诸多因素失去能量，最后自由电子会与空穴复合而无法利用。为了更有效地利用由电子与空穴产生电流，必须加入电场使自由电子与空穴分离进而产生电流。产生电场的方式有很多，如 p-n 结、金属-半导体结等，其中最常用的方式为 p-n 结。

n 型半导体及 p 型半导体虽然带有自由电子或空穴，但其本身仍然保持电中性，如果 n 型半导体及 p 型半导体内杂质浓度均匀分布，则内部没有电场存在。若将 n 型半导体及 p 型半导体接在一起，制成 p-n 结，则会因为两边自由电子与空穴的浓度不同而产生扩散。n 型半导体中自由电子浓度较高，因此自由电子由 n 型半导体向 p 型半导体扩散，同样地空穴会由 p 型半导体向 n 型半导体扩散。扩散的结果使得交界面附近的 n 型半导体失去电子得到空穴而带正电，p 型半导体失去空穴得到电子而带负电，在它们的交界面上就形成了空间电荷区。空间电荷区存在电场和电位差，即产生了内电场。内电场的方向与空穴和电子的扩散运动方向相反，因此，也被称为阻挡层。此时，空间电荷区内没有可以移动的载流子，载流子耗尽，也被称为耗尽区或空乏区。

在太阳能电池中，自由电子的浓度是影响电池效率的重要因素。对于硅太阳能电池而言，提高自由电子浓度常用的方法是在硅中加入少量的五价原子，五价原子的四个价电子与硅原子键合后剩下一个价电子，使剩下的价电子游离只需要 0.05eV，比原来的 1.1eV 小很多，在室温超过 200K 时即可使所有杂质产生自由电子，同样在硅中加入少量的三价原子可以提高空穴浓度。根据 n 型半导体和 p 型半导体的定义，在硅中加入五价原子后称之为 n 型半导体，加入三价原子后称之为 p 型半导体。

当光照射在 p-n 结上时，将会发生光生伏打效应。当能量匹配的光照射到 p-n 结上时，入射光在 p-n 结及其附近激发电子-空穴对。在空间电荷区，电子和空穴在内电场的作用下分离，空间电荷区附近的满足载流子扩散长度范围的光生载流子也在内电场作用下分离。p 区的电子在内电场作用下漂移到 n 区，n 区的空穴漂移到 p 区，形成了自 n 区向 p 区的光生电流，响应的光生电场的方向与内电场的方向相反。当光生电流与正向结电流相等时，p-n 结两端建立起稳定的光生电压。外电路开路时，此时的电压称为开路电压 V_{OC}；当外电路短路时，此时的外电路的电流称为短路电流 I_{SC}，理想状况下就是光电流。这就是太阳能电池的转换原理。

4.1.2　光电转换的应用

光电器件是把光和电这两种物理量联系起来，使光和电互相转换的新型半导体器件。光电器件主要有：利用半导体光敏特性工作的光电导器件、利用半导体光生伏打效应工作的光电池和半导体发光器件等。

半导体材料的光敏特性，即当半导体材料受到一定波长的光线照射时，其电阻率明显减小，或者说其电导率增大的特性。这个现象也称半导体的光电导特性。利用这个特性制作的半导体器件称为光电导器件。半导体材料的电导率是由载流子浓度决定的。电子从原子中逃逸出来，必须克服原子的束缚而做功，而光照正是向电子提供能量，使它有能力逃逸出来的一种形式。因此，光照可以改变载流子的浓度，从而改变半导体的电导率。光电导器件主要有光敏电阻、光电二极管、光电三极管等。

1) 光敏电阻

这是一种半导体电阻。在没有光照时，电阻很大；在一定波长范围的光照下，电阻值明显变小。制作光敏电阻的材料主要有硅、锗、硫化镉、锑化铟、硫化铅、硒化镉、硒化铅等。硫化镉光敏电阻对可见光敏感；用硫化镉单晶制造的光敏电阻对 X 射线、γ 射线敏感；硫化铅和锑化铟光敏电阻对红外线光敏感。利用这些光敏电阻可以制成各种光探测器。感光面积大的光敏电阻，可以获得较大的明暗电阻差。例如，国产 625-A 型硫化镉光敏电阻的光照电阻小于 50kΩ，暗电阻大于 50MΩ。

2) 光电二极管

光电二极管的管芯也是一个 p-n 结，只是结面积比普通二极管大，便于接收光线。但和普通二极管不同，光电二极管是在反向电压下工作的。它的暗电流很小，只有 0~1μA。在光线照射下产生的光生载流子参加导电会增大反向饱和电流。光生载流子的数量与光强度有关，因此，反向饱和电流会随着光强的变化而变化，从而可以把光信号的变化转为电流及电压的变化。光电二极管主要用于近红外探测器及光电转换的自动控制仪器中，还可以作为光导纤维通信的接收器件。

3) 光电三极管

光电三极管的结构与普通三极管相同，但基区面积较大，便于接收更多的入射光线。入射光在基区激发出电子-空穴时，形成基极电流，而集电极电流是基极电流的 β 倍，因此光照便能有效地控制集电极电流。光电三极管比光电二极管有更高的灵敏度。

4) 太阳能电池

太阳能电池就是利用光生伏打效应将光能直接换成电能的半导体器件。下文中将详细阐述太阳能电池的原理及应用。

4.2 太阳能电池

太阳能作为一种取之不尽的清洁能源成为人类开发的重要绿色能源之一。太阳能的转化与应用主要分为：光电、光热、光化学(光催化)、光生物能四种形式。太阳能光电转换，即光伏发电技术，是利用半导体材料的光生伏打效应直接把太阳能转变为电能的发电方式。目前研究的光伏电池半导体材料包括：硅(单晶、多晶、非晶)太阳能电池、无机化合物太阳能电池、染料敏化太阳能电池、薄膜太阳能电池、有机太阳能电池、无机-有机杂化太阳能电池(如钙钛矿太阳能电池)，其他如石墨烯太阳能电池、量子点太阳能电池等。至于太阳能光热转换技术，是将太阳辐射能通过集热系统聚集吸收转化为热能，其热能可直接应用，也可进一步经过热传输系统将聚焦收集的高温热能传给热机，由热机转化为机械能，然后带动发电机发电。这种发电方式又称为太阳能聚焦热发电(CSP)。其发电方式与机理完全不同于太阳能光伏发电技术，但这种聚焦热发电方式与光伏发电一样，成为目前并行的太阳能发电的两种主流方式。太阳能光热转换技术根据其温度与应用可分为三个层次：①热能低温(≤100℃)应用，如热水；②热能中温(100～240℃)应用，如工业蒸汽、空调、制冷、酿酒、海水淡化等；③热能高温(≥240℃)应用，即聚焦热发电技术。而聚焦热发电技术根据太阳光的聚焦方式又分为槽式、塔式、碟式、菲涅尔四种形式。在太阳能应用技术领域，大家普遍关心的关键核心技术包括全光谱光吸收技术、高效能量转换技术、长时段能量存储技术、低成本长寿命系统集成技术。

4.2.1 太阳能光电转换材料与技术

太阳能光电转换材料主要指半导体光伏太阳能电池，按照材料划分，主要有以下几种。

1. 硅太阳能电池

硅太阳能电池是当前太阳能发电的主力，它的转换效率为10%～26%。1961年，Shockley 等在研究硅太阳能电池时提出，硅太阳能电池在理想状态下转换效率的极限约为30%[1]。显然，目前硅太阳能电池的转换效率已经接近 Shockley 理论极限，但在实际生产中，硅太阳能电池的转换效率还与30%有较大差距。为了提高硅太阳能电池的转换效率，通常采用的方法有：从电学上改善硅太阳能电池的结构，从而使光子激发出的电子-空穴对更有效地分离到达电极[2]；对太阳能电池表面进行优化，增强太阳能电池的光吸收[3,4]；将太阳能电池光谱响应弱的光上(下)

转换成光谱响应强的光；改良太阳能电池的封装条件，使更多的光照射到太阳能电池上[5]。太阳能电池主要将紫外波段和可见光波段的能量转换为电能，拓展吸收光谱对太阳能电池是十分重要的。制备超薄晶硅太阳能电池是降低成本的标志性手段，然而一般的实验室制备超薄晶硅太阳能电池厚度罕有低于 20μm 的。Tan 等制备的超薄晶硅太阳能电池硅片厚度 16μm，表面金字塔型结构厚度也只有 1~2μm，而且成本更低[6]。硅太阳能电池按照材料硅的结晶状态又可划分为单晶硅、多晶硅和非晶硅太阳能电池三大类型。

1）单晶硅太阳能电池

单晶硅是指硅材料整体结晶为单晶形式，是目前普遍使用的光伏发电材料。单晶硅太阳能电池是硅太阳能电池中技术最成熟的，相对多晶硅和非晶硅太阳能电池，其光电转换效率最高。高效单晶硅太阳能电池的生产是建立在高质量单晶硅材料和成熟的加工工艺基础上的。现有的生产传统晶体硅太阳能电池的工艺需要真空，成本高，工艺复杂且有一定潜在技术风险。Uzum 等通过模拟和实验实现了非真空制备晶体硅太阳能电池的工艺[7]。单晶硅太阳能电池以纯度高达99.999%的单晶硅棒为原料，增高了成本，难以大规模使用。为了节省成本，目前应用的单晶硅太阳能电池对材料要求有所放宽，部分采用了半导体器件加工的头尾料及废次单晶硅材料，或者经过复拉制成太阳能电池专用的单晶硅棒。单晶硅片制绒技术更是减少光损失，提高电池效率的有效手段[8]。在单晶硅太阳能电池的研究中，为了降低成本，重点研究方向包括：一是继续提高光电转换效率；二是用超薄晶硅制作电池以节约材料成本。提高电池的光电转换效率，主要靠单晶硅表面微结构处理、提纯、缺陷控制和掺杂工艺等[9]。文献[10]中通过调控电池背面形貌制造的单晶硅太阳能电池效率达 19.27%。目前单晶硅太阳能电池的光电总转换效率可以达到 20%~26%。单晶硅太阳能电池尽管具有转换效率高、稳定性好的优点，但单晶硅生产工艺复杂、加工工艺烦琐，致使其成本居高不下，因此依靠单晶硅大规模推广太阳能电池还有一定难度[11]。由 Yang 等报道的无掺杂硅太阳能电池，不仅有 22.1%的高光电转换效率，更是拥有良好的稳定性和低廉的制造成本，在工业上提供了更大的可行性[12]。

2）多晶硅太阳能电池

多晶硅片生产能耗低，生产过程无污染，与单晶硅太阳能电池相比，多晶硅太阳能电池更加经济。但由于多晶硅内存在明显的晶粒界面，晶格错位等缺陷，其效率比较低。还有载流子迁移率、寿命和扩散长度等因素，与单晶硅太阳能电池相比，多晶硅太阳能电池的光电转换效率都低很多。但很有希望的是，Jiang 等报道了光电转换效率 18.6%的倒金字塔结构大面积多晶硅太阳能电池[13]。在德国弗劳恩霍夫协会科学技术人员的努力下，多晶硅太阳能电池的光电转换效率实现了 20.3%的突破。多晶硅太阳能电池制备的技术关键是结晶工艺。2017 年，Bellanger 等通过新的结晶工艺，由铝基底上的非晶硅，经过一系列退火等过程，形成了用于光伏器件的多晶硅片[14]。

3）非晶硅太阳能电池

非晶硅内原子排列短程有序，长程无序，有大量结构缺陷，因此，普通条件制得的非晶硅不能直接用于太阳能电池，大家普遍利用高频辉光放电法、反应溅射法、等离子体化学气相沉积（PECVD）法来制备，还可通过氢稀释技术来获得缺陷密度低且稳定性好的非晶硅。非晶硅太阳能电池生产成本低、制备简单、弱光性好，是实用廉价的太阳能电池之一。该电池多采用 p-i-n 结构，易于大面积制备。2017 年，Krajangsang 等通过增加 i-a-SiO：H/i-a-Si：H 堆叠式保护层，制备出光电转换效率为 19.4%的非晶硅太阳能电池[15]。Ferhati 等通过优化中间金属层的新方法有效提高了 p-i-n 型非晶硅(a-Si：H)太阳能电池的光吸收性能[16]。限制非晶硅太阳能电池发展的主要原因还是光致衰退效应（S-W 效应），a-Si：H 薄膜在电流或者长时间强光照射下，内部产生缺陷，导致光学性能的变化。造成光致衰退的微观机制目前尚无定论。2009 年就已有 Chowdhury 等制得纳米晶硅太阳能电池，获得的最小衰减效率只有 2%[17]。Hong 等论述了通过透明电极和 p 型半导体层之间的缓冲层来减小太阳能电池的光致衰退现象[18]。

2. 化合物太阳能电池

Ⅲ～Ⅳ族化合物半导体光伏材料，如碲化镉、砷化镓等，其禁带宽度为 1.0～1.5eV，与太阳光谱匹配较好，具有直接带隙且太阳光吸收波段宽而广泛应用于太阳能光伏发电。

1）砷化镓（GaAs）太阳能电池

自 20 世纪 50 年代砷化镓被发现具有光伏效应以来，砷化镓太阳能电池的发展已有 60 多年。一般而言，半导体材料晶格常数越大，带隙就越小，例如，Ⅲ～Ⅴ族化合物的能带宽度与晶格常数基本成反比[19]。砷化镓作为典型的Ⅲ～Ⅴ族化合物，带隙约 1.4eV，对高温有较强的耐受力，在 200℃下光电转换效率变化不大，因此，砷化镓是制备高倍聚光太阳能电池的理想材料。20 世纪 80 年代后，砷化镓太阳能电池的制备方法从液相外延法(LPE)过渡到金属有机化学气相沉积法（MOCVD），结构从单结过渡到多结叠层结构。Lin 等报道的单结砷化镓太阳能电池效率高达 23.52%[20]。与硅太阳能电池相比，砷化镓太阳能电池显然具有更高的光电转换效率，且拥有更好的耐高温性能及抗辐射能力[21]，因此，砷化镓材料主要用于空间电池和地面聚光电池。

2) 碲化镉(CdTe)太阳能电池

碲化镉是一种直接带隙半导体,带隙 1.45eV,太阳光谱响应在最理想的太阳光谱波段,防腐蚀性远远高于硅太阳能电池和砷化镓太阳能电池,在光伏产业中有很强的竞争力和广阔的发展前景。但碲化镉太阳能电池也存在不足之处,其电池性能在光照、湿度、温度及所处化学气氛等外界环境中容易发生衰减。因此,它的稳定性是研究的一个重要方面。Sultana 团队制备的超薄薄膜高效碲化镉太阳能电池,背部附加电子层 ZnTe,开路电压达 946.51mV,短路电流 34.40mA,填充因子 75.72%,效率突破 2015 年报道的实验室最高效率 22.1%[22],达到了 24.66%[23]。碲化镉和铜铟镓硒(CIGS)太阳能电池还同时被认为是未来实现低成本目标的典型薄膜太阳能电池。

3. 薄膜太阳能电池

目前已经投入商业化的薄膜太阳能电池,除了硅太阳能电池和碲化镉太阳能电池外,第三种便是铜铟镓硒和铜锌锡硫(CZTS)薄膜太阳能电池。2016 年 4 月,国家发展改革委和国家能源局印发了《能源技术革命创新行动计划(2016—2030)》,明确提出大幅度提高铜铟镓硒、碲化镉太阳能电池效率是太阳能利用路线 2030 年的重要目标。薄膜太阳能电池的优势,首先是减少了材料用量从而降低了成本,其次是相于传统的硅太阳能电池,薄膜太阳能电池所需的沉积温度更低。

1) 铜铟(镓)硒[CuIn(Ga)Se$_2$]薄膜太阳能电池

CuIn(Ga)Se$_2$ 是最重要的多元半导体薄膜光伏材料之一。CuInSe$_2$ 是直接带隙半导体,带隙约 1.04eV,掺入 Ga 部分替代 In 后,带隙在 1.04~1.70eV 的范围内连续可调,还可以在膜厚方向调整 Ga 元素掺入的比例,制备梯度带隙半导体,提高光吸收效率。其光电转换效率接近多晶硅太阳能电池,受到光伏产业的高度重视。铜铟硒(CIS)太阳能电池是 20 世纪 80 年代初由 Boeing 公司开发的多晶薄膜太阳能电池。铜铟硒太阳能电池以其廉价、高效、接近于单晶硅太阳能电池的稳定性和较强的空间抗辐射性,已受到全世界光伏工作者普遍关注,成为 21 世纪具有前途的太阳能电池之一。目前,铜铟硒太阳能电池的实验室转换效率超过 20%,大面积集成组件的转换效率超过 13%。CIS 光伏材料所具有的优异性能吸引着世界众多专家进行研究,但由于其生产技术要求高、工艺重复性差、高效电池成品率低,直到 2000 年才初步实现产业化,目前已经突破产业化瓶颈。2011 年,德国的 Philip Jackson 团队制备出光电转换效率为 20.3%的 CIGS 薄膜太阳能电池[24]。Moradi 团队利用 ZnSe 缓冲层制备的 CIGS 薄膜太阳能电池效率为 20.07%[25]。Asaduzzaman 等报道的高效 CIGS 太阳能电池的效率更是达到 24.27%,吸收层带隙 1.21eV，开路电压 0.856V，短路电流密度 33.09mA/cm^2，填充因子 85.73%[26]。CIGS 薄膜太阳能电池生产成本较低，主要通过共蒸发法和硒化法进行制备，也可通过调节 Cu 和 In 的比例制成 p 型或 n 型[27]。尤其是 CIGS 薄膜太阳能电池具有很强的耐辐射性，放射线辐照下几乎没有性能衰减，寿命极长，其发展前景良好。

2) 铜锌锡硫薄膜太阳能电池

由于 CuIn(Ga)Se$_2$ 中 In 和 Ga 元素都比较昂贵稀有，人们开始使用更为廉价的铜锌硒硫(CZSS)来替代这种材料，但光电转换效率仅有 0.66%[28]，但它成功地为新型薄膜太阳能材料 CZTS 打开了大门。CZTS 的 Shockley-Queisser 理论效率可以达到 32.2%[29]。CZTS 微观上是锌黄锡矿结构，属于 p 型半导体，它的光伏性质是由 Ito 和 Nakazaw 首先发现的[30]。1997 年，Friedlmeier 团队又制备出效率为 2.3% 的电池元件[28]。之后电池效率一直提升缓慢。直到 2001 年 Roe 等将效率提高到 13%[31]，2014 年，Wang 等使用少量 Se 元素替代 S 元素，制备的 CZT(S, Se) 薄膜太阳能电池效率已经提高到 12.6%[32]，是目前所达到的最高效率。

4. 染料敏化太阳能电池(DSSC)

染料敏化二氧化钛电池实际是一种光电化学电池。早期的二氧化钛光电化学电池稳定性差、效率低。1991 年，瑞士 Grätzel 将染料敏化引入该种电池，效率达到 7.1%，成为太阳能电池前沿热点之一[33]。目前这种电池的实验室效率达到 11%。有时又将这种电池称为纳米晶太阳能电池，采用的是无机-有机复合体系，有效地把纳米技术与太阳能电池结合。首先采用无机纳米粒子制备多孔的薄膜，然后在薄膜的微孔中修饰有机染料分子或无机半导体粒子作为光敏剂，光敏剂吸收入射光后产生电子-空穴对，通过半导体颗粒使电荷转换效率提高。其制备工艺简单，制作成本仅为单晶硅太阳能电池的 1/5[9]，具有明显的价格优势，但仍需要克服光电转换效率低和耐久性差等问题。

2011 年，孟庆波等总结了一系列提高染料敏化太阳能电池效率的方案，如提高光电子收集和传输效率、开发新型染料、开发固态及准固态电解质等。值得提及的是，在染料敏化太阳能电池的敏化剂中引入窄禁带无机半导体量子点(QD)，发展成为量子点敏化太阳能电池，也有很好的前景和表现[34]。Chen 等报道的高效染料敏化太阳能电池效率为 8.18%，开路电压为 715mV，短路电流密度为 15.814mA/cm^2，填充因子为 72.4%[35]。通过 20 多年的研究，目前，染料敏化太阳能电池的最高效率已经达到 13%。总之，以纳米 TiO$_2$ 为主的薄膜太阳能电池，因其工作原理独特，生产成本低廉而受到广泛关注。

5. 有机太阳能电池

有机太阳能电池其实是薄膜太阳能电池的另外一种类型，是以有机材料作为主要活性层的太阳能电池。相较于无机材料，有机太阳能电池具有制备成本低、种类和结构多样、性能可通过结构设计来调控、制备合成工艺简单、易于大面积制备及可用于柔性电子器件等特点[36]。目前，常见的有机太阳能电池是体异质结太阳能电池(bulk-heterojunction solar cell)，这种电池的结构如图 4-1 所示，主要由以下几部分组成：电极、过渡层和活性层，其中关键部分为活性层。体异质结结构的活性层有利于激子的产生、分离和输运过程，其中给体材料(donor, D)和受体材料(acceptor, A)充分混合，对提高光电转换效率(photocurrent conversion efficiencies, PCE)有极大的促进作用。

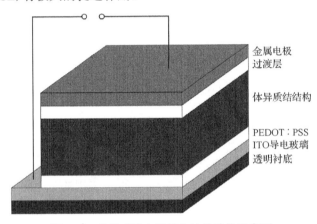

金属电极
过渡层

体异质结结构

PEDOT：PSS
ITO导电玻璃
透明衬底

图 4-1*　体异质结太阳能电池的结构示意图

第一例有机太阳能电池是 1986 年由柯达公司的 Tang 博士[37]使用铜酞菁和苝二酰亚胺(perylene diimide, PDI)类有机材料组成有机太阳能电池，其光电转换效率仅为 0.95%，与无机太阳能电池相差较远。在当时由于技术水平的限制，有机太阳能电池并没有引起科学家的关注，Tang 博士也将自己的关注点转移到了有机发光二极管上，并在该领域取得了非凡的成就。

随着科学技术的进步和发展，20 世纪 90 年代初，Sariciftci 等发现在光激发下，富勒烯(C_{60})和共轭聚合物所组成的混合物能发生超快光诱导电子转移现象[38]。自此，富勒烯作为有机太阳能电池的受体材料得到了广泛的研究。以富勒烯为受体材料，科学家发展了一系列给体材料，并且基于富勒烯类有机太阳能电池深入地研究了有机太阳能电池的光物理过程、激子的产生和分离过程、形貌对电池性能的影响，以及添加剂对电池性能的影响等一系列理论和工艺问题。2013 年，加利福尼亚大学洛杉矶分校的 Yang Yang 教授课题组[39]报道了一例光电转换效率达到 10.6%的聚合物有机太阳能电池器件。其以富勒烯为受体材料，制作串联叠层有机太阳能电池器件，光电转换效率突破了 10%，这是第一例光电转换效率超过 10%的器件，意味着有机太阳能电池已经具有商业化的前景。香港理工大学的颜河[40]教授课题组在 2016 年报道了一例光电转换效率达到 11.7%的基于富勒烯的聚合物太阳能电池，这是迄今为止报道的基于富勒烯太阳能电池光电转换效率的最高纪录。

但是富勒烯及其衍生物的光谱吸收窄，并且吸收范围和太阳能光谱范围相差大，并不能很好地利用太阳光。再者，富勒烯及其衍生物的溶解性差、合成成本高，这也限制了富勒烯有机太阳能电池的应用。在生产富勒烯的过程中，不可避免地会产生非常大的污染，这与人们目前追求绿色化学的理念是不相符的，这也是制约富勒烯有机太阳能电池发展前景的一个重大问题。

为了解决这个难题，科学家继续发展了非富勒烯类有机太阳能电池受体材料。最先进入科学家视野的是苝二酰亚胺类材料，Tang 博士所合成的第一例有机太阳能电池使用的受体材料就是苝二酰亚胺类材料。苝二酰亚胺类受体材料是研究得最为深入、彻底的非富勒烯受体材料，其光电转换效率已经从 1986 年 Tang 博士所得到的 0.95%[37]得到了很大的提升。

科学家为了提高有机太阳能电池的光电转换效率，除苝二酰亚胺类受体材料外，还发展了其他的一系列有机太阳能电池受体材料。2016 年，南开大学陈永胜教授课题组[41]通过串联叠层的方法实现了 12.7%的光电转换效率值。其设计思想主要是利用寡聚物材料互补吸光策略，构建具有宽光谱吸收特性的叠层有机太阳能电池器件，如图 4-2 所示。这是同期有机太阳能电池光电转换效率的最高值。

除此之外，北京大学占肖卫教授课题组设计合成了 IEIC 类[42]和 ITIC 类[43]有机太阳能电池受体材料(图 4-3)。该类化合物的设计合成综合体现了近年来科学家对非富勒烯类受体材料的理解，为未来发展非富勒烯类受体材料提供了方向。首先，中心的稠环体系是必需的，因为稠环单元提供了较好的电子传输性能和基本的光电子性能，是实现其有机光电性质的核心。其次，芴类单元提高了化合物的溶解性，降低了材料在成膜时的自堆积趋势，有利于形成较好的太阳能电池活性层形貌。过往的研究表明，活性层的形貌对有机太阳能电池的效率有非比寻常的影响。最后，分子两端的强吸电子基团扩展了化合物的光谱吸收范围，使其能有效地利用太阳光。

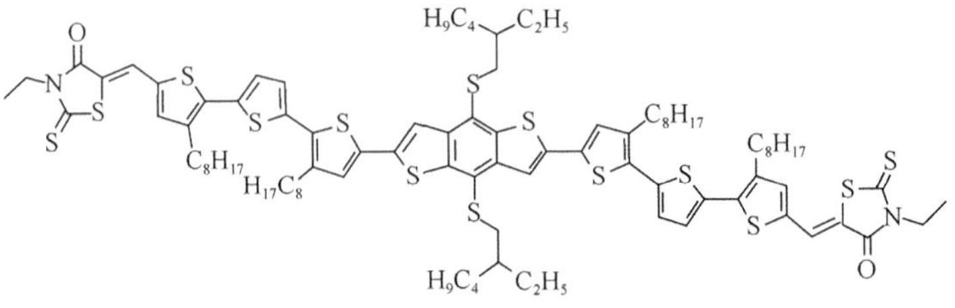

(a) DR3TSBDT

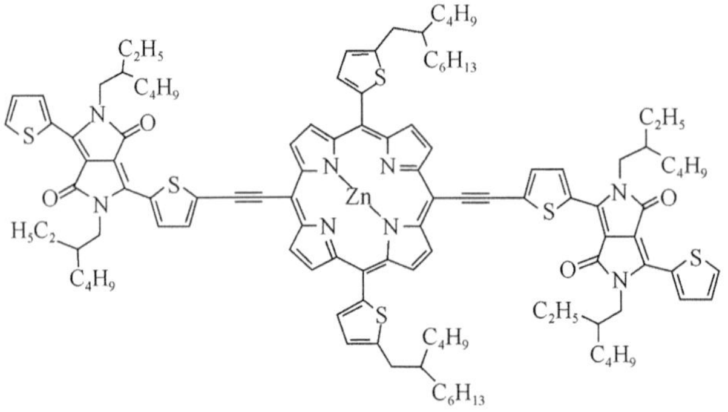

(b) DPPEZnP-TBO

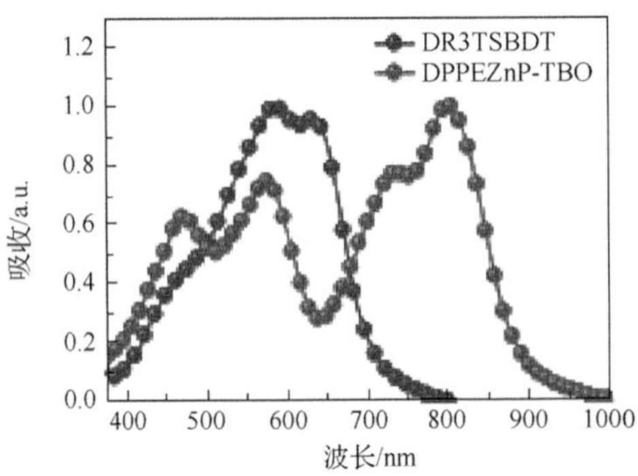

(c)

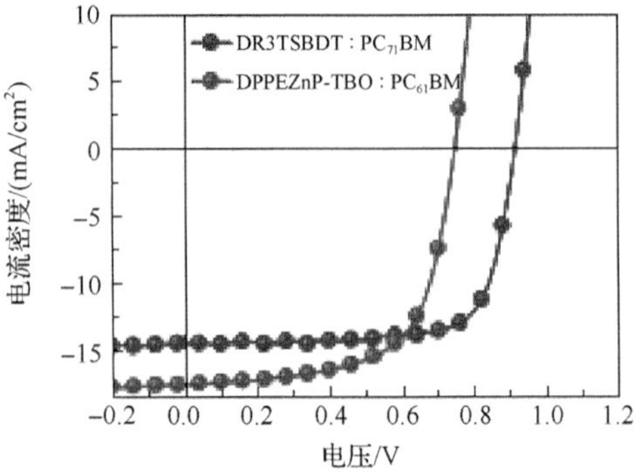

(d)

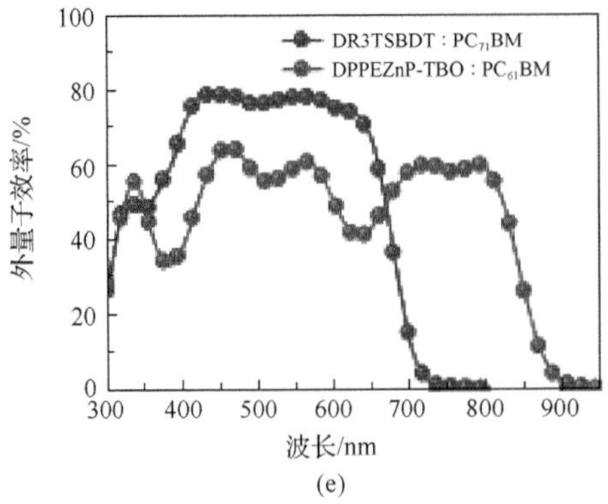

(e)

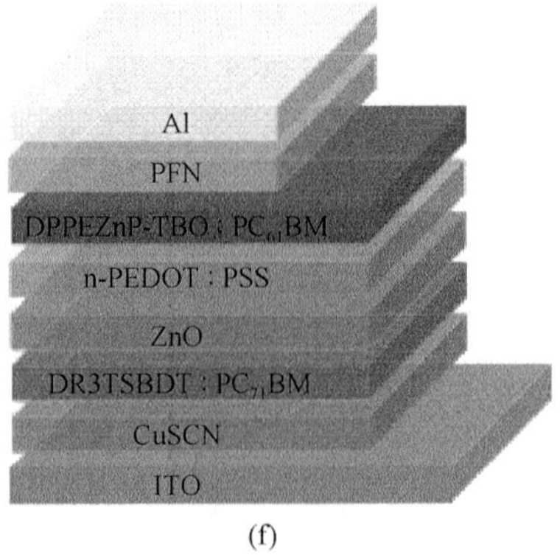

(f)

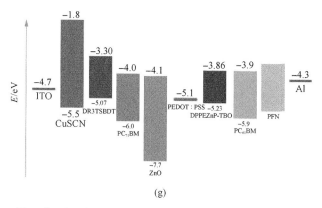

(g)

图 4-2* 寡聚物互补吸光策略在有机太阳能电池中的应用[41]

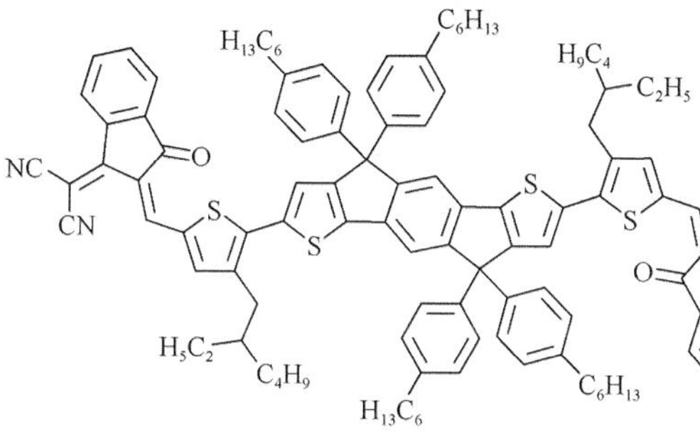

(a) IEIC

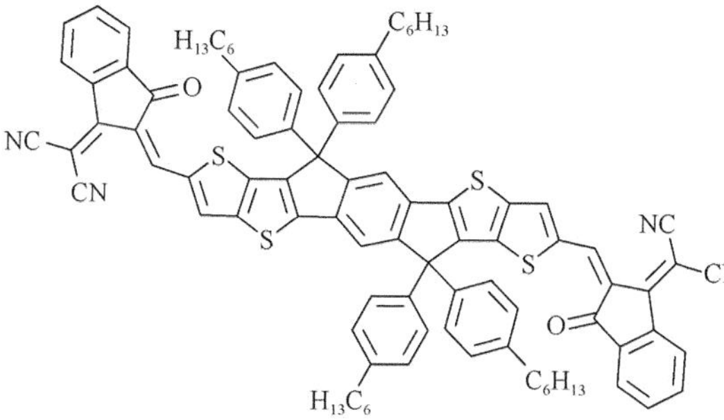

(b) ITIC

图 4-3 IEIC 和 ITIC 的化学结构

中国科学院化学研究所侯剑辉研究员课题组[44]使用氟化策略，设计合成了一种新型非富勒烯有机太阳能电池受体材料(IT-4F)和一种新型聚合物给体材料(PBDB-T-SF)，系统地研究了氟化对给体和受体的吸收光谱、分子能级及电荷迁移率的影响(图4-4)。基于 PBDB-T-SF：IT-4F 的有机太阳能电池得到了 13.1%的创纪录的光电转换效率，并且在 100～200nm 的厚度下依然可以获得超过 12%的光电转换效率。在这项工作中，作者使用了有机太阳能电池的给体和受体分子协

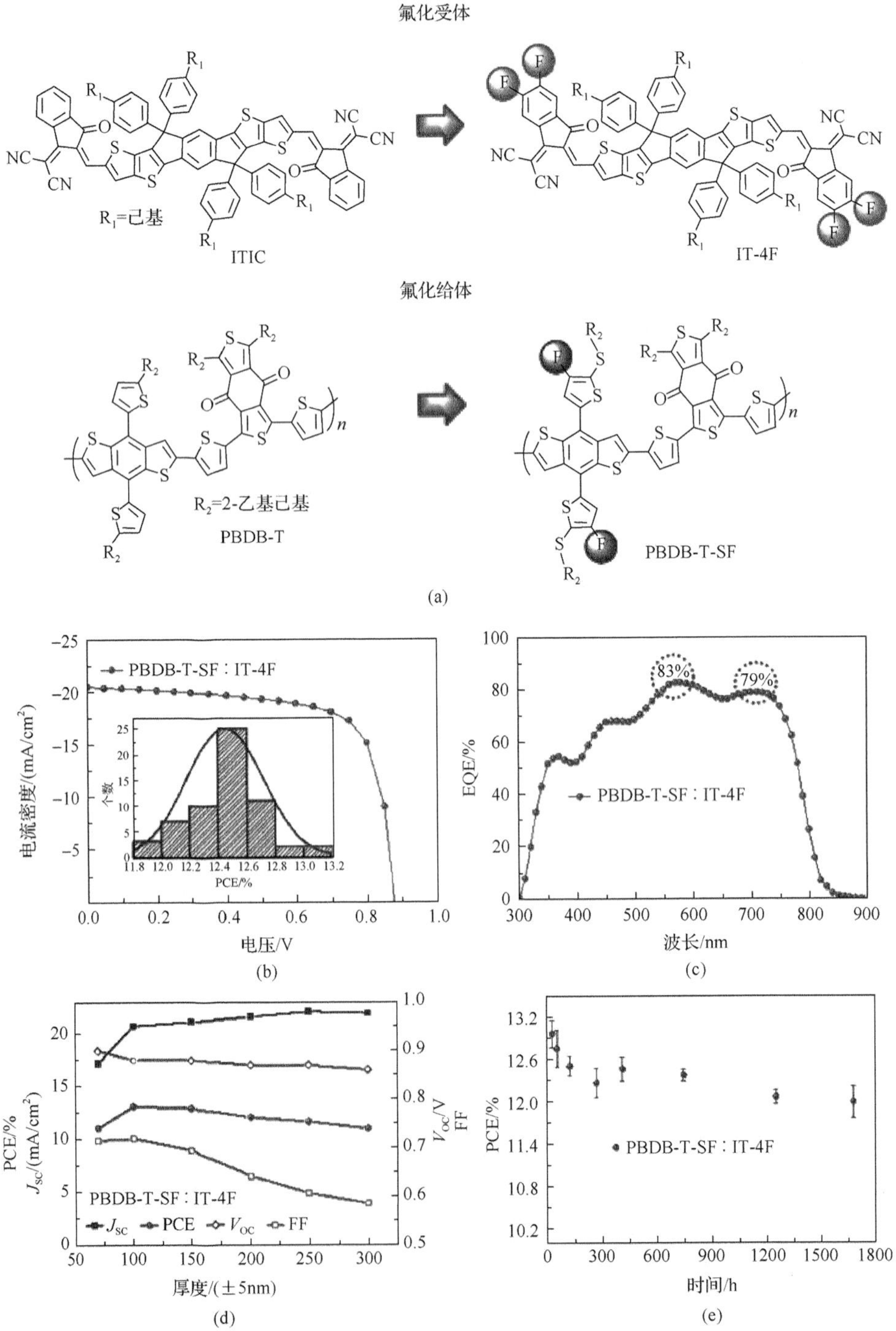
氟化受体
R1=己基
ITIC
IT-4F
氟化给体
R2=2-乙基己基
PBDB-T
PBDB-T-SF
(a)
PBDB-T-SF : IT-4F
电流密度/(mA/cm2)
电压/V
个数
PCE/%
(b)
EQE/%
波长/nm
83%
79%
(c)
PCE/%
JSC/(mA/cm2)
VOC/V
FF
厚度/(±5nm)
JSC
PCE
VOC
FF
(d)
时间/h
(e)

图 4-4* 氟取代策略在有机太阳能电池中的应用

EQE 代表外量子效率

同优化的思想。通过氟化成功地设计并合成了新型聚合物给体 PBDB-T-SF 和小分子受体 IT-4F。新设计的有机光电材料相对于其非氟化对应物表现出较低的分子能级。该器件活性层的光吸收范围较宽，吸收系数较高，这可以明显地提高有机太阳能电池器件的短路电流。此外，该有机太阳能电池器件表现出了对活性层厚度的良好耐受性和稳定的光电转换效率。

随后，侯剑辉研究员课题组[45]使用串联叠层的方法(图 4-5)，设计合成了一种新型非富勒烯受体材料，其光学带隙(E_g^{opt})为 1.68eV，在电池中作为前端子单元的受体材料，并选择了 E_g^{opt} 为 1.36eV 的具有良好相分离形貌的非富勒烯活性层的后端子电池。两个亚单元的能量损失较低和外量子效率较高，并且它们的光谱响应是互补的。此外，还发展了一种由 ZnO 和 pH 中性自掺杂导电聚合物 PCP-Na 组成的连接层(interconnection layer, ICL)，其在近红外范围内具有较高的透光率。基于优化的子电池和连接层，获得了平均光电转换效率大于 13%的基于溶液制备的非富勒烯串联叠层有机太阳能电池。这是迄今为止光电转换效率最高的有机太阳能电池，最高达到了 13.8%。

在富勒烯类有机太阳能电池中，无论是聚合物还是小分子，吸收太阳光的主要是给体材料，这主要是因为富勒烯及其衍生物的光吸收率很低，这也解释了在有机太阳能电池中特有的名词"给体"和"受体"的来源。但是，随着非富勒烯类受体材料的发展，通过化学修饰，这类化合物能形成比传统给体材料更强的吸光材料，并且在光激发后也能通过空穴转移电子给给体材料形成光电流[46]。为了充分利用这两种产生光电流的途径，在设计和组装太阳能电池时，科学家应采取互补光谱范围的方式[41]。在过去 30 年的研究过程中，基于富勒烯类受体材料发展了一系列聚合物和小分子给体材料，科学家积累了大量给体化合物及调控化合物光谱范围的方法，如调整共轭长度、使用氟化来改变前线轨道能级及调整 HOMO-LUMO 重叠程度以修改消光系数[47]。但是，由于活性层的形貌，特别是活性层中给体材料和受体材料域(domain)的大小，对激子的解离和传输有较大的影响[48]，简单的能级匹配并不能使有机太阳能电池的光电转换效率最大化。因此，在设计过程中，必须考虑如何降低给体和受体材料的结晶能力，使其并不能形成较大的域。这就要求分子的共轭程度不能太大，否则将会有强烈的自堆积倾向。然而，分子共轭程度的降低将带来载流子迁移率的降低。这启示我们，在设计分子的过程中，必须对分子结构有清晰的、深入的理解来平衡这对矛盾体。在设计过程中，还必须要考虑化合物的合成难度、分子的化学稳定性、热稳定性和光稳定性等一系列问题[49,50]。

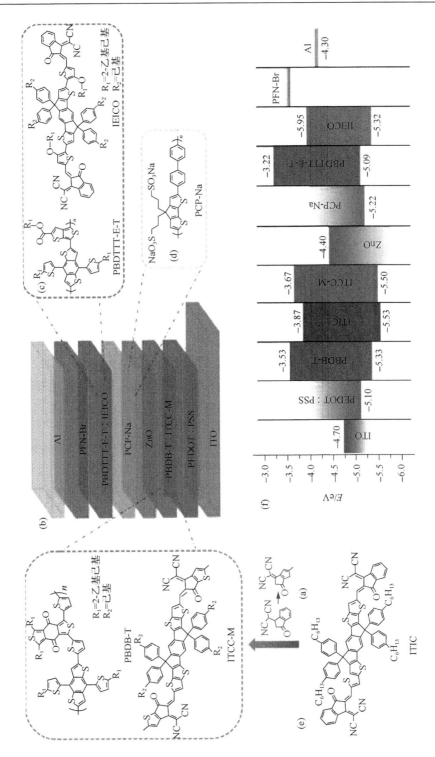

图4-5* 基于非富勒烯类受体材料的串联叠层有机太阳能电池

6. 钙钛矿太阳能电池

钙钛矿在这里是指一种晶体结构类型，不是传统的具有 ABO_3 晶体结构的钛酸钙($CaTiO_3$)，而是具有相同晶体结构钙钛矿型 ABX_3 的一种无机-有机杂化化合物。A 一般为有机阳离子，如甲胺阳离子 $CH_3NH_3^+$、甲脒阳离子 $CH(NH_2)_2^+$，在钙钛矿太阳能电池无机化的过程中，还有人尝试用其他金属阳离子对有机部分进行替代。Luo 等第一次在大气中用 Cs^+ 替代有机阳离子制得稳定的无机钙钛矿 $CsPbI_3$ 电池，光电转换效率为 1.88%[51]。B 一般为 2 价金属阳离子，最常用的是 Pb，但由于 Pb 元素有毒，对环境造成一定的威胁，尝试用其他元素如 Ge、Sn[52]等对其进行全部或部分替代。X 一般为卤素离子。

杂化钙钛矿太阳能电池的光电转换效率表现出了其他太阳能电池不曾有过的增长速度，并且还在呈现上升趋势。这类材料也属于直接带隙半导体，拥有更丰富的导带价带能级，能带可调控，与砷化镓等材料相比，可见光吸收系数更高[53]，吸收范围更宽，典型的 $CH_3NH_3PbI_3$ 光吸收范围覆盖整个可见光波段，在钙钛矿太阳能电池中一般作为吸光层存在。难得的是，此类钙钛矿的载流子寿命及迁移率都非常高，使得空穴和电子的扩散距离非常大，对于制造光伏器件具有很大的优势。2009 年，Akihiro Kojima 首次在染料敏化太阳能电池中使用钙钛矿结构有机卤化物 $CH_3NH_3PbI_3$ 和 $CH_3NH_3PbBr_3$，作为光吸收层制备出第一个钙钛矿太阳能电池，并获得 3.81%的光电转换效率[54]。Ming 制备了无机-无铅钙钛矿太阳能电池材料 $CsGeI_3$，其性质会显著降低开路电压，而由于它很小的空穴有效质量，可用来作为有效的空穴传输层[55]。截至 2016 年，经过认证的钙钛矿太阳能电池的光电转换效率已经高达 22.1%。钙钛矿太阳能光伏材料不仅具有良好的吸光性和电荷传输速率，而且能通过不同的结构提升其光电转换效率[56]。钙钛矿太阳能光伏材料主要包括钙钛矿吸光材料、空穴传输材料、电子传输材料。钙钛矿吸光材料实质上是一种有机-无机的杂化材料。钙钛矿太阳能光伏材料在快速发展的同时也存在一些亟须突破的问题，如何在提高稳定性的同时还具有较高转换效率是目前的一个难点。

钙钛矿材料成膜方法非常简单，最常用的是传统溶液法。传统溶液法包括一步溶液法和二步溶液法。其他还有气相沉积法、分步液浸法等。

(1)一步溶液法。一步溶液法是最简单的制备方法，通常将摩尔比为 1∶1 的 AX 和 BX_2 溶解于 γ-丁内酯(GBL)或 N,N-二甲基甲酰胺(DMF)等有机溶剂中，配置成前驱体溶液，旋涂于衬底上即可。但成膜条件对一步溶液法影响较大，在形貌控制上有一定难度，成膜质量不高。

(2)二步溶液法。二步溶液法(又称相互扩散法)，由黄劲松等提出[57]。先将 BX_2 旋涂于衬底上，之后再旋涂 AX，让两层反应物在退火的过程中进行相互扩散并发生反应。二步溶液法制备的 ABX₃ 钙钛矿吸光层，纯度更高，成膜质量更好，更致密，相对于一步溶液法，有效增加了电子-空穴对产生数量，减少层内复合，提高了光电转换效率。

(3)气相沉积法。Snaith 首先运用气相沉积法制备钙钛矿吸光层[58]。用氯化铅 ($PbCl_2$)与 CH_3NH_3I 在真空中混蒸，获得效率为 15.4%的均匀平整的钙钛矿薄膜。但因为制备过程需要在真空中进行，成本高且无法大面积制备。

(4)分步液浸法。分步液浸法的优点在于可控性和重复性都很好。Grätzel 等先在 TiO_2 薄膜上旋涂一层 PbI_2，干燥后浸没在 CH_3NH_3I 溶液中，充分反应后用异丙醇冲洗多余的 CH_3NH_3I 溶液，制得钙钛矿薄膜[59]。分步液浸法将介孔结构钙钛矿太阳能电池的效率提升到了 15%以上。

目前首先亟待解决的是钙钛矿材料的稳定性问题。钙钛矿材料的热稳定性、湿度稳定性都非常差，甚至有些钙钛矿材料遇光也会分解，为钙钛矿太阳能电池的制备带来很大困难。Bi 等报道了将脂肪族含氟两亲性添加剂加入到 $CH_3NH_3PbI_3$ 中的方法，来调节形貌和提高钙钛矿材料的环境稳定性[59]。复旦大学的 Liang 等通过引入有机阳离子基团，将 3D 结构的 $CH_3NH_3PbI_3$ 变成 2D 结构，发现 *iso*-Ba 显著改善了电池的稳定性，无须封装即可在温度 20℃、相对湿度 60%的环境中坚持 840h 并且光吸收系数没有明显变化[60]。文献中制备的超稳定[$HOOC(CH_2)_4NH_3]_2PbI_4$/$CH_3NH_3PbI_3$ 钙钛矿太阳能电池不仅有 11.2%的输出效率，而且持续工作超过 10000h。Song 等制备的高稳定性钙钛矿太阳能电池在潮湿空气中仍表现出长期稳定性[61]。Nam 报道了全无机铯卤钙钛矿太阳能电池，空气中稳定性良好[62]。另外，毒性 Pb 元素的替代也是目前研究的热点之一。绿色环保是当今社会发展的主流趋势，常用的方法就是用其他元素替代 Pb。目前用 Sn 元素替代 Pb 元素的方法相对成熟，但是替代后的钙钛矿材料更加不稳定。钙钛矿材料生产工艺简单且廉价，但制作钙钛矿太阳能电池的过程对环境的要求较高，空穴传输层材料的价格也非常昂贵，大大增加了电池的制造成本。

7. 其他

1)石墨烯太阳能电池

石墨烯是一种完全由碳原子以 sp^2 杂化方式形成的只有 1 个原子层厚度的准二维蜂窝状平面薄膜材料，价格低廉、轻薄，但是韧性强、透光度高，被广泛应用于太阳能电池领域，如代替导电玻璃作为太阳能电池的透光电极，作为电池受体材料等[63]。Chandrasekhar 和 Komarala 在钙钛矿太阳能电池的一项研究中发现，用石墨烯/ZnO 作为电子传输层的钙钛矿太阳能电池，比单用 ZnO 作为电子传输层的光电性能好得多，短路电流密度从 15.54mA/cm² 提高到了 19.97mA/cm²，光电转换效率从 7.0%提高至 10.3%[64]。

2)量子点太阳能电池

量子点太阳能电池是目前最前沿的太阳能电池之一，理论上可将光电转换效率提高到 44%[65]。Du 团队制备并得到认证的量子点太阳能电池效率为 11.6%[66]，仍有很大提升空间。此外，量子点太阳能电池还存在对电极与电解质反应和液态电解质泄漏等情况，直接缩短了量子点太阳能电池的使用寿命。

2016 年，Swarnkar 报道了将 α-$CsPbI_3$ 钙钛矿制成量子点，发现不仅有理想的禁带宽度，而且在空气条件下稳定保持了几个月，高温下仍能保持稳定，电子输运距离较长，开路电压达 1.23V，效率为 10.77%[67]。Kwak 制备出了效率为 14.98% 的硅量子点太阳能电池[68]。张敏等报道了利用 Cu_2ZnSnS_4 纳米片阵列对电极的量子点敏化太阳能电池，效率为 0.80%，而以 Pt 作为对电极的量子点敏化太阳能电池的效率只有 0.34%[69]。

4.2.2 太阳能电池的发展前景

未来超高效率太阳能电池的发展方向主要有以下几个方面：

(1)多界面、多带隙、多能带结构，使用不同带隙的材料来吸收不同波长的光子。减少载流子能带内的能量释放，大幅度提高太阳能电池的效率。

(2)一个光子产生多个电子-空穴对，增加输出的光电流，从而提高太阳能电池的效率。

(3)热载子太阳能电池，提高载子温度能够大幅度提高太阳能电池的效率。

(4)黑体辐射的频谱转换，将太阳光改变成理想的光源，减少载子能带内的能量释放，提高太阳能电池的效率。

(5)新材料如染料感光太阳能电池、聚合物和有机物材料的太阳能电池等。

(6)热光伏特效应，将不能进行光伏效应的太阳能通过晶格振动的多声子吸收转化为可以进行光伏效应的光能，从而提高太阳能电池的效率。

4.3 光催化制氢

光电化学水分解电池能够将太阳能直接转换为氢能，是一种理想的太阳能利用方式。p-n 叠层电池具有理论转换效率高、成本低廉、材料选择灵活等优势，被认为是最具潜力的一类光电化学水分解电池。然而，目前这类叠层电池的太阳能转换效率还不高，主要原因是单个电极的效率太低。

太阳能因其总量丰富且对环境无害，被认为是最理想的可再生资源。如果要实现太阳能的大规模利用，就必须解决太阳能的吸收、转换和储存问题[70]。光伏电池虽然取得了较高的太阳能转换效率，但产生的电能难以储存。相比之下，光电化学水分解电池能够利用太阳能分解水制氢，直接把太阳能转换为清洁可储存的氢气，实现太阳能到化学能的一步转变。半导体光电化学现象的发现最早可追溯至 1839 年，法国科学家 Becquerel 无意中发现当光照射到浸入电解液中的卤化银电极时有电流产生[71]。而利用光电化学水分解制氢的研究始于 1972 年，日本学者 Fujishima 和 Honda 报道了 TiO$_2$ 电极在光照下可以分解水产氢[72]。光电化学电池由半导体电极、电解液和外电路构成，当太阳光照射时，半导体电极会被激发产生光生载流子，载流子在电场的作用下迁移。其中，发生氧化反应的电极称为光阳极，发生还原反应的电极称为光阴极。

　　光电化学水分解可分为三类：单电极电解池、p-n 叠层电解池(p-n tandem)、光伏-光电化学(PV-PEC)电解池(图 4-6)。对单电极电解池全分解水而言，需要导带位置比水还原电位更负，同时价带位置比水氧化电位更正，且还需要较大的外加偏压，因此存在很大的局限。PV-PEC 电解池由于太阳能电池成本太高，不利于大规模应用。而 p-n 叠层电解池，具有理论转换效率高、材料选择灵活、成本低廉等优势，被视为最有潜力的一类光电化学水分解电池。据理论估计，在 p-n 叠层电解池中，当光阳极带隙为 1.7eV、光阴极带隙为 1.0eV 时，最高太阳能转换效率可达 28%[73]。

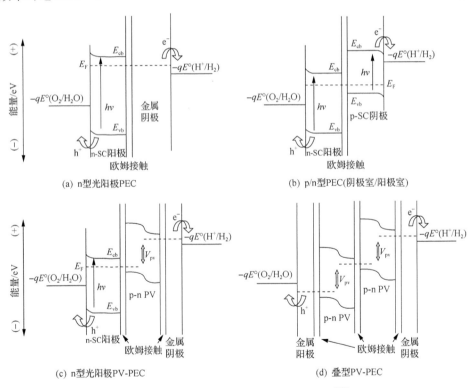

(a) n型光阳极PEC　　　　　　　　(b) p/n型PEC(阴极室/阳极室)

(c) n型光阳极PV-PEC　　　　　　　(d) 叠型PV-PEC

图 4-6　不同光电化学水分解电池示意图[70]

E_F 表示费米能级；E_{cb} 表示导带能级；E_{vb} 表示价带能级

　　然而，目前实验上这类叠层电池太阳能转换效率并不高：Mor 等用 n-TiO$_2$ 与

p-Cu-Ti-O 组成叠层水分解电池，获得 0.3%的太阳能转换效率[74]；Bornoz 等用 $BiVO_4/Cu_2O$ 叠层水分解电池获得 0.5%的太阳能转换效率[75]；Ding 等用 $BiVO_4/Si$ 叠层水分解电池获得 0.77%的太阳能转换效率[76]；Jang 等构筑的 Fe_2O_3/Si 叠层水分解电池的太阳能转换效率为 0.9%[77]；Kim 等用 $BiVO_4$ 和 $(Ag, Cu)GaSe_2$ 获得了 0.67%太阳能转换效率的叠层水分解电池[78]。导致其性能不高的主要原因是单个电极的效率太低，因此，这一领域的大部分研究集中在独立开发高效稳定的光阳极或光阴极上。表征光阳极或光阴极半电池的性能时，AM1.5G 太阳光照（光强 $100mW \cdot m$）下电流和起始电压是评价半电池的两个重要参数。对光阳极而言，光电流[1.23V（$vs.$ RHE）处]越高，起始电压越负，性能越好；而对光阴极而言，光电流[0V（$vs.$ RHE）处]越高，起始电压越正越好。理论上讲，在不考虑接触电阻等能量损失时，两条曲线的交点对应的光电流即为这两个电极组合成 p-n 型叠层电池后无外加偏压时的最大光电流 J_{op}。这样，由这两个电极组成的叠层电池总的太阳能转换效率为 $\eta = J_{op} \cdot 1.23V$，因此，提高 J_{op} 是提高叠层电池太阳能转换效率的关键。

4.3.1　几种提高光电极效率的方法

　　光电极性能不高的主要原因来自于光生载流子的复合。复合方式主要存在三种（图 4-7）：①体相复合，光生电子或者空穴在传输过程中，被体相缺陷、捕获而发生的复合；②表面复合，由于表面态、偏析相、杂质原子等的存在，形成的载流子复合中心；③背反应，以光阳极为例，就是指导带上的电子与水氧化产物之间发生的反应。下面分别介绍减少上述三种复合方式，提高光电化学性能的方法。

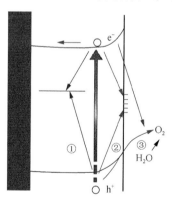

图 4-7[*]　半导体光电极光生载流子的三种复合方式
①体相复合；②表面复合；③背反应

1. 减少体相复合

光生载流子在传输过程中容易在体相复合，导致传输到反应界面层的空穴（电子)浓度较低，极大地降低了电极的催化性能。Zhao 等通过密度泛函理论计算发现，在 BiVO₄ 中进行金属离子掺杂，可以形成杂质能级，使光生电子有更大的概率传输到导带上而非在体相复合[79]。Luo 等通过研究不同六价离子 Cr⁶⁺、Mo⁶⁺、W⁶⁺ 掺杂对其光电流的影响，发现 Mo⁶⁺、W⁶⁺ 掺杂形成浅杂质能级，有利于电子、空穴传输，掺杂后性能明显提升，而 Cr⁶⁺ 掺杂形成深杂质能级，电极性能反而降低，如图 4-8 所示。同时，Luo 等通过 Mo 掺杂 BiVO₄，在海水分解上展现出了优异的光电流和光电转换效率[80]。这表明，浅能级掺杂能增加 BiVO₄ 光电极光生电子扩散距离，减少复合，提高性能，但深能级掺杂很可能形成复合中心，不能很有效地提高光电极的光电性能。

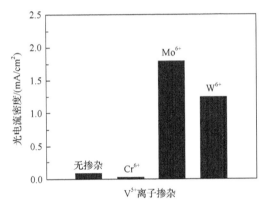

图 4-8* 不同离子掺杂对 BiVO₄ 光电流的影响[80]

除利用掺杂来减少体相复合外，通过微纳结构调控如纳米线、纳米棒、多孔结构等减少光生载流子的传输距离，也能达到减少体相复合的目的。通过制备多孔和致密的 BiVO₄，并利用光生空穴捕捉剂的方法，Zhao 等获得了多孔光电极中少数载流子的扩散路径的直接证据，如图 4-9 所示。虽然多孔结构能增加对光的吸收而提高性能，但通过对 BiVO₄ 多孔电极的光吸收、电子空穴分离效率及表面电荷转移效率退耦合每一项进行定量研究，发现多孔结构对增加体相分离效率的贡献远大于增加光吸收产生的贡献[81]。

2. 减少表面复合

1) 消除表面复合中心

在材料合成中，由于表面层所受势场作用与体相不同，会形成缺陷、杂质吸附等而形成表面态。为降低体系的吉布斯自由能，固溶体或合金等还会在表面形成偏析相，这些均不利于提升光电极性能[82,83]。关于 Ta₃N₅ 光阳极，尽管之前已经有很多研究，但其性能一直不高，远低于其理论太阳能转换效率。Li 研究发现，Ta₃N₅ 表面层高氧杂质层($Ta_{3-x}N_{5-y}O_y$)作为光生载流子复合中心，严重限制

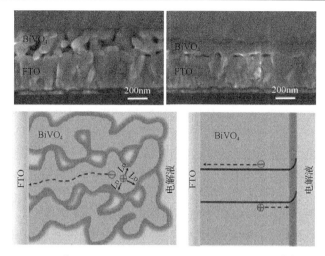

图 4-9* 多孔和致密 BiVO₄ 空穴传输路径示意图[81]

L_D 代表传输距离

Ta₃N₅ 光阳极的光电转换效率, 通过机械剥离、热剥离等方法除去表面层后(图 4-10), 能极大地提高 Ta₃N₅ 光阳极的性能。Li 等通过此方法制备的 Ta₃N₅ 电极的光电流密度在 1.23V(*vs. RHE*)达到了 5.5mA/cm²[84]。另外, 通过对 InGaN[82]、BiVO₄[85]、Fe₂O₃[86]用电化学的方法对表面进行处理, 也能提高其光电化学性能, 这表明消除表面复合中心是一种有效提升光电极效率的方法。

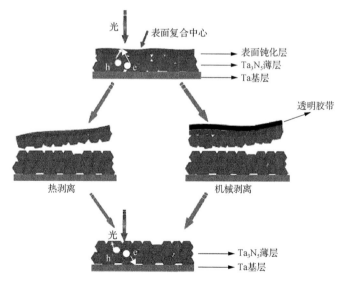

图 4-10* 通过表面热剥离或机械剥离后光电流提高的机理[84]

2) 表界面修饰调控促进光电流

在光电化学薄膜电极上进行表界面修饰是提升光电流的一种直接有效的方

法。Higashi 等通过在 Ta_3N_5 电极上担载 IrO_2，促进了电子的转移，有效提高了光电流，但 Ta_3N_5 光阳极的稳定性仅能维持不到 10min[87]。Li 等研究发现 CoPi 是一种很好的电催化剂，能够有效地提高 Ta_3N_5 光电极的太阳能转换效率，但同样地对稳定性的提升并不大[88]。Liao 等用 Co_3O_4 修饰 Ta_3N_5 光阳极，在提高光电流的同时，使电极的稳定性提高到了 2h[89]。考虑到半导体与助催化剂的界面接触性问题，Chen 等在 CoO_x 助催化剂和 Ta_3N_5 之间引入了 2～5nm 厚度的 MgO 层，提高了界面接触性能，从而使光电流相比 Ta_3N_5 提高了 23 倍[90]。之后，Liu 等又提出了空穴储存层的概念，通过在 Co_3O_4 与 Ta_3N_5 之间引入水合氧化铁(Fh)，使光电流在 6h 后还能维持初始值的 94%[91]。其后，Liu 等又用 $Ni(OH)_x$/MoO_3 双层结构作为空穴储存层，使光电流稳定超过了 24h，起始电压也得到了约 600mV 的负移[92]。值得一提的是，Liu 等用 TiO_x 作为电子阻挡层，$Ni(OH)_x$/Fh 作为空穴储存层，Co/Ir 复合物作为电催化剂，使 Ta_3N_5 光阳极的光电流密度在 1.23V(*vs.* RHE)处达到了 12.1mA/cm², 近乎理论值 12.9mA/cm²[93]。

3. 抑制背反应

对光阳极而言，背反应就是光生电子与氧化产物之间的反应。Cao 等通过腐蚀 Ti 掺杂的 Fe_2O_3 光阳极的表面，成功抑制了电极的背反应，使电极的起始电压降低了 100mV，如图 4-11 所示[94]。表面处理使电极性能提高的因素有很多，Cao 等通过一系列的实验及表征发现，腐蚀后电极的暗起始电压并没有向阴极移动，荧光光谱、平带电位在腐蚀前后也都没有变化，瞬态电流也没有下降，XPS 表明没有吸附离子，这些都证明了起始电压的负移既不是因为加快了水氧化动力学反应，也不是钝化表面态和离子吸附，而是来自于背反应的抑制(图 4-11)：通过抑制光生电子和氧化中间产物的反应 J_{br} 而不是表面复合过程 J_{ss}，起始电压负移，减小了光阳极分解水所需的偏压。

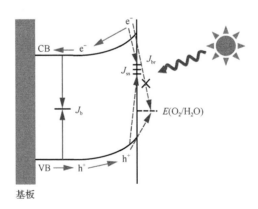

图 4-11* Fe_2O_3 光阳极经表面腐蚀后起始电压负移的机理[94]

J_b 代表逆向反应电位；J_{ss} 代表表面反应电位；J_{br} 代表体相反应电位

4.3.2　几种常见光阴极研究进展

目前，许多 n 型半导体如 $BiVO_4$、Fe_2O_3、Ta_3N_5 等已经作为光阳极被广泛地研究，但光电化学分解水过程中，这些电极都需要有一个外加偏压才能够实现对水的分解。要实现无外加偏压全分解水，就必须找到能带和起始电压均与其匹配的光阴极，组装成 p-n 型光电化学水分解电池。

在众多的半导体电极中，光阴极主要关注于 Si、InP、$CuIn_{1-x}Ga_xS(Se)_2$、Cu_2ZnSnS_4 等几种 p 型半导体材料。除这些传统的光电极外，自 Wang 等报道聚合物半导体 C_3N_4 具有可见光分解水产氢性能后[95]，由于其还具有化学和热力学稳定、价格低廉、易于合成、不含金属成分等优点，迅速成为光催化及光电催化的研究热点。Zhang 等把 C_3N_4 粉末分散在含少量苯乙烯磺酸的水溶液中，后在 ITO 上制备成光电极，通过少量的 P 元素掺杂 g-C_3N_4，在保留 C_3N_4 结构的同时，使导电性和光电流分别提高了 4 倍和 5 倍[96]。Zhang 等通过 π-π 堆积作用，把 C_3N_4 和少量还原氧化石墨烯 (RGO) 结合，有效调控了 C_3N_4 的能带结构，使在 0.4V ($vs.$ Ag/AgCl) 处的光电流提升了 3 倍[97]。普通方法合成的 C_3N_4 比表面积较小，其性能受限，Wang 等通过碳酸钙离子为硬模板剂，制备了多孔 C_3N_4，通过调节前驱体 C_3N_4 的含量和模板尺寸，使在 –0.2V ($vs.$ Ag/AgCl) 和 0V ($vs.$ Ag/AgCl) 下的光电流分别提高了 4 倍和 7.5 倍[98]。事实上，把 C_3N_4 制备成牢固的薄膜电极一直是个挑战。Zhang 等提出了溶胶的方法来应对这一问题，通过把 C_3N_4 和强氧化性酸的质子化作用形成稳定的溶胶悬浊液，然后再进行涂膜。通过该法获得的 C_3N_4 电极具有较好的力学稳定性和电荷传输效率，进一步提高了 C_3N_4 电极的光电化学性能[99]。虽然 C_3N_4 具有很多的优势，但由于电导率低及成膜性差等缺点，其光电化学分解水性能不高，C_3N_4 电极的光电流不足 100μA[96-99]，相比无机半导体还有很大的差距。

因此，本章主要综述 Si、InP、$CuIn_{1-x}Ga_xS(Se)_2$、Cu_2ZnSnS_4 等几种无机 p 型半导体光阴极的研究进展。

1. p-Si 光阴极

p-Si 的带隙为 1.1eV，能吸收大部分的太阳光，理论光电流密度达到 44mA/cm^2[100]。1979 年，Wrighton 等[101]首次用 p-Si 作为光阴极实现无牺牲剂产氢，并且在 514.5nm 光照下的太阳能转换效率达到 2.4%。但表面态的存在使产氢动力学反应及稳定性较差，极大地限制了 p-Si 光阴极的光电性能。为进一步提高 p-Si 光阴极的效率和稳定性，表面保护、电催化剂担载及微纳结构调控是几种常见的方法。

1) 表面保护及电催化剂担载

p-Si 光阴极电极上直接担载电催化剂是加快析氢反应的有效手段。Wrighton 等在 p-Si 的表面担载 Pt，有效提高了其光电化学性能[102,103]。Basu 等[104]用白铁矿型 CoSe$_2$ 作为产氢的助催化剂，CoSe$_2$ 与 p-Si 和电解液之间较小的界面电阻使其光电化学性能得到了提高。表面担载虽然可以提高 p-Si 光阴极的光电化学性能，但是仍然存在电极稳定性较差的问题，于是引入保护层引起了大家的关注。Hughes 等用六甲基氧二硅烷覆盖 p-Si 的表面[105]，Scafe 等用 In 掺杂的 CdS 作为 p-Si 的保护层[106]，Seger[107] 等在 p-Si 的表面引入 Ti 层，这些保护层的构建都极大地提高了 p-Si 的稳定性。在拥有保护层的情况下再担载电催化剂能更有效地提高电极整体性能。Esposito 等[108] 在硅片上长出 2nm 厚度的 SiO$_2$，然后通过沉积上 20nm/30nm 的 Pt/Ti 双金属层，构建了一种金属-绝缘体-半导体(MIS)结构的 p-Si 光阴极，使电极产氢的稳定性和效率都有了很大的提升。Feng 等[109] 用 Ni 同时作为 p-Si 的保护层和电催化剂，制备了 Ni/Pt/p-Si 光阴极，这种电极在硼酸钾缓冲液中虽然起始电压比在氢氧化钠溶液中小，但稳定性提高了很多。

Ji 等[110] 用导带位置与 Si 相差不大且晶格匹配度很高的 SrTiO$_3$ 代替了 SiO$_2$ 层制备了 MIS 结构的 p-Si 光阴极。当没有金属催化剂，只有 Si/SrTiO$_3$ 时，电极在 $-0.8V$(vs. NHE)处几乎没有光电流，而构建成 MIS 电极后，在 $-0.5V$(vs. NHE)处饱和光电流密度达到 $-35mA/cm^2$。除了光电流的提高，电极的起始电压也正移到 $0.46V$(vs. NHE)，但是起始电压会随着 SrTiO$_3$ 厚度的增加而减小。在电极的稳定性方面，相比于没有保护层的 Si 有了巨大的提高，电极在 $0V$(vs. Ag/AgCl)下光电流经过 35h 测试没有下降，而 p-Si 裸电极在 $-0.2V$(vs. NHE)下，经过 50min 测试光电流下降了 70%。

2) 微纳结构调控

相比于平面结构，纳米阵列有很多优势：减少光反射，提高了光吸收效率；与溶液接触面积大，具有较多的反应活性位点；光传输到电解液的距离缩短，减少了体相复合，这些都有助于提高光电化学性能。

Hou 等[111] 用光刻方法制备了大长径比的 Si(100) 纳米柱阵列，并且做了表面 Mo$_3$S$_4$ 电极修饰。与平面 Si 相比，柱状 Si 的饱和光电流密度和光电转换效率有了明显的提高，分别达到 $-16mA/cm^2$ 和 93%($\lambda > 620nm$)。与此同时，修饰后的电极起始电压也提高到约 $0.15V$(vs. RHE)。但修饰后的电极的饱和电流密度相比修饰前均有所下降，这是 Mo$_3$S$_4$ 层修饰导致电极疏水，氢气泡更容易附着在电极表面，使有效表面反应面积减小造成的。

除了阵列结构，多孔纳米 Si 结构也有很多优势：表面积大、与溶液接触点多、反应位点多，也能减小光反射，提高光吸收。Oh 等[112] 第一个报道了把多孔纳米 Si 用作光电化学电池光阴极制氢。这种多孔纳米 Si 电极通过金属辅助刻蚀的方法制备，其对全太阳光谱的反射率降到了 2% 以下，由于光吸收的增强，饱和光电流密度也由 $-30mA/cm^2$ 提高到了 $-36mA/cm^2$，除此之外，析氢过电位也下降了 70mV。Oh 等[113] 制备了多孔 Si，并且在表面沉积了 Pt，发现光电流虽然减小了，但是产氢效率得到了提高，同时析氢过电位也得到降低。但当多孔 Si 的厚度超过 10μm 时，由于界面处的表面复合急速加大，光电流会开始下降。Chandrasekaran 等研究了用 InP 敏化多孔 Si 光阴极，以 $Fe_2S_2(CO)_6$ 为电催化剂，相比于多孔 Si 光阴极，产氢效率、稳定性等都有了提高，但在低偏压下的光电流密度仅有 $-1.2mA/cm^2$ 左右，相比于其他 Si 光阴极，性能还有待进一步提高[114]。此外，Chandrasekaran 等还提出了用硅藻细胞膜制备敏化光阴极、B 掺杂多孔 Si 等方法制备 Si 光阴极，但所得的光电流大小均只有微安量级[115,116]。

2. p-InP 光阴极

InP 带隙为 1.35eV，相比 Si 价带位置更正，在 p-n 叠成双光子系统中能够提供更高的光电压。1980 年，Heller 等首次提出了以 p-InP 为光阴极的电光化学水分解电池，并获得了 9.4%的太阳能转换效率[117-119]。Munoz 等[120]制备的 InP 电极，把太阳能转换效率提高到了 14.5%。尽管 InP 拥有较优的光电化学性能，但该材料主要是通过成本较高的金属有机物气相外延(MOVPE)法制备，同时需要昂贵的外延生长基底，不利于商业化应用[29,121,122]。为降低生产成本，Kapadia 等提出了一种新的 InP 薄膜制备方法，即薄膜-气-液-固(TF-VLS)法。首先把 In 层通过电子束蒸发或电镀法沉积到钼箔上，接着蒸发一层 SiO_x 层，之后把 $Mo/In/SiO_x$ 在 450～800℃氢气气氛中加热，当温度稳定后，用红磷或 PH_3 作为磷源注入磷蒸气，最终形成 InP 固体[123]。这种方法可以在非外延生长基底上制备，从而可以降低成本，以便大规模制备，同时能获得较大的晶粒，表现出较好的光电化学性能[124,125]。为更进一步提高 p-InP 光阴极的光电化学性能，表面保护、电催化剂担载及微纳结构调控是较为有效的方法。下面将对上述方法进行介绍。

1)表面保护及电催化剂担载

Lin 等[126]探究了将 TiO_2 直接沉积到 InP 光阴极作保护层的方法。TiO_2 和 InP 的价带的带边位置相差很大，形成的能量使空穴很难达到表面，但两者的导带匹配，从而使电子传输到电极表面且降低了载流子复合，最后使光阴极的起始电压正移了 0.2V，达到 0.8V(vs. RHE)。这表明，TiO_2 是非常理想的 InP 保护层。Zheng 等通过 TF-VLS 非外延生长的技术制备了 InP 薄膜[125]，接着在 InP 薄膜上沉积了 TiO_2 和 Pt 电催化剂。$InP/TiO_2/Pt$ 光阴极的起始电压为 0.63V(vs. RHE)，半电池太阳能转换效率为 11.6%，同时光电流能稳定 2h 以上[127]。

2)微纳结构调控

Yu 等[128]研究了 InP 光阴极纳米棒核壳结构的电子结构和波函数，发现 InP-CdS 和 InP-ZnTe 的核壳结构电极非常适合光电化学体系。宽带隙的壳层材料在溶液中能很好地保护窄带隙核层材料免于腐蚀，两种材料导带或价带的略微交错能很好地避免电子-空穴的复合：InP-CdS 中电子在壳层，空穴在核层，InP-ZnTe 中则正好相反，这两种不同的电子-空穴分布使电极能在不同的溶液状态中使用。

Woo 等[29]通过 MOVPE 法在 Si(111)面上生长 InP 纳米线，发现结晶性好，无缺陷的 InP 比孪晶界的 InP 拥有更好的性能；Gao 等[121]用 MOVPE 法制备了 InP 纳米线阵列，用 MoS$_2$ 作为电催化剂，优化半导体/催化剂的界面，使太阳能转换效率提高到 6.4%。Lee 等[129]通过反应离子刻蚀技术制备 InP 纳米柱阵列(p-InP NPLs)，用 TiO$_2$ 作保护层，Ru 作助催化剂，太阳能转换效率达到了 14%，超过了之前所有的 InP 电极性能。与相同方法(仅无刻蚀步骤)制备的平面 InP 相比，InP 纳米柱反射比由 30%降到了 1%，起始电压由平面 InP 的 0.5V(vs. RHE)正移到 0.73V(vs. RHE)，太阳能转换效率由 9%提高到 14%，在 0V(vs. NHE)处光电流密度由–27mA/cm^2 提高到–37mA/cm^2。此外，稳定性也有了明显的提高，p-InP NPLs/TiO$_2$/Ru 光电流密度稳定在–37mA/cm^{2}超过 4h，而平面的 InP，光电流密度在 4h 后由–27mA/cm^{2}下降到–18mA/cm^2。尽管用 Ru 作助催化剂没有明显提升光电流，但使起始电压获得了 0.5V 的正移。

3. p-CuIn$_{1-x}$Ga$_x$S(Se)$_2$光阴极

CuIn$_{1-x}$Ga$_x$S(Se)$_2$(CIGS)通过调节 In/Ga 的比例可以调节带隙[130]。由于具有高光吸收系数、性能稳定、相对低成本等优点，CIGS 被认为是最有潜力的第三代太阳能电池材料，目前在实验室中的太阳能转换效率已经超过了 20%[24]。CIGS 的发展主要集中在 20 世纪 90 年代，多种工艺如三源共蒸发[131]、电化学沉积[132]等都被用于 CIGS 太阳能电池的制备。2003 年，CIGS 薄膜太阳能电池的转换效率达到 19.2%[133]，2008 年被提高到 19.9%[134]，目前最高转换效率已达到 20.3%[24]。鉴于 CIGS 在光伏中表现的优异性能，研究者开始试图将其应用于光电化学分解水领域中，Yokoyama 等于 2010 年首次报道了 CIGS 作为光阴极分解水的可行性[135]。

关于 CuIn$_{1-x}$Ga$_x$S$_2$ 的研究，很多集中在调控 Ga 的含量，很少对薄膜中的杂相进行研究。Guan 等发现可以通过控制腐蚀电位的方法来选择性地消除 CuIn$_{1-x}$Ga$_x$S$_2$ 薄膜中存在的 Cu$_x$S 和 CuAu 亚稳相两种杂相。通过不同的腐蚀电位选择性地消除 Cu$_x$S 并不会对材料的性能有太大影响，CuAu 亚稳相除去后，光电流提高了约 2 倍，如图 4-12 所示。CuAu 亚稳相腐蚀后，经 CdS/Pt 修饰，在 0V(vs. RHE)电压下，光电流密度达到–6mA/cm^2[136]。

合适的保护层及电催化剂对 CIGS 电极的提升非常有效。Jacobsson 等[137]在 CIGS 薄膜上电镀 CdS 层，然后溅射上 ZnO 层制备成光阴极，最后沉积上 Pt，发现 CIGS/CdS/ZnO/Pt 在 0.5mol/L 硫酸钠溶液中的光电流密度为–6mA/cm^2[–0.6V (vs. SCE)]。但可惜的是这个电极的稳定性较差，不到 1h 光电流就几乎降到了 0。

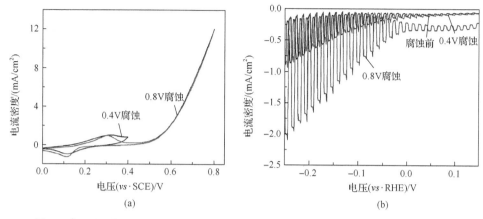

图 4-12*　不同电压(0~0.4V 和 0~0.8V)下 $CuIn_{0.7}Ga_{0.3}S_2$ 光阴极黑暗条件下(a)和
AM1.5G 光照条件下(b)的腐蚀电流[136]

Kumagai 等[138]在 2015 年报道了用 CBD 法在 CIGS 上生长一层 CdS,利用射频磁控溅射法生长 Mo 和 Ti 层,最后把 Pt 粒子沉积到电极上,得到 Pt/Mo/Ti/CdS/CIGS 光阴极。该光阴极在 0V(vs. RHE)处的光电流密度约为–27mA/cm²。在 0V(vs. RHE) 电压下,虽然电极的光电流每天都有下降,但仍能持续工作 10 天以上。除此之外,电极在 0.38V(vs. RHE)处的半电池太阳能转换效率达到了 8.5%,超过了之前报道过的所有多晶薄膜光阴极。Mali 等[139]也通过类似的方法制备了 CIGS 薄膜电极,只是把 Mo/Ti 层换成了 ZnO 层。此设计理念主要是通过 CIGS/CdS 形成 p-n 结,促进载流子的分离,ZnO 层促进电子从 CIGS 迁移到电极与电解液的接触面,空穴传输到 Pt 电极,各自参与反应。这种电极的光电流密度比之前报道的都要高,达到了–32.5mA/cm²[–0.7V(vs. Ag/AgCl)]。

4. p-Cu₂ZnSnS₄ 光阴极

在光伏产业中,CdTe、GaAs、$CuIn_{1-x}Ga_xS(Se)_2$ 等由于其优异的性能而备受瞩目,但又因蕴藏有限、本身有毒等缺点很大程度上限制了它们的应用。基于环保、廉价、高性能等要求,新型硫族半导体材料慢慢被发掘。由于 Cu_2ZnSnS_4(CZTS) 所含元素地壳蕴藏丰富,且 CZTS 拥有合适的带隙(1.5eV)、带边位置和高的光吸收系数(约 10cm)[140],在过去的 10 年中被研究应用于光敏剂[141]、锂离子电池[142]、光电二极管[143]、太阳能电池[144,145]等方面。如今基于 CZTS 的太阳能电池的效率有了很大的提高[146-148],最高的太阳能转换效率已达到 12.6%[32]。

CZTS 薄膜的制备方法主要有溅射[149]、喷雾热裂解法[150]、蒸发法[28]、电沉积[151]、热注入[152]等,2010 年 IBM 采用溶液法制备,以肼作溶剂,获得了 9.6% 的太阳能转换效率[153]。CZTS 不仅在光伏上有巨大应用潜力,也可以作为光阴极分解水制氢。到目前为止，CZTS 作为光阴极的太阳能转换效率还远远低于理论值。

Huang 等通过喷雾热裂解法在 FTO 玻璃上制备了 CZTS 薄膜，并用莫特-肖特基方法确定了 CZTS 的导价带位置，如图 4-13 所示。CZTS 的导带位置比 H_2O 的还原电位更负，因此可用来作为光电化学电池的光阴极分解水制氢[154]。

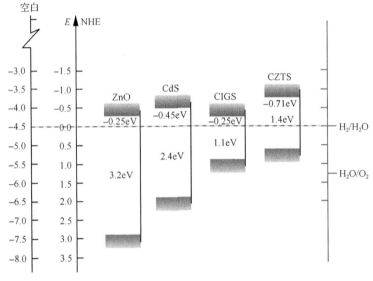

图 4-13* 　ZnO、CdS、CIGS 和 CZTS 的导价带位置示意图[154]

Wen 等通过溶液法制备了多孔 CZTS 薄膜。CZTS 薄膜通过在含铜、锌、锡源的前驱体溶液中加入硫脲，然后旋涂-煅烧后获得。过量的硫脲作为造孔剂，最终得到多孔 CZTS 薄膜（图 4-14）。从图中可以明显看出，当硫脲含量高时，致密的薄膜出现了孔结构。也正是这些孔结构，使载流子的传输距离缩短，光电流提高了 3 倍[155]。这个结果再一次证明多孔结构的优异性，并且通过调节硫脲的量可以调控多孔结构，这是一种较为简单可控的制备多孔结构的方法。

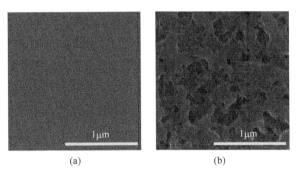

(a)　　　　　　　　　　　(b)

(c)　　　　　　　　　　　(d)

图 4-14　硫脲/锌含量比为 5[(a)、(c)]和 10[(b)、(d)]的 CZTS 薄膜[155]

据 Nagoya 等的理论研究，制备纯相 CZTS 非常困难[156]。Guan 等用热注入法制备 CZTS，并研究了杂相的生成机理及杂相对电极性能的影响。当硫-油胺注入混合溶液后，生成了晶态 CZTS、Cu₂SnS₃ 和非晶态 ZnS。高温硫化过程中，晶态 Cu_2SnS_3 与非晶态 ZnS 再反应生成 CZTS。当 Zn 前驱体偏高时，很容易形成过量的 ZnS 而无法消除，进而影响光电性能，如图 4-15 所示。图 4-15(b)很清楚地反映出，当 Zn/Sn 前驱体比值降低时，光电流值有明显的升高[157]。

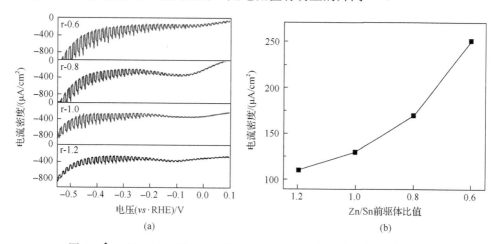

图 4-15*　不同 Zn/Sn 前驱体比值下制备的 CZTS 薄膜光电化学性能(a)
及在−0.4V(vs. RHE)下的光电流(b)[157]

在薄膜光伏电池及光电极体系中，晶粒的大小对其性能有很大的影响，一些真空法虽然能得到较大的晶粒，但是这些方法成本过高，不利于大规模制备。与此相对，低成本方法如溶液法等制备大晶粒的薄膜一直是个难题。近期，Guan 等发现通过对前驱体溶液在高湿度下老化后旋涂成膜能得到微米级的 CZTS 晶粒，且这种大晶粒的薄膜用作光阴极时展现出的光电流远大于未老化的小晶粒薄膜[158]。图 4-16 是溶液老化前后制备的 CZTS 薄膜的 SEM 照片，从图中可以明显地看出，溶液老化后所得到的 CZTS 薄膜的晶粒有了显著增大。

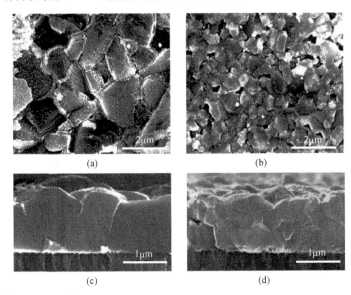

(a)

(b)

(c)

(d)

图 4-16 溶液老化后[(a)、(c)]和老化前[(b)、(d)]制备的 CZTS 薄膜的表面和横截面 SEM 照片[158]

提高电极性能的方法有很多，除了上述对电极材料本身进行优化外，表面生长保护层和担载助催化剂的作用无可替代。2010 年，Yokoyama 等报道将 CZTS 用于光阴极产氢时，通过 Pt、CdS、TiO$_2$ 表面修饰提高了 CZTS 的光电化学性能[159]。2011 年，Ma 等通过改变 Zn 电镀液的 pH，改变 CZTS 的表面状态后，用浸渍法制备 CdS 缓冲层，最后沉积 Pt 制备完整的 Pt/CdS/CZTS 光阴极[160]。2015 年，Jiang 等[13]用 In$_2$S$_3$/CdS 双缓冲层和 Pt 修饰 CZTS 薄膜，制备成的 Pt/In$_2$S$_3$/CdS/CZTS 光阴极由于 In$_2$S$_3$ 层的加入，拥有较好的抗腐蚀性。通过将 Pt/In$_2$S$_3$/CdS/CZTS 与 Pt/CZTS、Pt/CdS/CZTS、Pt/In$_2$S$_3$/CZTS 作比较，发现仅 Pt 修饰的 CZTS 的光电流非常小，但加入缓冲层 CdS 后有明显的光电流提高和起始电压的正移，这是由于 CZTS 和 CdS 形成了 p-n 结，促进了光生载流子的分离。把 CdS 换成 In$_2$S$_3$ 后也有提高，但不如 CdS，作者猜测可能是 In$_2$S$_3$/CZTS 之间的界面接触不如 CdS/CZTS，因此作者又制备了 Pt/In$_2$S$_3$/CdS/CZTS 光阴极，虽然起始电压没有太多提升，仍在 0.63V(*vs*. RHE)，但在 0V(*vs*. RHE)的光电流密度提高到了–9.3mA/cm^2。在 0.31V(*vs*. RHE)处，半电池太阳能转换效率达到了 1.63%。

4.3.3 结论与展望

光电化学水分解电池作为理想的太阳能利用方式已被广泛的研究报道，p-n 叠层水分解电池具有较高的理论太阳能转换效率，但现今报道的太阳能转换效率还比较低，主要制约因素是较低的单电极性能。本章介绍了包括浅层能级掺杂、消除表面复合中心、表界面修饰、抑制背反应等几种有效提高光电极性能的方法，并且综述了 Si、InP、$CuIn_{1-x}Ga_xS(Se)_2$、Cu_2ZnSnS_4 等部分有较大发展潜力的 p 型光阴极的研究进展。在此基础上，p-n 叠层光电化学水分解电池今后的研究方向主要集中在以下几个方面：

（1）制备高效光电极。目前 $BiVO_4$ 是最常用的 p-n 叠层光电化学水分解电池光阳极材料，其最大理论太阳能转换效率仅 9.1%[161]，而更窄带隙的 Fe_2O_3 和 Ta_3N_5，单电极的最大理论太阳能转换效率分别为 12.9%和 15.9%[161]，是更加理想的两种光阳极材料。在众多光阴极材料中，$CuIn_{1-x}Ga_xS(Se)_2$、Cu_2ZnSnS_4 等硫化物适合低成本溶液法制备、带隙和能带位置可调、易于与 Fe_2O_3 和 Ta_3N_5 光阳极匹配，具有较大的潜力。选择合适的低成本制备方法，制备高效光电极是未来发展的重要方向。

（2）探索新型电催化剂。电催化剂的担载对电极性能有很大的影响，除了较常用的 Pt、RuO_2 等贵金属催化剂外，已经有 Ni-Mo 合金、Ni-Fe 氧化物等更多非贵金属电催化剂的选择[73]。但考虑到电催化剂颗粒可能会减少光吸收，使光电流集中到小部分电催化剂上等情况，还需要探究更高性能的低成本电催化剂，发展合适的担载方法。

（3）开发透明导电衬底。p-n 叠层光电化学水分解电池的阳极衬底必须是透明导电性氧化物层(transparent conductive oxide，TCO)。目前，在光电化学中最常见的透明导电衬底是 FTO 和 ITO，但两者对红外辐射的透光率有限，且都没有很好的耐高温性能[162]，尤其是在不同气氛(NH_3、H_2S 等)下的高温稳定性更差，因此，不适合作为氮化物和硫化物的衬底材料。除此之外，不同的透明导电衬底对电极的光电转换效率也有很大的影响[162]，故研究高电导率、高耐温性、高透光率的导电衬底对提高 p-n 叠层光电化学水分解电池性能有重要意义。

4.4　光催化反应

以太阳能化学转化和存储为主要背景的半导体光催化特性的研究始于 1917 年，然而直到 1972 年"本多-藤岛效应"[72]的出现才标志着多相光催化新时代的开始。此后，TiO_2 光催化环境净化技术作为探索人类可持续发展的新技术引起了各国环境科学家的极大关注，其应用研究开发也受到了广泛重视[163]。光催化降解水中污染物的研究近几十年来取得许多进展[164]，该技术的主要优点是[165]：水中所含多种有机污染物均可被完全降解为 CO_2、H_2O 等，无机污染物被氧化或还原为无害物；不需要另外的电子受体(如 H_2O_2)；光催化剂具有廉价、无毒、稳定及可以重复使用等优点；可以利用取之不尽、用之不竭的太阳能作为光源激活光催化剂。因此，光催化反应技术已成为污染控制化学研究的一个热点，光催化处理技术不仅局限于多种污水处理的研究及应用，而且在垃圾填埋场渗滤液处理和空气净化领域也日益受到重视，经过国内外科研工作者进行大量的实验研究，光催化氧化法虽然还存在一些局限性问题，但有着显著的优点和良好的前景。

4.4.1 光催化处理反应机理

光催化是一种高级氧化技术，采用半导体材料作为催化剂，当能量相当于半导体禁带宽度的光照射到催化剂表面时，就会激发半导体内的电子从价带跃迁至导带，形成具有很强活性的电子-空穴对，并进一步诱导一系列氧化还原反应，从而达到去除污染物的目的[166]。目前，大多数光催化剂为半导体材料，常见的有 TiO_2、ZnO、CdS、WO_3、Fe_2O_3、PbS、SnO_2、InO_3、ZnS、$SrTiO_3$、$LaCoO_3$、SiO_2 等十几种，按成分可分为氧化物光催化剂（如 TiO_2、ZnO）、硫化物光催化剂（如 CdS、ZnS）和复合氧化物光催化剂（如 $SrTiO_3$、$LaCoO_3$）。在众多光催化剂中，由于 TiO_2 具有良好的化学、生物和光稳定性，且无毒性、催化活性高、价格合理、使用寿命长，被公认为是最佳的光催化剂[166]。

TiO_2 的带隙为 $3.0 \sim 3.2eV$，相当于波长为 $387.5nm$ 光的能量。在水和空气体系中，当能量超过其禁带宽度的光子照射 TiO_2 表面时，处于价带的电子就会被激发到导带上，从而分别在价带和导带上产生高活性自由移动的光生电子（e^-）和空穴（h^+），对于纳米级的 TiO_2，光激发产生的电子、空穴可很快从体内迁移到表面。空穴是强氧化剂，可以将吸附在 TiO_2 表面的羟基（—OH）和水氧化为羟基自由基（·OH）；而导带电子是强还原剂，被吸附在 TiO_2 表面的溶解氧俘获而形成超氧阴离子自由基（O^-），部分超氧阴离子自由基可继续通过链式反应生成羟基自由基。生成的超氧阴离子自由基和羟基自由基具有较强的氧化性，可攻击污染物的不饱和键，或抽取氢原子产生新自由基，激发链式反应，对它们进行氧化，最终致使污染物降解为无害物质。其反应如下所示[167]：

$$TiO_2 + h\nu \longrightarrow Ti(e^- + h^+)$$

$$h^+ + H_2O \longrightarrow \cdot OH + H^+$$

$$e^- + O_2 + H^+ \longrightarrow H\dot{O}_2$$

$$\cdot HO_2 + e^- + H^+ \longrightarrow H_2O_2$$

$$H_2O_2 + e^- \longrightarrow \cdot HO + OH^-$$

4.4.2 提高半导体光催化剂活性的途径

影响光催化的因素主要有：①试剂的制备方法。常用 TiO_2 光催化剂制备方法有溶胶-凝胶法、沉淀法、水解法等。不同的方法制得的 TiO_2 粉末的粒径不同，其光催化效果也不同。同时在制备过程中有无复合、有无掺杂等对光降解也有影响。②光催化剂用量。由光催化降解反应动力学可知，TiO_2 的用量对整个降解反应的速率是有影响的。③有机物的种类、浓度。叶庆国和李明[168]研究了以 TiO_2 半导体为催化剂，有机分子结构如芳烃取代度、环效应和卤代度对光催化氧化降解的影响。结果表明，对芳烃类衍生物，单取代基较双取代基更容易降解，能形成贯穿共轭体系的更难降解。环效应、卤代度对光催化氧化降解有较大影响，芳烃、环烷烃逐次减弱，卤代度越高，降解越困难，全卤代时基本不降解。对甲基橙[169]等染料废水进行光催化氧化降解的研究中发现，低浓度时，速率与浓度呈正比关系；当反应物浓度增加到一定程度时，随浓度的增加反应速率有所增大，但不呈正比关系，浓度达到一定的界限后，将不再影响反应速率[170]。④光强。有资料报道，低等强度的光照下，速率与光强呈线性关系；中等强度的光照下，速率与光强的平方根呈线性关系。而当使用光谱范围分布在 $250\sim410nm$ 的中压汞灯时，其降解反应速率常数是其他光源的 1.4 倍以上[171]。⑤溶液的 pH。溶液的 pH 能改变颗粒表面的电荷，从而改变颗粒在溶液中的分散情况[172]。一般而言，随着体系 pH 的增大，反应速率提高，但这也与被降解的有机物结构有关。

在提高光催化活性方面，对由金属或金属氧化物与半导体组成的光催化剂研究很多。金属在光催化体系中的作用有两种解释，一是双功能机理，既影响半导体颗粒表面的能级结构(降低了带隙能)，又影响催化氧化和还原反应的过程；二是单功能机理，即只影响氧化和还原反应的过程。

1. 离子修饰

掺入金属离子可改善 TiO_2 的光催化性能[173]。Choi 等[173]考察了 21 种金属离子对 TiO_2 光催化活性的影响。常见的掺杂离子 V、Mn 等掺入 TiO_2 晶格中可能引入缺陷位置或改变结晶度，抑制电子-空穴的复合，延长载流子的寿命，从而使光催化性能得以改善。另外，TiO_2 的表面吸附光敏剂延长其光吸收范围，光敏剂可被光降解而变得无效。因此，金华峰等[174]为了提高 TiO_2 的光催化活性及其对可见光的吸收率，在 TiO_2/SiO_2 中掺杂 Fe，导致晶粒增大，稳定性降低，大大提高对 NO 的光催化降解率。李芳柏等[175]研究了金离子掺杂对 TiO_2 光催化性能的影响。Wan 等[176]研究发现 TiO_2 表面担载 Au 单质，催化剂在 540nm 处有一个明显的吸收峰。Wong 等[177]报道：在 TiO_2 晶格中掺杂 Mn、Ru 金属，催化剂在 $500\sim600nm$ 范围内有一较宽带吸收峰。

2. SO_4^{2-} 改性的 TiO_2 固体超强酸催化剂

研究者发现[178]，SO_4^{2-} 改性的 TiO_2 固体超强酸催化剂对有机物具有较高的光催化活性，深度氧化能力强，并且具有很好的稳定性和抗湿性。SO_4^{2-}-M_xO_y 型固体超强酸光催化剂的制备方法一般是采用金属的盐溶液与浓氨水或尿素溶液反应，生成无定形氢氧化物，然后洗涤干燥，由含硫酸根离子的溶液浸渍处理，烘干后焙烧制得。其主要制备方法有：①共沉淀-浸渍法。颜秀茹等[179]采用共沉淀-浸渍法制备负载型超强酸 SO_4^{2-}/TiOSiO$_2$，用于甲基橙的光催化降解，有很好的降解效果。②溶胶-凝胶法。苏文悦等[180]采用改进的溶胶-凝胶法，每克 TiO_2 以 1mL 1mol/L 的 H_2SO_4 溶液浸渍，经 100℃烘干 5h，再经不同温度高温烧结 3h 而制得纳米 SO_4^{2-}/TiO_2。③水热法。叶钊等[181]用廉价的 TiSO$_4$ 为前驱物，尿素为沉淀剂，水热法合成纳米 TiO_2。TiO_2 料浆不经洗涤，直接进行烘干、煅烧，分解水热反应副产物 $(NH_4)_2SO_4$，并以分解所得产物 H_2SO_4 为物源，一步制备了 SO_4^{2-}/TiO_2 固体酸。该法能直接制备结晶良好且纯度高的粉体，不需做高温灼烧处理，避免形成粉体硬团聚，可通过改变工艺条件，实现对粉体粒径、晶型等特性的控制。

4.4.3　光催化技术在空气净化、水处理中的应用

1. TiO_2 在空气净化方面的应用

室内用的产品有抗菌瓷砖、抗菌卫生陶瓷、除臭照明灯具、防污除臭日光灯、除臭杀菌空气净化器、除臭板、空气清洁剂、涂料等，用以改善居室或公共场所的空气卫生状况。大量研究表明，光催化剂在对苯、甲醛类污染物降解方面有巨大的应用前景。例如，直孔道的多层结构窝状整体净化网，主要由支撑体、活性炭和 TiO_2 光催化剂组成，经过实践应用表明，对甲苯、甲醛及氨的净化作用都超过 95%，效果非常好[182]。

室外用的产品有 NO$_x$ 除去板、防污顶棚、防污隧道照明装置等。值得一提的是，Obee 等[183]专门研究了对室内建材、电器、家具等散发有害气体的光催化清除情况，探讨了空气温度及有害气体浓度对降解速率的影响。尽管光催化应用于消除空气中微量有害气体的研究起步较晚，但由于它在消除人类生活和工作环境中的空气污染(即小环境污染)方面有其突出的特点，因而 TiO_2 光催化环境净化技术在空气净化方面的应用潜力非常大。

2. 纳米 TiO_2 在水处理中的应用

李田和仇雁翎[184]研究了水中六六六与五氯酚的光催化；程沧沧和胡德文[185]以太阳光源处理了邻氯苯酚；祝万鹏和王利[186]以 TiO_2 为光催化剂处理燃料中间体 H 酸，这些研究均表明处理效果理想。陈士夫等[187]对敌敌畏和久效磷农药的研究表明，在 TiO_2 玻璃纤维上光照 50min 的光解效率达到 90%以上。许多自来水是取自地表水源，经常规净化可除去悬浮物及其他有毒物质，但对于一些易溶杂

质及细菌则不能做深度处理, 使水质标准不高, 影响人体健康。纳米 TiO_2 具有降解有机物和无机物的能力, 同时还具有杀死细菌的功能。李田和陈正夫[188]利用固定 TiO_2 于玻璃纤维网上形成催化膜, 深度净化饮用水, 结果表明: 自来水中有机物总量去除率在 60% 以上, 细菌总数也明显降低, 全面提高了水质。在防止污水产生方面, 纳米 TiO_2 也可有贡献。光照纳米 TiO_2, 其界面上宏观表现为亲水和亲油的双亲性。如果将 TiO_2 应用在化纤生产上, 使纤维的表面上含有一定量的 TiO_2, 化纤也具有双亲性能而起到自洁作用, 减少了废水的排放。

3. SO_4^{2-} 改性的 TiO_2 固体超强酸在催化方面的作用

近年来, 光催化应用技术研究发展十分迅速, 许多难降解或用其他方法难以去除的物质也可以利用此方法去除。固体超强酸光催化剂对染料、酚类、农药等都能有效地进行光催化反应, 脱色、矿化, 最终消除其对环境的污染[189]。王知彩等[190]用 SO_4^{2-}/TiO_2 作催化剂, 以茜素红为目标实验物, 发现其具有较强催化降解活性及一定的光催化特性, 并考察了降解条件等因素对脱色率的影响。有机磷农药占我国农药产量的 80%, 多为磷酸酯类或硫代磷酸酯类化合物, 有机磷农药的生产和使用会造成大量有毒废水。颜秀茹等[191]以复合型固体超强酸 SO_4^{2-}/Ce-TiO_2 为光催化剂, 用于光催化降解有机磷农药二甲基二氯乙烯基磷酸酯, 具有较好的效果。彭少洪等[192]通过对 SO_4^{2-}/Ce-TiO_2 催化剂分别掺杂阳离子 W、La 和阴离子 N 制成修饰改性的固体超强酸 SO_4^{2-}/Ce-TiO_2, 并选取邻硝基苯酚为模拟污染物, 以紫外可见光为光源, 在自制的光催化反应器上研究不同离子掺杂的 SO_4^{2-}/Ce-TiO_2 光催化剂对邻硝基苯酚的光催化降解行为。Parida 等[193]制备了纳米 SO_4^{2-}/Ce-TiO_2 光催化剂, 用于 4-硝基苯酚光催化降解。

4.4.4 TiO_2 光催化脱除二氧化碳

1. 常见单一 TiO_2 光催化体系的催化机理和特点

TiO_2 是一种半导体材料, 价带与导带的不连续性是其内部能带结构特点, 价带与导带间存在空的能量区(禁带)。当 TiO_2 受到一定能量的光照射时, 其价电子跃迁至导带, 产生光生电子和空穴, 其中光生电子具有还原性, 空穴具有氧化性, 两者迁移至 TiO_2 表面, 与吸附在 TiO_2 表面的 CO_2 和 H_2O 反应, 空穴夺取 H_2O 中的电子后形成了 $\cdot OH$ 和 H^+, CO_2 和 H^+ 吸收电子后被还原为 $\cdot CO_2^-$ 和 $H\cdot$, 其反应方程如下所示。$OH\cdot$、$H\cdot$ 和 $\cdot CO_2^-$ 进一步反应生成烃、醇、酸等物质[194]。

$$H_2O + h^+ \longrightarrow \cdot OH + H^+$$

$$H^+ + e^- \longrightarrow H\cdot$$

$$CO_2 + e^- \longrightarrow \cdot CO_2^-$$

　　TiO_2 在自然界中存在三种晶体形态,分别是金红石型、锐钛矿型和板钛矿型。不同的晶型对 CO_2 光催化还原的反应活性不同,对于同一晶型的 TiO_2 其不同晶面上光催化还原 CO_2 的产物也是不同的[194,195]。Vijayan 等[196]通过在 200~800℃煅烧 TiO_2 纳米管获得不同晶型的 TiO_2,然后用于光催化还原 CO_2。结果表明,在400℃时煅烧得到的锐钛矿晶型比其他温度下得到的晶型具有更好的光催化还原 CO_2 的性能,产物 CH_4 的产率达到 1.484μmol/g。这是因为 400℃下煅烧 TiO_2 纳米管时它的结晶度、比表面积、反应活性位点、电荷分离效率都达到最高,而且电子-空穴复合速率较低,故对 CO_2 的光催化效率达到最好的效果。Yamashita 等[197]分别采用锐钛矿 TiO_2 和金红石 TiO_2 作催化剂,通过光催化还原 CO_2。结果发现,$TiO_2(100)$ 和 $TiO_2(110)$ 晶面的反应产物各不相同,$TiO_2(100)$ 晶面主要有甲烷和甲醇,$TiO_2(110)$ 晶面仅有甲醇。因为催化剂不同晶面的 Ti/O 原子比不同,所以催化剂各晶面与反应物的接触情况不同,导致各晶面的催化性能显著不同。Tan 等[198]和 Pathak 等[199]通过实验发现,TiO_2 尺寸、形貌和分散状态也是影响光催化还原 CO_2 反应活性及其反应产物的重要因素,因为催化剂的比表面积、反应活性位点、电荷分离效率等因素与其尺寸、形貌和分散状态密切相关。TiO_2 颗粒粒径为 14nm时甲烷和甲醇达到最高量,当 TiO_2 形状为多孔状球丸时还原 CO_2 的主要产物为甲烷,TiO_2 纳米颗粒作为催化剂时,催化效率显著提高。除以上几种因素外,Liu 等[200]发现 CO_2 气体压力对光催化过程有一定影响,适当加大 CO_2 气体压力能够加快光催化还原 CO_2 的过程。这是因为加大 CO_2 气体压力有助于 CO_2 及催化反应中产生的其他物质在催化剂表面的吸附。

　　单一 TiO_2 光催化体系在光照下光的吸收率低,产生的光生电子与空穴很容易发生复合,这是造成该光催化体系催化效率低下的主要原因。为了解决该问题,人们可在 TiO_2 表面负载金属和金属氧化物,或者直接对 TiO_2 的结构进行改变。

　　2. 改进后的 TiO_2 光催化体系

　　1) 负载型 TiO_2 光催化体系

　　单一 TiO_2 光催化体系对 CO_2 的还原效率很低,向 TiO_2 体系中加入一定量的金属单质或金属离子,不仅能提高对 CO_2 的还原效率,还能得到比单一 TiO_2 催化体系更多的产物。吴树新等[201]通过实验发现,向单一 TiO_2 光催化体系中加入质量分数为 0.2%的 Cu 时,CO_2 还原产物有甲酸、甲醛、甲醇,如果不加入 Cu,则产物中没有甲醇。Tseng 和 Wu[202]通过实验发现,向单一 TiO_2 光催化体系中加入 Cu 后,对 CO_2 的还原效率提高,且在 Cu 负载率达 25%时还原效率最高。向单一 TiO_2 光催化体系加入 Pd 后,还原 CO_2 时产生的甲烷,要比加入 Rh、Pt、Au 后产生得多。如果是将 Cu 或 Ru 加入单一 TiO$_2$ 光催化体系中时，光催化还原 CO$_2$ 会产生大量乙酸。如果将铜粉加入 TiO$_2$ 悬浮液中，光催化还原 CO$_2$ 可能会产生醇、甲醛、甲酸、CO[203]。何志桥等[204]采用水解煅烧的方法制备了 Ag-TiO$_2$ 催化剂，并在紫外光的照射下还原 NaOH 溶液中的 CO$_2$，结果发现 Ag-TiO$_2$ 催化剂的光催化效率要大于单一的 TiO$_2$ 催化剂。

由于加入某些金属单质或金属离子后，电子从费米能级高的 TiO$_2$ 转移到费米能级低的金属上，直至它们的费米能级匹配，它们形成的空间电荷层中金属表面获得过量的负电荷，使得 TiO$_2$ 能带弯曲形成 Schottky 能垒，有效充当电子阱，从而阻止电子与空穴的复合[205-207]。Wen 等[206]和 Chen 等[207]也提出该过程可能的反应机理，如图 4-17(a) 和 (b) 所示。

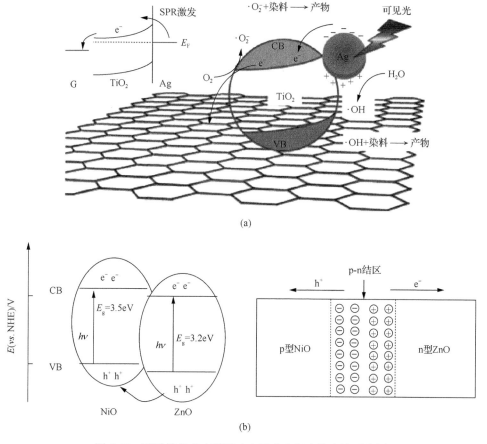

图 4-17　通过掺杂来有效阻止电子空穴复合的方法示意图

(a)Ag/TiO$_2$/氧化石墨纳米复合材料用可见光催化降解有机染料的反应机理；(b)电子-空穴对分离过程示意图

除此以外，金属的负载增强了多电子反应，改变了催化剂比表面积、组成结构等,且负载了某些金属的 TiO_2 催化剂还原 CO_2 的加氢选择性和析氢过电位有相互的关系,催化剂越不利于析氢过程,其催化 CO_2 加氢还原产物的选择性越高[208]。所以金属单质或离子的负载影响了催化剂性能,导致了反应产物和反应效率的不同,并且不同的金属负载物对催化性能的影响是不同的。该方法虽较单一 TiO_2 光催化体系的催化效率高,但是负载金属会成为光生电子和空穴的复合中心,降低催化剂的有效表面积,但仍然对催化效率有所提高。

2)TiO_2 基多孔薄膜光催化体系

宗兰兰[209]利用水热法制备得到网状钛酸薄片,然后在 400℃ 下煅烧得到锐钛矿型 TiO_2 纳米片多孔薄膜。该材料具有多孔结构和较大的比表面积,且具有较强的吸收能力,是理想的光催化剂。为了进一步提高光催化活性,该课题组利用光沉积的方法将 Pt 纳米颗粒负载到 TiO_2 纳米片多孔薄膜上。其光催化反应机理为:当光照射到催化剂表面时,纳米片表面产生光生电子和空穴,光生空穴能和 H_2O 反应生成·OH 和 H,而且·OH 能与 H_2O 反应生成 O_2 和 H^+,H^+ 与激发电子结合后生成 H· 自由基。因为 Pt 的费米能级较低,所以 TiO_2 导带上的光生电子被 Pt 纳米颗粒捕获,然后转移给被催化剂吸收的 CO_2,CO_2 与电子相互作用形成 CO_2^-,然后与 H· 自由基反应生成甲烷。

该课题组还利用浸渍煅烧法将几组不同浓度的 $Mg(NO_3)_2$ 溶液经过浸渍煅烧成 MgO 负载到 TiO_2 纳米片多孔薄膜上,然后将活性最好的样品采用光还原法负载上 Pt。最后通过对产物浓度的测量,得出当 $Mg(NO_3)_2$ 为 0.01mol/L 时,MgO负载的 TiO_2 纳米片多孔薄膜催化剂活性最高。因为此时 MgO 对 CO_2 的吸附力最强,Mg 可以与吸附在催化剂表面的 CO_2 成键,在 MgO 表面形成碳酸盐,该碳酸盐反应活性高于 CO_2 分子,能与 H_2O 提供的 H 原子反应生成 CH_4[210]。当 $Mg(NO_3)_2$浓度低于 0.01mol/L 时,催化剂表面 MgO 的含量较低,对 CO_2 的吸附量也会较少。当 $Mg(NO_3)_2$ 浓度高于 0.01mol/L 时,催化剂表面 MgO 的含量较高,会在催化剂表面团聚成大量的 MgO 颗粒,从而包覆整个催化剂,导致催化剂的催化效率降低。将 Pt 负载到上述样品表面后,因为 Pt 颗粒有较低的费米能级,使得 TiO_2 导带上的电子聚集到 Pt 颗粒上,而 CO_2 转化成 CH_4 时是八电子体系,Pt 颗粒上大量聚集的电子有利于 CH_4 的形成,所以负载有 Pt 和 MgO 的 TiO_2 纳米片多孔薄膜催化剂有利于在光照条件下将 CO_2 转化为 CH_4。

3)TiO_2-CuO 复合颗粒光催化体系

王倩[211]采用溶剂热法制备了 TiO_2-CuO 复合颗粒。其光催化反应 CO_2 的机理为:在 TiO_2-CuO 复合颗粒中 CuO 的禁带宽度较小,能被光先激发,CuO 的氧化还原电位较 TiO_2 导带的光生电子的氧化还原电位高,所以光生电子能被 CuO 或Cu 捕获,得到及时转移,电子和空穴得到分离。电子聚集于 CuO 的导带参与 CO_2

的还原反应，生成甲醇。其可能的反应机理如图 4-18 所示。

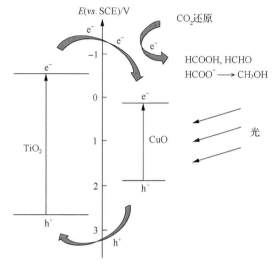

图 4-18　TiO_2-CuO 光催化还原 CO_2 制备甲醇的反应机理

　　在该种方法中，CuO 的含量对光催化效率有影响。该课题组通过比较 CuO 含量为 4%、8%、12%时光催化还原 CO_2 生成甲醇的量，发现当 CuO 含量为 8%，光照时间为 6h 时，甲醇产率最高，比传统单一 TiO_2 和金属负载型 TiO_2 催化体系的产率要高很多[212]。若 CuO 的含量过多，CuO 会形成光生电子和空穴的复合中心，不利于光生电子和空穴的分离，从而降低了催化效率。如果 CuO 的含量过少，则不能给 TiO_2 提供足够的活性中心，从而导致催化效率降低。该课题组还发现，空穴捕获剂异丙醇能够捕获空穴，减小空穴和光生电子的复合概率，从而提高光催化效率。课题组通过比较 0.5mol/L、1.0mol/L、2.0mol/L 三种不同浓度的异丙醇作为溶剂时 TiO_2-CuO 复合颗粒催化还原 CO_2 的效果，发现当异丙醇浓度为 1.0mol/L，光照时间为 6h 时甲醇产率最高。当异丙醇浓度过高时，过量的异丙醇会附着在催化剂表面，使得催化剂的活性位无法发挥其光催化作用；当异丙醇浓度过低时，则不能捕获足够的空穴，光生电子和空穴的复合概率增大，从而降低光催化效率。

　4) 暴露(001)晶面的表面氟化锐钛矿 TiO_2 纳米片光催化体系

　　闻丽娜[213]利用水热法合成不同形貌锐钛矿 TiO_2 光催化剂，通过对产物含量的检测，发现暴露(001)晶面的 TiO_2 纳米片具有很高的光催化效率，原因是(001)晶面的暴露使得催化剂有较高的能量，利于暴露晶面上的 H_2O 和光生空穴发生氧化分解反应，而使得更多的光生电子在(001)晶面上与 CO_2 发生还原反应。课题组在制备暴露(001)晶面的 TiO_2 纳米片时加入了 HF 对催化剂进行氟化，发现催化剂的催化效率比未氟化的要高，因为氟化后可促进 Ti 的生成，而在光催化还原 CO_2 过程中，主要的中间产物 CO_2 只有在电子从 Ti 转移到催化剂表面吸附的 CO_2 上时才会生成[214]。所以 TiO_2 纳米片的氟化促进 Ti 的生成，从而促进 CO_2 的生成，最终促进了催化剂催化 CO_2 产物的生成。除此之外，氟具有很高的电负性，与(001)晶面上的 Ti 配位原子形成基团会捕获光生电子，使得光生电子与空穴复合的概率变小，从而提高了催化剂的催化效率[215-217]。

5）反应器

反应器按催化剂的状态分为：悬浮型反应器[218]、填充床式光催化反应器、镀膜催化剂反应器。其中悬浮型反应器的效率不高，因为反应器中的催化剂会有悬浮液浑浊的现象，从而影响光的穿透，降低光催化效率，且催化剂与反应器中的液体难以分离[219,220]。

填充床式光催化反应器光源的位置可在反应器间或边缘，但是无论位置在哪，都不可避免地在催化剂颗粒的另一面投出阴影，从而导致反应器中的部分催化剂得不到光活化，影响反应效率[221]，如图 4-19 所示。

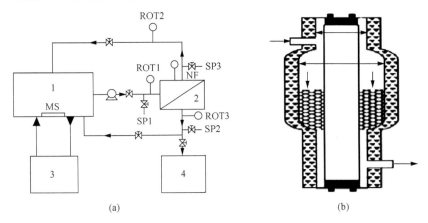

图 4-19 悬浮型反应器(a)和填充床式光催化反应器(b)的示意图

1. 光催化反应器；2. 纳滤膜；3. 处理水槽；4. 恒温水浴；MS. 磁力搅拌；ROT1、ROT2 和 ROT3 为流量计；SP1、SP2 和 SP3 为取样口

镀膜催化剂反应器以光导材料为载体，光导材料可直接传递光源，所以光催化效率较高。通过实验将负载于光纤上和负载于玻璃板上的等量催化剂在相同的光照条件下催化 CO_2 反应，结果表明负载于光纤上的催化剂催化 CO_2 反应产生的乙烯量更高，光纤维反应器[222]（图 4-20）利用光能的能力更高[223-225]。但是 TiO_2 膜厚度、光纤长度对光在纤维中的传输会产生极大影响。

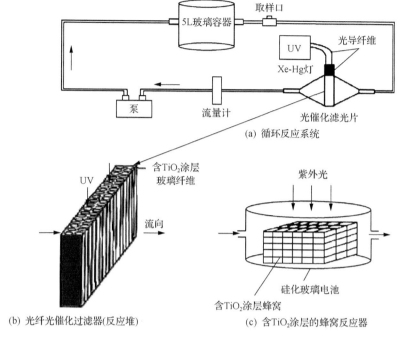

(a) 循环反应系统

(b) 光纤光催化过滤器(反应堆)

(c) 含TiO₂涂层的蜂窝反应器

图 4-20 光纤维反应器

4.4.5 结论与展望

光催化剂脱除 CO_2 的产物有甲烷和甲醇及其他一些有机氧化物，它们都是一些有很高利用价值的化工产品和可再生能源燃料，且反应所用到的光能这一种新型能源取之不尽，整个反应过程低污染、低能耗，所以利用光催化法来脱除 CO_2 做到了清洁环保。

TiO_2 是人们最常用到的光催化剂，因为其具有稳定性高、成本低廉等特点，但是其光利用率低、催化效率低下。而在负载金属的 TiO_2 催化剂中，金属大多数以金属态的形式存在使得其红移程度不大，导致对太阳光的利用率不高；同时，对于部分光催化反应装置中存在的光利用效率的问题也会影响光催化效率；而金属负载的分散度不均匀使得制备工艺重复性较差，较难进行工业化生产；一些贵金属的 TiO_2 催化剂稳定性较差，回收利用困难；对于一些杂原子的引入也由于需要在高温、高压等极端条件下进行而不易实现。所以人们正在不断开发新型 TiO_2 催化体系，通过对 TiO_2 的结构和负载物的改进，以实现对光的高利用率和对 CO_2 的高转化率。改性 TiO_2 催化剂对于 CO_2 的催化还原具有广阔的发展前景，相信随着研究的深入，目前存在的问题一定可以得到有效的解决。

光催化处理技术是具有广泛应用前景的绿色处理方法。虽然其理论发展逐渐得到了完善，但多数研究仍停留在实验室阶段，若能实现工业化应用，则可防止设备腐蚀，环境污染，获得极大的经济效益和社会效益。因此，研究重点主要有以下几方面：催化剂的固定化，保持改性后催化活性的同时，选择开发合适的载体和固定方法，提高负载型光催化剂的效率和重复使用性。加强有机物降解机理和催化机理的研究。目前光催化处理有机污染废水特别是染料废水时，由于染料体系的复杂性及染料中间体的分析鉴定比较困难，在一定程度上限制了光催化技术的工业化应用。今后应进一步研究有机污染物及其中间产物的光催化降解行为，在实际废水催化降解动力学和光催化机理研究的基础上对催化体系进行最优设计，以推动工业化应用。新处理技术实验的成功只是成功了一半，重要的是加强新技术的应用，通过经济、性能等各方面的综合评价，筛选出更合适的制备方法，最终实现工业化生产。

参 考 文 献

[1] Shockley W, Queisser H J. Detailed balance limit of efficiency of p-n junction solar cells[J]. Journal of Applied Physics, 1961, 32(3): 510-519.

[2] Mekemeche A, Beghdad M, Belarbi M, et al. Two dimensional device simulation and performance optimization of n-type silicon solar cell structure using PC2D[J]. Solar Energy, 2017, 146: 119-124.

[3] 蒋玉荣, 秦瑞平, 蔡方敏, 等. 硅纳米线阵列的制备及光伏性能[J]. 硅酸盐学报, 2013, 41(1): 29-33.

[4] 王晓宇, 李华芳, 王金良. 利用铜纳米颗粒提高太阳能电池效率[J]. 硅酸盐学报, 2017, 45(4): 490-494.

[5] Šály V, Perný M, Janíček F, et al. Impedance spectroscopy of heterojunction solar cell a-SiC/c-Si with ITO antireflection film investigated at different temperatures[C]. Proceedings of the Journal of Physics: Conference Series, IOP Publishing, 2017: 012019.

[6] Tan X, Yan W, Tu Y, et al. Small pyramidal textured ultrathin crystalline silicon solar cells with double-layer passivation[J]. Optics Express, 2017, 25(13): 14725-14731.

[7] Uzum A, Ito S, Dhamrin M, et al. Non-Vacuum Process for Production of Crystalline Silicon Solar Cells[M]. New Research on Silicon-Structure, Properties, Technology. InTech, 2017.

[8] 王强. 低缺陷密度大单晶比例太阳能级类单晶硅锭制备及其表面制绒研究[D]. 苏州: 苏州大学, 2016.

[9] Yoshinaga S, Ishikawa Y, Araki S, et al. Numerical analysis of monocrystalline silicon solar cells with fine nanoimprinted textured surface[J]. Japanese Journal of Applied Physics, 2017, 56(2): 022301.

[10] Kung C Y, Yang C H, Huang C W, et al. Performance improvement of high efficiency mono-crystalline silicon solar cells by modifying rear-side morphology[J]. Applied Sciences, 2017, 7(4): 410-413.

[11] 殷志刚. 太阳能光伏发电材料的发展现状[J]. 可再生能源, 2008, 26(5): 17-20.

[12] Yang X, Weber K, Hameiri Z, et al. Industrially feasible, dopant-free, carrier-selective contacts for high-efficiency silicon solar cells[J]. Progress in Photovoltaics: Research and Applications, 2017, 25(11): 896-904.

[13] Jiang F, Gunawan, Harada T, et al. Pt/In$_2$S$_3$/CdS/Cu$_2$ZnSnS$_4$ thin film as an efficient and stable photocathode for water reduction under sunlight radiation[J]. Journal of the American Chemical Society, 2015, 137(42): 13691-13697.

[14] Bellanger P, Traoré M, Sunil B, et al. Polycrystalline silicon films obtained by crystallization of amorphous silicon on aluminium based substrates for photovoltaic applications[J]. Thin Solid Films, 2017, 636: 150-157.

[15] Krajangsang T, Inthisang S, Sritharathikhun J, et al. An intrinsic amorphous silicon oxide and amorphous silicon stack passivation layer for crystalline silicon heterojunction solar cells[J]. Thin Solid Films, 2017, 628:107-111.

[16] Ferhati H, Djeffal F, Srairi F. Enhancement of the absorbance figure of merit in amorphous-silicon pin solar cell by using optimized intermediate metallic layers[J]. Optik-International Journal for Light and Electron Optics, 2017, 130: 473-480.

[17] Chowdhury A, Mukhopadhyay S, Ray S. Fabrication of thin film nanocrystalline silicon solar cell with low light-induced degradation[J]. Solar Energy Materials and Solar Cells, 2009, 93(5): 597-603.

[18] Hong A J, Hopstaken M J, Kim J, et al. Buffer layer for high performing and low light degraded solar cells: 131966917[P]. 2014-07-08.

[19] Hamakawa Y. Thin-film solar cells: next generation photovoltaics and its applications[M]. Berlin: Springer Science & Business Media, 2013.

[20] Lin J C, Ho W J, Liu J J, et al. High-efficiency single-junction GaAs solar cell using ITO-film as an antireflection and passivation layer deposited on AlInP layer by thermally RF sputtering[C]. Proceedings of the Lasers and Electro-Optics (CLEO), 2017 Conference on, IEEE, 2017: 1-2.

[21] Zheng Y, Yi T C, Wang J L, et al. Radiation damage analysis of individual subcells for GaInP/GaAs/Ge solar cells using photoluminescence measurements[J]. Chinese Physics Letters, 2017, 34(2): 026101.

[22] Green M A, Emery K, Hishikawa Y, et al. Solar cell efficiency tables (version 45)[J]. Progress in Photovoltaics, 2015, 23(1): 1-9.

[23] Sultana R S, Bahar A N, Asaduzzaman M, et al. Numerical dataset for analyzing the performance of a highly efficient ultrathin film CdTe solar cell[J]. Data in Brief, 2017, 12: 336-340.

[24] Jackson P, Hariskos D, Lotter E, et al. New world record efficiency for Cu(In, Ga)Se$_2$ thin-film solar cells beyond 20%[J]. Progress in Photovoltaics: Research and Applications, 2011, 19(7): 894-897.

[25] Moradi M, Teimouri R, Saadat M, et al. Buffer layer replacement: a method for increasing the conversion efficiency of CIGS thin film solar cells[J]. Optik-International Journal for Light and Electron Optics, 2017, 136: 222-227.

[26] Asaduzzaman M, Hasan M, Bahar A N. An investigation into the effects of band gap and doping concentration on Cu(In, Ga)Se$_2$ solar cell efficiency[J]. Springer Plus, 2016, 5(1): 578-580.

[27] 马光耀, 康志君, 谢元锋. 铜铟镓硒薄膜太阳能电池的研究进展及发展前景[J]. 金属功能材料, 2009, 16(5): 46-49.

[28] Katagiri H, Sasaguchi N, Hando S, et al. Preparation and evaluation of Cu$_2$ZnSnS$_4$ thin films by sulfurization of E B evaporated precursors[J]. Solar Energy Materials and Solar Cells, 1997, 49(1-4): 407-414.

[29] Woo R L, Xiao R, Kobayashi Y, et al. Effect of twinning on the photoluminescence and photoelectrochemical properties of indium phosphide nanowires grown on silicon (111)[J]. Nano Letters, 2008, 8(12): 4664-4669.

[30] Eberspacher C, Pauls K, Serra J. Nonvacuum techniques for fabricating thin-film CIGS[C]. Proceedings of the Photovoltaic Specialists Conference, 2000 Conference Record of the Twenty-Eighth IEEE, IEEE, 2000: 517-520.

[31] Kapur V K, Fisher M, Roe R. Fabrication of light weight flexible CIGS solar cells for space power applications[J]. Mrs Online Proceedings Library Archive, 2001, 15, 668-671.

[32] Wang W, Winkler M T, Gunawan O, et al. Device characteristics of CZTSSe thin-film solar cells with 12.6% efficiency[J]. Advanced Energy Materials, 2014, 4(7): 1301465-1301467.

[33] O'regan B, Grätzel M. A low-cost, high-efficiency solar cell based on dye-sensitized colloidal TiO$_2$ films[J]. Nature, 1991, 353(6346): 737-740.

[34] 孙惠成, 罗艳红, 李冬梅, 等. 染料敏化太阳能电池基础研究及产业化新进展[J]. 硅酸盐学报, 2011, 39(7): 1045-1052.

[35] Chen X, Zhao F, Liu W, et al. Facile synthesis of NiS/graphene composite with high catalytic activity for high-efficiency dye-sensitized solar cells[J]. Journal of Solid State Electrochemistry, 2017, 21(10): 2799-2805.

[36] 黄维, 密保秀, 高志强. 有机电子学[M]. 北京: 科学出版社, 2011.

[37] Tang C W. Two-layer organic photovoltaic cell[J]. Applied Physics Letters, 1985, 48(2): 183-185.

[38] Sariciftci N S, Smilowitz L, Heeger A J, et al. Photoinduced electron transfer from a conducting polymer to buckminsterfullerene[J]. Science, 1992, 258(5087): 1474-1476.

[39] You J, Dou L, Yoshimura K, et al. A polymer tandem solar cell with 10.6% power conversion efficiency[J]. Natature Communications, 2013, 4: 1446-1451.

[40] Zhao J, Li Y, Yang G, et al. Efficient organic solar cells processed from hydrocarbon solvents[J]. Nature Energy, 2016, 1: 15027.

[41] Li M, Gao K, Wan X, et al. Solution-processed organic tandem solar cells with power conversion efficiencies＞12%[J]. Nature Photonics, 2016, 11: 85-89.

[42] Lin Y, Zhang Z G, Bai H, et al. High-performance fullerene-free polymer solar cells with 6.31% efficiency[J]. Energy & Environmental Science, 2015, 8(2): 610-616.

[43] Lin Y, Wang J, Zhang Z G, et al. An electron acceptor challenging fullerenes for efficient polymer solar cells[J]. Advanced Materials, 2015, 27(7): 1170-1174.

[44] Zhao W, Li S, Yao H, et al. Molecular optimization enables over 13% efficiency in organic solar cells[J]. Journal of the American Chemical Society, 2017, 139(21): 7148-7151.

[45] Cui Y, Yao H, Gao B, et al. Fine-tuned photoactive and interconnection layers for achieving over 13% efficiency in a fullerene-free tandem organic solar cell[J]. Journal of the American Chemical Society, 2017, 139(21): 7302-7309.

[46] Stoltzfus D M, Donaghey J E, Armin A, et al. Charge generation pathways in organic solar cells: assessing the contribution from the electron acceptor[J]. Chemical Reviews, 2016, 116(21): 12920-12955.

[47] Mazzio K A, Luscombe C K. The future of organic photovoltaics[J]. Chemical Society Reviews, 2015, 44(1): 78-90.

[48] Huang Y, Kramer E J, Heeger A J, et al. Bulk heterojunction solar cells: Morphology and performance relationships[J]. Chemical Reviews, 2014, 114(14): 7006-7043.

[49] Hou J, Inganäs O, Friend R H, et al. Organic solar cells based on non-fullerene acceptors[J]. Nature Materials, 2018, 17(2): 119-128.

[50] Zhang G, Zhao J, Chow P C Y, et al. Nonfullerene acceptor molecules for bulk heterojunction organic solar cells[J]. Chemical Reviews, 2018, 118(7): 3447-3507.

[51] Luo P, Xia W, Zhou S, et al. Solvent engineering for ambient-air-processed, phase-stable CsPbI$_3$ in perovskite solar cells[J]. The Journal of Physical Chemistry Letters, 2016, 7(18): 3603-3608.

[52] Zhao Y Q, Liu B, Yu Z L, et al. Strong ferroelectric polarization of CH$_3$NH$_3$GeI$_3$ with high-absorption and mobility transport anisotropy: theoretical study[J]. Journal of Materials Chemistry C, 2017, 5(22): 5356-5364.

[53] Luo L, Men L, Liu Z, et al. Ultrafast terahertz snapshots of excitonic Rydberg states and electronic coherence in an organometal halide perovskite[J]. Nature Communications, 2017, 8: 15565-15567.

[54] Miyasaka T, Kojima A, Teshima K. Lead halide perovskites as quantum dot sensitizers for mesoscopic TiO$_2$ photovoltaic cells[J]. Electrochemical Society, 2009, 9: 742.

[55] Ming W, Shi H, Du M H. Large dielectric constant, high acceptor density, and deep electron traps in perovskite solar cell material CsGeI₃[J]. Journal of Materials Chemistry A, 2016, 4(36): 13852-13858.

[56] 郭立雪, 费成斌, 李波, 等. Ag@TiO₂纳米颗粒等离激元效应增强钙钛矿太阳能薄膜电池性能[J]. 硅酸盐学报, 2016, 44(10): 1393-1400.

[57] Xiao Z, Bi C, Shao Y, et al. Efficient, high yield perovskite photovoltaic devices grown by interdiffusion of solution-processed precursor stacking layers[J]. Energy & Environmental Science, 2014, 7(8): 2619-2623.

[58] Liu M, Johnston M B, Snaith H J. Efficient planar heterojunction perovskite solar cells by vapour deposition[J]. Nature, 2013, 501(7467): 395-397.

[59] Burschka J, Pellet N, Moon S J, et al. Sequential deposition as a route to high-performance perovskite-sensitized solar cells[J]. Nature, 2013, 499(7458): 316-318.

[60] Chen Y, Sun Y, Peng J, et al. Tailoring organic cation of 2D air-stable organometal halide perovskites for highly efficient planar solar cells[J]. Advanced Energy Materials, 2017, 7(18): 1700162-1700165.

[61] Song Z, Abate A, Watthage S C, et al. Perovskite solar cell stability in humid air: partially reversible phase transitions in the PbI₂-CH₃NH₃I-H₂O system[J]. Advanced Energy Materials, 2016, 6(19): 1600864-1600865.

[62] Nam J K, Chai S U, Cha W, et al. Potassium incorporation for enhanced performance and stability of fully inorganic cesium lead halide perovskite solar cells[J]. Nano Letters, 2017, 17(3): 2028-2033.

[63] 李荣荣, 赵晋津, 司华燕, 等. 柔性薄膜太阳能电池的研究进展[J]. 硅酸盐学报, 2014, 42(7): 878-885.

[64] Chandrasekhar P S, Komarala V K. Graphene/ZnO nanocomposite as an electron transport layer for perovskite solar cells; the effect of graphene concentration on photovoltaic performance[J]. RSC Advances, 2017, 7(46): 28610-28615.

[65] Rühle S, Shalom M, Zaban A. Quantum-dot-sensitized solar cells[J]. ChemPhysChem, 2010, 11(11): 2290-2304.

[66] Du J, Du Z, Hu J S, et al. Zn-Cu-In-Se quantum dot solar cells with a certified power conversion efficiency of 11.6%[J]. Journal of the American Chemical Society, 2016, 138(12): 4201-4209.

[67] Swarnkar A, Marshall A R, Sanehira E M, et al. Quantum dot-induced phase stabilization of α-CsPbI₃ perovskite for high-efficiency photovoltaics[J]. Science, 2016, 354(6308): 92-95.

[68] Kwak G Y, Lee S H, Jang J S, et al. Band engineering of a Si quantum dot solar cell by modification of B-doping profile[J]. Solar Energy Materials and Solar Cells, 2017, 159: 80-85.

[69] 张敏, 王宏伟, 齐庆杰, 等. Cu₂ZnSnS₄纳米片阵列在量子点敏化太阳能电池对电极中的应用[J]. 硅酸盐学报, 2017, 45(4): 478-482.

[70] Walter M G, Warren E L, McKone J R, et al. Solar water splitting cells[J]. Chemical Reviews, 2010, 110(11): 6446-6473.

[71] Becquerel E. Studies of the effect of actinic radiation of sunlight by means of electrical currents[J]. C. R. Acad. Sci, Paris, 1839, 9:145-159.

[72] Fujishima A, Honda K. Electrochemical photolysis of water at a semiconductor electrode[J]. Nature, 1972, 238(5358): 37-40.

[73] Hu S, Xiang C, Haussener S, et al. An analysis of the optimal band gaps of light absorbers in integrated tandem photoelectrochemical water-splitting systems[J]. Energy & Environmental Science, 2013, 6(10): 2984-2993.

[74] Mor G K, Varghese O K, Wilke R H, et al. p-Type Cu-Ti-O nanotube arrays and their use in self-biased heterojunction photoelectrochemical diodes for hydrogen generation[J]. Nano Letters, 2008, 8(7): 1906-1911.

[75] Bornoz P, Abdi F F, Tilley S D, et al. A bismuth vanadate-cuprous oxide tandem cell for overall solar water splitting[J]. The Journal of Physical Chemistry C, 2014, 118(30): 16959-16966.

[76] Ding C, Qin W, Wang N, et al. Solar-to-hydrogen efficiency exceeding 2.5% achieved for overall water splitting with an all earth-abundant dual-photoelectrode[J]. Physical Chemistry Chemical Physics, 2014, 16(29): 15608-15614.

[77] Jang J W, Du C, Ye Y, et al. Enabling unassisted solar water splitting by iron oxide and silicon[J]. Nature Communications, 2015, 6: 7447-7451.

[78] Kim J H, Kaneko H, Minegishi T, et al. Overall photoelectrochemical water splitting using tandem cell under simulated sunlight[J]. ChemSusChem, 2016, 9(1): 61-66.

[79] Zhao Z, Luo W, Li Z, et al. Density functional theory study of doping effects in monoclinic clinobisvanite BiVO$_4$[J]. Physics Letters A, 2010, 374(48): 4919-4927.

[80] Luo W, Yang Z, Li Z, et al. Solar hydrogen generation from seawater with a modified BiVO$_4$ photoanode[J]. Energy & Environmental Science, 2011, 4(10): 4046-4051.

[81] Zhao X, Luo W, Feng J, et al. Quantitative analysis and visualized evidence for high charge separation efficiency in a solid-liquid bulk heterojunction[J]. Advanced Energy Materials, 2014, 4(9): 1301785-1301786.

[82] Le Formal F, Tétreault N, Cornuz M, et al. Passivating surface states on water splitting hematite photoanodes with alumina overlayers[J]. Chemical Science, 2011, 2(4): 737-743.

[83] Li M, Luo W, Liu B, et al. Remarkable enhancement in photocurrent of In$_{0.20}$Ga$_{0.80}$N photoanode by using an electrochemical surface treatment[J]. Applied Physics Letters, 2011, 99(11): 112108.

[84] Li M, Luo W, Cao D, et al. A Co-catalyst-loaded Ta$_3$N$_5$ photoanode with a high solar photocurrent for water splitting upon facile removal of the surface layer[J]. Angewandte Chemie International Edition, 2013, 52(42): 11016-11020.

[85] Luo W, Li Z, Yu T, et al. Effects of surface electrochemical pretreatment on the photoelectrochemical performance of Mo-doped BiVO$_4$[J]. The Journal of Physical Chemistry C, 2012, 116(8): 5076-5081.

[86] Zhang M, Luo W, Zhang N, et al. A facile strategy to passivate surface states on the undoped hematite photoanode for water splitting[J]. Electrochemistry Communications, 2012, 23: 41-43.

[87] Higashi M, Domen K, Abe R. Fabrication of efficient TaON and Ta$_3$N$_5$ photoanodes for water splitting under visible light irradiation[J]. Energy & Environmental Science, 2011, 4(10): 4138-4147.

[88] Li Y, Zhang L, Torres-Pardo A, et al. Cobalt phosphate-modified barium-doped tantalum nitride nanorod photoanode with 1.5% solar energy conversion efficiency[J]. Nature Communications, 2013, 4: 2566-2570.

[89] Liao M, Feng J, Luo W, et al. Co$_3$O$_4$ nanoparticles as robust water oxidation catalysts towards remarkably enhanced photostability of a Ta$_3$N$_5$ photoanode[J]. Advanced Functional Materials, 2012, 22(14): 3066-3074.

[90] Chen S, Shen S, Liu G, et al. Interface engineering of a CoO$_x$/Ta$_3$N$_5$ photocatalyst for unprecedented water oxidation performance under visible-light-irradiation[J]. Angewandte Chemie International Edition, 2015, 54(10): 3047-3051.

[91] Liu G, Shi J, Zhang F, et al. A tantalum nitride photoanode modified with a hole-storage layer for highly stable solar water splitting[J]. Angewandte Chemie International Edition, 2014, 53(28): 7295-7299.

[92] Liu G, Fu P, Zhou L, et al. Efficient hole extraction from a hole-storage-layer-stabilized tantalum nitride photoanode for solar water splitting[J]. Chemistry-A European Journal, 2015, 21(27): 9624-9628.

[93] Liu G, Ye S, Yan P, et al. Enabling an integrated tantalum nitride photoanode to approach the theoretical photocurrent limit for solar water splitting[J]. Energy & Environmental Science, 2016, 9(4): 1327-1334.

[94] Cao D, Luo W, Feng J, et al. Cathodic shift of onset potential for water oxidation on a Ti^{4+} doped Fe$_2$O$_3$ photoanode by suppressing the back reaction[J]. Energy & Environmental Science, 2014, 7(2): 752-759.

[95] Wang X, Maeda K, Thomas A, et al. A metal-free polymeric photocatalyst for hydrogen production from water under visible light[J]. Nature Materials, 2009, 8(1): 76-80.

[96] Zhang Y, Mori T, Ye J, et al. Phosphorus-doped carbon nitride solid: Enhanced electrical conductivity and photocurrent generation[J]. Journal of the American Chemical Society, 2010, 132(18): 6294-6295.

[97] Zhang Y, Mori T, Niu L, et al. Non-covalent doping of graphitic carbon nitride polymer with graphene: Controlled electronic structure and enhanced optoelectronic conversion[J]. Energy & Environmental Science, 2011, 4(11): 4517-4521.

[98] Wang J, Zhang C, Shen Y, et al. Environment-friendly preparation of porous graphite-phase polymeric carbon nitride using calcium carbonate as templates, and enhanced photoelectrochemical activity[J]. Journal of Materials Chemistry A, 2015, 3(9): 5126-5131.

[99] Zhang J, Zhang M, Lin L, et al. Sol processing of conjugated carbon nitride powders for thin-film fabrication[J]. Angewandte Chemie, 2015, 127(21): 6395-6399.

[100] Chen Z, Jaramillo T F, Deutsch T G, et al. Accelerating materials development for photoelectrochemical hydrogen production: Standards for methods, definitions, and reporting protocols[J]. Journal of Materials Research, 2010, 25(1): 3-16.

[101] Bookbinder D C, Lewis N S, Bradley M G, et al. Photoelectrochemical reduction of N,N′-dimethyl-4,4′-bipyridinium in aqueous media at p-type silicon: Sustained photogeneration of a species capable of evolving hydrogen[J]. Journal of the American Chemical Society, 1979, 101(26): 7721-7723.

[102] Bookbinder D C, Bruce J A, Dominey R N, et al. Synthesis and characterization of a photosensitive interface for hydrogen generation: Chemically modified p-type semiconducting silicon photocathodes[J]. Proceedings of the National Academy of Sciences, 1980, 77(11): 6280-6284.

[103] Dominey R N, Lewis N S, Bruce J A, et al. Improvement of photoelectrochemical hydrogen generation by surface modification of p-type silicon semiconductor photocathodes[J]. Journal of the American Chemical Society, 1982, 104(2): 467-482.

[104] Basu M, Zhang Z W, Chen C J, et al. Heterostructure of Si and CoSe$_2$: a promising photocathode based on a Non-noble metal catalyst for photoelectrochemical hydrogen evolution[J]. Angewandte Chemie International Edition, 2015, 54(21): 6211-6216.

[105] Hughes R, Ginley D, Hays A. Ion selective photoelectrochemistry and stabilization by siloxane-coated p-Si electrodes[J]. Applied Physics Letters, 1982, 40(9): 853-856.

[106] Scafe E, Maletta G, Tomaciello R, et al. Indium-doped CdS film on p-type silicon—an efficient heterojunction solar cell[J]. Solar Cells, 1983, 10:17-32.

[107] Seger B, Laursen A B, Vesborg P C, et al. Hydrogen production using a molybdenum sulfide catalyst on a titanium-protected n+p-silicon photocathode[J]. Angewandte Chemie International Edition, 2012, 51(36): 9128-9131.

[108] Esposito D V, Levin I, Moffat T P, et al. H$_2$ evolution at Si-based metal-insulator-semiconductor photoelectrodes enhanced by inversion channel charge collection and H spillover[J]. Nature Materials, 2013, 12(6): 562-568.

[109] Feng J, Gong M, Kenney M J, et al. Nickel-coated silicon photocathode for water splitting in alkaline electrolytes[J]. Nano Research, 2015, 8(5): 1577-1583.

[110] Ji L, McDaniel M D, Wang S, et al. A silicon-based photocathode for water reduction with an epitaxial SrTiO$_3$ protection layer and a nanostructured catalyst[J]. Nature Nanotechnology, 2015, 10(1): 84-90.

[111] Hou Y, Abrams B L, Vesborg P C, et al. Bioinspired molecular co-catalysts bonded to a silicon photocathode for solar hydrogen evolution[J]. Nature Materials, 2011, 10(6): 434-440.

[112] Oh J, Deutsch T G, Yuan H C, et al. Nanoporous black silicon photocathode for H_2 production by photoelectrochemical water splitting[J]. Energy & Environmental Science, 2011, 4(5): 1690-1694.

[113] Oh I, Kye J, Hwang S. Fabrication of metal-semiconductor interface in porous silicon and its photoelectrochemical hydrogen production[J]. Bulletin of the Korean Chemical Society, 2011, 32(12): 4393-4395.

[114] Chandrasekaran S, Macdonald T J, Mange Y J, et al. A quantum dot sensitized catalytic porous silicon photocathode[J]. Journal of Materials Chemistry A, 2014, 2(25): 9478-9481.

[115] Chandrasekaran S, Macdonald T J, Gerson A R, et al. Boron-doped silicon diatom frustules as a photocathode for water splitting[J]. ACS Applied Materials & Interfaces, 2015, 7(31): 17381-17387.

[116] Chandrasekaran S, McInnes S J, Macdonald T J, et al. Porous silicon nanoparticles as a nanophotocathode for photoelectrochemical water splitting[J]. RSC Advances, 2015, 5(104): 85978-85982.

[117] Heller A, Miller B, Thiel F. 11.5% solar conversion efficiency in the photocathodically protected p-InP/V^{3+}-V^{2+}-HCl/C semiconductor liquid junction cell[J]. Applied Physics Letters, 1981, 38(4): 282-284.

[118] Heller A, Miller B, Lewerenz H, et al. An efficient photocathode for semiconductor liquid junction cells: 9.4% solar conversion efficiency with p-InP/VCl_3-VCl_2-HCl/C[J]. Journal of the American Chemical Society, 1980, 102(21): 6555-6556.

[119] Heller A, Vadimsky R G. Efficient solar to chemical conversion: 12% efficient photoassisted electrolysis in the [p-type InP(Ru)]/HCl-KCl/Pt(Rh) cell[J]. Physical Review Letters, 1981, 46(17): 1153-1156.

[120] Munoz A, Heine C, Lublow M, et al. Photoelectrochemical conditioning of MOVPE p-InP films for light-induced hydrogen evolution: Chemical, electronic and optical properties[J]. ECS Journal of Solid State Science and Technology, 2013, 2(4): Q51-Q58.

[121] Gao L, Cui Y, Wang J, et al. Photoelectrochemical hydrogen production on InP nanowire arrays with molybdenum sulfide electrocatalysts[J]. Nano Letters, 2014, 14(7): 3715-3719.

[122] Li Q, Tang C W, Lau K M, et al. Growth of low defect-density InP on exact Si(001) substrates by metalorganic chemical vapor deposition with position-controlled seed arrays[C]. Proceedings of the Indium Phosphide and Related Materials (IPRM), 26th International Conference on, IEEE, 2014: 1-2.

[123] Kapadia R, Yu Z, Wang H H, et al. A direct thin-film path towards low-cost large-area III-V photovoltaics[J]. Scientific Reports, 2013, 3(2275): 1-7.

[124] Kapadia R, Yu Z, Hettick M, et al. Deterministic nucleation of InP on metal foils with the thin-film vapor-liquid-solid growth mode[J]. Chemistry of Materials, 2014, 26(3): 1340-1344.

[125] Zheng M, Wang H P, Sutter-Fella C M, et al. Thin-film solar cells with InP absorber layers didrectly grown on nonepitaxial metal substrates[J]. Advanced Energy Materials, 2015, 5(22): 1501337-1501346.

[126] Lin Y, Kapadia R, Yang J, et al. Role of TiO surface passivation on improving the performance of p-InP photocathodes[J]. The Journal of Physical Chemistry C, 2015, 119(5): 2308-2313.

[127] Hettick M, Zheng M, Lin Y, et al. Nonepitaxial thin-film InP for scalable and efficient photocathodes[J]. The Journal of Physical Chemistry Letters, 2015, 6(12): 2177-2182.

[128] Yu Z, Pryor C, Lau W, et al. Core-shell nanorods for efficient photoelectrochemical hydrogen production[J]. The Journal of Physical Chemistry B, 2005, 109(48): 22913-22919.

[129] Lee M H, Takei K, Zhang J, et al. p-Type InP nanopillar photocathodes for efficient solar-driven hydrogen production[J]. Angewandte Chemie, 2012, 124(43): 10918-10922.

[130] Huang C H. Effects of Ga content on Cu(In, Ga)Se_2 solar cells studied by numerical modeling[J]. Journal of Physics and Chemistry of Solids, 2008, 69(2-3): 330-334.

[131] Contreras M A, Egaas B, Ramanathan K, et al. Progress toward 20% efficiency in Cu(In, Ga)Se$_2$ polycrystalline thin-film solar cells[J]. Progress in Photovoltaics: Research and Applications, 1999, 7(4): 311-316.

[132] Bhattacharya R, Hiltner J, Batchelor W, et al. 15.4% CuIn$_{1-x}$Ga$_x$Se$_2$-based photovoltaic cells from solution-based precursor films[J]. Thin Solid Films, 2000, 361: 396-399.

[133] Ramanathan K, Contreras M A, Perkins C L, et al. Properties of 19.2% efficiency ZnO/CdS/CuInGaSe$_2$ thin-film solar cells[J]. Progress in Photovoltaics: Research and Applications, 2003, 11(4): 225-230.

[134] Repins I, Contreras M A, Egaas B, et al. 19.9%-efficient ZnO/CdS/CuInGaSe$_2$ solar cell with 81.2% fill factor[J]. Progress in Photovoltaics: Research and Applications, 2008, 16(3): 235-239.

[135] Yokoyama D, Minegishi T, Maeda K, et al. Photoelectrochemical water splitting using a Cu(In, Ga)Se$_2$ thin film[J]. Electrochemistry Communications, 2010, 12(6): 851-853.

[136] Guan Z, Luo W, Feng J, et al. Selective etching of metastable phase induced an efficient CuIn$_{0.7}$Ga$_{0.3}$S$_2$ nano-photocathode for solar water splitting[J]. Journal of Materials Chemistry A, 2015, 3(15): 7840-7848.

[137] Jacobsson T J, Platzer-Björkman C, Edoff M, et al. CuIn$_x$Ga$_{1-x}$Se$_2$ as an efficient photocathode for solar hydrogen generation[J]. International Journal of Hydrogen Energy, 2013, 38(35): 15027-15035.

[138] Kumagai H, Minegishi T, Sato N, et al. Efficient solar hydrogen production from neutral electrolytes using surface-modified Cu(In, Ga)Se$_2$ photocathodes[J]. Journal of Materials Chemistry A, 2015, 3(16): 8300-8307.

[139] Mali M G, Yoon H, Joshi B N, et al. Enhanced photoelectrochemical solar water splitting using a platinum-decorated CIGS/CdS/ZnO photocathode[J]. ACS Applied Materials & Interfaces, 2015, 7(38): 21619-21625.

[140] Zhang Y, Ouyang S, Yu Q, et al. Modulation of sulfur partial pressure in sulfurization to significantly improve the photoelectrochemical performance over the Cu$_2$ZnSnS$_4$ photocathode[J]. Chemical Communications, 2015, 51(74): 14057-14059.

[141] Choi Y, Baek M, Zhang Z, et al. A two-storey structured photoanode of a 3D Cu$_2$ZnSnS$_4$/CdS/ZnO@ steel composite nanostructure for efficient photoelectrochemical hydrogen generation[J]. Nanoscale, 2015, 7(37): 15291-15299.

[142] Lin J, Guo J, Liu C, et al. Three-dimensional Cu$_2$ZnSnS$_4$ films with modified surface for thin-film lithium-ion batteries[J]. ACS Applied Materials & Interfaces, 2015, 7(31): 17311-17317.

[143] Yang G, Li Y F, Yao B, et al. Alternative spectral photoresponse in a p-Cu$_2$ZnSnS4/n-GaN heterojunction photodiode by modulating applied voltage[J]. ACS Applied Materials & Interfaces, 2015, 7(30): 16653-16658.

[144] Wang Z, Demopoulos G P. Growth of Cu$_2$ZnSnS$_4$ nanocrystallites on TiO$_2$ nanorod arrays as novel extremely thin absorber solar cell structure via the successive-ion-layer-adsorption-reaction method[J]. ACS Applied Materials & Interfaces, 2015, 7(41): 22888-22897.

[145] Tao J, Zhang K, Zhang C, et al. A sputtered CdS buffer layer for co-electrodeposited Cu$_2$ZnSnS$_4$ solar cells with 6.6% efficiency[J]. Chemical Communications, 2015, 51(51): 10337-10340.

[146] Redinger A, Berg D M, Dale P J, et al. The consequences of kesterite equilibria for efficient solar cells[J]. Journal of the American Chemical Society, 2011, 133(10): 3320-3323.

[147] Hsu W C, Zhou H, Luo S, et al. Spatial element distribution control in a fully solution-processed nanocrystals-based 8.6% CuZnSn(S, Se)$_4$ device[J]. ACS Nano, 2014, 8(9): 9164-9172.

[148] Todorov T K, Reuter K B, Mitzi D B. High-efficiency solar cell with earth-abundant liquid-processed absorber[J]. Advanced Materials, 2010, 22(20): E156-E159.

[149] Ito K, Nakazawa T. Electrical and optical properties of stannite-type quaternary semiconductor thin films[J]. Japanese Journal of Applied Physics, 1988, 27(11R): 2094-2097.

[150] Nakayama N, Ito K. Sprayed films of stannite Cu₂ZnSnS₄[J]. Applied Surface Science, 1996, 92: 171-175.

[151] Scragg J J, Dale P J, Peter L M, et al. New routes to sustainable photovoltaics: Evaluation of Cu₂ZnSnS₄ as an alternative absorber material[J]. Physica Status Solidi (B), 2008, 245(9): 1772-1778.

[152] Guo Q, Hillhouse H W, Agrawal R. Synthesis of Cu₂ZnSnS₄ nanocrystal ink and its use for solar cells[J]. Journal of the American Chemical Society, 2009, 131(33): 11672-11673.

[153] Mitzi D B, Todorov T K, Gunawan O, et al. Torwards marketable efficiency solution-processed kesterite and chalcopyrite photovoltaic devices[C]. Proceedings of the 2010 35th IEEE Photovoltaic Specialists Conference, 2010: 000640-000645.

[154] Huang S, Luo W J, Zou Z G, et al. Band positions and photoelectrochemical properties of Cu₂ZnSnS₄ thin films by the ultrasonic spray pyrolysis method[J]. Journal of Physics D: Applied Physics, 2013, 46(23): 235108.

[155] Wen X, Luo W J, Zou Z G, et al. Photocurrent improvement in nanocrystalline Cu₂ZnSnS₄ photocathodes by introducing porous structures[J]. Journal of Materials Chemistry A, 2013, 1(48): 15479-15485.

[156] Nagoya A, Asahi R, Kresse G, et al. First-principles study of Cu₂ZnSnS₄ and the related band offsets for photovoltaic applications[J]. Journal of Physics: Condensed Matter, 2011, 23(40): 404203-404206.

[157] Guan Z J, Luo W J, Zou Z G, et al. Formation mechanism of ZnS impurities and their effect on photoelectrochemical properties on a Cu₂ZnSnS₄ photocathode[J]. CrystEngComm, 2014, 16(14): 2929-2936.

[158] Guan Z J, Luo W J, Xu Y, et al. Aging precursor solution in high humidity remarkably promoted grain growth in Cu₂ZnSnS₄ films[J]. ACS Applied Materials & Interfaces, 2016, 8(8): 5432-5438.

[159] Yokoyama D, Minegishi J, Jimbo K, et al. H₂ evolution from water on modified Cu₂ZnSnS₄ photoelectrode under solar light[J]. Applied Physics Express, 2010, 3(10): 101202-101203.

[160] Ma G, Minegishi T, Yokoyama D, et al. Photoelectrochemical hydrogen production on Cu₂ZnSnS₄/Mo-mesh thin-film electrodes prepared by electroplating[J]. Chemical Physics Letters, 2011, 501(4): 619-622.

[161] Li J, Wu N. Semiconductor-based photocatalysts and photoelectrochemical cells for solar fuel generation: A review[J]. Catalysis Science & Technology, 2015, 5(3): 1360-1384.

[162] Choi W J, Kwak D J, Park C S, et al. Characterization of transparent conductive ITO, ITiO, and FTO films for application in photoelectrochemical cells[J]. Journal of Nanoscience and Nanotechnology, 2012, 12(4): 3394-3397.

[163] 张素香. 二氧化钛光催化环境净化技术的应用及发展动向[J]. 新疆石油学院学报, 2002, 14(3): 62-66.

[164] 孔淑青. 光催化反应在环境保护上的应用[J]. 环境与开发, 1999, 14(3): 15-18.

[165] 崔玉民, 范少华. 污水处理中光催化技术的研究现状及其发展趋势[J]. 洛阳工学院学报, 2002, 23(2): 85-89.

[166] 陈国宁, 梁欣泉, 张晓鹤, 等. 光催化处理造纸废水的研究进展[J]. 中国造纸学报, 2008, 23(1): 101-105.

[167] 张志强, 马琦, 张宝柱, 等. 影响 TiO₂ 催化降解有机物废水效率的主要因素[J]. 钛工业进展, 2006, 23(1): 45-49.

[168] 叶庆国, 李明. 有机物结构对光催化氧化降解影响的初步研究[J]. 环境工程, 2000, 18(4): 55-57.

[169] 王怡中, 符雁, 汤鸿霄. 甲基橙溶液多相光催化降解研究[J]. 环境科学, 1998(1): 1-4.

[170] 时桂杰. 光催化氧化处理水中污染物的研究现状及发展趋向[J]. 环境科学与技术, 1998(3): 1-4.

[171] 史载锋. 光催化陶瓷膜反应器的实验研究与数学模拟 [D]. 南京: 南京化工大学, 1999.

[172] 钟璟. 陶瓷微滤膜过滤微米, 亚微米级颗粒体系的基础研究和应用开发[D]. 南京: 南京化工大学, 1998.

[173] Choi W, Temin A, Hoffmann M. The role of metal ion dopants in ququntum-sized TiO₂: Correlation between photoreactivity and charge carrier recombination dynamics[J]. The Journal of Physical Chemistry, 1994, 98(51): 13669-13679.

[174] 金华峰, 李文戈, 向纪明, 等. Fe³⁺/TiO₂/SiO₂ 复合纳米微粒的合成及光催化降解 NO₂[J]. 应用化学, 2001, 18(8): 636-639.

[175] 李芳柏, 李湘中, 李新军, 等. 金离子掺杂对二氧化钛光催化性能的影响[J]. 化学学报, 2001(7): 1072-1077.

[176] Wei T Y, Wan C C. Heterogeneous photocatalytic oxidation of phenol with titanium dioxide powders[J]. Industrial & Engineering Chemistry Research, 1991, 30(6): 1293-1300.

[177] Wong W, Malati M. Effect of Mn, Ru-doping on photocatalytic activity of TiO₂ film for degradation of phenol[J]. Sol Energy, 1998, 36: 163-167.

[178] 苏文悦, 付贤智. 光催化剂 SO₄²⁻/TiO₂ 和 TiO₂ 的光谱行为比较[J]. 光谱学与光谱分析, 2000, 20(5): 655-657.

[179] 颜秀茹, 白天, 韩芳, 等. SO₄²⁻/TiO₂-SiO₂ 的制备及对甲基橙的光催化降解[J]. 无机化学学报, 2003, 19(10): 1125-1128.

[180] 苏文悦, 陈亦琳, 付贤智, 等. SO₄²⁻/TiO₂ 固体酸催化剂的酸强度及光催化性能[J]. 催化学报, 2001, 22(2): 175-176.

[181] 叶钊, 张汉辉, 潘海波. Ti(SO₄)₂ 水热法制纳米 SO₄²⁻/TiO₂ 光催化剂的光谱研究[J]. 光谱学与光谱分析, 2004, 24(3): 261-265.

[182] 曾曜. 光催化技术在室内空气净化中的应用[J]. 绿色环保建材, 2017, 3: 31-34.

[183] Obee T N, Brown R T. TiO₂ photocatalysis for indoor air applications: effects of humidity and trace contaminant levels on the oxidation rates of formaldehyde, toluene, and 1,3-butadiene[J]. Environmental Science & Technology, 1995, 29(5): 1223-1231.

[184] 李田, 仇雁翎. 水中六六六与五氯苯酚的光催化氧化[J]. 环境科学, 1996, 17(1): 24-26.

[185] 程沧沧, 胡德文. 利用太阳光与固定床型光反应器处理有机废水的研究[J]. 环境科学与技术, 1998, 2: 11-13.

[186] 祝万鹏, 王利. 光催化氧化法处理染料中间体 H 酸水溶液[J]. 环境科学, 1996, 17(4): 7-10.

[187] 陈士夫, 赵梦月, 陶跃式. 太阳光 TiO₂ 薄层光催化降解有机磷农药的研究[J]. 太阳能学报, 1995, 16(3): 234-239.

[188] 李田, 陈正夫. 城市自来水光催化氧化深度净化效果[J]. 环境科学学报, 1998, 18(2): 167-171.

[189] 姜艳玲, 王九思, 王明权, 等. 固体超强酸光催化剂在废水处理中的研究进展[J]. 甘肃联合大学学报: 自然科学版, 2008, 22(3): 46-50.

[190] 王知彩, 李小君, 王平. SO₄²⁻ 改性 TiO₂ 催化降解茜素红水溶液[J]. 中国环境科学, 2003, 23(5): 535-538.

[191] 颜秀茹, 郭秀盈, 霍明亮, 等. SO₄²⁻/Ce-TiO₂ 光催化降解二甲基二氯乙烯基磷酸酯[J]. 应用化学, 2003, 20(7): 668-671.

[192] 彭少洪, 张渊明, 钟理. TiO₂ 基固体超强酸的制备及光催化性能研究[J]. 无机化学学报, 2006, 22(12): 2258-2262.

[193] Samantaray S K, Mohapatra P, Parida K. Physico-chemical characterisation and photocatalytic activity of nanosized SO₄²⁻/TiO₂ towards degradation of 4-nitrophenol[J]. Journal of Molecular Catalysis A: Chemical, 2003, 198(1-2): 277-287.

[194] 王超, 陈达, 刘姝, 等. TiO₂ 光催化还原 CO₂ 研究进展[J]. 材料报道, 2011, 25(4A): 38-46.

[195] 赵毅, 李晓蕾, 马双忱. 光催化还原 CO₂ 的研究进展[J]. 化工环保, 2011, 31(2): 129-133.

[196] Vijayan B, Dimitrijevic N M, Rajh T, et al. Effect of calcination temperature on the photocatalytic reduction and oxidation processes of hydrothermally synthesized Titania nanotubes[J]. The Journal of Physical Chemistry C, 2010, 114(30): 12994-13002.

[197] Yamashita H, Kamada N, He H, et al. Reduction of CO₂ with H₂O on TiO₂(100) and TiO₂(110) single crystals under UV-irradiation[J]. Chemistry Letters, 1994, 23(5): 855-858.

[198] Tan S S, Zou L, Hu E. Photocatalytic reduction of carbon dioxide into gaseous hydrocarbon using TiO_2 pellets[J]. Catalysis Today, 2006, 115(1-4): 269-273.

[199] Pathak P, Meziani M J, Li Y, et al. Improving photoreduction of CO_2 with homogeneously dispersed nanoscale TiO_2 catalysts[J]. Chemical Communications, 2004, 10: 1234-1235.

[200] Liu B J, Torimoto T, Yoneyama H. Photocatalytic reduction of carbon dioxide in the presence of nitrate using TiO_2 nanocrystal photocatalyst embedded in SiO_2 matrices[J]. Journal of Photochemistry and Photobiology A: Chemistry, 1998, 115(3): 227-230.

[201] 吴树新, 尹燕华, 何菲, 等. 掺铜 TiO_2 光催化剂光催化氧化还原性能的研究[J]. Photographic Science and Photochemistry, 2005, 23(5): 333-340.

[202] Tseng I H, Wu J C S. Chemical states of metal-loaded Titania in the photoreduction of CO_2[J]. Catalysis Today, 2004, 97(2-3): 113-119.

[203] Dey G. Chemical reduction of CO_2 to different products during photo catalytic reaction on TiO_2 under diverse conditions: an overview[J]. Journal of Natural Gas Chemistry, 2007, 16(3): 217-226.

[204] 何志桥, 韩晶, 宋爽. Ag 修饰 TiO_2 催化剂紫外光催化还原 CO_2 的研究[J]. 浙江工业大学学报, 2014, 42(1): 20-26.

[205] 梅长松, 钟顺和. 负载金属对 WO_3-TiO_2 光催化剂结构与催化性能的影响[J]. 天津大学化学学报, 2005, 63(19): 1789-1794.

[206] Wen Y, Ding H, Shan Y. Preparation and visible light photocatalytic activity of Ag/TiO_2/graphene nanocomposite[J]. Nanoscale, 2011, 3(10): 4411-4417.

[207] Shifu C, Wei Z, Wei L, et al. Preparation, characterization and activity evaluation of p-n junction photocatalyst p-NiO/n-ZnO[J]. Journal of Sol-Gel Science and Technology, 2009, 50(3): 387-396.

[208] 郝瑞鹏, 杨朋举, 王志坚, 等. 贵金属负载 TiO_2 对光催化还原 CO_2 选择性的影响[J]. 燃料化学学报, 2015, 43(1): 94-99.

[209] 宗兰兰. TiO_2 基多孔薄膜的制备及其在 CO_2 光还原中的应用[D]. 开封: 河南大学, 2014.

[210] Xie S, Wang Y, Zhang Q, et al. Photocatalytic reduction of CO_2 with H_2O: Significant enhancement of the activity of Pt-TiO_2 in CH_4 formation by addition of MgO[J]. Chemical Communications, 2013, 49(24): 2451-2453.

[211] 王倩. 新型半导体复合颗粒的制备及其光催化性能研究[D]. 北京: 北京化工大学, 2014.

[212] Wang Z Y, Chou H C, Wu J C, et al. CO_2 photoreduction using NiO/InTaO₄ in optical-fiber reactor for renewable energy[J]. Applied Catalysis A: General, 2010, 380(1-2): 172-177.

[213] 闻丽娜. 暴露{001}晶面的表面氟化锐钛矿 TiO_2 纳米片在悬浮液中光催化 CO_2 的研究[D]. 杭州: 浙江工业大学, 2014.

[214] Bhattacharyya K, Danon A K, Vijayan B, et al. Role of the surface lewis acid and base sites in the adsorption of CO_2 on Titania nanotubes and platinized Titania nanotubes: An in situ FT-IR study[J]. The Journal of Physical Chemistry C, 2013, 117(24): 12661-12678.

[215] Dimitrijevic N M, Vijayan B K, Poluektov O G, et al. Role of water and carbonates in photocatalytic transformation of CO_2 to CH_4 on Titania[J]. Journal of the American Chemical Society, 2011, 133(11): 3964-3971.

[216] Lv K, Cheng B, Yu J, et al. Fluorine ions-mediated morphology control of anatase TiO_2 with enhanced photocatalytic activity[J]. Physical Chemistry Chemical Physics, 2012, 14(16): 5349-5362.

[217] Gordon T R, Cargnello M, Paik T, et al. Nonaqueous synthesis of TiO_2 nanocrystals using TiF₄ to engineer morphology, oxygen vacancy concentration, and photocatalytic activity[J]. Journal of the American Chemical Society, 2012, 134(15): 6751-6761.

[218] 袁秋生, 倪广乐, 张爱勇. 悬浮型光催化纳滤膜反应器对染料中间体 H 酸溶液的降解[J]. 中国环境科学, 2014, 34(3): 658-663.

[219] Nasution H W, Purnama E, Kosela S, et al. Photocatalytic reduction of CO_2 on copper-doped Titania catalysts prepared by improved-impregnation method[J]. Catalysis Communications, 2005, 6(5): 313-319.

[220] Yahaya A, Gondal M, Hameed A. Selective laser enhanced photocatalytic conversion of CO_2 into methanol[J]. Chemical Physics Letters, 2004, 400(1-3): 206-212.

[221] Tang X, Chen G, Liu H, et al. Affect of pressure on photoreduction of CO_2 to acetaldehyde in aqueous suspensions of TiO_2[C]. Proceedings of the Energy and Environment Technology, 2009 ICEET'09 International Conference on, IEEE, 2009: 181-184.

[222] Sun R D, Nakajima A, Watanabe I, et al. TiO_2-coated optical fiber bundles used as a photocatalytic filter for decomposition of gaseous organic compounds[J]. Journal of Photochemistry and Photobiology A: Chemistry, 2000, 136(1-2): 111-116.

[223] Xia X H, Jia Z J, Yu Y, et al. Preparation of multi-walled carbon nanotube supported TiO_2 and its photocatalytic activity in the reduction of CO_2 with H_2O[J]. Carbon, 2007, 45(4): 717-721.

[224] Zhao Z, Fan J, Liu S, et al. Optimal design and preparation of Titania-supported CoPc using sol-gel for the photo-reduction of CO_2[J]. Chemical Engineering Journal, 2009, 151(1-3): 134-140.

[225] 刘倩, 郑经堂, 白倩, 等. 光催化反应器的研究进展[J]. 应用化工, 2012, 41(6): 1056-1059.

第5章 二氧化碳资源化利用

5.1 传统二氧化碳的收集与利用

5.1.1 引言

随着全球工业的发展和人类活动的加剧，温室气体大量排放，温室效应日益严重。气候变暖对人类社会和整个生态环境都有着重要的影响，也是当今社会发展面临的巨大挑战，对此，我们应付出最大努力并积极采取措施去应对。全球第一个带有法律约束力的环保协议——《联合国气候变化框架公约京都议定书》曾规定：工业化国家在 2008～2012 年之间，温室气体的排放量要在 1990 年的基础上下降 5.2%。煤和石油等化石燃料燃烧产生的二氧化碳成了当前温室气体的主要来源，也是人类面临的最主要环境问题之一[1]。作为一种常见的温室气体和燃烧产物，大气中的二氧化碳达到了前所未有的浓度[2]，2009～2016 年就增长了约二百万分之一。然而当前社会化石燃料的燃烧是一个不可避免的过程，如何对二氧化碳进行捕获和高效转化[3, 4]则是降低大气中二氧化碳浓度的有效途径。利用封存技术对二氧化碳进行捕获已成为化石能源高效清洁利用的热点，目前的研究主要着眼于高效低成本的二氧化碳捕获技术[5]，如图 5-1 所示。碳的捕获和存储也逐渐发展为对二氧化碳的大量捕获和存储。

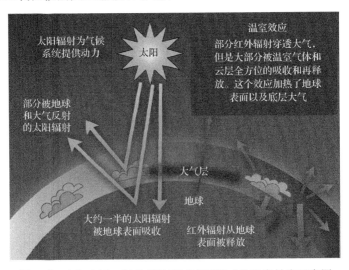

图 5-1* 大气中因二氧化碳浓度过高而造成的温室效应示意图

　　二氧化碳的捕获和存储是有效减少二氧化碳排放的根本所在[6-8]。虽然二氧化碳在化工、饮料、消防和洗涤等行业均有广泛的应用，但在使用完后二氧化碳仍会继续间接或直接地排放到大气中[9]，因此并未减小二氧化碳的浓度。

　　早在十多年前，有关二氧化碳的气候影响及其大气中的稳定浓度就已经存在大量的研究，如今越来越多的研究人员致力于将二氧化碳的浓度稳定在 550ppm以下。需要强调的是，有关二氧化碳对环境影响的研究均表明它具有消极影响，我们对它未来的发展趋势也表现出担忧。基于气候环境变化的研究注意力还是放在大气中二氧化碳浓度的稳定上。因此，在严峻的气候变化情况下，到 21 世纪末，大规模商业化的生物质能系统的应用要把将大气中的二氧化碳浓度稳定为 400～450ppm 为目标[10]。

5.1.2　二氧化碳的捕获

　　二氧化碳作为一种化学性质稳定的气体，要从惰性气体中捕获二氧化碳是比较困难的，成本也非常高，并且需要额外的能量才能完成。由于传统的火电站是在大气压力下燃烧天然气和煤炭等化石燃料，在清洁的惰性气体排放到大气之前，必须在非常苛刻的条件下将二氧化碳分离出来。这样做的目的是得到浓缩的、易于传输的高压二氧化碳气流，因此更有利于二氧化碳的捕获。二氧化碳的捕获技术可分为三种主要类型：燃烧前捕获、富氧燃烧捕获(燃烧中捕获)和燃烧后捕获。

1. 燃烧前捕获

　　燃烧前捕获是将二氧化碳在化石燃料燃烧前分离出来，先将燃料气化成煤气，再将煤气重整，生产出二氧化碳和氢气，然后将两者分离。该技术有望与整体煤气化联合循环(IGCC)电厂整合，以实现高效、低碳的绿色能源转换[11]。

　　燃烧前分离捕获二氧化碳实际上是氢气和二氧化碳的分离，由于合成气的压力一般在 2.7MPa 以上(取决于气化工艺)，此时二氧化碳的分压远高于化石燃料在空气中燃烧后产生的烟气中二氧化碳的分压。因此该技术不仅可以减小规模，还可以应用能耗较低的物理吸附剂。总体来说，燃烧前二氧化碳捕获技术成本较低，具有很大的发展前景。

　　2016 年 7 月 10 日，中国首套燃烧前二氧化碳捕获装置完成 72h 满负荷连续运行测试，该装置位于中国华能集团有限公司(以下简称华能)天津 IGCC 电厂。这标志着华能在燃烧前二氧化碳捕获技术领域取得了重要进展，为实现污染物和二氧化碳近零排放的煤基清洁发电技术的进一步发展奠定了基础。

　　该装置由中国华能集团清洁能源技术研究院有限公司牵头，携手华能国际电力股份有限公司、华能国际电力股份有限公司华北分公司、天津 IGCC 电厂及国内科研院所、高校和制造企业等十多家单位，历时 5 年研制而成。华能承担的国家"十二五"项目课题是以"IGCC 的二氧化碳捕集系统研制"为主题,同时也是华能绿色煤电计划第二阶段的任务之一。通过依托"十一五"重大项目,建立我国首套 250 兆瓦级 IGCC 示范工程,其主要目的是研究开发基于 IGCC 的二氧化碳捕获关键工艺和设备技术。

目前,国内多家企业正在探索开展 CCS(碳捕获封存)技术的实验与示范,而华能始终走在该领域前列。该技术采用低水汽比耐硫变换等创新工艺,通过合成气中的一氧化碳与水蒸气发生变换反应,将一氧化碳完全转化为二氧化碳和氢气,在常温下经硫碳共脱化学吸收工艺,脱除合成气中的二氧化碳和硫化氢。经再生工艺,将二氧化碳和硫化氢分别解吸,回收得到 98%以上纯度的二氧化碳和单质硫。分离得到的二氧化碳压缩液化后可实现工业利用,氢气则可回注燃气轮机或燃料电池系统发电。

2. 富氧燃烧捕获

富氧燃烧捕获技术是将化石燃料在纯氧或富氧中燃烧,烟道气中只含二氧化碳和蒸汽,通过冷凝蒸汽而留下二氧化碳,进而百分之百地分离二氧化碳。富氧燃烧所需要的高纯度氧气由低温空气分离装置(ASU)提供,化石燃料在燃烧时需要掺混部分烟气,以维持与空气燃烧相近的燃烧条件。一般要将燃烧后的烟道气重新回注到燃烧炉,来降低燃烧温度,提高二氧化碳的体积分数,这种技术也需要专门的空气分离系统提供氧气。由于烟气循环消耗能量,为了减少循环烟气量以节约能源,进而提高富氧燃烧的效率、减小锅炉体积,有研究人员提出采用循环流化床来降低其燃烧温度,降低烟气循环的要求。零污染特性使得富氧燃烧捕获技术更加受到重视[12]。

从目前能源利用上看,在相当长的一段时间内,中国仍将把煤作为主要能源,煤粉电厂也会因其低消耗而被长时间使用。利用二氧化碳捕获与存储技术,将去除二氧化碳的装置与现有的普通燃烧电厂有效地结合起来,是中国减少二氧化碳排放量的有效途径。作为一个发展中国家,需要找到一种适合中国现阶段国情的二氧化碳捕获技术,及时控制二氧化碳的排放量,为将来更好地控制二氧化碳排放量做准备。经比较发现,将一个普通的煤燃烧电厂改造成燃烧后捕获电厂所需资本大于改造成富氧燃烧系统需要的资本,而且改进后的富氧燃烧系统运行与维修成本约为燃烧后捕获电厂的一半。由此可见,富氧燃烧系统投资运行成本较低,又能够有效地控制二氧化碳排放量。相对于燃烧前和燃烧后捕获的方法,富氧燃烧捕获方法具有以下优点:①富氧燃烧的烟气几乎全部由二氧化碳和水蒸气组成,因此二氧化碳几乎可以实现零排放,其效率高达 95%以上;②由于烟气中氮气的含量较少,可以有效抑制氮氧化物的排放量,从而减小造成大气污染的可能性,同时避免不必要的花费。

3. 燃烧后捕获

燃烧后捕获技术是在燃烧后的烟道气中分离二氧化碳，通过物理吸附或化学吸收等方法分离二氧化碳。这种技术烟气体积大、排放压力低、二氧化碳分压小、投资和运行成本相对较高。由于烟气中的二氧化碳分压通常小于 0.15atm（1atm=1.01325×10^{5}Pa），该技术通常需要与二氧化碳结合力较强的化学吸收剂分离捕获二氧化碳。总体来看，对于现有的煤粉燃烧电厂，富氧燃烧捕获和燃烧后捕获是两项能及时处理二氧化碳的捕获技术。

二氧化碳的捕获可以在电厂发电过程中化石燃料燃烧后洗涤烟气过程中进行，该过程成本较低，并且在将来可能代替膜分离、分子筛和干燥剂的吸附过程。短期内的选择是可将二氧化碳注入到深层土壤或海洋中，该方法虽然能够有效减少二氧化碳的含量，但并不是可持续的。相比之下，一直以来被认为是自然过程的光合成反应不仅可以产生有用的生物质副产品，如氢气和氧气，还能固定二氧化碳。在一个可控的环境下，如生物反应器，微生物光合反应可以以一种生态和环境可持续的方式减少二氧化碳的排放。

对于大规模二氧化碳的分离过程，首先可在实验室中设计可行的生物反应器系统，这种太阳光激发系统的主要部分是收集和转换所捕获的光能，利用大自然中的光合成过程将光、热、二氧化碳转变成有用的产品，如碳水化合物、氢气和氧气等。为了提高产率，可加入隔板以增加反应器中气体通入的停留时间，使气液更容易混合[13]，如图 5-2 所示。

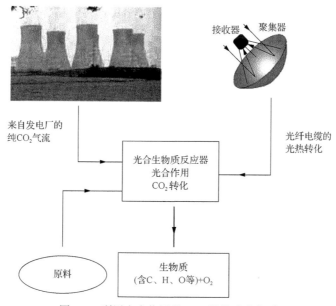

图 5-2　利用光合作用将 CO_2 转化成生物质

5.1.3　二氧化碳的捕获技术

　　研究指出，CCS 技术中的主要成本消耗在捕获（capture）技术上，而花费在封存（storage）部分的成本则较少，由此可见捕获技术的重要性。有关捕获技术的相关研究包括物理和化学吸收及吸附法、冷冻分离法、薄膜分离法等。下面将对各种技术进行概略的介绍。

　　1. 化学吸收法

　　化学吸收法中醇胺吸收技术是目前最普遍的被广泛研究探讨的技术，也是所有烟道二氧化碳分离收集技术应用于未来商业化相关模式中测试最多的技术。化学吸收法装置流程图如图 5-3 所示。醇胺吸收法利用吸收塔中弱碱性醇胺类水溶液，在常压、40～50℃的温度下吸收烟道气中二氧化碳，再高温加热使吸收液与二氧化碳解离再生。但该技术目前仍面临醇胺溶剂易受二氧化硫影响而劣化、溶剂腐蚀性高、溶剂对二氧化碳的吸收容量低及耗能过高等问题，因此如何有效降低二氧化碳的吸收成本与耗能成了目前二氧化碳减排的重要研究话题。

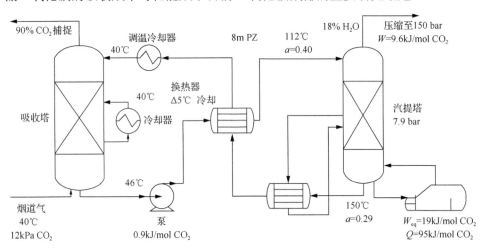

图 5-3　化学吸收法的装置流程图

PZ 代表无水哌嗪；a 代表吸收能力

　　化学吸收法具有较快的反应速率、较低的溶剂成本、优良的热稳定性和处理流量大等优点，但再生二氧化碳时能耗较大，且需要配备较大尺寸的吸收塔和再生塔，成本较高，因此可对流程、吸收剂、塔结构和填料进行改进来减少能耗、降低成本。

　　从流程改进的角度来看，其目的是降低再生能耗，提高去除二氧化碳的效率。西安交通大学余云松课题组基于热集成原理针对流程进行了改进[15]，分别为：①热泵技术在二氧化碳回收技术中的应用：将热泵技术引入化学吸收法过程，利用高温热泵对其进行供热；②通过利用烟道气余热降低再生能耗：将化学吸附法、烟道气余热回收和压缩机级间冷却单元进行耦合，充分利用各种余热资源，降低吸收能耗，这种方法也可进行大规模的工业化推广。

从吸收剂的角度来看，可开发新的吸收剂，如氨水或 EDTA 等，也可将多种吸收剂进行混合，实现比热容小和反应热小的目的。

从塔结构的角度来看，可以考虑采用吸收与解吸一体的塔结构，从而减少成本，提高热传质效率。

从填料的角度来看，目前研究最多的是带波纹多孔填料，这种填料能够提高接触面积与孔隙率。固态化学吸收法是将二氧化碳捕捉到一固体物上，并在其表面形成新物种从而将二氧化碳固定下来的技术。由于二氧化碳属于弱酸性的气体，因此可使用具有碱性特性的材料与其中和而捕获，此类材料通常为碱金属或碱土金属的氧化物，其操作温度恰好在发电厂烟道气流的温度范围之内，可减少去除二氧化碳时的能量消耗，节省操作成本。

2. 化学吸附法

化学吸附法为近年来逐渐受到重视的处理技术之一，其吸引人之处是经过吸附剂表面处理增加官能团，提供更多化学吸附位置，加强二氧化碳在吸附剂表面的凝聚或浓缩，进而提高处理效率，而使用后的吸附剂也可循环再生使用，因此具有耗能与成本均更低的优势。

3. 物理吸收法

物理吸收法利用填充式吸收塔的技术，以聚乙二醇、甲醇等有机溶剂为吸收剂，使其与由底部进入、向上移动的废气接触，依照亨利定律，在高压低温(低于常温)下物理性吸收二氧化碳，再以减压、加热的方式，使吸收液与二氧化碳分离再生。此技术适合处理较高二氧化碳出流浓度的电厂，如 IGCC 电厂。

由于该法不发生化学反应，溶剂的再生可通过降压来实现，因此所需再生能量相当少。该法关键是确定优良的吸收剂，所选的吸收剂必须对二氧化碳有较大的溶解度，且选择性好、沸点高、无腐蚀、无毒性、性能稳定。典型的物理吸收法有环丁砜法、聚乙二醇二甲醚法、甲醇法，另外还有 N-甲基吡咯烷酮法、粉末溶剂法，三乙醇胺也可作为物理吸收剂使用。

4. 物理吸附法

物理吸附法以物理方式吸附酸性气体后，再以加热或减压等方式予以分离，具有操作简单、操作费用低等优点。该法一般是以大比表面积的吸附剂，如沸石、活性炭系固体吸附二氧化碳后，再以变压吸附(pressure swing adsorption，PSA)或变温吸附(temperature swing adsorption，TSA)的方法进行吸脱附，其中 PSA 方式比 TSA 方式更加节省能源，再生速率也较高。

物理吸附法因流程简单而受到广泛关注，而吸附剂是收集二氧化碳的关键所在。常用的吸附剂可分为无机多孔材料、固体胺、多孔配位骨架材料三类[16]，其中无机多孔材料有沸石分子筛、碳基材料、硅胶等几类；固体胺有有机胺改性介孔分子、有机胺改性多孔碳材料、有机胺改性硅胶等；多孔配位骨架材料有金属有机骨架材料、有机多孔聚合物等[17]，如图 5-4 所示。

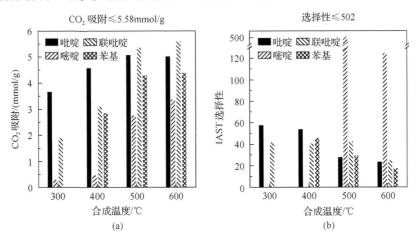

图 5-4*   富含氮的共价三嗪框架对二氧化碳的吸附和选择性
IAST 代表理想溶液吸附理论

物理吸附法有以下几个优点：①吸附剂比表面积大，能脱除低浓度或微量的杂质，达到很高的净化度；②吸附剂的吸附容量受压力的影响较小；③种类众多的吸附剂或经改性的吸附剂有很高的选择性吸附性能；④脱碳脱水可同时完成；⑤吸附剂可再生重复利用；⑥对于大批量处理的装置，投资小、运行能耗低。

5. 冷冻分离法

冷冻分离法又称低温分离法。由于各种气体凝结温度不同，当烟气经过多次压缩和冷却后，可使二氧化碳气体液化或固定成干冰，然后利用蒸馏方法将其分离出来。此方法同样适合处理有高浓度二氧化碳排放的烟道气，如 IGCC 排放的烟道气。该方法包括直接蒸馏、双柱蒸馏、加添加剂和控制冻结等，其中直接蒸馏有可能出现在蒸馏柱内形成二氧化碳固体这一问题。

值得注意的是，为了避免混合气中的水蒸气在冷冻过程中形成冰块，造成系统的阻塞，有时还需在二氧化碳分离之前对其进行干燥，以除去其中的水分。

6. 薄膜分离法

薄膜分离法利用具有渗透选择性的高分子薄膜，根据选择性扩散原理将二氧化碳分离出来。通常情况下，薄膜分离法常结合化学吸收法，与不同的吸收溶液或表面官能团(functional group)配合使用，以提高其选择性和达到排除二氧化碳的目的。此方法的操作维护费和能源耗损均低于传统的化学吸收法，极具成本效益。

薄膜分离法主要包括气体吸收膜法和气体分离膜法两种方法。微孔疏水膜作为气体吸收膜法的主要元件能够将混合气和液体吸收剂分隔开，混合气沿膜的一侧流入，通过微孔向另一侧扩散，被吸收液吸收，中空纤维是最理想的膜。气体吸收膜法的工艺流程与化学吸收法类似，不同之处在于气体吸收膜法将中空纤维膜运用在吸收塔内，设备成本比化学吸收法降低了 30%，从而将整个吸收再生装置的投资降低了 10%。

由于该法工艺装置简单、使用寿命长、操作方便、技术先进、能耗低、效益高、经济合理，所以在火电厂排烟脱硫、分离净化回收二氧化碳过程中有较大的应用前景，还可用于从天然气中分离二氧化碳、从沼气中去除二氧化碳，但是采用薄膜分离法较难得到高纯度的二氧化碳。目前，多采用薄膜分离法和化学吸收法相结合的新工艺，前者粗分离，后者精分离，其分离回收二氧化碳的成本最低。随着高功能膜技术的开发，膜分离回收的成本得到进一步降低，将成为当今世界一项发展迅速的节能型气体分离技术。

5.1.4　二氧化碳的利用

目前全球每年向大气中排放的二氧化碳总量接近 300 亿 t，而二氧化碳的利用量仅为 1 亿 t 左右，我国目前二氧化碳主要用于消防、医药、农业、食品、焊接等领域。

由于二氧化碳不能燃烧，并且不支持燃烧，密度比空气大，因此可用于灭火。二氧化碳灭火器主要利用了二氧化碳能够隔绝空气和部分冷却的功能。二氧化碳密度较大，气化后会包围在燃烧物体的表面使得周围环境的温度降低，将空气与燃烧物隔绝，从而达到灭火的目的。该种灭火器应用范围广泛，不仅适用于图书、实验室精密仪器等物品的起初火灾，而且适用于 B 类(如煤油、甲醇、石蜡等)，C 类(天然气、甲烷、氢气等)和 E 类(物体带电燃烧)引起的火灾。

1. 二氧化碳是一种重要的化工原料

利用二氧化碳可以合成许多化工产品[18]，主要包括无机化工产品和有机化工产品两大类，如图 5-5 所示。

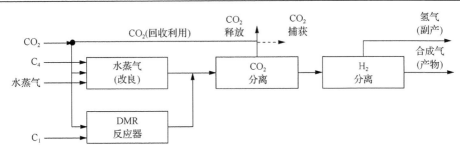

图 5-5　利用二氧化碳为原料转化为氢气和合成气[19]

无机化工产品主要包括：碳酸钠、尿素、一氧化碳、二氧化硅、碳酸钡、碳酸钙等常见的无机化学产品，其中，应用最广泛的是尿素。尿素作为一种高浓度的氮肥，具有重要的农业应用价值，也可以与其他肥料一起合成更有效的复合肥料。工业上用液氨和二氧化碳为原料，在高温、高压条件下直接合成尿素，化学反应如下：

$$2NH_3+CO_2 \Longrightarrow CON_2H_4+H_2O$$

碳酸钠又称纯碱，也是一种重要的化工原料，可用来生产玻璃制品、洗涤剂，也可用于食品加工，同时在造纸、纺织和染料行业也有着重要的作用。著名的侯氏制碱法就是首先利用氨水、饱和氯化钠和二氧化碳合成碳酸氢钠，然后将碳酸氢钠加热生成碳酸钠，其化学反应如下：

$$NaCl(饱和)+NH_3+H_2O+CO_2 \Longrightarrow NH_4Cl+NaHCO_3\downarrow$$

$$2NaHCO_3 \Longrightarrow Na_2CO_3+H_2O+CO_2\uparrow$$

二氧化硅作为一种稳定性比较好的材料，常用于制造玻璃制品、电子器件、光学仪器、光导纤维、耐火材料等重要的科研材料。其化工合成是由水玻璃和二氧化碳合成的，当前我国二氧化硅行业发展迅速，需求量非常大。

有机化工产品主要包括：甲醇、乙醇、水杨酸、碳酸酯等。甲醇和乙醇的合成是利用催化剂将二氧化碳进行还原，该过程还伴随一氧化碳的生成。甲醇或乙醇可接着转化为其他有用的化学品，如由甲醇转化而来的二甲醚在工业中具有广泛应用。

碳酸酯是重要的有机合成中间体，可用来合成碳酸二甲酯等甲基化试剂、极性溶剂(碳酸乙烯酯、碳酸丙烯酯等)及具有热塑性的高分子材料聚碳酸酯。生产碳酸酯的传统方法为光气法，但该方法成本高、产率低，而且光气的毒性大，对环境具有严重的破坏作用，不利于基本的工业生产。20 世纪 70 年代，利用二氧化碳和环氧乙烷即可直接合成碳酸乙烯酯，该方法不仅高效，而且绿色、环保，有效利用了空气中的温室气体，开辟了二氧化碳利用的新途径，受到各国的高度重视，具有重要的化工生产和环保意义。此后，该方法得以迅速发展和推广，合成出了碳酸丙烯酯，也可直接利用二氧化碳合成碳酸二甲酯等重要的化工中间体，成为氯化工、煤化工、甲醇化工等重要组成部分。

2. 二氧化碳作制冷剂或用于人工降雨

在当前全球严格的环境约束下，以 CFC(氯氟碳)类物质作为空调制冷剂面临着严峻的挑战，全球范围内为寻找更加合适的制冷剂开展了广泛的研究。其中由于二氧化碳具有良好的热力学性能和环保特性，受到了更多关注。相对于其他制冷剂，二氧化碳具有以下优点[20]：

(1)ODP(臭氧消耗潜值)=0，且 GWP(全球变暖潜能值)很小，约为 1,1,1,2-四氯乙烷和二氟一氯甲烷的千分之一。

(2)运动黏度低，压缩比较低(为 2.5～3.0)，单位容积制冷量大。

(3)来源广泛、价格低廉、维护简单、无须循环利用。

(4)无毒、不可燃、对常用材料没有腐蚀性。

不少专家预言，二氧化碳将是二十一世纪制冷空调技术的理想制冷剂。目前已经开发了二氧化碳跨临界制冷循环的汽车空调样机，同时在跨临界蒸汽压缩式循环的热泵热水器中，二氧化碳也有着重要应用。总之，二氧化碳作为天然制冷剂，无论从经济、安全，还是环境保护的角度来说均是一种实用的优良制冷剂，尤其对保护环境有独特的现实意义。

中国是全球的贫水国家之一，人均占有量为世界平均水平的1/4。目前，国内相当一部分地区地下水开采过量，水资源短缺。在合理利用水资源的同时，通过人为影响天气增加降水是解决干旱问题的关键的工作。

如图 5-6 所示[21]，人工降雨是利用人为的方法，增加云中的冰晶或使云中的冰晶和水滴增大从而形成降水。固态的二氧化碳即"干冰"，主要用作制冷剂，也可用于人工降雨。炎热的夏天迟迟不下雨，可将干冰弹射到乌云密布的天空，这时由于干冰气化吸热，促使水蒸气凝结成水滴，就形成了人工降雨。干冰在人工降雨中起了重要作用，极大地解决了人类的干旱问题。

图 5-6*　利用干冰进行人工降雨的示意图[21]

5.2　电催化二氧化碳还原

5.2.1　电催化介绍

电催化的基础涉及电化学、催化科学、表面科学及材料科学等众多科学分支的内容和知识，其应用广泛存在于能源转换与存储、环境工程、绿色合成、表面处理及生物医学与分析传感等重要技术领域[22]。随着社会与经济的飞速发展，能源与环境问题日益突出，发展高效清洁的能源获取与转化技术日渐成为科学研究的重要任务之一。特别是在能源转换和存储领域，电催化技术扮演着重要的角色，其可以将电网用电低峰时的电能转化为化学能存储起来，也可利用电网低峰时的电能生产清洁燃料，如高效分解水制氢及将二氧化碳电还原成燃料。其中电还原二氧化碳不仅可以将环境中大量存在的温室气体二氧化碳还原成燃料，减少大气中二氧化碳含量，还可以产生新的再生能源实现人工碳循环过程。

电催化二氧化碳还原是利用电能将二氧化碳还原为一氧化碳、甲酸、甲醇、甲烷等低碳产物，而将二氧化碳还原为各个产物的过程需要外界施加不同能量。通过化学热力学计算，可以得出还原二氧化碳所需要的能量，并通过能斯特方程转换得到电催化二氧化碳还原的理论还原电位相对值。目前，对电催化二氧化碳还原的研究受到各国研究人员越来越多的重视，相比于其他催化转化过程，电催化二氧化碳还原过程具有以下优势：①可以通过控制电催化反应的电极电位和温度来控制反应过程；②电催化反应电解液可以回收再利用，不造成额外环境问题；③可以利用太阳能、风能、潮汐能等可再生能源，不用额外排放新的二氧化碳；④反应器紧凑、模块化，易于规模化生产。虽然电催化二氧化碳还原有着其独到的优势，但也同样存在一些需要研究者去克服的缺点，如目前存在的电催化剂能量转化效率较低和能耗较高等问题[23]。

电催化二氧化碳还原的反应过程有两电子反应、四电子反应、六电子反应、八电子反应和多电子反应等，其反应的主要产物有甲酸和一氧化碳(两电子反应)、甲醛(四电子反应)、甲醇(六电子反应)、甲烷(八电子反应)和低碳产物(多电子反应)等(表 5-1)。另外，在水溶液中进行二氧化碳还原过程会伴随着析氢过程的发生，析氢过程作为一个竞争反应也将参与到整个电化学反应中。目前，电催化二氧化碳还原的机理还是以质子耦合电子转移过程为主。一般而言，二氧化碳首先会吸附在电催化剂上形成 CO_2^* 中间体，并得到一个质子(H^+)，接着发生电子转移过程获得一个电子形成 $HCOO^*/COOH^*$，然后再得到一个质子和电子，最后与催化剂脱附形成 $HCOOH$ 和 CO，这就是一个典型的两电子转移还原机理过程。在明确了电催化二氧化碳还原机理过程后，主要的问题就是寻找合适的催化剂材料以期降低二氧化碳还原的过电位。过电位的概念是电催化中一个很重要的概念，某催化剂在电催化过程中产生还原产物的最小电位与理论上还原得到该还原产物的电位之差被称为还原过电位。目前，降低二氧化碳还原过电位的途径主要还是在于对电催化剂的设计上，其中研究最为广泛的是金属电催化剂和金属氧化物电催化剂，另外还有一部分是碳材料电催化剂。有研究发现，通过改变金属或金属氧化物电催化剂的尺寸、形貌或设计调控金属与金属氧化物之间的界面，均能有效降低电催化二氧化碳还原过电位。另外，由于在水溶液中进行的电催化二氧化碳还原过程不仅包含二氧化碳还原的多电子转移反应过程，还常常伴随着水还原析氢的竞争反应，因此在水溶液为电解液的电催化体系中还原产物种类较多，导致二氧化碳还原产物的选择性低。在调控催化剂对二氧化碳选择性方面，很多分子催化剂有着独特的优势，最新研究表明包括卟啉结构的金属有机框架（MOFs）和共价有机框架（COFs）在内的一些均相和非均相电催化剂都表现很高的选择性，这些分子催化剂通常都有金属配位中心的大 π 键结构。二氧化碳分子一般与分子催化剂的配位中心吸附成键，形成一些亚稳态的中间体；然后由于大 π 键传电子时一般选择性地以单电子传递为主，当亚稳态的中间体得到两个电子后，还原产物与催化剂分子脱附，从而控制了还原过程的选择性，同时还能有效抑制析氢的竞争反应。

表 5-1　在溶液相中（pH=7）二氧化碳电催化还原至各个产物的理论电极电位

序号	反应方程式	E_0' ($vs.$ SHE)/V
1	$CO_2 + e^- \longrightarrow CO_2^-$	−1.85
2	$CO_2(g) + H_2O(l) + 2e^- \longrightarrow HCOO^-(aq) + OH^-(aq)$	−0.665
3	$CO_2(g) + H_2O(l) + 2e^- \longrightarrow CO(g) + 2OH^-(aq)$	−0.521
4	$CO_2(g) + 3H_2O(l) + 4e^- \longrightarrow HCOH(l) + 4OH^-(aq)$	−0.485
5	$CO_2(g) + 5H_2O(l) + 6e^- \longrightarrow CH_3OH(l) + 6OH^-(aq)$	−0.399
6	$CO_2(g) + 6H_2O(l) + 8e^- \longrightarrow CH_4(g) + 8OH^-(aq)$	−0.246
7	$2H_2O(l) + 2e^- \longrightarrow H_2(g) + 2OH^-(aq)$	−0.414

5.2.2　金属电催化

目前对于电催化二氧化碳还原而言，其主要的研究对象更集中于金属材料，其中对铜、银、金这三种金属的电催化二氧化碳还原的研究最多，而合金电催化剂由于结合了两种或者多种金属材料的催化性能，也得到了广泛研究，另外对于钯、铟等金属作为电催化二氧化碳还原的催化剂也有相关研究。

1. 铜

铜是一种资源储量丰富的元素，研究证明其在作为电催化二氧化碳还原的电催化剂时有着较高的活性，可将二氧化碳还原为一氧化碳、甲酸、甲烷、乙烯、乙烷、乙酸等低碳有机物，甚至有报道还原成了 C_3 产物。此外，人们对铜电催化还原二氧化碳的机理过程的研究也是较为深入，包括二氧化碳与铜之间吸附成键、还原涉及的每一个中间过程的难易程度。

Palmore 等通过电化学方法在铜基底上电沉积了多层状的铜纳米泡沫用于二氧化碳还原[24]，利用硫酸铜和硫酸的混合溶液为电解液，用直流稳压电源在铜基底上施加 −6V 的电压进行电沉积，获得了多层三维泡沫孔状的铜纳米泡沫结构（图 5-7）。通过电催化活性测试结果发现，其二氧化碳还原的产物主要为甲酸、一氧化碳和少量的甲烷、乙烯和乙烷等低碳产物，主产物甲酸的法拉第效率在 −1.1V（$vs.$ Ag/AgCl）达到最高，为 29%（图 5-8）。

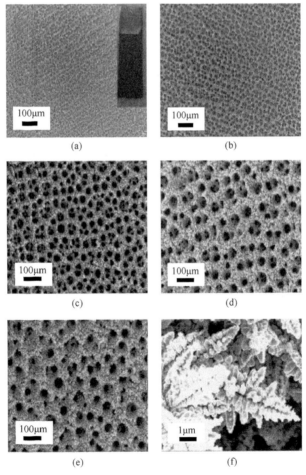

图 5-7*　在铜基底上电沉积铜的 SEM 图[25]

(a)电沉积 5s，内插小图为电沉积后的照片；(b)电沉积 10s；(c)电沉积 15s；
(d)电沉积 30s；(e)电沉积 60s；(f)电沉积铜泡沫的纳米结构

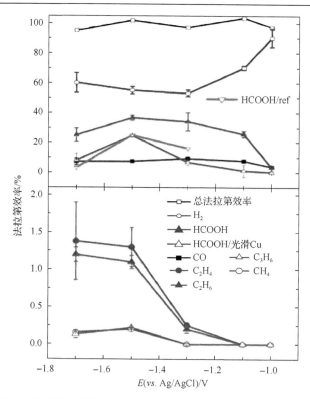

图 5-8*　不同电位条件下电催化二氧化碳还原产物分布情况及对应的法拉第效率值[24]

当碳作为电催化剂的载体时，其对电催化二氧化碳的催化活性具有一定影响，例如，Collins 等在不同的碳载体上负载了铜纳米粒子用于电催化二氧化碳还原过程[4]，利用欠电位沉积的方法测量计算出了铜纳米粒子催化剂的电化学活性表面积。然后通过计算欠电位沉积单原子层铅的循环伏安曲线，发现负载在炭黑载体上的铜电化学活性表面积最高。电催化活性测试同样证明了负载在炭黑载体上的催化剂的电催化活性最佳，这是其具有较大的电催化活性表面积所致。此外，炭黑对于电催化二氧化碳还原的过电位也相对其他铜纳米颗粒负载的碳纳米管(CNT)和导电炭黑更低，因此在相同电位下二氧化碳还原效率更高。

除了碳载体，不同晶面暴露的铜纳米颗粒对电催化二氧化碳还原也有影响。Hirunsit 和 Yeo[26]发现当单晶铜作为电催化剂时，施加的过电位大于产生一氧化碳的过电位时会有乙烯生成，一般其过电位为 300～400mV。而且在这个过程中，一般首先会生成一氧化碳。最后他们通过实验和密度泛函理论(DFT)的计算发现，在铜的(100)晶面其电催化还原二氧化碳至乙烯的过电位低于其他单晶暴露面。基于电催化二氧化碳还原至甲酸，Sheng 和 Sun 研究了在铜的(100)暴露面上二氧化碳还原过程中 C—O 键的断裂机理[6]，指出 C—O 键的活化有两种途径：表面

途径和质子电子传递途径。表面途径和在其表面的催化反应过程类似，即 C—O
键的活化断裂必须通过两个表面原子的路径(COOH*)生成吸附态的一氧化碳
(CO*)和羟基(OH*)。然而在电化学界面，一定的电位下可通过质子电子传递来
活化 C—O 键，无须第二个表面原子的参与(COOH*+H$^+$+e$^-$ ⟶ CO*+H$_2$O)，生
成的水分子随机进入溶液(图 5-9)。这一机理过程可以很好地解释为什么单原子
催化剂也可高效催化二氧化碳还原。

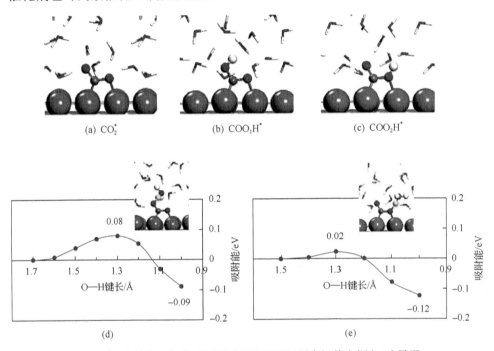

(a) CO$_2^*$　　　　　　(b) COO$_1$H*　　　　　　(c) COO$_2$H*

图 5-9*　电催化二氧化碳还原过程中不同还原中间体在铜(100)暴露
面上所对应的吸附能变化[27]

　　溶液中存在的不同卤素离子在电催化二氧化碳时呈现了不同的还原活性和
选择性。Varela[28]通过对比研究了氯、溴、碘三种卤素离子对电催化二氧化碳还
原产物的产率和选择性的影响，发现氯离子和溴离子的加入使得二氧化碳还原
至一氧化碳的选择性增加了，而碘离子的加入引起了一氧化碳产率的下降，但
对甲烷的产率提高了 6 倍(图 5-10)。他们认为卤素离子对二氧化碳还原的影响
主要是卤素离子在电催化剂表面的吸附所造成，卤素离子在铜的表面吸附改变
了铜表面的电负性，而电负性的增加遵从以下顺序：氯离子<溴离子<碘离子。
特别是碘离子在铜表面的吸附增加了电子诱导效应，因而更有利于一氧化碳的
质子化。

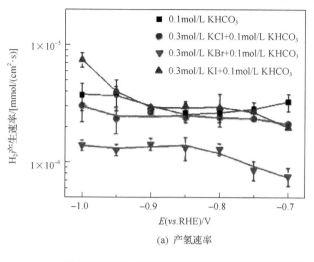

(a) 产氢速率

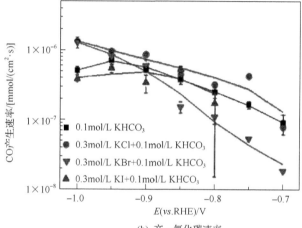

(b) 产一氧化碳速率

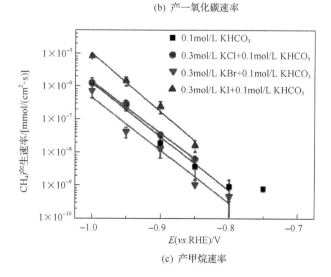

(c) 产甲烷速率

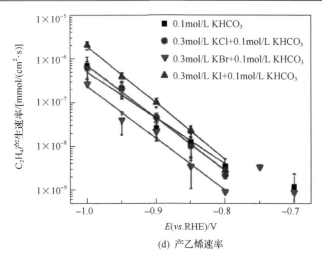

(d) 产乙烯速率

图 5-10[*] 不同电位条件下各个二氧化碳还原产物的产率[7]

2. 银

研究发现银对电催化二氧化碳还原同样表现出了优异的性能，目前对银类电催化剂的研究主要在于其纳米尺度上形貌和结构的调控。Luo 等[8]探究了不同形貌的银纳米颗粒对电催化二氧化碳还原为一氧化碳的影响。通过比较相同粒径的银纳米颗粒、三角形银纳米颗粒和块体银在 0.1mol/L 的碳酸氢钾溶液中电催化二氧化碳还原的活性时，发现三角形银纳米颗粒将二氧化碳还原至一氧化碳的法拉第效率比其他两者都高，达到了 96.8%（图 5-11），总的能量转换效率也有 61.7%，且所制备得到的催化剂能稳定运行 7 天。同时通过计算发现，材料电催化二氧化碳至一氧化碳的过电位只有 96mV。DFT 的计算结果表明其优异的电催化性能来自于其三角形的形貌，并指出二氧化碳还原反应过程在 Ag(100) 晶面的反应能垒较小。

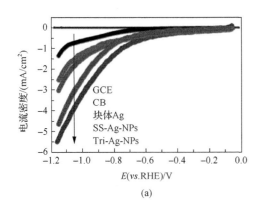

(a)

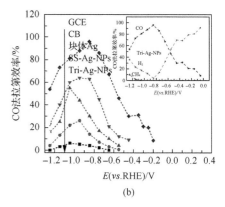

(b)

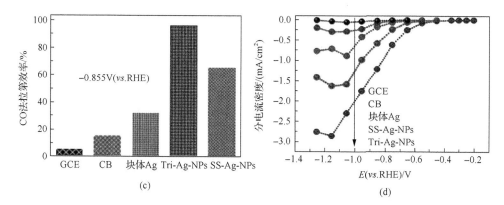

图 5-11*　不同催化剂电催化二氧化碳还原的性能

(a)不同催化剂电催化二氧化碳还原的线性伏安曲线图；(b)不同催化剂电催化二氧化碳至一氧化碳随电位变化的法拉第效率图；(c)不同催化剂在-0.855V(*vs.* RHE)电位下电催化二氧化碳还原至一氧化碳的法拉第效率；(d)不同催化剂在不同电位条件下电催化二氧化碳至一氧化碳的分电流密度变化[29]

　　此外，对其表面电催化二氧化碳还原机理的讨论也见诸报端。Schmithusen 等[9]利用原位衰减全反射傅里叶变换红外光谱这一表征技术分析了二氧化碳在银表面的还原过程，证明了在一个合适的过电位下质子耦合电子转移反应的机理是二氧化碳还原的主要过程，并通过原位的红外技术发现 COO‾ 和 COOH 这两种中间体都在二氧化碳电催化还原过程中出现(图 5-12)。有关电催化二氧化碳还原机理的理解也为后续催化剂设计提供了思路。

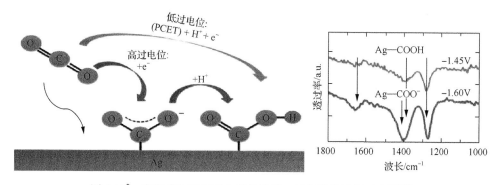

图 5-12*　在银催化剂表面电催化还原二氧化碳的过程示意图[30]

3. 钯

　　对钯纳米颗粒形貌的调控也可以提高其电催化二氧化碳还原的效率。Zeng 等利用金属钯纳米颗粒作为平台研究了材料的形貌引起的应变效应对电催化二氧化碳还原的影响[10]。他们制备了具有相同粒径的八面体钯纳米颗粒和二十面体钯纳米颗粒，通过分析两者电催化二氧化碳还原的活性发现二十面体钯纳米颗粒的法拉第效率是八面体钯纳米颗粒的 1.7 倍，高达 91.1%（–0.8V *vs.* RHE）（图 5-13）。随后结合 DFT 计算，发现二十面体钯纳米颗粒表面的应变效应要强于八面体钯纳米颗粒结构，这也改变了材料 d 带位置，加强了对二氧化碳还原中间产物 COOH 的吸附，从而提高了二十面体钯纳米颗粒的电催化活性。

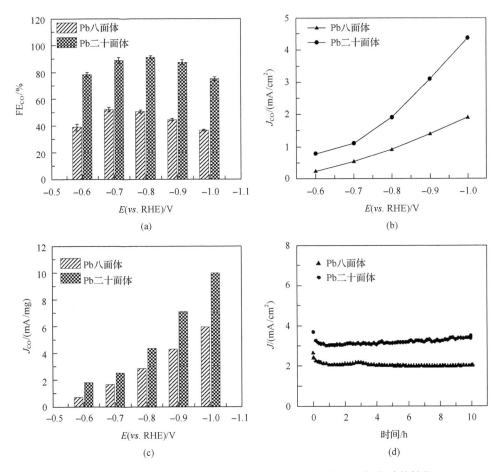

图 5-13　二十面体与八面体钯催化剂电催化二氧化碳至一氧化碳的性能

在不同电位下二十面体与八面体钯催化剂电催化二氧化碳至一氧化碳的法拉第效率变化图(a)，电流密度变化曲线 (b)和电流密度变化关系的柱状图(c)；(d)二十面体与八面体钯催化剂在–0.8V(*vs.* RHE)条件下电催化 10h 的电流密度变化曲线[31]

4. 铟

在电催化二氧化碳还原过程中，原位生长电催化剂纳米颗粒可以简化催化剂制备过程,李灿等就利用原位电沉积的技术直接在碳电极上原位生长了铟纳米晶用于二氧化碳还原[32]。该还原过程是在类咪唑型的离子液体中进行的,并且在溶液中加入一定量的乙酰丙酮,随着电催化的进行,铟纳米晶沉积到碳载体上。通过原位沉积得到的铟的二氧化碳还原至一氧化碳起始过电位要小于银等贵金属,且表现出了高达 99%的法拉第效率,同时也具有较好的稳定性。另外与非原位生长的铟纳米晶相比,原位生长的铟纳米晶也表现出了更好的电催化活性(图 5-14)。该研究证实了通过原位生长技术也可以得到高效的电催化剂。

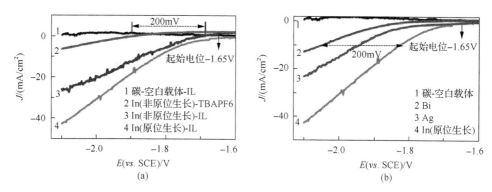

图 5-14* 原位生长的铟催化剂及其他催化剂在离子液体存在下的线性扫描伏安曲线
(a)原位生长的铟催化剂与非原位生长的铟催化剂在不同离子液体存在下的线性扫描伏安曲线;
(b)不同催化剂在离子液体存在下的线性扫描伏安曲线[32]

5. 金

金作为一种贵金属在电催化二氧化碳还原至一氧化碳时具有较好的选择性和较高的法拉第效率,目前有关利用金作为电催化剂还原二氧化碳的研究主要集中在纳米尺度上的调控及其与其他金属形成合金后的电催化性能。

Sargent 课题组制备了具有纳米针尖结构的金作为电催化二氧化碳还原的电催化剂[33]。与金纳米颗粒和金纳米棒相比,金纳米针具有最优的电催化二氧化碳还原活性。对原因进行分析,他们认为金纳米针针尖的曲率很大,故具有尖端放电效应,使电场得以增强,进而提高了纳米金附近的钾离子浓度。钾离子的存在有助于二氧化碳在催化剂表面的吸附,也就提高了电催化二氧化碳还原的活性。通过 DFT 及有限元数值法分析了金纳米针、金纳米颗粒和金纳米棒周围的电场分布强弱,可以清楚地看到金纳米针峰尖端的电场强度是最强的,进一步验证了电场增强效应。实验数据表明,金纳米针电催化二氧化碳还原至一氧化碳的法拉第效率最高,超过了 90%,该催化剂同时表现出最低的 Tafel 斜率值，为 42mV/dec（图 5-15）。

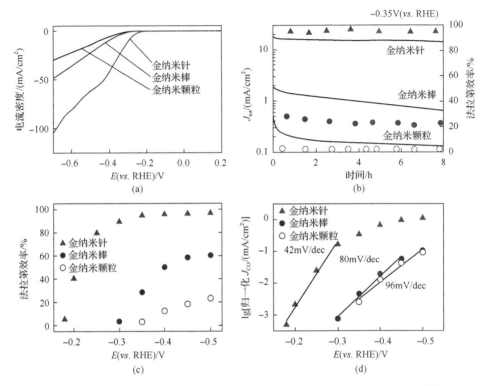

图 5-15* 金纳米针、金纳米棒以及金纳米颗粒电催化二氧化碳还原的性能[33]

(a)三种电催化剂在电催化二氧化碳条件下的线性扫描伏安曲线；(b)三种材料在−0.35V(vs. RHE)电位下对电催化二氧化碳还原至一氧化碳的电流密度和法拉第效率随时间的变化曲线；(c)三种电催化剂在不同电位条件下电催化二氧化碳还原至一氧化碳的法拉第效率变化曲线；(d)三种催化剂在电催化二氧化碳还原反应中的 Tafel 斜率对比

　　金纳米颗粒尺寸对于电催化二氧化碳还原活性同样存在影响。Mistry 团队[34]通过胶体化学合成了不同粒径大小的金纳米颗粒，并在碳酸氢钾溶液的电解体系中进行了电催化二氧化碳还原实验，得到了以一氧化碳为主的还原产物。实验中改变金纳米颗粒大小，电催化体系中的电流密度会随着粒径的减小而增大（图 5-16）。为了探究这一现象，他们进行了 DFT 计算，发现金纳米颗粒粒径减小时其低配位位点会随之增多，这就导致了催化剂更偏向于析氢而不是发生二氧化碳的还原反应。利用这一现象，通过调控催化剂粒径便可获得不同比例的一氧化碳和氢气，作为工业生产过程中的原料气。

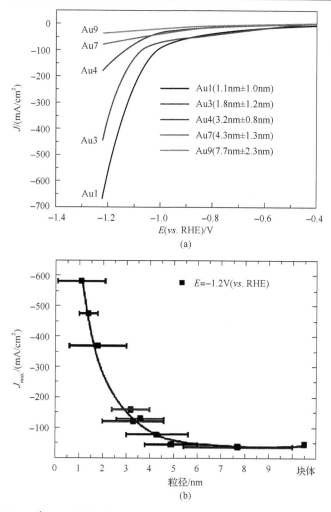

图 5-16* 不同粒径金纳米颗粒电催化二氧化碳还原的性能比较

(a)不同粒径金纳米颗粒电催化二氧化碳还原的线性扫描伏安曲线；(b)不同粒径金纳米颗粒
在-1.2V(vs. RHE)条件下的电流密度变化曲线[34]

　　有关金与其他金属形成合金后的电催化性能，包信和及其团队[35]通过实验验证了 $Au\text{-}CeO_x$ 相比单独 Au 和 CeO_x 具有更好的电催化二氧化碳还原的性能。原位的扫描透射电子显微镜(*in situ* STEM)和同步辐射光谱表明 $Au\text{-}CeO_x$ 界面是增强二氧化碳吸附和活化的关键，这是由于在金属和金属氧化物界面有羟基的存在(图 5-17)。此外，他们通过 DFT 的理论计算也证明了金属和金属氧化物界面是促进电催化二氧化碳还原至一氧化碳的活性位点，Au 和 CeO_x 的界面增加了二氧化碳还原中间物种(*COOH)的稳定性，因而促进了二氧化碳的电催化还原。

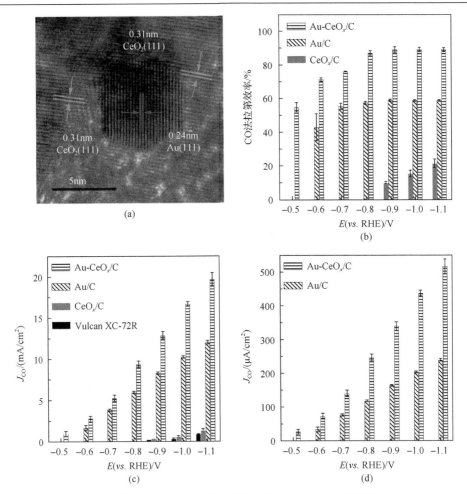

图 5-17* Au-CeO$_x$ 的形貌及其电催化二氧化碳还原的性能

(a) Au-CeO$_x$ 的 HRTEM 图;(b) 不同电位条件下 Au-CeO$_x$、Au 和 CeO$_x$ 三种电催化剂的二氧化碳还原至一氧化碳的法拉第效率变化曲线;(c) 不同电位条件下 Au-CeO$_x$、Au、CeO$_x$ 及空白碳载体四种电催化剂在电催化二氧化碳反应中的电流密度变化;(d) 不同电位条件下 Au-CeO$_x$ 和 Au 在电催化二氧化碳反应中的电流密度变化[35]

6. 锌

除了上述介绍的金属外,锌也是一种潜在的电催化剂,用于催化二氧化碳还原。Rosen 等[36]在锌的基底上利用氧化锌粉和氢氧化钾作为前驱液,通过恒电流电沉积的方法在锌片的基底上生长了纳米锌枝晶。这种纳米锌枝晶在碳酸氢盐溶液作为电解液的电催化体系中,可以有效地将二氧化碳还原为一氧化碳。与块体的锌片相比,锌枝晶电催化还原二氧化碳至一氧化碳的法拉第效率要高出 2 倍多,且具有良好的稳定性。同时这种锌枝晶也有效降低了电催化产生一氧化碳的过电位(图 5-18)。

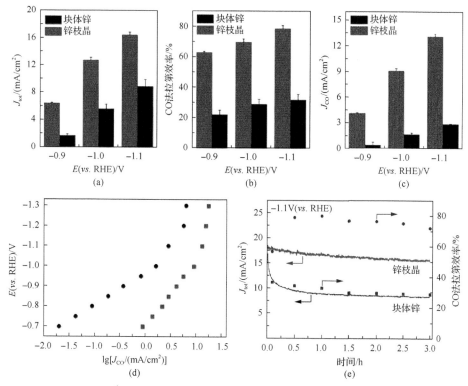

图 5-18* 块体锌与锌枝晶的电催化二氧化碳还原的性能比较

(a) 块体锌与锌枝晶在不同电位下的电流密度对比；块体锌与锌枝晶在不同电位下电催化二氧化碳还原至一氧化碳的法拉第效率比较 (b) 和电流密度对比 (c)；(d) 块体锌与锌枝晶对二氧化碳电催化的 Tafel 斜率对比；(e) 块体锌与锌枝晶在 $-1.1V$ (*vs.* RHE) 电位下电催化二氧化碳还原的电流密度与法拉第效率随时间的变化关系[36]

7. 合金电催化剂

合金电催化剂作为一种电催化二氧化碳还原的电催化剂也逐渐被国内外研究人员重视，目前研究较为广泛的是双金属合金催化剂，两种金属的存在使得双金属合金催化剂可兼具两种电催化剂的优势。其中，铜作为一种公认的有效二氧化碳电催化剂，通过增加另外一种金属电催化剂可以有效对铜进行改性，铜基合金催化剂也是应用最多的双金属合金催化剂。

杨培东等在电催化二氧化碳领域开发了一种有序结构的金铜纳米颗粒用于二氧化碳还原，并表现出了优异的电化学性质[37]。他们首先制备了一种无序结构的金铜纳米颗粒，后续的原子有序化转移过程使得该合金颗粒变为一种有序结构的合金颗粒，通过 TEM 和 XRD 图谱的分析观察到了这个从无序到有序的现象（图 5-19）。而后的电催化活性测试发现，无序结构的金铜纳米颗粒其二氧化碳还原的法拉第效率较低，有序结构的合金纳米颗粒则具有较高的法拉第效率，可达 80%，且还原的过电位也只有 200mV，催化转化量也较无序结构合金颗粒提高了 3.2 倍。

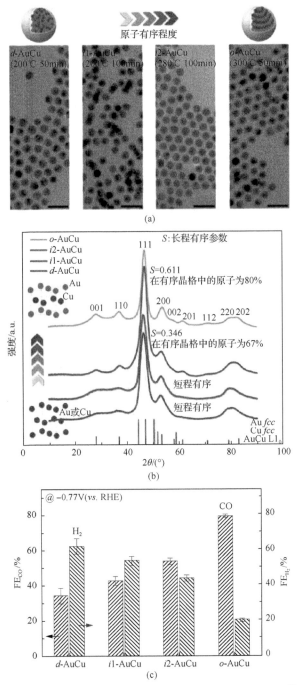

图 5-19* 金铜双金属纳米颗粒原子尺度的有序转变过程[37]

(a) 金铜双金属纳米颗粒在不同合成条件下有序转变过程中的 TEM 图；(b) 不同有序度下金铜双金属纳米
颗粒的 XRD 图谱；(c) 在−0.77V (*vs.* RHE) 0.1mol/L KHCO₃ 溶液中不同有序度的双金属催化剂电催化
二氧化碳还原的活性测试结果

该课题组还通过欠电位沉积的方法，在电催化剂金外面沉积了一层单原子层的铜来作为电催化二氧化碳还原的催化剂[37]。他们发现通过欠电位沉积不同覆盖度的铜之后的双金属电催化剂可以调控还原产物一氧化碳和氢气的比例，而这种不同比例的一氧化碳和氢气可以作为化工原料直接用于工业生产中。原位拉曼光谱和 DFT 理论计算揭示了双金属催化剂能够调控一氧化碳和氢气比例的原因，是由于铜的覆盖度变化影响了一氧化碳与催化剂之间的吸附和解离的过程，从而改变了析氢和二氧化碳还原之间的竞争关系，进一步改变了产物的比例(图 5-20)。

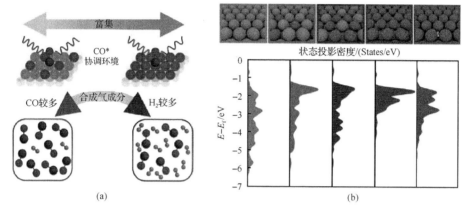

图 5-20*　金铜双金属催化剂的二氧化碳还原机理及能带结构

(a)原位红外测试对富铜的金表面电催化二氧化碳还原过程的机理描述；(b)由理论计算得到的
金表面上铜含量的变化与材料 d 带位置的关系[38]

$E-E_f$ 定义费米能级为零时的能量

除了金铜双金属体系外，Kenis 等开发了钯铜双金属合金电催化剂用于电催化二氧化碳还原[18]。他们制备了有序、无序和相分离三种不同的双金属钯铜合金，并优化了钯和铜的比例，发现有序的钯铜双金属合金催化剂具有 80%的 C_1 产物选择性，而相分离结构的 CuPd 和 Cu_3Pd 有 60%以上的 C_2 产物的选择性[39](彩图 6)。材料的表面价带谱的分析结果表明，几何效应是导致钯铜双金属合金具有高选择性的关键因素。

5.2.3　金属氧化物电催化

随着人们对二氧化碳还原这一科学领域的重视，金属氧化物作为一种潜在的电催化剂得到了广泛的研究，其中铜的氧化物氧化铜和氧化亚铜都具有良好的电催化二氧化碳还原效果。另外，氧化锡也具有电催化二氧化碳还原的催化活性，且能优化产物的选择性。

1. 氧化亚铜

有关氧化亚铜作为电催化剂的研究，Yeo 课题组[26]在铜片的基底上通过电沉积的方法制备了不同厚度的氧化亚铜薄膜，并在以碳酸氢钾溶液为电解质的反应体系中进行了电催化活性测试。结果显示，厚度为 $1.7\sim3.6\mu m$ 的氧化亚铜薄膜在 $-0.99V(vs.\ RHE)$ 下其 C_2 产物的选择性最高，对乙烯的法拉第效率达到 $34\%\sim39\%$，对乙醇的法拉第效率达到了 $9\%\sim16\%$。但在氧化亚铜电催化二氧化碳还原的过程中，其自身也被还原为零价态的铜。另外实验结果还表明，C_2 产物的生成不仅与电催化剂附近溶液 pH 的变化有关，还与催化剂表面产生的中间物种有关，$C_2H_xO_2$ 这种中间产物有利于二氧化碳在催化剂表面被还原为乙烯、乙醇等 C_2 产物(图 5-21)。

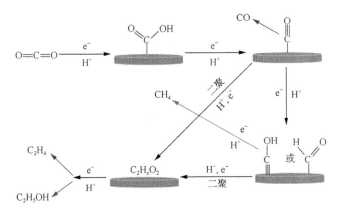

图 5-21*　在催化剂表面电还原二氧化碳至乙烯及乙醇的机理过程[26]

2. 氧化锡

氧化锡作为电催化剂还原二氧化碳时，可表现出较高的法拉第效率和选择性。例如，Zhang 等[40]通过先水热后煅烧的方法在碳布的表面制备了一种三维结构的氧化锡纳米片(图 5-22)，并以此作为电极用于电催化还原二氧化碳至甲酸。所制备的材料在一个中等的过电位(0.88V)下达到了 87%的甲酸法拉第效率，且这种柔性的材料具有长效的稳定性。这种三维介孔氧化锡材料提供了一个大的表面积，有利于电子传递和传质过程，因此具有高效的电催化效率。

(a)　　　　　　　　　　　　　　　(b)

图 5-22* 　负载在碳布上的 SnO_2 纳米片[(a)、(b)]和多孔 SnO_2 纳米片[(c)、(d)]的 SEM 图

金属和金属氧化物复合材料可以作为一种合适的电催化剂用于燃料的合成，例如，金属锡电极上有氧化锡的存在会对电催化二氧化碳还原有促进作用。Chen 和 Kanan[41]发现在二氧化碳饱和的碳酸氢钾溶液中，表面有氧化锡的锡电极具有催化还原二氧化碳的能力，而经过刻蚀后暴露出锡单质的锡电极虽然其电流密度增加了，但是增加的电流却主要用于析氢过程。他们通过电沉积的方法进一步在钛电极上制备了锡和氧化锡薄膜电极，这个电催化剂的电流密度比未经处理的锡电极要高 8 倍，二氧化碳还原的法拉第效率也提升了 4 倍(图 5-23)。

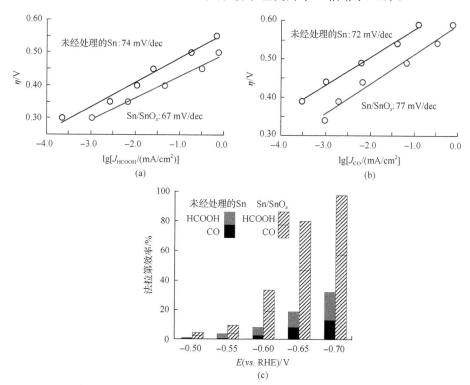

图 5-23* 　锡电极与原位沉积氧化锡/锡电极电催化二氧化碳还原性能比较[41]
(a)两催化剂对还原产物为甲酸的 Tafel 曲线对比，η 代表过电位；(b)两催化剂对还原产物为一氧化碳的 Tafel 曲线对比；(c)不同电位条件下电催化二氧化碳还原至甲酸及一氧化碳的法拉第效率对比

3. 氧化钴

除了上述提及较为常规的氧化物，氧化钴也可电催化二氧化碳还原。谢毅等[21]使用正丁胺和乙酰丙酮钴溶液作为前驱液进行水热合成，通过调节水热时间制备了具有原子层结构的氧化钴和钴，并在氮气饱和及二氧化碳饱和的 0.1mol/L 硫酸钠溶液中进行了电催化性能的测试。线性扫描发现，原子层结构的氧化钴具有良好的电催化二氧化碳还原活性，其在–0.85V(vs. SCE)处有一个明显的来自二氧化碳的还原峰。同位素追踪法进一步证实了还原产物为甲酸，而甲酸中的碳来自于二氧化碳。当 4 原子层厚的部分氧化的钴电催化剂在–0.85V(vs. SCE)电位下，二氧化碳还原至甲酸的法拉第效率达到了 90%，还原过电位仅为 44mV，其电催化二氧化碳还原至甲酸的催化性能均优于 4 原子层厚的钴、部分氧化的块体钴和块体钴这三种材料的催化性能[42](彩图 7)。

5.2.4 无机非金属电催化

近十年来，碳材料的兴起推动了各个学科的发展，特别是碳纳米管和石墨烯的出现，掀起了材料科学及催化科学领域的研究热潮。在电化学中，石墨烯类材料因具有稳定性和导电性，常作电极材料用于电催化及电化学储能中，且众多碳材料经过改性后均具有电催化二氧化碳还原的效果。

1. 石墨烯

基于石墨烯材料，Ajayan 课题组开发了一种无金属的电催化剂用于电催化二氧化碳还原[22]。在 DMF 溶剂中加入氧化石墨烯，通过高温、高压的方法制备纳米尺度的薄层氮掺杂石墨烯量子点催化剂。这种氮掺杂的石墨烯量子点催化剂能将二氧化碳还原至多碳烃类和多碳含氧化合物，且具有较高的电流密度和较低的还原过电位，总的二氧化碳还原法拉第效率能够达到 90%，并且选择性还原至乙烯和乙醇的转换率可达 45%[43](彩图 8)。

2. 碳纳米管

作为另外一种碳材料，碳纳米管也常被改性用作二氧化碳还原的电催化剂。Ozin等[23]在分散有碳纳米管的 DMF 溶剂中加入了含氮有机物前驱体，并于玻璃基底上干燥、氨水浸渍之后，在氮气氛围、900℃下煅烧，得到了掺氮微孔碳(HNCM)和碳纳米管复合电极材料。通过电化学的研究发现，它不仅具有电催化二氧化碳还原活性，而且将二氧化碳电催化还原至甲酸的法拉第效率高达 81%，并具有长效的稳定性(图 5-24)。对比没有与碳纳米管复合的样品，复合后的样品催化活性有了提升，因此他们认为将此种复合材料制备成电极膜材料，并负载其他二氧化碳电催化剂，将会具有更高的催化活性。

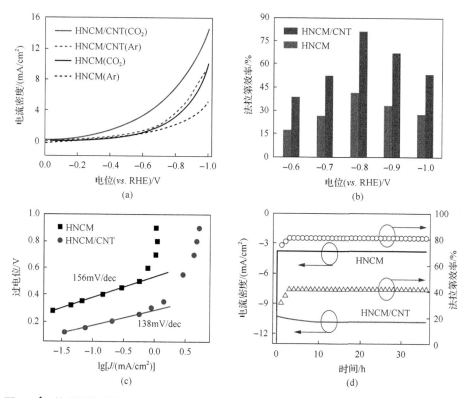

图 5-24*　掺碳微孔碳和掺碳微孔碳与碳纳米管复合催化剂电催化二氧化碳还原性能的比较

(a) 在 0.1mol/L KHCO₃ 溶液中掺氮微孔碳和掺氮微孔碳与碳纳米管复合催化剂的线性扫描伏安曲线；(b) 不同电位条件下两种催化剂还原二氧化碳至甲酸的法拉第效率；(c) 两种催化剂的 Tafel 曲线；(d) 两种催化剂利用计时电位法得到的时间与电流密度和法拉第效率的关系曲线[44]

5.2.5　有机金属框架电催化

近年来随着 MOFs 材料的兴起，围绕其开发的应用也越来越多，不仅表现在气体存储和分离上的应用，越来越多的研究还发现 MOFs 特殊的理化性质也能应用于催化上，包括氧还原、析氢、析氧及二氧化碳的电催化还原。人们对自然界中光合作用主体叶绿素的研究发现，构成叶绿素的主要分子结构是一种卟啉结构，其分子内的大 π 键具有很强的催化活性。研究人员通过模拟自然界中叶绿素的这一结构，制备了不同的卟啉结构 MOFs 用于电催化二氧化碳还原。

1. 铁卟啉

基于铁卟啉结构的 MOFs 薄膜可作为电催化剂用于二氧化碳还原。Hod 等[45]用电沉积的方法在 FTO 导电玻璃表面固载了以铁为配位中心的卟啉结构 MOFs，并以此作为电催化剂。电催化活性测试发现其能将二氧化碳还原为一氧化碳，铁卟啉电催化剂在电极表面单位面积的催化位点大约有 10^{15} 之多，并且在离子液体作为电解液体系中，其电催化还原二氧化碳至一氧化碳的法拉第效率接近 100%（图 5-25）。

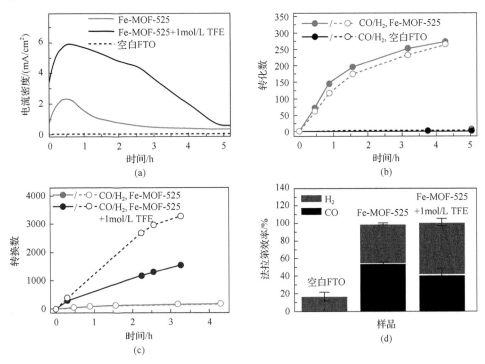

图 5-25* Fe-MOF-525 在离子液体中电流密度与时间的关系(a)，电催化二氧化碳转化数与时间的关系(b)，在加入 TFE 之后转化数的对比(c)和法拉第效率对比(d)[45]

2. 钴卟啉

除了铁卟啉，钴卟啉也可用作 MOFs 电催化还原二氧化碳。杨培东课题组[25]开发了一种钴作为配位中心且具有卟啉结构的 MOFs，并将其嫁接在经原子层沉积(ALD)技术处理过的电极表面，用于二氧化碳电催化过程。电催化活性测试结果表明，这种固载化的钴卟啉结构的 MOFs 电催化剂能够有效地将二氧化碳还原至一氧化碳，且具有 76% 的一氧化碳选择性；同时也具有良好的稳定性，在超过 7h 的测试中催化剂的单位位点转化数能够达到 1400。另外通过原位的电化学测试发现，配位中心钴是催化剂的活性位点，在催化反应过程中二价态钴和一价态钴之间的变化使得二氧化碳被还原为一氧化碳。

5.2.6　共价有机框架电催化

COFs 是一种新发展出来的材料，其有别于 MOFs 的地方在于 MOFs 是通过配位键形成的材料，配位键的键能较弱，因此材料并不是特别稳定；而 COFs 是通过共价键连接形成的材料，共价键较配位键，其键能更大，因此 COFs 在保留 MOFs 一些独特性能的同时也使得材料的稳定性得到了大大的提高。

钴 COF 结构材料是常用的电催化二氧化碳还原的催化剂。Lin 等[47]通过亚胺键将钴卟啉分子结合起来，形成了一种通过共价键连接的 COFs 材料，并将其应用于电催化二氧化碳还原。实验结果发现，这种 COFs 能够有效地将二氧化碳还原为一氧化碳，且通过优化后的材料将二氧化碳还原为一氧化碳的法拉第效率能够达到90%。在 pH=7 的溶液中，催化剂单位活性位点的转化数为2900，转化频率也达到了 $9400h^{-1}$ 的水平，同时其过电位也只有–0.55V。这种 COFs 材料与钴分子复合物催化剂相比，催化活性提高了接近 26 倍的水平，并且反应 24h 后材料的结构没有发生改变，这也证明了该材料具有较好的稳定性(图 5-26)。

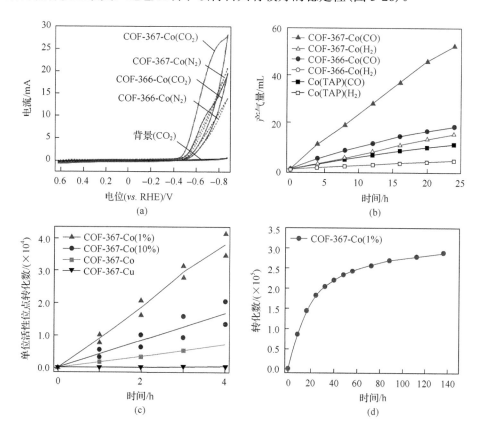

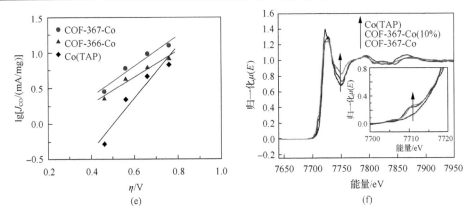

图 5-26* COFs 电化学表征及二氧化碳还原性能[47]

(a) COF-367-Co 和 COF-366-Co 分别在氮气和二氧化碳饱和的 0.5mol/L KHCO₃ 中的循环伏安曲线；(b) COF-367-Co、COF-366-Co 及 Co(TAP) 在−0.67V(*vs.* RHE) 条件下随时间变化产生氢气和一氧化碳的比较；(c) 在−0.67V(*vs.* RHE) 条件下含 1% Cu 的 COF-367-Co、10% Cu 的 COF-367-Co，以及 COF-367-Co 和 COF-367-Cu 在 4h 内电催化还原二氧化碳至一氧化碳的单位活性位点转化数；(d) 在−0.67V(*vs.* RHE) 条件下含 1% Cu 的 COF-367-Co 电催化剂随时间变化的单位活性位点转化数；(e) COF-367-Co、COF-366-Co 和 Co(TAP) 三种电催化剂对二氧化碳还原的 Tafel 斜率关系；(f) COF-367-Co、COF-367-Co(10%) 和 Co(TAP) 三种材料的 X 射线吸收谱

5.2.7 分子电催化剂

均相分子催化剂电催化二氧化碳还原的研究也备受各国研究者的追捧。分子催化剂由于具有独特的结构，特别是分子中大 π 键的存在，使得其可以控制电子传递过程，进而提高对二氧化碳电催化还原产物的选择性。

利用钴氨基嘧啶大环化合物，Chapovetsky 等[48]使用三种具有不同取代基 (R=H, 甲基, 烯丙基) 的嘧啶大环化合物与钴的前驱体，合成了用于电催化二氧化碳还原的分子催化剂（钴与分子内四个 N 原子配位）。利用玻碳电极在含有 0.1mol/L 离子液体的 DMF 溶液中测试这些分子催化剂的电催化性能。通过对比三种具有不同取代基的分子催化剂，发现具有氨基 (R=H) 的分子催化剂电催化性能最好，二氧化碳还原至一氧化碳的法拉第效率高达 98%，总转化数是另外两种分子催化剂的 300 倍，由此可见氨基对该分子催化剂的作用至关重要。另外循环伏安测试发现，氨基的存在使得 Co$^{1/0}$ 电对的还原电位正移，二氧化碳还原的过电位减小。该催化过程的机理是分子催化剂首先获得一个电子使得 NH^{2+} 变为 NH$^+$，然后在 NH$^+$ 上同时再获得一个电子并吸附一个二氧化碳分子，其中二氧化碳分子中的碳原子与钴原子成键形成吸附中间体，之后这个中间体获得一个 H$^+$，然后以一氧化碳和水的形式脱附出来（图 5-27）。

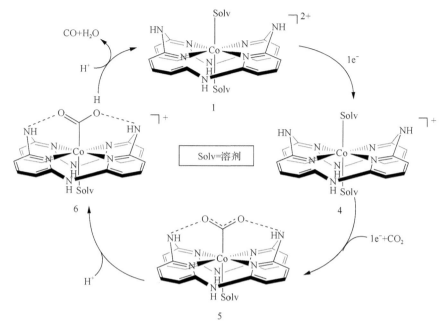

图 5-27　钴配合物分子电催化剂电催化二氧化碳还原的机理过程[48]

有关铼/钴复合体系作为分子电催化剂进行催化反应，Keith 等探究阐释了 *fac*-Re(bpy)(CO)$_3$Cl 分子电催化剂在电催化二氧化碳还原中的催化过程[28]。他们通过实验观测值，并结合第一性原理进行了电催化过程的模拟，计算了单电子还原电位、非水相 pKa 值、反应自由能和反应能垒。这一系列的计算结果表明铼分子电催化剂催化机理过程如下：二氧化碳分子在一个负电位下首先被质子化，与配位中心铼成键形成 Re-CO$_2$ 这种亚稳态的中间体，然后在 C—O 键断裂之前以 CO 形式被释放出来，这也解释了该分子电催化剂具有高选择性的原因(图 5-28)。

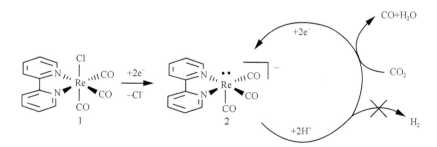

图 5-28　Re(bpy)(CO)$_3$Cl 电催化剂电催化二氧化碳还原至一氧化碳的机理过程[49]

5.3　二氧化碳光催化转化

5.3.1　引言

CO₂ 是一种储量丰富、廉价易得的碳资源，将 CO₂ 进行转化实现其资源化，将对未来社会的能源结构以及化学工业产生重大影响。太阳光是可再生能源中分布最广、最丰富的资源，利用半导体催化剂模拟绿色植物光合作用，在常温、常压下就能将廉价丰富的 CO₂ 和 H₂O 光催化转化为碳氢化合物及合成气等高附加值产物。这也打破了传统方法(生物转化、热化学转化及电催化转化等)对于 CO₂ 的转化带来的反应条件苛刻、反应能耗过高及转化效率低等一系列局限，且该反应过程利用了取之不尽、用之不竭的太阳光，不会对环境造成任何污染。CO₂ 被还原后生成的甲烷、甲醇和 CO 等含能的碳化合物能够缓解人类日益紧张的能源危机。因此，光催化转化 CO₂ 对于环境及能源问题具有重要的研究意义和应用前景。

5.3.2　光催化介绍

1. 纳米 TiO₂ 的光催化概述

许多半导体材料(如 TiO₂、ZnO、Fe₂O₃、CdS、CdSe 等)具有合适的能带结构，均可作为光催化剂。但由于其中某些化合物本身具有一定毒性，而且光照下不稳定，存在不同程度的光腐蚀现象，目前较为广泛使用的半导体光催化剂只有 TiO₂。作为光催化剂，TiO₂ 具有以下优点：

(1)合适的半导体禁带宽度，可以用 385nm 以下的光源激发活化，因此通过改性后有望直接利用太阳光来驱动光催化反应。

(2)光催化效率高，导带上的电子和价带上的空穴具有很强的氧化-还原能力，可分解大部分有机污染物。

(3)化学稳定性好，具有很强的抗化学腐蚀性。

(4)价格便宜、无毒且原料易得。

TiO₂[50]作为传统的金属半导体氧化物，在光解水制氢、抗菌除臭、降解有机物、表面亲水疏水性转换和化妆品添加剂等方面的研究越来越多，应用也越来越广泛。半导体光催化剂凭借独特的光稳定性、抗化学腐蚀、低廉的价格、无毒及较强的光催化活性成为一种环境友好型催化材料。

2. 光催化反应基本原理

光催化剂被所吸收的光激发，电子和空穴发生分离，当电子和空穴各自迁移到表面后，在表面迁移的过程中发生了复合，一般称为表面复合；当电子和空穴还没来得及迁移到表面时，电子和空穴在光催化剂内部已经发生的复合，一般称为体内复合。如果物质被预吸附在半导体表面，则电子的转移过程更有效。表面半导体能够提供电子去还原接受体(通常是通入溶液中的氧气)，表面空穴也能够通过给体的电子与空穴的复合氧化给体物质。电子和空穴的电荷转移过程的速率和可能性取决于导带和价带各自的位置。

TiO_2 是 n 型半导体，禁带宽度在 3.2eV 左右，当它吸收的光能(hv)等于或者大于半导体带隙(E_g)时，价带(valence band，VB)上的电子就被激发跃迁到相应的导带(conduction band，CB)上，在价带上产生空穴(h^+)，从而形成电子-空穴对。由于半导体能带的不连续性，电子和空穴的寿命较长，光生电子和空穴在空间电荷层的作用下发生有效的分离，迁移到粒子表面的不同位置，空穴与 TiO_2 表面上的—OH 作用产生高活性的·OH，该自由基较强的氧化性可有效分解有机物为 H_2O 或 CO_2 等无机物小分子，通常被认为是光催化体系中主要的活性氧化物种。导带上的电子则被转移到 TiO_2 表面发生电化学还原反应，光生电子也能够与 O_2 发生作用生成 HO_2 和 O^{2-} 等活性氧类，并有效地将 H_2O 还原产 H_2，将 CO_2 还原至各种碳氢化合物。图 5-29[51]是半导体粒子光照射后电荷载流子产生的基本过程，其中，E_{ph} 代表辐射光子的能量，A 代表电子受体，D 代表电子供体。

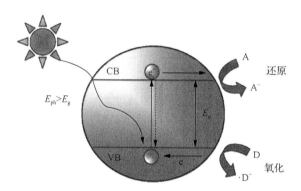

图 5-29　半导体粒子光照射后电荷载流子产生的基本过程[51]

5.3.3　光催化还原二氧化碳概述

目前 CO_2 转化的方法有：转化为碳酸酯、CH_4-CO_2 共转化、加氢转化、烃类氧化脱氢转化、氨化转化、电化学转化、光电化学转化、生物转化、光催化转化等。其中，电化学转化法的条件比较温和(常温、常压或低压下)、工艺简单，一般需要在电解质溶液中进行，通过电极上得失电子发生电解反应，可在较低反应条件下实现 CO_2 的转化利用，但该法生产中耗电量大，能耗高。光电化学转化法还原 CO_2 是在光照的同时进行电解，阴极材料和半导体材料在光、电作用下都能产生催化活性，达到催化转化 CO_2 的目的。光电化学转化法较电化学转化法条件苛刻，不容易实现，因此对其研究和应用较少。生物转化法反应条件温和、效能高，采用生物酶催化效率高、使用方便，可用于大批量的生产。生物酶中，固载化后酶与游离的生物酶相比，固载化后酶催化活性略有下降，但其可以重复使用，而游离的生物酶则不能重复使用，且与反应产物分离困难。

在所有外加能量转化 CO_2 的研究中，光催化转化有可能模拟绿色植物光合作用实现太阳光下的转化，即实现非生物还原转化 CO_2，是最具有发展前景的研究方向。CO_2 光催化转化法是利用丰富且廉价的新能源——太阳能，具有节能、无污染、反应条件温和、耗能低等优点，是较为经济的方法。目前，光催化转化法的研究主要集中在开发具有高活性的半导体光催化材料上，进一步来提高 CO_2 的转化率，并将 CO_2 转化为甲醛、甲酸、甲醇和甲烷等化工产品，符合"绿色化学"的宗旨。

自然界植物的光合作用是植物利用太阳能把 CO_2 和 H_2O 合成有机物，并放出 O_2 的过程。这一过程在常温、常压下即可进行，以地球上最廉价易得的 H_2O 作氢源，利用太阳能来驱动 CO_2 的还原，因此光合作用也是 CO_2 减排最具前景的方法。1978 年，Halmann 在 *Nature* 上首次报道了利用半导体材料催化还原 CO_2，得到了甲醛、甲醇等产物，开启了光催化还原 CO_2 的新纪元。1994 年，Yamashita 等[52]以 TiO_2 为催化剂光催化还原 CO_2，成功检测到了产物甲醇。2012 年，Ampelli 等[53]报道了以自然光为光源，在常温、常压下建立模拟光合作用的模型，实现 CO_2 循环。光催化还原 CO_2 受到越来越多科研工作者的关注。

半导体的光催化反应是以光能为驱动力的氧化-还原过程，其电子的激发和传递过程与植物光合作用的过程相类似，具体包含两个基本过程：一是 CO_2 在光催化材料表面反应位点的吸附；二是 CO_2 与光生电子-空穴之间的转化过程。光催化反应中使用的半导体催化剂的价带和导带是不连续的，中间存在禁带，要激发并分离光生电子-空穴对，照射到半导体材料上光的能量要大于或等于禁带宽度，而这些光生电子-空穴对能量主要取决于光催化剂价带和导带的位置。如图 5-30 所示，当照射到半导体材料上光的能量大于或等于禁带宽度时，晶体内的电子受到激发从价带跃迁到导带，从而在价带上产生空穴。由于空穴有很强的氧化能力，

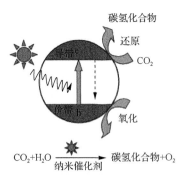

图 5-30　光催化还原 CO_2 为碳氢燃料结构示意图[54]

可以从 H_2O 中夺取电子，并放出 O_2，同时可提供 CO_2 还原所需的氢质子。与此同时，导带产生光生电子，光生电子用于 CO_2 的还原。

在实际实验中发现，有些材料虽然禁带宽度很小，但还是不能达到 CO_2 还原的目的。研究人员渐渐意识到，还原反应的发生不仅与禁带宽度有关，还与半导体导带、价带所处的电位位置有关。不同的半导体材料有着不同的价带、导带，并且从热力学角度来讲，半导体导带电位要比表面电子受体的电位更高(更负)，光生电子才能传递给电子受体；而价带电位要比表面电子给体的电位更低(更正)，才能使电子由表面给体传递给空穴，这就解释了为什么某些半导体材料禁带宽度很小，依旧不能光催化还原 CO_2，因为它们的价带、导带位置不合适，换言之，就是能带不匹配。因此，半导体材料裂解水光催化还原 CO_2 必须要有合适的价带和导带。以将 CO_2 光催化还原为甲醇为例，当参比电极为饱和甘汞电极时，CO_2/CH_3OH 的还原电位为 $-0.38V$，要达到将 CO_2 还原为甲醇的目的，材料的导带电位要比 CO_2/CH_3OH 的还原电位更负(小于 $-0.38V$)，而材料的价带电位要比 H_2O/O_2 的氧化电位更正(大于 $0.82V$)，只有材料同时具备足够强的光还原能力和足够强的氧化能力裂解 H_2O，为 CO_2 光催化还原提供氢质子，才能真正原位完成 CO_2 的光催化转化过程。图 5-31 是不同产物的还原电位与主要半导体催化材料的能带分布示意图，该图可以为 CO_2 选择性转化时材料的选择提供理论依据。

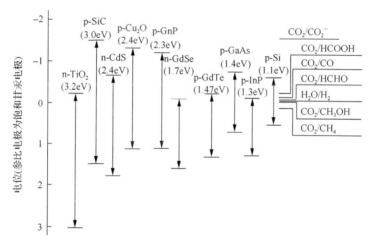

图 5-31　不同产物的 CO_2 还原电位与主要半导体催化材料的能带分布[55]

光生电子具有很强的还原能力，在 H_2O 的存在下，电子能与 CO_2 发生单电子、两电子、四电子、六电子和八电子的反应，生成 $HCHO$、$HCOOH$、CH_3OH 和 CH_4 等碳氢化合物。光生空穴具有很强的氧化能力，能将 H_2O 还原成 O_2。然而，通常单一的半导体催化材料无法同时具备合适的氧化和还原能力。例如，CuO 的价带位置为 $0.80V$ $vs.$NHE$(2.16eV)$(表 5-2)，略低于 $0.82V$，不具备氧化裂解 H_2O 的能力，但其导带位置为 $-0.90V$ $vs.$NHE$(0.46eV)$，比 CO_2/CH_3OH 的还原电位 $(-0.38V)$ 更负，具备足够强的还原能力。相比之下，TiO_2 的价带虽然高于 H_2O/O_2 的氧化电位，但导带位置较正，还原能力差。由此可见，半导体材料很难同时满足既具有合适的价带又具有合适的导带，这就决定了无法直接光催化还原 CO_2 至其他含碳化合物(表 5-3)。

表 5-2 常见半导体材料的价带和导带

半导体	禁带宽度 E_g/eV	导带能量 E_{CB}/eV	价带能量 E_{VB}/eV
CuO	1.7	0.46	2.16
ZnO	3.2	−0.31	2.89
Cu_2O	2.2	−0.28	1.92
$SrTiO_3$	3.4	−1.26	2.14
MnO_2	0.25	1.33	1.58
CuS	0	0.77	0.77
SnO_2	3.5	0	3.5
Bi_2O_3	2.8	0.33	3.13

表 5-3 CO_2 在光还原中还原成各个产物的还原电位[56]

反应方程式	E^0_{redox} (*vs.* NHE) / V
$2H^+ + 2e^- \longrightarrow H_2$	−0.41
$H_2O \longrightarrow 0.5O_2 + 2H^+ + 2e^-$	0.82
$CO_2 + e^- \longrightarrow CO_2^-$	−1.90
$CO_2 + H^+ + 2e^- \longrightarrow HCO_2^-$	−0.49
$CO_2 + 2H^+ + 2e^- \longrightarrow CO + H_2O$	−0.53
$CO_2 + 4H^+ + 4e^- \longrightarrow HCHO + H_2O$	−0.48
$CO_2 + 6H^+ + 6e^- \longrightarrow CH_3OH + H_2O$	−0.38
$CO_2 + 8H^+ + 8e^- \longrightarrow CH_4 + 2H_2O$	−0.24

5.3.4 提高光催化剂催化效率常见的方法

研究表明，以 TiO_2 为代表的宽禁带半导体光催化剂，对紫外光有较好响应性，对可见光的利用则可采用多种敏化改进措施，但总的来看其光催化还原效率仍非常低。由于 CO_2/C_1 有机物的氧化还原电位较高，而 O_2/H_2O 的氧化还原电位又较低，因此要想提高光催化还原 CO_2 的效率，除了要设法改变其氧化还原电位，还需要改变催化剂的电子结构。近年来，为了充分利用太阳光降解各类污染物，加强半导体对可见光的吸收，提高量子效率，进一步提高光催化效能，对半导体改性的研究引起人们越来越多的关注。

1. 二氧化钛光催化材料

TiO_2 作为应用最为广泛的环保型光催化剂,人们对其在 CO_2 还原方面的研究逐渐深入。自然界中 TiO_2 以锐钛矿型、金红石型和板钛矿型三种结晶形态存在,其中板钛矿型因为结构不稳定,是一种亚稳相,而极少被应用。板钛矿型和锐钛矿型是 TiO_2 的低温相,金红石型是 TiO_2 的高温相。锐钛矿型和板钛矿型到金红石型的转化温度一般为 500～600℃,而在实验条件下,金红石型不能向锐钛矿型和板钛矿型转化。其中锐钛矿型只在紫外光照射下才具有高催化活性,金红石型对可见光区响应较好,但其光生电子-空穴复合率较高,会降低光催化活性。而且锐钛矿型的结构不如金红石型稳定,因此锐钛矿型具有较好的光催化活性。Anpo 等[57]利用锐钛矿 TiO_2 光催化还原 CO_2,发现其可将 CO_2 光催化还原至产物 CH_3OH,并表现出了较好的活性。当用金属 Cu 修饰后,CH_3OH 的产率有明显的提高。Liu 等[58]进一步将三种不同晶型光催化还原的活性进行对比,由活性图[图 5-32(a)]可以看出,三个晶型的 TiO_2 均可以将 CO_2 还原成 CH_4 和 CO,且板钛矿的活性相比于其他两种晶型较好。实验结果显示,在合成的板钛矿和锐钛矿 TiO_2 中均存在氧空位及 Ti^{3+} 位点,而金红石相没有。经实验进一步证明,存在缺陷的 TiO_2 的活性是无缺陷 TiO_2 活性的十倍多,这说明缺陷的存在有利于 CO_2 的还原。板钛矿型的活性优于锐钛矿型和金红石型的原因在于它形成缺陷需要的能量更低,更易于形成产生活性所需要的缺陷位点。三种晶型在焙烧时,有氢气保护的板钛矿 TiO_2 的活性最好。

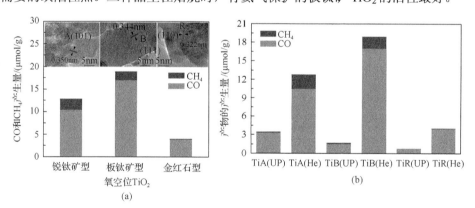

图 5-32　锐钛矿、板钛矿、金红石 TiO_2 二氧化碳还原的性能比较
(a)锐钛矿、板钛矿和金红石 TiO_2 将 CO_2 还原成 CH_4 和 CO 的活性图;(b)三种晶相的 TiO_2 焙烧时分别在有、无氢气保护下的活性测试[58]
A 代表锐钛矿 TiO_2;B 代表板钛矿 TiO_2;R 代表金红石 TiO_2;UP 代表未经预处理;He 代表氢气处理

2. ABO_3 型钙钛矿光催化材料

钙钛矿是一类陶瓷氧化物,具有独特的物理、化学性质,是研究催化材料表

面和催化性能的新型无机非金属材料。钙钛矿 ABO_3 中 A 一般是稀土或碱土元素离子，B 为过渡元素离子，而 A 和 B 都可以用半径相近的其他金属离子部分取代，仍保持其晶体结构基本不变。

结合 TiO_2 的结构，Kang 等[59]合成了一种钙钛矿 $SrTiO_3$(STO) 负载在 TiO_2 纳米管的异质结，并进一步负载 Cu、Au 的纳米合金来进行 CO_2 的光催化还原（图 5-33）。实验中使用 $N_2H_4·H_2O$ 作为氢源和电子供体，提供一个还原环境，结果表明 $SrTiO_3$ 的钙钛矿结构及能带结构有利于 CO_2 的还原，而 STO/TiO_2 的异质结能有效加快光生电子和空穴的分离，Cu、Au 的纳米合金则有效提高了催化剂对 CO_2 还原的选择性及催化效率。

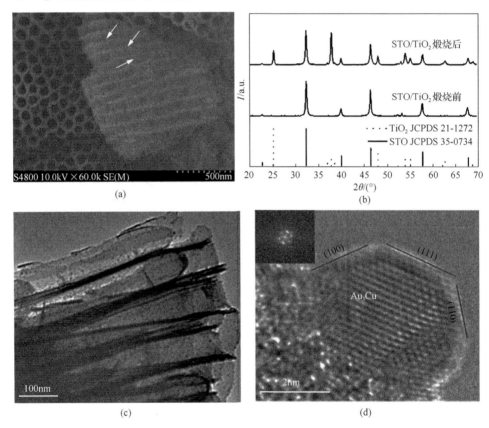

图 5-33　STO/TiO_2 异质结和 $Au_3Cu@STO/TiO_2$ 纳米管阵列的结构及形貌表征

(a)STO/TiO_2 异质结的 SEM 图，白色箭头指出 TiO_2 纳米管的孔道；(b)STO/TiO_2 异质结的 XRD 图谱；
(c)$Au_3Cu@STO/TiO_2$ 纳米管阵列的 TEM 图；(d)$Au_3Cu@STO/TiO_2$ 纳米管阵列的高倍 TEM 图[59]

氧化石墨烯作为一种性能优异的新型碳材料，具有较高的比表面积和表面丰富的官能团，也可作为钙钛矿的负载基质。例如，Xu 等[60]合成了一种负载在氧化石墨烯表面的卤素钙钛矿 $CsPbBr_3$ 量子点，用于模拟太阳光的光源光催化还原 CO_2

至 CO 和 CH₄。石墨烯的加入(图 5-34)增强了光的吸收，量子效率也有了较大的提高，且使反应速率提高 25.5%，具有 99.3%的选择性。鉴于钙钛矿 CsPbBr₃ 在水中的不稳定性，该催化体系利用乙酸乙酯较温和的极性及对 CO₂ 良好的溶解性，增强了催化剂的稳定性。

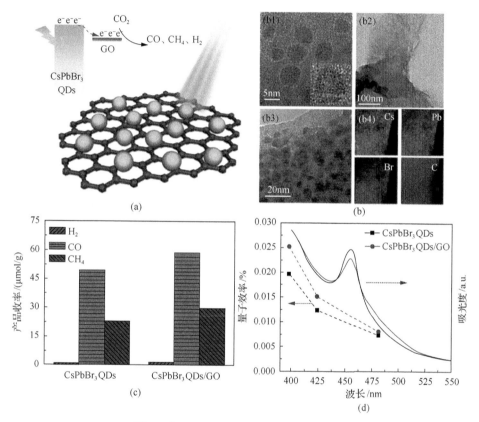

图 5-34*　CsPbBr₃ 量子点光催化还原 CO₂

(a)CsPbBr₃ 量子点光催化还原 CO₂ 的示意图；(b)CsPbBr₃ 量子点：(b1)HTEM 图；(b2)～(b4)TEM 图；
(c)CsPbBr₃ 量子点长达 12h 主产物的活性测试；(d)CsPbBr₃ 量子点的固体紫外光谱图[60]

基于 Na 碱金属的钙钛矿也可用作 CO₂ 光催化还原的催化剂，Fresno 等[61]研究了 NaNbO₃ 和 NaTaO₃ 的催化活性。他们发现相对于 TiO₂ 来说，NaNbO₃ 和 NaTaO₃ 的催化活性更高。这是由于还原 CO₂ 至各个产物需要一定的过电位及转移电子的能量，而钙钛矿 NaNbO₃ 和 NaTaO₃ 的导带位置较负，电子的激发可以产生较大的还原能力，因而可以很好地将 CO₂ 还原。

3. 掺杂型光催化材料

离子掺杂包括金属离子掺杂、非金属离子掺杂、金属与非金属离子共掺杂，是指利用物理或化学方法在催化剂表面掺杂离子，使新的电荷注入到晶格中形成缺陷位置或改变结晶类型，从而影响光生电子和空穴的有效分离，进而影响光催化活性。例如，电子和空穴的陷阱会延长其寿命，杂质的引入会导致半导体能级结构的变化，增强了对可见光的响应，拓展了吸光范围。

掺杂的方法有很多种，其中溶胶-凝胶法是较为普遍的一种掺杂方法。Tahir 等[62]用溶胶-凝胶法将金属 In 掺杂到 TiO_2 的纳米颗粒中还原 CO_2，该光催化材料大大提高了 CO_2 还原的转化率及选择性。In/TiO_2 将 CO_2 还原成 CH_4 的产量大约为 $244\mu mol/(g\,cat\cdot h)$，是单纯 TiO_2 材料的 7.9 倍，同时可以检测到 C_2H_4、C_2H_6、C_3H_6 和 C_3H_8。这是因为 In 的加入可有效增大材料的比表面积及禁带宽度，电子受光激发后便具有较大的能量还原 CO_2。同时，In/TiO_2 大大促进了光生电子和空穴的分离，加快了电子的转移，光催化效率得到提高。

除了溶胶-凝胶法，普通焙烧法也可用来进行不同材料间的掺杂。Wang 等[63]将尿素进行普通焙烧合成了硫掺杂的石墨化的 C_3N_4，并用来光催化还原 CO_2 至甲醇。实验表明，石墨化的 C_3N_4 具有极大的稳定性，掺杂了硫的 C_3N_4 的禁带宽度为 2.63eV，纯 C_3N_4 的禁带宽度为 2.7eV，两者甲醇的产量分别为 1.12mol/g 和 0.81mol/g，可见硫的掺入提高了对可见光的吸收及光生电子和空穴的分离，在一定程度上提高了 CO_2 还原的光催化还原效率。

4. 复合光催化材料

鉴于单一的半导体材料的光催化效率受到光吸收率，导带、价带位置相关的氧化还原能力及光生电子和空穴有效分离的制约，设计和制备复合光催化材料即异质结光催化材料是提高光催化性能的重要途径。当复合光催化材料受到一定能量的光激发发生带间跃迁时，光生电子和空穴在内建电场的作用下从一种光催化剂的导带（价带）跃迁到另一种光催化剂的导带（价带），这种传输途径可有效地使光生电子和空穴发生分离，有利于催化活性的提高。

近几年来，人们对复合型半导体做了很多相关的研究，如 $CdS-TiO_2$、MoS_2/C_3N_4、$CdS-ZnO$、$CdS-K_4Nb_6O_{17}$、$Cd_3P_2-TiO_2/ZnO$、$CdS-AgI$、$ZnO-ZnS$、$ZnO-ZnSe$、$CdSe-ZnS$ 和 $CdS-CdSe$ 等。纳米复合催化材料扩大了光响应范围、增大了比表面积、增加了活性位点及促进光生电子和空穴的分离与迁移，从而提高光催化性能。以 TiO_2 为例，由于其禁带宽度大，导带位置偏正，对 CO_2 的催化效率有一定的限制。如果能找到一种禁带宽度小，导带位置较负的材料与 TiO_2 复合，光生电子会迅速转移到能级较低的导带，将有利于光生电子和空穴的转移，延长光生电子和空穴的寿命从而提高光催化活性。以 $CdS-TiO_2$ 为例，TiO_2 的禁带宽度为 3.2eV，而 CdS 的禁带宽度为 2.5eV，两者的价带、导带位置如图 5-35 所示[51]。当用足够能量的光激发时，CdS 和 TiO_2 同时发生能级跃迁，由于 CdS 的导带位置高于 TiO$_2$，光生电子在 TiO$_2$ 的导带位置聚集，而空穴则聚集在 CdS 的价带上，这样的复合体系在很大程度上抑制了光生电子和空穴的复合，提高了量子效率。

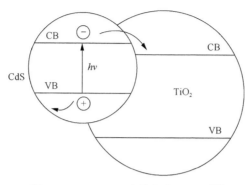

图 5-35　CdS-TiO$_2$ 光催化电子传递[51]

除了 CdS-TiO$_2$，基于 ZnO 的复合体系也多有研究。例如，Xiong 等[64]用喷雾燃烧热分解的方法合成 ZnO/CeO$_2$ 在紫外光下还原 CO$_2$，通过调变 Zn 和 Ce 的原子比例，发现 CeO$_2$ 比例的提高增大了催化剂的比表面积，并提高了其在紫外区的吸收。由于 ZnO 对 CO$_2$ 有较好的吸收，而且 Ce^{4+}/Ce^{3+}的存在也在很大程度上提高了光生电子和空穴的分离，光催化活性大大提高，也表现出较好的催化效率。Wang 等[65]在铜纳米线上用原子沉积技术负载了不同厚度的 ZnO 薄膜，在紫外光下光催化还原 CO$_2$ 至产物 CO，通过瞬态吸收光谱及荧光光谱发现在 ZnO 表面存在密度较大的缺陷，可以捕获电子、延长电子的寿命，从而提高了光催化的效率，其中 CO 的产量达到 1.98mmol/(g cat·h)，量子效率为 0.0035%。

虽然异质结的构建有效提高了光催化效率，但是电子和空穴的传导及反应的参与都发生在导带位置偏正及价带位置偏负的半导体上。相对于两个半导体，复合异质结体系的还原和氧化能力在一定程度上被减弱，限制了其进一步的广泛应用。相比之下，复合 Z 型光催化材料既能保证较宽的光响应范围，又能提高材料的氧化、还原能力。图 5-36 是 Z 型材料光催化分解水的机理图，与异质结的电荷传导方式不同的地方在于氧化还原中间体的转换。PS Ⅱ吸收光后，在价带位置上发生 H$_2$O 的氧化反应，而激发的电子通过氧化还原中间体传递给光系统 PS Ⅰ；PS Ⅰ吸收光后导带上的电子用以还原 CO$_2$ 至碳氢化合物，价带上留下的空穴则与 PS Ⅱ传递的电子复合，该反应中电子的传递途径呈现 Z 型。Z 型光催化材料中氧化还原中间体的存在实现了电子和空穴的有效传递和分离，并表现出了较高的量子效率。接触面的复合是制约光催化效率的主要因素，而 Z 型光催化体系中的光生电子和空穴可以通过两个半导体接触界面复合，并表现出较好的导电性、稳定性和单向性，形成低电阻的欧姆接触。这种 Z 型光催化体系不再受液相反应和光降解的限制，光生电子和空穴也可以通过半导体的接触面传输，不足的是接触面的紧密程度和面间电阻也在一定程度上限制了它的应用。

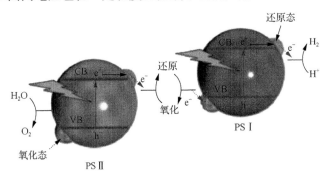

图 5-36* Z 机制型光催化剂的光催化机理[64]

考虑到相比于异质结，Z 机制存在众多优点，因此基于 Z 机制构建的复合光催化剂得到了广泛的研究。Wang 等[66]将 BiOI/g-C_3N_4 的 Z 机制光催化剂用波长大于 400nm 的光源光催化还原 CO_2 至 CO、H_2 和 CH_4 等主产物，发现 BiOI/g-C_3N_4 的 Z 机制光催化剂比单纯的 BiOI 和 g-C_3N_4 都体现出较好的活性，说明 Z 机制的建立在很大程度上将光生电子和空穴分离，使电子的密度大大增加、电子传导速度加快，从而提高光催化的活性和效率。Jin 等[67]用 5mol% CdS 的负载量与 WO_3 建立了一个 Z 机制体系,用可见光光催化还原 CO_2 得到主产物 CH_4 的产量为 1.02μmol/(h·g)。CdS-WO_3 的 Z 机制光催化的活性为单纯 CdS 和 WO_3 的十倍左右，且反应速率也有了很大程度上的提高。这从另一方面说明 Z 机制的建立可有效改善影响光催化的重要因素——光生电子和空穴的复合。Liu 等[68]用简易的水热方法合成了 Si-TiO_2 纳米球的 Z 机制光催化剂用以光催化还原 CO_2 至甲醇，有效提高了 CO_2 的转化效率，最大光子效率达到 18.1%。单纯的 Si 和 TiO_2 几乎不体现活性，而 Si-TiO_2 纳米球的 Z 机制光催化剂能够大大提高光生电子和空穴的分离效率，使电子的寿命在很大程度上得到增长，从而体现出较好的光催化活性和效率。

5. 石墨烯光催化材料

石墨烯是一种二维材料，具有良好的导电性、较大的比表面积及较好的化学稳定性，有利于光生电子和空穴的快速传输，被广泛应用于构建复合光催化材料以提高光催化性能。

通过简单的水热法便可得到基于石墨烯的掺杂材料，例如，Wang 等[69]用水热法合成了石墨烯-ZnO 材料用于光催化还原 CO_2 至甲醇。实验表明，石墨烯-ZnO 复合材料相比于单纯的 ZnO 具有更高的光催化活性，且该材料性质稳定、可重复利用。Zhang 等[70]同样使用水热法合成了石墨烯-TiO_2 材料，并在紫外光下光催化

还原 CO_2 至甲醇和乙酸，产量分别为 160μmol/g 和 150μmol/g。该实验中石墨烯的负载在一定程度上扩大了材料对吸收光的波长范围，当负载量为 8.5%时，体现出最好的光催化活性，而负载的石墨烯的量增大时，会阻碍光的传输，降低光催化活性。Zhang 等[71]基于此法构建了石墨烯-WO_3 复合材料应用于光催化 CO_2 的还原，研究发现石墨烯负载前 WO_3 的导带位置并没有达到 CO_2 还原过电位的最小值，因此并没有表现出还原 CO_2 的光催化活性，然而在负载了石墨烯后，在可见光下 CO_2 还原至产物 CH_4 的量为 0.11μmol/h。由此可见，石墨烯的加入使 CO_2 还原的过电位降低，提高了光催化活性。

5.3.5　结论与展望

因此，无论是从经济角度还是从能源方面考虑，要想提高 CO_2 转化的效率及产品的选择性，开发能在反应条件温和的情况下使用的新型的高效光催化剂是提高 CO_2 转化竞争力的关键因素。通过对催化剂载体的合理设计及材料的构筑实现 CO_2 的可控转化，有望成为 CO_2 资源化利用的重要方向。此外，开发具有可见光响应的光催化剂，并通过对自然界光合作用过程的模拟实现 CO_2 的高效转化利用，这都将会对能源与环境问题带来双重收益。

5.4　二氧化碳热催化转化

5.4.1　二氧化碳加氢转化

CO_2 催化加氢是实现 CO_2 有效利用的理想途径之一，指的是在高温、高压及催化剂作用下，CO_2 被 H_2 还原。根据其还原程度不同，可以得到各种不同的还原产物[72]，如 CO、甲烷、甲醇、醛类、甲酸及其衍生物等一些更有价值的有机产物[73]。催化剂在 CO_2 催化加氢反应过程中极为重要，高效的催化剂是提高反应转化率和选择性的关键所在[74]。

5.4.2　二氧化碳加氢合成甲烷

CO_2 的甲烷化是放热反应，催化剂主要有 Ru、Ni、Co、Fe 等，负载催化剂的载体有 Al_2O_3、ZrO_2、SiO_2 等。

某些催化剂对 CO_2 的甲烷化并无催化活性，但在与合适的催化剂结合后，催化活性和选择性都得到了极大的提高。例如，Karelovic 等[75]将不同比例的 Rh(2wt %)/γ-Al_2O_3 和 Pd(5wt %)/γ-Al_2O_3 机械混合后，研究了其在温度低于 200℃时 CO_2 甲烷化的活性(图 5-37)。虽然 Pd/γ-Al_2O_3 没有催化活性，但与 Rh/γ-Al_2O_3 混合后，活性超过了纯 Rh/γ-Al_2O_3 催化活性的 50%。在 200℃，H_2 和 CO_2 的比例为 4 时，对于纯 Rh/γ-Al_2O_3，反应速率为 0.218×10^{-2} mol CH_4/(mol Rh·s)，但当两种催化剂

的含量各占 50%时，其反应速率增加到 $0.318×10^{-2}$mol CH_4/(mol Rh·s)，展现了协同效应，催化剂的选择性达到了 100%。由于 Pd/γ-Al_2O_3 的存在，Rh 的氧化状态在反应前后并不会发生改变。稳态和过渡态下的原位漫反射傅里叶变换红外光谱(DRIFTS)结果显示，Rh 的表面主要是羰基化物种的存在，Pd 位上主要是桥接的 CO 存在。Pd/γ-Al_2O_3 和 Rh/γ-Al_2O_3 在混合催化剂中的比例极大地影响了羰基物种加氢的活性。纯 Pd/γ-Al_2O_3 不能氢化吸附的 CO 物种，而 Rh/γ-Al_2O_3 的存在明显地增加了 Pd-CO 物种的活性，这也就解释了所观察到的协同效应。表观活化能及 H_2 和 CO_2 反应级数的分析证明了 CO_2 的解离发生在 Pd 和 Rh 上，也证明了生成的 CO(ads)物种在来源于 Rh/γ-Al_2O_3 上的 H 物种的辅助下，可以与其反应生成甲烷。通过 H 物种迁移的协同作用，反应可在较低的温度(150℃)下发生。因此，像 Pd/γ-Al_2O_3 这样的在表面上对 CO_2 甲烷化没有活性的催化剂，在与合适的对其有促进作用的催化剂(如 Rh/γ-Al_2O_3)结合后，可以在催化剂的表面生成活性物种，并且在生成甲烷上表现很高的选择性。

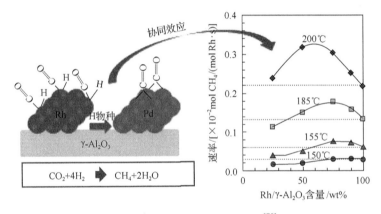

图 5-37* 反应机理图和活性图[175]

　　上述 Pd 与 Rh 两种催化剂在催化 CO_2 甲烷化反应时呈现出协同作用，还存在其他双催化剂体系可以大大提高反应的转化率。Polanski 等[76]将负载在 SiO_2 上的 Ru 纳米颗粒沉积在 Ni 晶粒上，用 NaOH 将 SiO_2 溶解，制备出表面存在氧化物钝化层的 nano-Ru/Ni 催化剂。温和且可控的湿化学法可以将少量昂贵的 Ru 负载在廉价的 Ni 载体上，在低温下对 CO_2 甲烷化显示出很好的活性。从 SEM 图和 TEM 图(图 5-38)上可以看到，Ru 聚集在 Ni 的表面，Ru 的平均直径为 4.6nm±1.7nm。XPS 检测出催化剂表面存在 Ni 和 Ru 的氧化物。在 200℃下，甲烷的转化率可达到 100%，总转化频率(TOF)值为 940h^{-1}，催化剂更加稳定，且其因碳沉积导致催化剂失活后，可以通过氢气处理将催化剂再生。

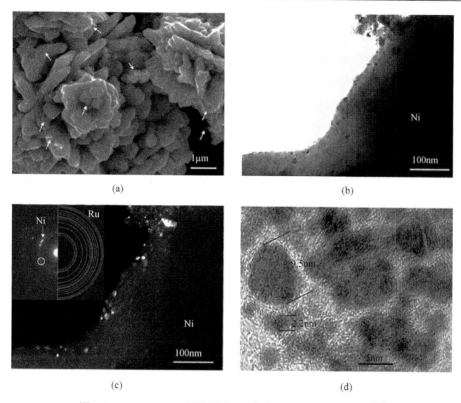

图 5-38 1.5% Ru/Ni 催化剂中 Ru 负载于 SiO_2 上的结构图[76]

(a) SEM 图；(b) 和 (c) 亮场和暗场的 TEM 图；(d) RuNPs 的 HRTEM 图

除了 Al_2O_3、SiO_2 等常用载体外，一些无机矿盐同样可以作为载体负载催化剂。Shin 等[6]利用钙钛矿结构的 $BaZrO_3$ 作为载体，负载 Co 纳米颗粒，之后将胶体 Pt 负载在 $Co/BaZrO_3$ 上，其相对于 γ-Al_2O_3 载体，CO_2 甲烷化的活性有所提高。高角环形暗场扫描透射电子显微镜 (HAADF-STEM) 图 (图 5-39 和图 5-40) 显示单个 Pt 原子负载在 Co 颗粒上，Pt 原子显示出单独的亮点位于 Co/CoO_x 界面，由于 Pt 相对于 Co 和 O 有更高的相对原子质量，因此在图上可以看得见。Pt 比 Co 稳定，相比嵌入 CoO_x 壳内，更倾向于与 Co 核相接。不同于 Co-Pt 合金，Pt 位于六方最密堆积 Co 的表面。Pt 和 Co 负载在 Al_2O_3 和 $BaZrO_3$ 上显示出相似的形貌。当 $BaZrO_3$ 作为载体时，Pt 和 Co 两种纳米颗粒体现出明显的协同催化 CO_2 加氢的效果。Co 催化 CO_2 的解离，而 H_2 的解离主要发生在 Pt 上。此催化剂在 325℃ 下的催化活性相对于 γ-Al_2O_3 作为载体，CH_4 的产生速率提高了 6 倍；选择性相对于 γ-Al_2O_3 的 43%，变为 80%，有了明显的提高。这些提高正是由于 Co 颗粒和 $BaZrO_3$ 之间的强相互作用。

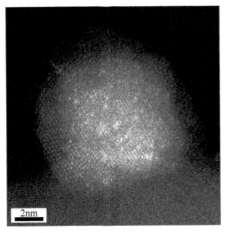 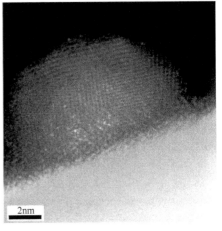

图 5-39 Co/Al$_2$O$_3$ 的 HAADF-STEM 图[77]   图 5-40 Co/BaZrO$_3$ 的 HAADF-STEM 图[77]

5.4.3 二氧化碳加氢合成甲醇和乙醇

1. 二氧化碳加氢合成甲醇

甲醇不仅是基本的化工原料，也是性能优良且环保的能源和车用染料，市场需求量巨大。目前工业上合成甲醇是在高压(10～100bar)下，使用 Cu/ZnO/Al$_2$O$_3$ 作为催化剂，使 CO、CO$_2$ 和 H$_2$ 转化为甲醇[78]。如何降低反应压力，减少能量输入，以及对催化剂进行改性或者开发新型催化剂成为越来越多研究者关注的重点。近年来，温室效应加剧使得许多研究者的兴趣转向 CO$_2$ 加氢转化为甲醇，希望能够有效利用 CO$_2$ 并提高反应的选择性。

金属团簇由于其独特的表面性质，在被用作还原 CO$_2$ 加氢合成甲醇方面表现出优异的特性。Liu 等[79]基于 DFT 计算得出，Cu$_4$ 簇有利于甲醇的形成。他们通过原子层沉积技术在二氧化硅单晶片[SiO$_2$/Si(100)]上沉积了三层单层无定形的 Al$_2$O$_3$ 薄膜，使用可选择尺寸的簇源将 7ng Cu$_4$ 簇沉积在 Al$_2$O$_3$ 薄膜上。这样的薄膜可以保持簇的形貌，防止其在反应条件下的烧结。催化活性测试是在接近于大气氛围(相对低的 CO$_2$ 含量)条件下进行的，实验中所有的测试都是在原位条件下，总压 1.25atm，氩气氛围下以 20cm^3/min 的 1% CO$_2$：3% H$_2$ 混合气下进行的。掠入射 X 射线吸收近边光谱(GIXANES)测试是在掠入射角 0.18° 下进行的。

所有样品在合成后都暴露在空气中，在连续的表征中检测到 CuO 的出现。在反应条件下，从 GIXANES 图(图 5-41)中看出，Cu$_4$ 簇随温度的升高逐渐被还原。在室温下，Cu$_4$ 簇基本是由 Cu^{2+}(约 60%)和 Cu$^+$(约 40%)组成的(图 5-42)，平均价态为 1.60。在 75℃ 时，还原开始发生，在 125℃ 时，Cu$_4$ 簇实际上被完全还原。

观察到的非零价态是由于电子从 Al₂O₃ 或表面键合的酸性羟基转移到完全还原的 Cu₄ 簇上。

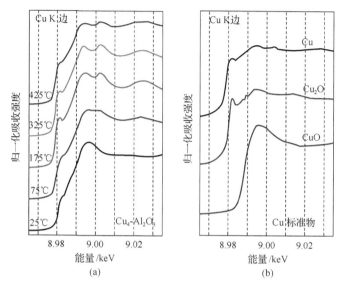

图 5-41*　Cu₄ 簇及对比样品的掠入射 X 射线吸收近边光谱(GIXANES)谱图比较
(a)Cu₄ 簇/Al₂O₃ 在五个特征温度下的 GIXANES 图；(b)Cu 片、Cu₂O 和 CuO 的对照谱图[79]

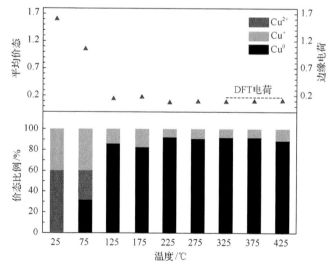

图 5-42*　Cu₄ 簇的平均价态[79]

甲醇的转化率被定义为每秒每个 Cu 原子上甲醇的形成。在 125℃ 下，催化剂转变为 Cu^0，甲醇开始形成，表示 CO_2 转化为甲醇主要是由于 Cu₄ 簇被完全还原时起催化作用。225℃ 下，得到最大的 TOR 值约为 4×10^{-4} molecule/(s·atom)。超过 325℃时，由于热力学的控制，甲醇的生成率下降，见图 5-43。因此，所合成的 Cu_4/Al_2O_3 在相对低的 CO_2 分压下显现出较好的生成甲醇的活性。

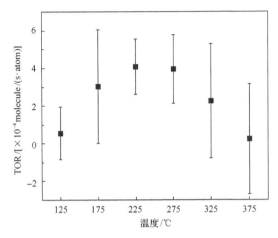

图 5-43[*] GIXANES 谱图的定量线性结合的拟合
使用 Cu 片、Cu_2O 和 CuO 作为参比材料[79]

Au 作为被广泛研究的贵金属催化剂之一，同样可用来还原 CO_2。Yang 等[80] 将 Au 固定在 CeO_x/TiO_2 基底上，在金属-氧化物界面间存在可以吸附 CO_2 且使其在低压下氢化的活性中心。彩图 9 为在 $CeO_x/TiO_2(110)$ 上沉积 Au 前后的扫描隧道显微镜(STM)图。Au 优先在 $TiO_2(110)$ 的缺陷处成核，但是 CeO_x 纳米簇的高分散度使催化剂整个表面都存在丰富的 Au/CeO_x 界面。他们用程序升温吸脱附仪联用质谱(TPR-MS)和原位常压 X 射线光电子能谱(AP-XPS)研究反应动力学和反应过程中催化剂表面的中间产物。他们以 Cu 纳米颗粒作为参比系统，分别研究了 CO_2 在 Au/TiO_2、Cu/TiO_2、$Au/CeO_x/TiO_2$ 和 $Cu/CeO_x/TiO_2$ 表面转化为 CO 和甲醇的活性和选择性，发现在 TiO_2 表面并没有活性，但是 Au/TiO_2 对于 CO 的产生显示出与 Cu/TiO_2 相似的活性。在添加 CeO_x 后，甲醇的生成都有了明显的提高。$Au/CeO_x/TiO_2$ 相比 $Cu/CeO_x/TiO_2$，其甲醇产量得到了有效的提高，见图 5-44。$Au/CeO_x/TiO_2$ 作为高活性和选择性的催化剂在低 H_2 压力[700mTorr(1Torr= $1.33322×10^2Pa$) H_2]下将 CO_2 转化为甲醇展示了前所未有的潜力。而原位 AP-XPS 显示反应过程中催化剂表面有羧酸物种的存在。

MOFs 作为新型骨架功能材料，也可用于催化 CO_2 加氢合成甲醇。An 等[81] 利用 MOFs 的限域效应，且能作为载体，利用 UiO-bpy MOFs 上的 bpy 和 $Zr_6(\mu_3\text{-}O)_4(\mu_3\text{-}OH)_4$ 位点去固定超小的 Cu/ZnO_x 纳米颗粒，从而阻止 Cu 纳米颗粒的聚集，MOFs 的限域效应阻止了 Cu 和 ZnO_x 的相分离。

UiO-bpy 即使在湿度很高的环境下，热稳定性(>250℃)也很好。Cu^{2+} 通过 $CuCl_2$ 后合成金属化作用首先结合到 bpy 位点；之后 $ZnEt_2$ 与 SBUs(metal-oxo

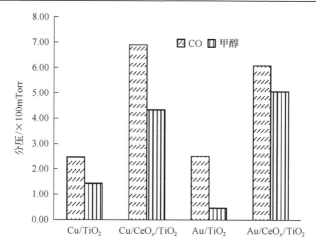

图 5-44　在不同催化剂上 CO_2 氢化产生 CO 和甲醇的分压[80]

反应条件：100mTorr CO_2，700mTorr H_2，573K

cluster secondary building units，金属氧簇第二构筑单元）上的 μ_3-OH 位点反应，Zn^{2+} 被引入；在反应条件（250℃，H_2 存在）下，H_2 同时作为还原剂原位合成超小的 Cu/ZnO_x 纳米颗粒，这些纳米颗粒直径小于 1nm，且通过配位基被限制在四面体和八面体的笼子里[81]，见彩图 10。

　　EDX 图显示 Cu 和 Zn 分布均匀，彼此交叠，表明 Cu 和 Zn 在尺度小于 10nm 时很好地混合在一起，并没有相分离，见彩图 11。合成的 Cu/ZnO_x@MOF 催化剂对 CO_2 氢化合成甲醇展现出很好的活性和选择性，其时空收率（STR）达到 2.59g MeOH/(kg Cu·h)，对 CO_2 氢化合成甲醇具有 100%的选择性，在反应 100h 时也有很好的稳定性。

2. 二氧化碳加氢合成乙醇

　　乙醇作为可再生燃料的添加剂和大量使用的工业中间体，其合成需求量十分巨大。CO_2 加氢合成乙醇可以实现对 CO_2 的有效利用，但由于 CO_2 氢化过程中甲醇和其他醇类可能是主要产物，提高乙醇的选择性和产率是一个巨大的挑战，因此，发展有效的催化剂提高乙醇的选择性是一个亟待解决的问题。

　　双金属催化体系可结合两种组分的优势，常用于 CO_2 氢化合成乙醇。Cui 等[82] 采用 $Ru_3(CO)_{12}$-$Co_4(CO)_{12}$ 双金属催化剂，以双（三苯基膦）氯化铵（PPNCl）作为共催化剂，LiBr 作为促进剂用于 CO_2 氢化合成乙醇。此催化体系相比其他碘化物作为促进剂的体系，有较好的反应性能。LiBr 的用量为 4mmol 时，乙醇的时空收率（STY）和选择性最高，随 Br⁻ 的增多，催化剂的活性位点被覆盖，活性降低，4mmol 是 LiBr 的合适用量。PPNCl 的合适用量为 0.15mmol，此时乙醇的 STY 和选择性达到最高。甲醇和乙醇在 140℃时开始出现，160℃时有少量的丙醇和异丁醇出现。随温度的上升，乙醇的 STY 和选择性明显增加，当温度超过 200℃时，反应趋于平缓，因此，200℃是反应的最佳温度。随反应时间的延长，甲醇首先产生并被逐渐消耗，同时乙醇开始出现，这说明甲醇作为合成大量乙醇的中间体首先形成，这也被同位素追踪实验证明。催化剂在五次循环后，催化性能并没有明显降低。在此体系中，LiBr 可以提高反应的活性，PPNCl 可以提高选择性，二者的协同作用使生成乙醇的选择性和活性都有了显著的提高，见图 5-45。

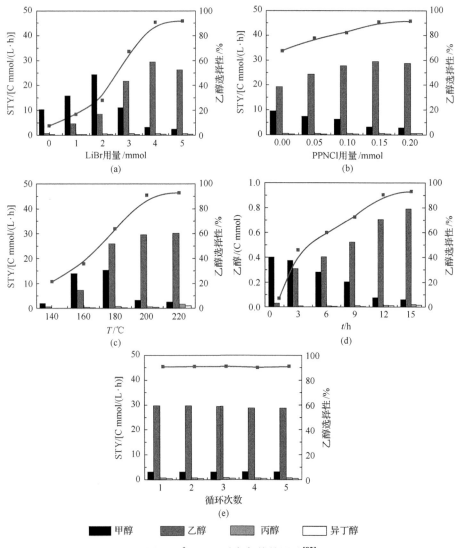

图 5-45* 不同反应条件的影响[82]

(a) LiBr 用量，0.15mmol PPNCl，200℃，12h；(b) PPNCl 用量，4mmol LiBr，200℃，12h；(c) 反应温度，4mmol LiBr，0.15mmol PPNCl，12h；(d) 反应时间，4mmol LiBr，0.15mmol PPNCl，200℃；(e) 循环性测试。起始压力：9MPa，CO_2：H_2=1：2(体积比)，40mmol $Ru_3(CO)_{12}$ 和 20mmol $Co_4(CO)_{12}$，1,3-二甲基-2-咪唑啉酮为溶剂

除了 Ru-Co 外，Pd-Cu 也是常用的双金属催化剂体系。Bai 等[83]合成了一种对 CO_2 氢化合成乙醇具有高活性、高选择性和稳定性的催化剂，即高度排列有序的 Pd-Cu NPs。通过调节 Pd/Cu 的比例和载体的类型，使反应的活性和选择性有所提高。TEM 图(图 5-46)显示，Pd-Cu NPs 是由均一的球形颗粒组成，平均直径为 6.5nm。XRD 图谱显示，这些 Pd-Cu NPs 和体心立方(B2)的 Pd-Cu 相符。HRTEM 图显示，0.21nm 的晶格间距符合 B2 相的 Pd-Cu(110)晶面，与 XRD 图谱结果一致。STEM 线扫图证明，Pd 和 Cu 原子在 Pd-Cu NPs 中是均匀分布的。

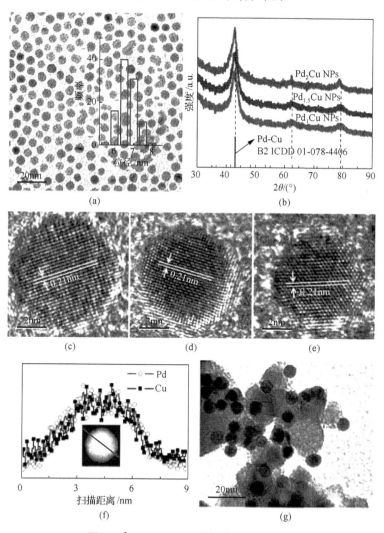

图 5-46*　Pd_x-Cu NPs 的结构及形貌表征

(a) Pd_2Cu NPs 的 TEM 图，插图为粒径分布图；(b) 不同 Pd-Cu NPs 的 XRD 图谱；Pd_2Cu NPs (c)、$Pd_{1.5}Cu$ NPs (d) 和 Pd_1Cu NPs (e) 的 HRTEM 图；(f) Pd_2Cu NPs 的 STEM 线扫图；(g) Pd_2Cu NPs/P25 的 TEM 图[83]

　　为了寻找最优催化条件，见图 5-47，他们先以 P25 为载体，调节了 Pd$_2$Cu NPs 的负载量，发现随 Pd 负载量的增加，甲醇的产率几乎不变，而乙醇的产率逐渐提高，选择性从 78.7% 增加到 96.1%。此外，他们选择了不同的载体(SiO$_2$、CeO$_2$、Al$_2$O$_3$ 和 P25) 负载 Pd$_2$Cu NPs，发现 Pd$_2$Cu NPs/SiO$_2$、Pd$_2$Cu NPs/CeO$_2$、Pd$_2$Cu NPs/Al$_2$O$_3$ 和 Pd$_2$Cu NPs/P25 催化 CO$_2$ 氢化为甲醇的产率分别为 5.3mmol/(g·h)、7.1mmol/(g·h)、4.0mmol/(g·h) 和 3.6mmol/(g·h)，以及乙醇的产率分别为 14.8mmol/(g·h)、16.2mmol/(g·h)、19.7mmol/(g·h) 和 41.5mmol/(g·h)。Pd$_2$Cu NPs/CeO$_2$ 在甲醇的合成上有最高的产率，这也符合 CeO$_2$ 作为载体可以提高 Cu 催化 CO$_2$ 生成甲醇的活性。Pd$_2$Cu NPs/P25 对于生成乙醇有最高的 TOF$_{Pd}$ 值和最好的选择性。通过调节 Pd/Cu 的比例，发现 Pd/Cu=2：1 摩尔比时，1.23wt% Pd$_2$Cu NPs/P25 的乙醇产率达到最高，为 41.5mmol/(g·h)，TOF$_{Pd}$ 为 359.0h^{-1}。总之，Pd$_2$Cu NPs/P25 对于乙醇的生成有最好的活性和选择性，TOF$_{Pd}$ 分别为 Pd NPs/P25、Pd$_{1.5}$Cu NPs 和 Pd$_1$Cu NPs 的 4.4 倍、2.0 倍和 2.8 倍。

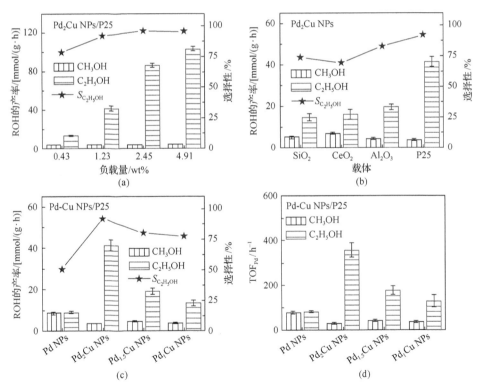

图 5-47*　甲醇和乙醇的产率和不同负载量的 Pd$_2$Cu NPs 的选择性[83]

(a) 以 P25 作为载体；(b) 不同的载体(CO$_2$ 氢化条件：200℃，5h)；(c) ROHs 的产率和
乙醇的选择性；(d) Pd-Cu NPs 的 TOF$_{Pd}$ 值

5.4.4　二氧化碳加氢合成二甲醚

二甲醚(DME)目前是可代替柴油和家用烹饪气的清洁能源，在燃料电池应用中可作为氢的载体，是环境友好的冷冻剂[84]。CO_2 加氢合成二甲醚有两种方式。①两步合成：先进行甲醇的形成，之后甲醇脱水形成二甲醚；②一步合成：将甲醇的形成和脱水结合为一步。而合成二甲醚的催化剂通常由双功能的催化剂或混合催化剂组成，比较典型的催化剂为 Cu-ZnO 基催化剂进行甲醇的合成，固体酸(γ-Al_2O_3 或 HZSM-5)进行甲醇的脱水反应。目前比较受推崇的为一步合成二甲醚，这样可以有效避免生成甲醇中间体而达到热力学平衡，从而抑制反应的继续进行。一步合成二甲醚在工业上可以将两步过程合成一步，减少反应器的使用[85,86]。

Cu/Fe 是合成二甲醚常用的双功能金属催化剂。Liu 等[87]以 Cu/Fe 摩尔比为 3：2 的 $Cu(NO_3)_2 \cdot 3H_2O$、$Fe(NO_3)_3 \cdot 9H_2O$ 为前驱液，调节 $Zr(NO_3)_4$ 的用量制备了 CuO-Fe_2O_3-ZrO_2 催化剂，将其与 HZSM-5 以 1：1 的质量比混合，形成双功能催化剂用于 CO_2 加氢合成二甲醚。引进 Fe 到 Cu 基催化剂上，可以增加催化剂的稳定性，增加催化加氢的活性，Cu 和 Fe 间的强相互作用可以促使催化剂表面强烈吸附 CO_2 和 H_2。Zr 的掺入可以形成三元混合催化剂系统，使 CO_2 的转化活性和二甲醚的选择性提高。BET 测试表明催化剂是介孔结构，且 1.0wt% Zr 元素的掺入增大了催化剂的比表面积。XPS 分析显示 CuO-Fe_2O_3 在掺杂入 ZrO_2 后催化剂表面元素的结合能发生改变。在掺杂 Zr 后，Cu $2p_{3/2}$ 和 Cu $2p_{1/2}$ 峰的结合能分别正移了 0.22eV 和 0.42eV，表明 Zr 的掺杂影响了 CuO 的化学结合状态。这种影响可能是由于 Cu 元素外层电子云密度的改变。而 Fe 的峰在 Zr 掺杂前后并没有明显的改变。由于 CuO 的化学态与 CO_2 氢化生成二甲醚的性能密切相关，因此 Zr 元素的掺杂可能改变了 CuO-Fe_2O_3 的催化活性。他们在反应条件 T=260℃，P=3.0MPa，GHSV(空速)=1500mL/(g cat·h)，$V(H_2)/V(CO_2)$=5 下，研究了不同 ZrO_2 含量时 CO_2 转化为二甲醚的活性和选择性，ZrO_2 的含量为 1.0wt% 时，二甲醚的选择性最高，可达 64.5%。通过不同温度下的活性测试，发现 260℃时二甲醚的选择性最高。

除了双金属催化体系，一些双金属盐类体系也可用来催化 CO_2 加氢合成二甲醚。Liu 等[88]以碳球作为模板，以 $Cu(NO_3)_2 \cdot 3H_2O$、$Zn(NO_3)_2 \cdot 6H_2O$、$Al(NO_3)_3 \cdot 9H_2O$ 和 $(NH_4)_2CO_3$ 作为前驱液，合成 C-$CuCO_3$/$ZnCO_3$/$Al_2(CO_3)_3$ 核壳纳米颗粒，焙烧后形成 CuO-ZnO-Al_2O_3 纳米颗粒。HZSM-5 膜是以四丙基氢氧化铵作为模板剂，前驱液与模板剂混合形成凝胶后，加入 CuO-ZnO-Al_2O_3 纳米颗粒进行水热反应，焙烧后形成 HZSM-5 包裹的 CuO-ZnO-Al_2O_3(HZSM-5@CZANPs)催化剂，见图 5-48。

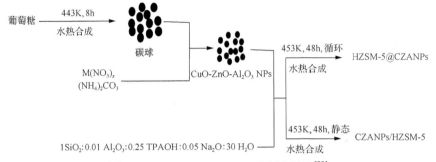

图 5-48　HZSM-5@CZANPs 的制备过程[88]

由 SEM 图(图 5-49)可以看到碳球的形状和球粒的表面。碳球的尺寸可以由葡萄糖溶液的浓度和反应时间控制。CuO-ZnO-Al$_2$O$_3$ 纳米颗粒的直径为 30～40nm。在反应过程中，CO$_2$ 和 H$_2$ 通过分子筛膜扩散到达 CuO-ZnO-Al$_2$O$_3$ 的表面，在其表面反应形成甲醇。甲醇在 CuO-ZnO-Al$_2$O$_3$ 表面解吸后，再次通过分子筛扩散进入分子筛的孔道，通过分子筛孔道内的酸位点脱水形成二甲醚，见图 5-50。这种包裹型的催化剂相比较传统型的混合催化剂显现了较高的催化活性，并且能够抑制二甲醚脱水形成烷烃和烯烃。他们也研究了反应温度和反应压力对 CO$_2$ 加氢合成二甲醚的影响，发现在 270℃、3.0MPa 条件下，HZSM-5@CZANPs 展现了最好的催化活性。

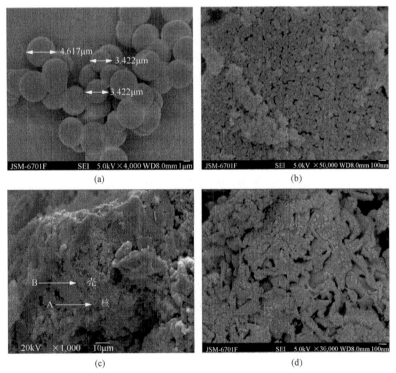

图 5-49　碳球(a)、CuO-ZnO-Al$_2$O$_3$(b)、HZSM-5@CZANPs(c)和 CZANPs/HZSM-5(d)的 SEM 图[88]

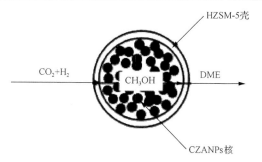

图 5-50 CO_2 在催化剂上氢化合成二甲醚的示意图[88]

金属/金属氧化物在催化 CO_2 加氢合成二甲醚时也可起协同作用。Bonura 等[89]
将自制的 Cu-ZnO-ZrO$_2$(ZCZ) 和商业用的 HZSM-5 分子筛制备成混合催化剂，研
究了其在不同构造的反应床中对 CO_2 氢化一步合成二甲醚的影响，也研究了在
3.0MPa、453~513K、CO_2/H_2/N_2 反应气的浓度为 3∶9∶1 条件下，催化剂的制备
方法对反应活性、选择性和产率的影响。他们首先将商业 NH$_4$-ZSM-5 分子筛在空
气中，773 K 下焙烧 5 h 得到其质子形式(HZ30)，然后通过三种不同的结合方式
将催化剂填充到反应床上：①将预制成颗粒状的 ZCZ 和 HZ30 进行物理混合
(ZZ-M)；②将预制成颗粒状的 ZCZ 填充在第一个反应床上进行甲醇的合成，将
HZ30 填充在第二个反应床上进行二甲醚的合成(ZZ-D)；③将两种催化剂在玛瑙
研钵中研磨，制成均相固态混合体系固定在反应床上(ZZ-G)。

将三种不同方式的催化系统进行活性
测试(图 5-51)发现，物理混合的催化剂在
完全的动力学范畴内对 CO_2 直接氢化生成
二甲醚有极好的活性，在 3.0MPa、513K
下产率达到 430g total MeOH/(kg cat·h)。
由于 CO_2 转化为甲醇受到热力学上的限
制，催化剂在两个固定床和在同一个固定
床上，对于甲醇的产率并没有任何的区
别。在研磨过程中，催化剂表面的活性位
会有一个重新构造的过程，这也是混合催
化剂活性不好的原因。在缺乏分子筛的存
在下，甲醇催化剂的强酸位点并不适合二
甲醚的生成，然而当两种催化剂以 1∶1
(质量比)的比例存在时，CO_2 的转化率明
显提高，这也说明，一个理想的双功能催
化剂应该使金属/氧化物和弱-中等强度
酸位点的浓度达到平衡。

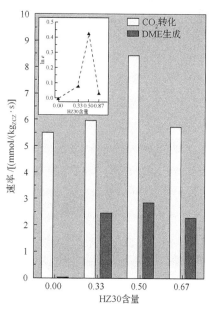

图 5-51 分子筛对反应速率的影响[89]

T：513K；P：3.0MPa；GHSV：10000 mL/(kg cat·h)

5.4.5　二氧化碳加氢合成甲酸及其衍生物

甲酸在室温下呈液态，被广泛用于农用化学品和防腐剂，其分子中氢元素的含量占 4.4wt%，是一种很好的储氢材料。通过设计新型催化剂实现催化二氧化碳加氢合成甲酸这一过程，是一种具有现实意义的二氧化碳碳循环利用的过程。

在 CO_2 加氢合成甲酸及其衍生物时，使用双催化剂体系取代单一催化剂同样可以大大提高催化活性。Nguyen 等[90]将 Pd-Ni 合金负载在碳纳米管-石墨烯 (CNT-GR)上，以水作为溶剂，没有任何碱的添加，用于 CO_2 氢化首次合成纯甲酸。他们调节了 Pd-Ni 合金中 Pd 的原子分数比，见图 5-52，发现 Pd/Ni=3：7 时，甲酸的产率最高，达到 1.92mmol。在 H_2 压力为 40bar 时，见图 5-53，40℃下甲酸的产率达到最高。通常情况下，反应速率会随温度的增加而加快，但 CO_2 加氢合成甲酸是放热反应，高温并不利于化学平衡，而且高温会导致 CO 和 H_2O 的生成或甲酸的分解。另外，低温(30℃)在动力学上并不利于克服反应能垒。反应可

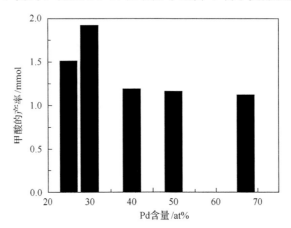

图 5-52　不同 Pd 含量下甲酸的产率[90]

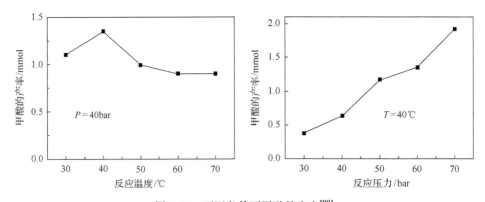

图 5-53　不同条件下甲酸的产率[90]

以随着总气体压力的增大而向甲酸转化，在 40℃，总压达约 70bar 时，甲酸的产率达到最高。相比单金属 Pd 催化剂，Pd-Ni 合金在催化 CO_2 加氢合成甲酸上，活性有了明显的提高，CNT-GR 复合物作为载体，提高了 Pd-Ni 合金的分散度，使催化剂有较好的稳定性。在较温和的条件(40℃、70bar)下，甲酸的产率可达到 1.92mmol，转化数为 6.4，转化频率为 $1.2 \times 10^{-4} s^{-1}$。

除双金属催化体系以外，使用金属/氢氧化物体系也会提高 CO_2 催化加氢的效率。Mori 等[91]以 $RuCl_3 \cdot nH_2O$ 为前驱液，将孤立的单原子 Ru 催化剂生长在层状的双层氢氧化物(LDH)的表面用于非均相体系中 CO_2 加氢的研究。所用的 LDH 为 $Mg_{10}Al_2(OH)_{24}CO_3$，是一种有效的碱催化剂。在 Brønsted OH^- 配位基的辅助下，成功制备出富电子的单核 Ru 物种，进一步促进了活性 Ru 中心附近 CO_2 的吸附，即使在低压条件下也可以提高 CO_2 的氢化效率。

在 FT-EXAFS 图谱(彩图 12)中，在 Ru/LDH 催化剂中并没有出现金属态的 Ru—Ru 键(约 2.5Å)和相接的 Ru—O—Ru 键(约 3.3Å)，也没有检测到 $RuCl_3 \cdot nH_2O$ 前驱液中的 Ru—Cl 键(约 2.0Å)，在 2.2Å 和 2.8Å 处分别为 Ru—Mg 键或 Ru—Al 键的峰，表明 Ru 物种位于 LDH 水镁石层的表面，而不是位于层间。HAADF-STEM 图中的白点表明其孤立的单原子的结构，且没有明显的聚集。这样一种被—OH 配位基包围的孤立单原子 Ru 催化剂具有很强的碱性。LDH 表面的羟基基团定向排列，其电负性提高，在 Ru 中心附近的 CO_2 的吸附性能可以通过调节 LDH 中 Mg^{2+}/Al^{3+} 比例来实现，吸附量最大时，$Mg^{2+}/Al^{3+}=5$。即使在比较温和的条件(2.0MPa、100℃)下，Ru/LDH 作为催化剂时具有较好的选择性和催化二氧化碳加氢至甲酸的活性。

Srivastava[92]利用溶胶-凝胶法将 Ru 负载于 SiO_2 和 MCM-41，两种催化剂在一定的空气湿度下是稳定的，其催化性能被测试用于 CO_2 加氢合成甲酸。Ru/MCM-41 在合成甲酸方面比 Ru/SiO_2 有更好的催化活性。他们也合成了一系列的含有功能基团的离子液体，不仅用作氢化反应的反应介质，还用作吸附剂来溶解 CO_2 气体和固定产物甲酸。

实验证明，[DAMI][$CF_3CF_2CF_2CF_2SO_3$]离子液体固定的 Ru/MCM-41 在水的存在下，在甲酸的生成方面有较好的效果，见图 5-54 和图 5-55。循环 9 次后，催化活性只有轻微的损失，主要是由于 Ru 颗粒从催化剂上被淋洗下来。在此体系中，反应可以在较温和的条件下进行，使用含水且可以回收的介质，无配位基，在一定湿度下稳定催化剂和循环可再生性是该体系的主要优势。

路易斯酸(LA)共催化剂的使用将进一步提高催化活性。例如，Zhang 等[93]将双功能化的包含可以阻止金属-配位基的协同作用的仲胺或叔胺的 $^R PNP\{^R PNP=HN[CH_2CH_2(PR_2)]_2; R=^i Pr(HCO_2-1a), R=Cy(HCO_2-1b)\}$配体负载于 Fe(II)氢化羰基配合物上，发现在 Brønsted 碱的存在下，可以有效促进 CO_2 催化氢化到甲酸盐。在两种情况下，LA 共催化剂的添加可以明显提高催化剂的催化活性。催化剂被叔胺配位基负载的体系，甲酸盐的转化数将近 60000，但对于仲胺负载的体系，甲酸盐的转化数仅约为 9000。LA 共催化剂的添加在两种体系中都将转化数提高了一个数量级。

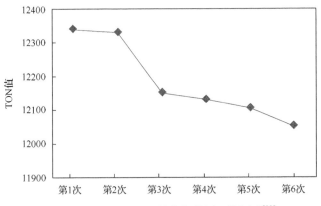

图 5-54　　Ru/MCM-41 催化剂的循环性测试[92]

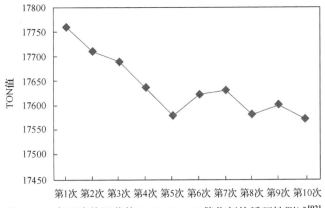

图 5-55　　离子液体调节的 Ru/MCM-41 催化剂的循环性测试[92]

他们研究了 LA 在 ^{R}PNP 和 ^{R}PN^{Me}P 配位基体系中的作用和仲胺负载的体系中增加活性的原因。在 ^{R}PNP 负载的催化剂上，CO_2 氢化的合理路径被提出，见图 5-56。反应从 1 开始：①H_2 通过 Fe—N 键进行 1,2-添加；②CO_2 植入到 Fe—H 键；③N—H 键去质子化的同时伴随着甲酸盐的释放，1 再生。

在 ^{iPr}PN^{Me}P 负载的催化剂上，CO_2 催化加氢和包含[^{R}PNPFe]的仲胺催化剂有一些相同的特征，包括 CO_2 植入到 Fe—H 键和速率限制的甲酸盐释放部分。然而对于 H_2 的活化和 DBU 的去质子化，由于缺乏双酰胺基团，因此要求提出不同的反应机制。因此，Li$^+$ 促进了甲酸盐被 H_2 取代产生瞬态 Fe(Ⅱ)二氢化阳离子配合物，然后通过 DBU 去质子化使 Fe(Ⅱ)二氢化物种再生，见图 5-57。因此，在仲胺体系中，Fe 键合的甲酸盐的失稳作用可以加速产物的释放，是速率限制步骤。在叔胺体系中，LA 提高催化活性来源于相对缓慢的阳离子辅助的氢替代甲酸盐。

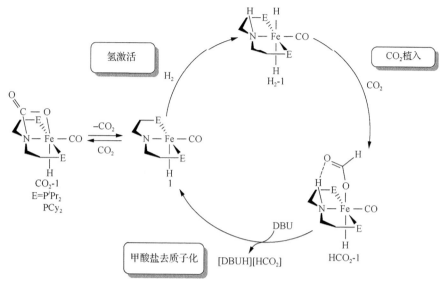

图 5-56*　$(^R PNP)Fe(H)CO/Li^+$催化 CO_2 加氢的反应机制[93]

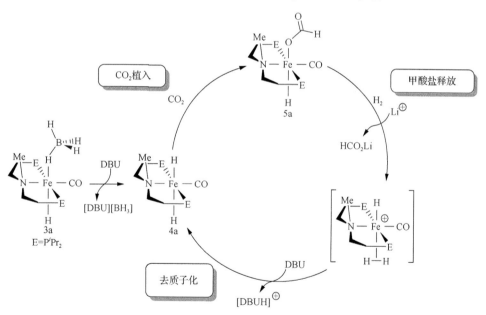

图 5-57*　$(^{iPr}PN^{Me}P)Fe(H)CO(BH_4)$催化 CO_2 加氢的反应机制[93]

5.4.6　二氧化碳加氢合成一氧化碳

CO_2 加氢转化为 CO，即逆水煤气转化（RWGS）反应，是有效利用 CO_2 的方式之一。产物 CO 和 H_2 可以被用于通过费托反应合成烃类，也可用于合成甲醇。开发合适的催化剂提高 RWGS 反应的选择性和催化活性至关重要。

　　Galván 等[94]将孔雀石前驱体(Cu 的原子分数：70%～80%)和绿铜锌矿前驱体(Cu 的原子分数：30%～50%)焙烧得到 CuO/ZnO，经还原得到不同 Cu/Zn 比例的 Cu/ZnO 催化剂，RWGS 反应发生在 Cu/ZnO 界面，研究了不同 Cu/Zn 比例的催化剂对反应活性的影响。SEM 图展现了不同前驱体的形貌，绿铜锌矿前驱体是薄片结构，孔雀石前驱体是大量柱状的棒结构，符合 BET 比表面积随 Cu 含量的增加而减小。前驱体焙烧后，CuO 和 ZnO 颗粒小于 7nm，氧化物的尺寸随各自金属含量的增加而增大。Cu/ZnO 催化剂中表观 Cu 的比表面积为 $19m^2/g$(除了 Cu∶ZnO 为 30∶70)。活性测试表明，相比来源于孔雀石的催化剂，来源于更大比表面积的绿铜锌矿(Zn 含量：50%～70%)催化剂在 RWGS 反应中有更好的活性，更低的表观活化能，这种 ZnO 富集的表面有利于形成最佳的 Cu/ZnO 界面，利于 CO_2 的活化和解离。CO 的产生速率反映了表观 Cu 比表面积大小，反应速率不仅取决于暴露的表观 Cu 的比表面积，也取决于调节的界面组成。

　　Porosoff 等[95]以 K 作为促进剂修饰 $Mo_2C/\gamma\text{-}Al_2O_3$ 用于 RWGS 反应，CO 的选择性和产率明显提高，在适当的条件下可以实现最大的热力学产率。K 的添加提高了催化剂的稳定性，反应 68h 后，催化剂的催化性能只降低了 7.3%。SEM 中的 EDS 分析发现，K 更偏向存在于 Mo 元素丰富的区域，Mo 却均匀分布在 $Mo_2C/\gamma\text{-}Al_2O_3$ 中。XPS 测试发现，$K\text{-}Mo_2C/\gamma\text{-}Al_2O_3$ 中的 Mo 处于还原和活化状态。这些实验结果也符合 DFT 的计算，K 的加入提高了催化剂对 CO_2 的吸附，降低了 CO_2 解离的能垒。DFT 计算预测 K 的加入使 CO 的形成有较低的活化能(2.8kcal/mol)，与实验结果测得的活化能(2.6kcal/mol)相符。

　　Yang 等[96]合成了一系列分子筛 L 负载 Pt 催化剂(Pt/L)，用来研究 K 作为促进剂对 CO_2 加氢合成 CO 的影响。活性测试的结果表明，控制 K 加入到 Pt/L 的量是有利于催化活性和选择性提高的。分子筛孔道内的笼子包裹的 Pt 纳米颗粒即使在较苛刻的反应条件下也可以稳定 Pt 颗粒的存在,利于提高CO的选择性。XANES 和 XPS 谱图分析表明，Pt 的化学态在适量的 K 加入后发生改变，Pt 和 O 配位基之间的强相互作用不仅可以降低 Pt 的功焓，还有利于形成 Pt—O(OH)界面位点。Pt—O(OH)界面可以作为吸附 CO_2 和产生甲酸盐中间体的活性位点，这由原位 DRFTIR 光谱和微量热法证明。电荷从 Pt 表面转移到 K，促进甲酸盐中间体的形成和 CO 的解吸。分子筛作为载体可以有效分散贵金属催化剂，防止其在高温下烧结，提高 CO_2 还原的活性。

　　Zhang 等[97]将 Cu 负载于 $\beta\text{-}Mo_2C$ 上用于 CO_2 加氢合成 CO。负载的 Cu 颗粒在高温下易聚集，增加 Cu 的分散度可以增加 RWGS 反应的活性位点，提高反应效率。$\beta\text{-}Mo_2C$ 作为一种典型的过渡金属碳化物，可以作为载体负载 Cu，其和 Cu 之间强相互作用有效促进了 Cu 的分散，阻止 Cu 颗粒的聚集。Cu 和 $\beta\text{-}Mo_2C$ 在空气中不稳定,但 Cu 2p XPS 谱图表明原位活化后的催化剂中并没有 Cu(Ⅱ)的存在,见图 5-58。由于 XPS 谱图很难分辨 Cu(Ⅰ)和 Cu(0),因此 Cu 俄歇电子能谱被同时测定,发现催化剂中同时含有 Cu^+ 和 Cu^0,这也符合计算结果,Cu 带些许正电荷。Cu^+ 的存在表明 Cu 和 Mo_2C 之间有强相互作用,部分电子在催化剂的制备和活化过程中从 Cu 转移到 Mo_2C,电子结构的调整使 Cu 在 CO_2 活化过程中有更好的活性,这对 RWGS 反应性能至关重要。$Cu/\beta-Mo_2C$ 催化剂在 RWGS 反应中展现了高的催化活性和稳定性。在质量空速(WHSV)为 300000mL/(g·h)时,最佳负载量 1wt% $Cu/\beta-Mo_2C$ 显现最好的催化活性,甚至超过了传统的氧化物-负载 Pt 和 Cu 基的催化剂。在 40h 的稳定性测试中,活性可以一直保持,催化剂在循环六次的启动冷却实验中显现了较好的稳定性。

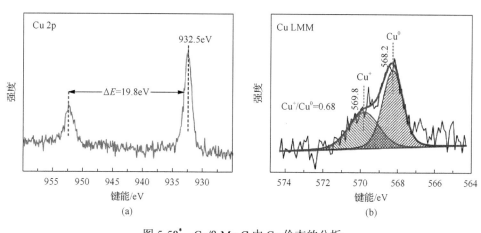

图 5-58* $Cu/\beta-Mo_2C$ 中 Cu 价态的分析
(a)Cu 2p XPS 谱图; (b)Cu LMM AES 谱图[97]
反应条件: 15% CH_4/H_2 处理的 1wt % $Cu/\beta-Mo_2C$

5.4.7 二氧化碳的甲烷化反应制备合成气

CH_4 和 CO_2 的重整反应可将这两种温室气体转化为合成气(H_2 和 CO)用于清洁能源的生产。尽管其在环境上有着广泛的应用,由于催化剂的成本高、稳定性差,在工业应用上存在限制。目前,贵金属催化剂对于 CH_4 和 CO_2 的重整反应来说是一种高活性且较稳定的催化剂,但成本相对较高限制了其在实际中的应用。Ni 基催化剂作为一种廉价的催化剂被广泛研究,但其活性和稳定性相对于贵金属较差。因此,如何提高催化剂的活性和稳定性使其应用到实际工业生产中是比较受关注的问题。

Guo 等[98]合成一种复合催化剂 Ni/CeO_2-CDC(carbide-derived carbon,碳化物骨架碳)-SiC 纳米材料,在一种源于纳米多孔碳的碳化物上负载 Ni/CeO_2,而 Ni

纳米颗粒是分散在 CeO_2 纳米颗粒上，二者之间紧密联系，最后负载于 SiC 载体上，用于 CO_2 和 CH_4 的干重整反应。以 Ni/CDC-SiC 催化剂作为对比，CeO_2 的加入提高了反应的活性和催化剂的稳定性。BET 和 TEM 测试的数据表明，CeO_2 的引入导致材料的比表面积增大，Ni 颗粒的粒径变得更小。更小的 Ni 颗粒提高了蒸气转化的活性。HRTEM 图和 EDX 图谱显示，Ni/CeO_2-CDC-SiC 催化剂上有丰富的 Ni-CeO_2 界面。XPS 揭示 Ce^{3+} 的存在，表明 CeO_2 缺陷结构的存在和氧空位的形成。Ni/CeO_2-CDC-SiC 通过晶格氧加速了碳的移除，提高催化剂的抗积碳能力，使催化剂有较好的稳定性。这项工作也为金属-氧化物界面的设计提供了思路，可以用于提高反应的转化率。

与传统的单一还原方法相比，还原-氧化-还原（ROR）方法可提高催化剂的活性。Lovell 等[99]利用 ROR 方法制备了 5% 和 10% 的 Ni-SiO_2 催化剂，与仅还原一次的 Ni-SiO_2 催化剂相比，ROR 作为一种有效且廉价的方式提高了催化剂用于 CO_2 和 CH_4 干重整转化（DRM）的效率，如图 5-59 所示。催化剂被还原、氧化、再次还原的同时 Ni 沉积物的特性也被分析。利用 ROR 方法处理催化剂可以减小 Ni 颗粒的尺寸，改变 Ni 和 SiO_2 间的相互作用，明显提高了催化活性。ROR 预处理导致 CH_4 转化率的提高，对于 10% Ni-SiO_2 催化剂，ROR 预处理与仅还原一次的催化剂相比，活性提高了 10% 以上（800℃下，从 57% 增加到 69%）。在 600℃ 的稳定性测试中，仅还原一次的 10% Ni-SiO_2 催化剂在反应 3～4h 后由于积碳而失活。相反，ROR 催化剂在反应 6h 后，活性趋于稳定，并且能保持到 12h。此外，对于所有 ROR 催化剂，H_2/CO 的比例以更加趋于化学计量的方式产生。Ni 颗粒的尺寸和结晶度的减小增加了反应的转化率和选择性，原因是活性金属对转化反应有更大的比表面积，CO 更易解吸而减少了积碳的生成。虽然还原的最佳条件需要继续探索以便最小化能量的消耗，但是 ROR 方法为设计金属负载型的催化剂用于 DRM 和其他异质催化剂提供了新思路。

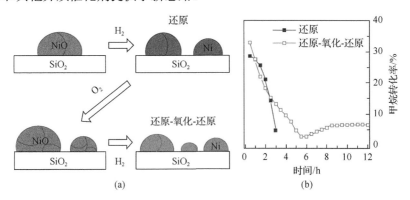

图 5-59[*]　催化剂的制备示意图(a)和甲烷在两种催化剂上的转化率(b)[99]

Löfberg 等[100]将 Ni 负载于 CeO_2 上用于化学循环甲烷干重整反应(CLDRM)，见图 5-60。CeO_2 在 CH_4 和 CO_2 的存在下通过还原和氧化作为氧的媒介。Ni 对 CH_4 有很好的活化作用，使反应有较高的转化率。反应时，CO_2 的存在使体相的金属态的 Ni 并不会氧化到起始的氧化状态，这也符合热力学的计算，然而表面物种可能被 CO_2 氧化。这项研究相比其他研究的优势在于 H_2/CO 的高选择性且没有大量水的生成，材料的制备采用工业上适用的浸渍法，而且展现较好的活性。实验过程中形成的积碳可以由 CO_2 作为氧化剂的再氧化过程去除，避免了碳的聚集导致催化剂的失活。从动力学研究和催化剂的表征看，Ni 有两个基本作用：一是有利于反应物的活化；二是对催化剂中氧的供应有较大的作用，尤其是在中间体的形成过程中展现了协同效应，即中间体在催化剂表面的量既不会太少也不会太多。这也与部分 Ni 与 CeO_2 之间的强相互作用和促进适量的氧从载体移动到 Ni 上又返回的速率有关。因此，Ni 的负载量是控制载体的还原行为和对 CLDRM 过程优化的一个重要参数。

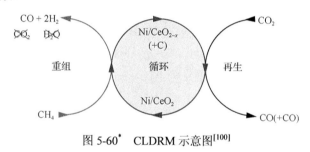

图 5-60*　CLDRM 示意图[100]

5.5　二氧化碳其他类型催化转化

5.5.1　引言

众所周知，二氧化碳作为有机物燃烧后生成的一种温室气体引发了全球的温室效应，产生了全球气候异常、海冰融化、海平面上升等一系列的气候问题。但若将二氧化碳视为一种资源，开发利用使其资源化则具有很重要的科学意义。目前人们对二氧化碳资源化的探索还处在起步阶段已经获得不少成果，其中对二氧化碳的催化转化有直接加氢反应的类费托反应，或与环氧有机物的环加成反应制备碳酸酯等。但由于二氧化碳分子在热力学上处于低能态，动力学上具有稳定性，因此作为一种异常稳定的分子，活化二氧化碳参与化工反应过程面临着巨大的挑战[101]。二氧化碳的催化转化不仅需要巨大的能量来活化，而且需要合适的催化剂驱动使其转化为目标产物。采用催化技术，以二氧化碳作为基本原料通过构筑 C—C 键、C—O 键及 C—N 键，二氧化碳可以被简单地纳入到有机物分子中，形成碳酸酯类有机物、羧酸类有机物及氨基甲酸酯类有机物等有机产物。

5.5.2 二氧化碳环加成反应

将二氧化碳作为一种原材料加以利用不仅能缓解目前所面临的由二氧化碳过量排放引起的环境问题，还能生产具有高附加值的产品，如甲醇、苯甲酸、尿素及碳酸酯类化合物等。而在这些高附加值产品中碳酸酯类化合物因具有广泛的工业应用价值而受到大量关注。因此，使用二氧化碳和环氧化合物作为原料，通过开环加成反应生产碳酸酯的过程被认为是一种原子利用率接近 100%的化学反应过程，所以这一过程受到了越来越多的关注。

Cheng 课题组开发了一种铜原子簇催化剂用于二氧化碳与环氧有机物进行环加成反应制备碳酸酯类有机物[102]。他们制备了一种 $Cu_6(m_4\text{-}O)_2(SO_4)_4(DMA)_6$ 结构的铜原子簇催化剂，具有高密度的路易斯酸催化活性位点，可以有效地将二氧化碳以碳酸酯的形式固定，且反应条件温和、不额外使用有机溶剂。在环氧有机物中，常温、常压就可以使得二氧化碳与底物发生环加成反应生成碳酸酯，催化剂的制备过程简单、成本也较低。图 5-61 为环氧化合物和二氧化碳在催化剂存在下，二氧化碳环加成形成碳酸酯。如图 5-62 所示，其具体过程首先是环氧化合

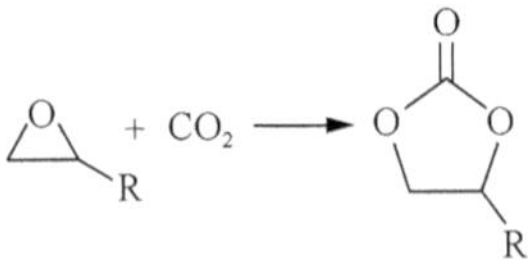

图 5-61　二氧化碳与环氧化合物环加成反应的总反应式[102]

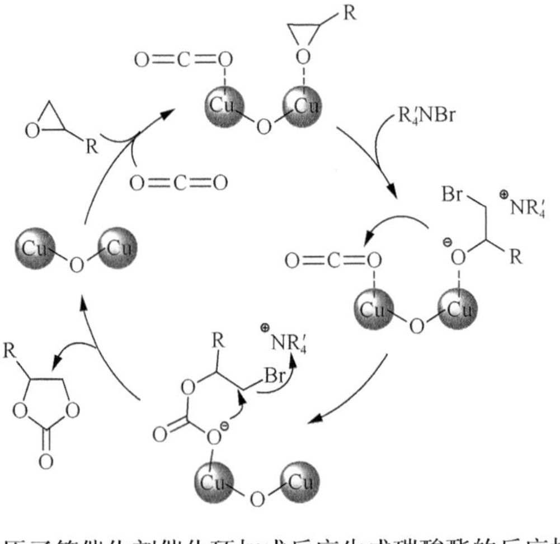

图 5-62*　铜原子簇催化剂催化环加成反应生成碳酸酯的反应机理过程[102]

物及二氧化碳在催化剂表面吸附，催化剂中的铜原子分别与 CO_2 和环氧化合物中的 O 成键形成 Cu—O，然后环氧化合物在亲核试剂的作用下开环，二氧化碳分子即可加成进入环氧化合物中。

MOFs 也可作为催化剂，高效催化二氧化碳转化。Li 等开发了一种三唑类的 MOFs[103]，通过溶剂热组装的方法制备了含有二价铜的 MOFs。气体的吸附和拉曼光谱的结果显示这种 MOFs 具有很强的固定二氧化碳的能力，并且催化剂的结构中有暴露的路易斯酸金属催化位点，另外还有合适的孔道结构，因此他们认为这种含三唑类的 MOFs 具有催化转化二氧化碳的能力。活性测试发现，这种催化剂在常温下对二氧化碳和环氧丙烷的环加成反应 48h 后得到碳酸二甲酯的产率高达 96%，其他的环加成生成碳酸酯类化合物的产率也超过了 80%，与具有相似活性位点的 HKUST-1 MOFs 对比都具有接近 30% 的提高(图 5-63)。

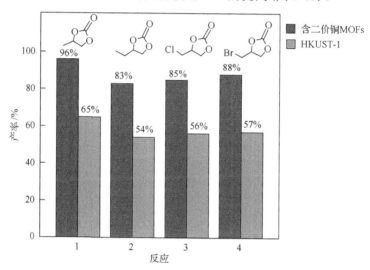

图 5-63　含二价铜 MOFs 与 HKUST-1 催化二氧化碳与
不同环氧化合物加成得到碳酸二甲酯的产率[103]

基于钴卟啉结构，Jiang 等设计了一系列双功能化的复合物催化剂用于环氧化合物与二氧化碳的环加成反应[104]。这一系列的均相催化剂所参与的环加成反应不需要在有机溶剂中进行，也不需要额外的助催化剂。催化剂的催化活性表现与催化剂的结构特征紧密相关。该催化剂的烷氧基链长度和咪唑与卟啉的苯基环相对位置明显影响催化剂的活性。通过一系列的反应优化了催化剂，并最终筛选出了最优的三种催化剂(图 5-64)。同时，通过对三种催化剂进行初步反应的动力学研究，得到了反应生成环状碳酸酯的活化能。此外，鉴于新催化剂的特点和实验结果，他们还提出了一种三方协同催化机理(图 5-65)。

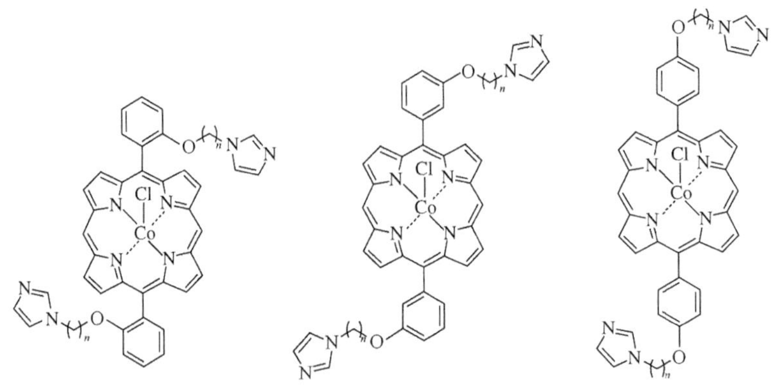

n=4: J-o4
n=6: J-o6
n=8: J-o8

n=4: J-m4
n=6: J-m6
n=8: J-m8

n=4: J-p4
n=6: J-p6
n=8: J-p8

图 5-64　三种不同结构的钴卟啉催化剂[104]

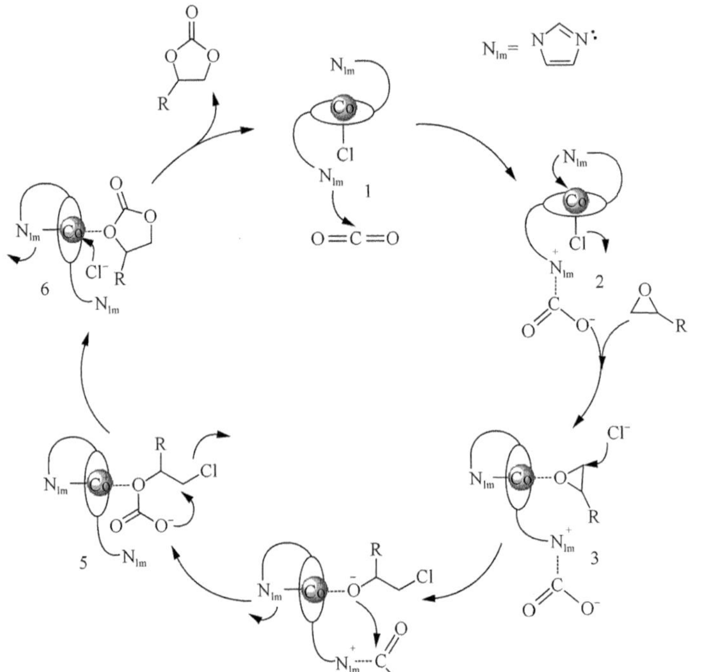

图 5-65*　钴卟啉催化剂催化二氧化碳转化的机理过程[104]

Shang 等[105]报道了一种利用 Au/Fe_2O_3 催化剂将二氧化碳、环氧化合物和胺催化合成氨基甲酸酯类化合物。通过优化反应条件，成功合成获得了羟基-4-氨基甲酸酯且具有 92%～98%的产率，另外该催化剂经过五次循环使用后催化活性没有下降，表现出了优异的稳定性。在催化生成羟基-4-氨基甲酸酯的过程中形成了一种氨基甲酸铵的中间体，催化剂主要是进一步推动环氧化合物和氨基甲酸铵之间的亲核环加成过程。其总的反应过程如图 5-66 所示，二氧化碳、环氧化合物和胺类化合物在 Au/Fe$_2$O$_3$ 的催化下生成氨基甲酸酯类化合物。

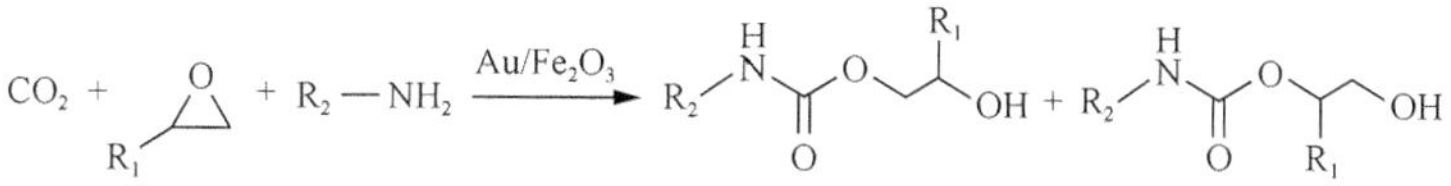

图 5-66　Au/Fe$_2$O$_3$ 催化合成氨基甲酸酯类化合物的反应过程[105]

Yuan 等报道了一种可回收的 AgI/OAc$^-$ 催化体系用于合成 α-亚烷基环碳酸酯，且可以在常压下实现二氧化碳的转化[106]。他们利用离子液体和 AgI/OAc$^-$ 作为催化体系在常压下实现了丙炔醇和二氧化碳的环化过程。这个体系在一个大气压的 CO$_2$ 氛围下，许多具有空间位阻取代基的底物特别迅速并顺利地实现了该催化过程，生成所需的 α-亚烷基环碳酸酯且具有良好产率，图 5-67 为该催化反应机理过程。另外值得注意的是，这个基于离子液体和 AgI/OAc$^-$ 的催化体系显示出了良好的稳定性和可回收性，在只有 1mol% 银的负载下实现了 20 次的循环使用。

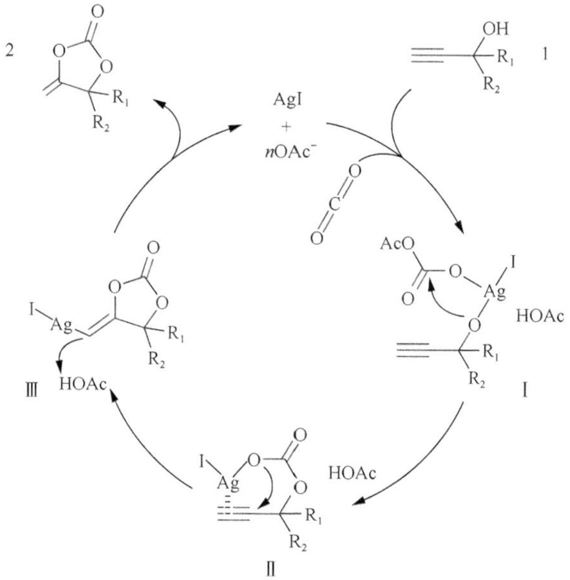

图 5-67*　AgI/OAc$^-$ 催化合成 α-亚烷基环碳酸酯的机理过程[106]

5.5.3　二氧化碳羰基化反应

在二氧化碳催化转化中，羰基化反应也是一个重要的二氧化碳利用途径，通过羰基化反应过程可以将二氧化碳转化为一些羧酸类化合物，并投入到实际工业生产利用中。

Greenhalgh 和 Thomas 报道了铁催化苯乙烯衍生物和二氧化碳高效立体选择

性合成 α-芳基羧酸[107]。他们用 1mol% FeCl$_2$、1mol%双亚吡啶、二氧化碳和戊基溴化镁进行反应，生成 α-芳基羧酸的产率高达 96%，其对反应机理的研究认为铁催化加氢金属化反应是转移金属反应和亲电反应的结合(图 5-68)。

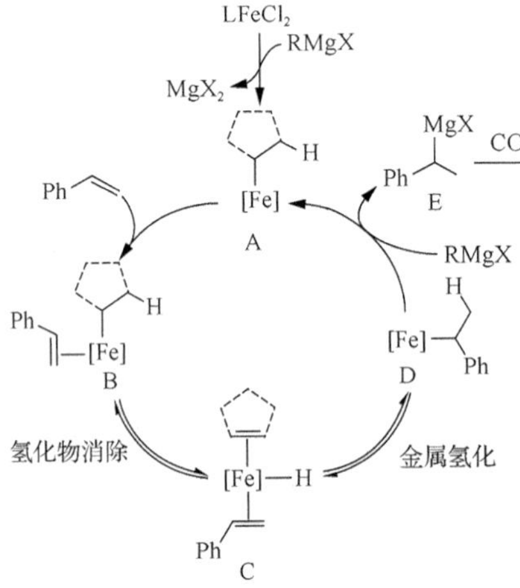

图 5-68　铁催化加氢金属化反应的机理过程[107]

Liu 课题组基于 DBU 离子液体催化剂在无溶剂的条件下将邻苯二胺和二氧化碳催化生成 2-苯并咪唑酮[108]。DBU 离子液体催化剂在羰基化邻苯二胺和二氧化碳生成 2-苯并咪唑酮中具有较高的催化活性，产物的得率也很高。其中，催化剂 [DBUH][OAc]具有双功能化的作用，其阳离子可以活化二氧化碳，而阴离子则可以活化邻苯二胺。图 5-69 为羰基化反应的机理过程。此外作为一种无溶剂的反应，羰基化反应是一种环境友好型的催化反应。另外，这种羰基化催化反应也为对二氧化碳的催化转化利用开辟了新的途径。

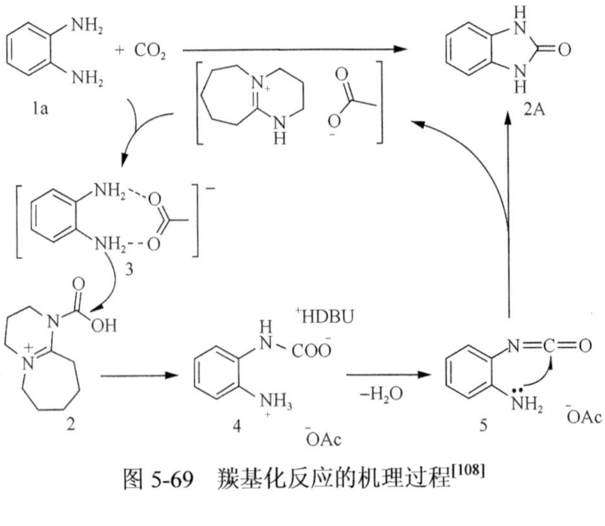

图 5-69　羰基化反应的机理过程[108]

5.5.4　二氧化碳氮甲酰化反应

甲酰化反应是在有机物分子中引入甲酰基(即醛基—CHO)的反应，利用二氧化碳作为碳一资源参与甲酰化反应可以实现对一些高价值有机物的合成。

He 课题组提出了二氧化碳分级可控的还原策略，将三甲胺乙内酯作为有机分子催化剂用于二氧化碳的功能化还原反应[109]。其发现三甲胺乙内酯可以作为一种高效的可持续的有机分子催化剂，用于胺和二苯基硅烷存在下二氧化碳的还原功能化反应，实现分级可控地还原二氧化碳。利用这一策略，他们通过调节二氧化碳的用量和反应温度可控地获得了不同量级的还原产物。图 5-70 为该反应的总反应式。

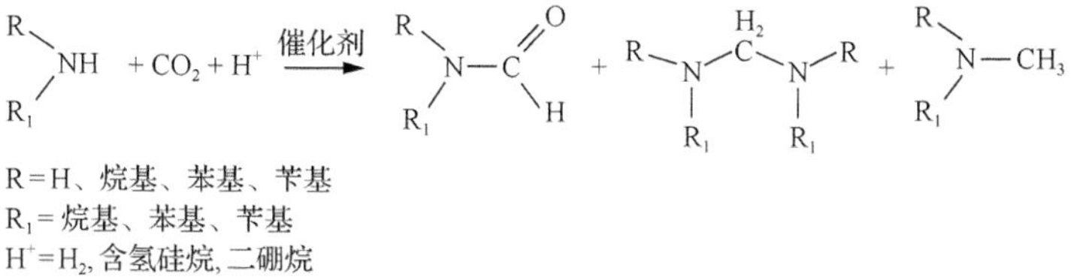

R＝H、烷基、苯基、苄基
R$_1$＝烷基、苯基、苄基
H$^-$＝H$_2$、含氢硅烷，二硼烷

图 5-70　二氧化碳氮甲酰化反应的总反应式[109]

Daw 及其同事报道了以钴的钳型复合物作为催化剂，利用胺类化合物与氢气、二氧化碳反应实现了选择性的氮甲酰化反应[110]。他们利用钴的复合物作为催化剂，以伯胺或仲胺、二氧化碳和氢气为原料合成了一大类的氮甲酰化合物，且催化剂钴具有低毒、储量丰富的特点。他们认为利用此类催化剂催化合成氮甲酰化合物是一种非常有前景的过程，反应副产物仅仅是水。图 5-71 为其总反应式，右边为该催化剂的分子结构。

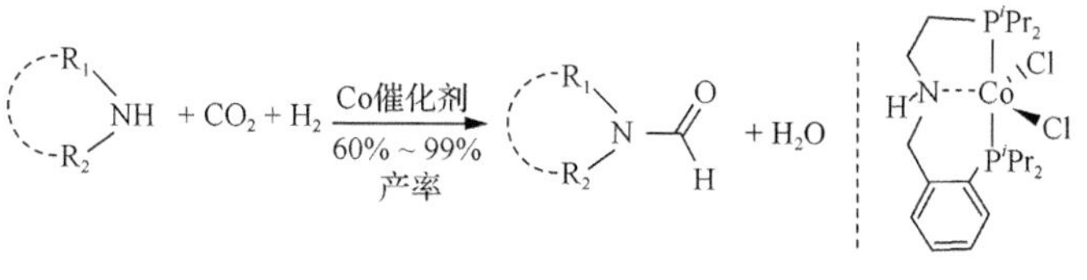

图 5-71　在钴的复合物分子催化剂催化下胺类化合物与氢气和
二氧化碳选择性地发生氮甲酰化反应[110]

5.5.5　二氧化碳制备聚氨酯

由于聚氨酯具有较高的机械强度和氧化稳定性，较高的柔曲性，优良的耐油性、耐溶剂性、耐水性和耐火性等优异的性质，因此其具有广泛的用途。

　　Bähr 和 Mülhaupt 开发了一种非异氰酸酯基路线生产聚氨酯的过程,通过利用亚麻籽油(CLSO)、大豆油(CSBO)和二氧化碳的催化反应过程制备聚氨酯[111]。他们利用四丁基溴化铵(TBAB)和硅负载的 4-吡咯烷吡啶碘化物作为催化剂,将环氧植物油和二氧化碳转化为环状碳酸酯。其中两种环氧植物油对二氧化碳的固载率分别达到了 15.2%(CSBO)和 19.6%(CLSO)。之后环状碳酸酯与二胺类化合物固化形成聚氨酯,图 5-72 为非异氰酸酯基路线制备聚氨酯的过程。此路径制备的聚氨酯的玻璃化转变温度相较于传统方法制备的聚氨酯从 17℃提高到了 60℃,评价材料刚度的杨氏模量提高了 3 个数量级,其较高的交联密度也减少了对水的膨胀和对甲苯的吸收。

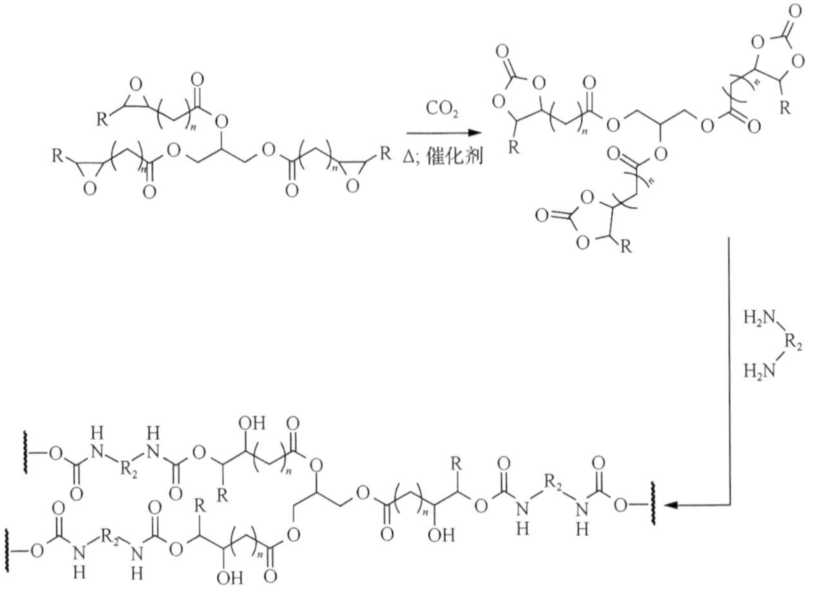

图 5-72　非异氰酸酯基路线制备聚氨酯的过程[111]

　　Fleischer 等采用非异氰酸酯基路线催化二氧化碳固载为纤维素复合材料[112]。他们利用四丁基溴化铵作为催化剂,将二氧化碳和具有环氧官能团的有机物转化为碳酸酯类有机物,再与二胺类有机物在一定温度和时间下聚合生成聚氨酯和纤维素类产物,其机理过程如图 5-73 所示。在四丁基溴化铵催化剂存在下的缩水甘油醚与二氧化碳反应,生成环状碳酸酯甘油(GGC)、季戊四醇(PEC)和三羟甲基丙烷(TMC),二氧化碳固定为 GGC 的比例为 22.4%、TMC 的比例为 29.5%和 PEC 的比例为 28.3%。其选用的生物混合固化剂(CAA)包含己二胺(HMDA)和柠檬酸氨基酰胺。在实验过程中根据衰减全反射红外光谱数据分析聚氨酯形成的过程中,添加 1,4-二氮杂双环[2.2.2]辛烷(DABCO)为催化剂,能使反应在室温下固化,而缺少 DABCO 时需要 70℃才能使其固化。最后通过对所得到的产品的检测结果分析，这种路线制备的聚氨酯类和纤维素类产品的技术指标都比异氰酸酯路线所制备的产品高。

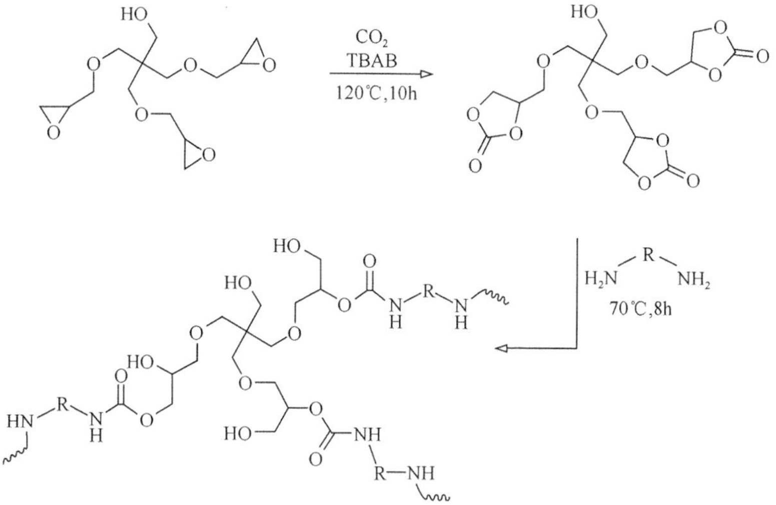

图 5-73　非异氰酸酯基路线催化二氧化碳固载为纤维素复合材料[112]

5.5.6　二氧化碳制备聚碳酸酯

近年来，聚碳酸酯作为一种工程塑料得到了快速发展，利用二氧化碳作为合成聚碳酸酯的原料不仅可以降低合成过程的原料成本，而且能使二氧化碳得到利用。

Wu 等使用基于三价钴的分子催化剂实现了对二氧化碳和环氧氯丙烷的可调共聚生产可生物降解的聚碳酸酯[113]。他们发现在单组分的钴复合物嫁接 TBD 或者季铵盐作为共聚反应的催化剂时，其催化二氧化碳和环氧氯丙烷聚合反应具有很高的催化活性和共聚选择性。催化共聚的产物对温度敏感，容易在较高的温度下形成环状碳酸酯。图 5-74 为该聚合反应的反应历程。

Miceli 及其同事报道了对钒基催化剂催化二氧化碳和环氧化合物耦合过程中间体的研究[114]。在二氧化碳和环氧化合物耦合反应体系中，钒复合物作为催化剂具有较高的催化活性，能催化末端和内环氧化合物与二氧化碳的耦合反应，得到一系列的碳酸酯类化合物并获得较高的得率。他们的研究发现，钒复合旋转轴周围的氯基团会形成一种开环环氧化合物使得苯酚中的氧原子作为一种亲核试剂，金属中心作为路易斯酸位点(图 5-75)。实验结果表明，在高氧化态钒配合物是有效的催化剂，能活化内环氧化合物并转化为环氧有机碳酸盐。

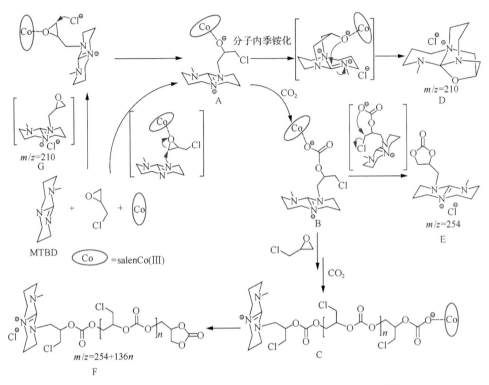

图 5-74* 催化二氧化碳和环氧氯丙烷的聚合反应机理过程[113]

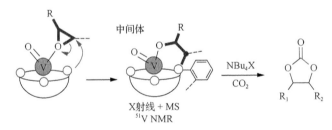

图 5-75* 钒基催化剂催化二氧化碳环氧化合物耦合过程反应机理[114]

Barthel 等报道了直接从工业烟道气中捕获并催化转化二氧化碳至环状碳酸酯的过程[115]。该课题组发现基于过渡金属(Y、Sc、Zr)卤化物和有机亲核试剂催化体系可以有效地捕获二氧化碳形成碳酸盐中间体然后进一步被催化转化为环状碳酸酯(图 5-76)。YCl_3、$ScCl_3$ 和 $ZrCl_4$ 三种卤化物在催化过程中具有良好的催化活性和选择性。另外以环氧氯丙烷为反应物时,二氧化碳的转化率可以达到 90%,这相当于工业用二氧化碳吸收剂的吸收水平。这种直接将工业烟道气转化为具有高附加值碳酸酯的过程为二氧化碳催化转化利用提供了新的途径。

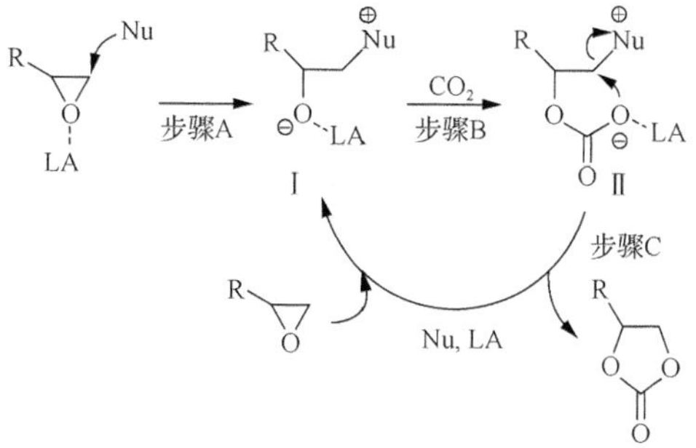

图 5-76　过渡金属卤化物和有机亲核试剂催化转化二氧化碳至环状碳酸酯反应机理[115]

5.5.7　二氧化碳制备其他有机物

二氧化碳作为一种碳一资源用于有机物的合成过程，可以有效地实现碳资源的循环利用，缓解由碳排放带来的环境问题。Hulla 及其同事研究了离子液体催化 2-氨基苯腈和二氧化碳至喹唑啉-2,4(1,3)-酮的机理过程[116]。他们研究发现，离子液体的阳离子在催化过程中并不起活化底物的作用，而是起控制离子液体物理性质的作用。另外离子液体的阴离子(共轭酸)与 pK_a 值呈线性关系，在 DMSO 中当催化效率达到最高时 pK_a 值大于 14.7。催化反应速率受产物喹唑啉-2,4(1,3)-酮的影响，其去质子化过程形成喹唑啉阴离子的共轭酸 pK_a 值为 14.7。因此认为该催化过程的决速步由产物的去质子化过程决定。图 5-77 为该反应的总反应式及反应机理过程。

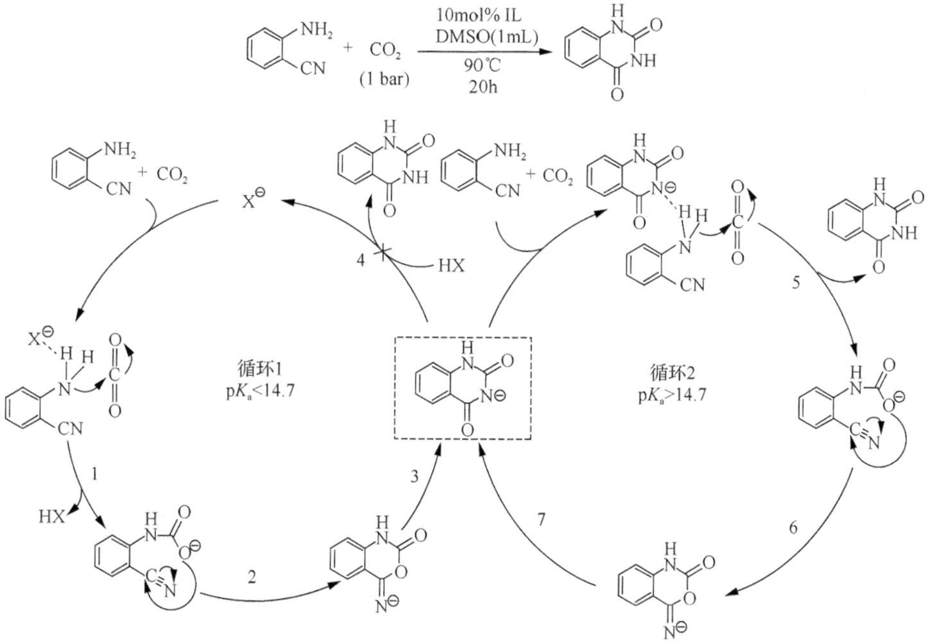

图 5-77　离子液体催化 2-氨基苯腈和二氧化碳至喹唑啉-2,4(1,3)-酮的可能机理过程[116]

Bansode 和 Urakawa 以二氧化铈为催化剂，在脱水剂存在的条件下利用固定床反应器将二氧化碳和甲醇转化为碳酸二甲酯[117]。他们利用二氰基吡啶作为脱水剂，在脱水剂和催化剂二氧化铈的存在下二氧化碳和甲醇连续进料反应得到了碳酸二甲酯，反应过程拥有一个较大的压力操作窗口，在 1～300bar 压力范围内都能将原料转化为碳酸二甲酯，通过优化操作条件，甲醇的转化率可以达到 95%，碳酸二甲酯的选择性能够达到 99%以上。图 5-78 为该反应的示意过程。

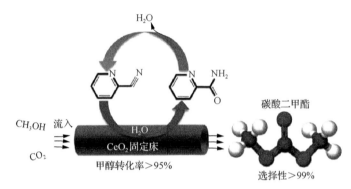

图 5-78* 利用固定床反应器将二氧化碳和甲醇转化为碳酸二甲酯的示意过程[117]

5.5.8 二氧化碳加氢转化为燃料

通过热催化过程由二氧化碳加氢直接制备燃料，可以同时缓解环境和能源两方面的危机，产生巨大的效益，因此最近二氧化碳加氢反应逐渐成为多相催化领域的研究热点。

双功能催化剂作为常用的新型体系，在二氧化碳加氢转化方面起到了非常重要的作用。Sun 等报道了一种新型双功能复合催化剂，直接实现了二氧化碳加氢制取高辛烷值汽油[118]，他们设计了一种 $Na-Fe_3O_4/HZSM-5$ 多功能复合催化剂，通过多功能复合催化剂的协同催化作用，实现了二氧化碳的高效转化。在接近工业生产的条件下，该催化剂实现了低甲烷和一氧化碳选择性，烃类产物中汽油馏分烃(C_5～C_{11})的选择性高达 78%(图 5-79)。同时该催化剂具有优异的稳定性，可连续稳定运转 1000h 以上。该催化剂优异的催化二氧化碳转化性能显示出了潜在的工业应用前景。值得注意的是，在这项二氧化碳加氢工作中，作者也发现了双组分催化剂的空间分布对于产物有着显著的影响。如果 $Na-Fe_3O_4$ 和 HZSM-5 混合的非常均匀，则产生大量的甲烷，而如果让两个组分在空间上产生一定的距离，则会得到高收率的汽油馏分。

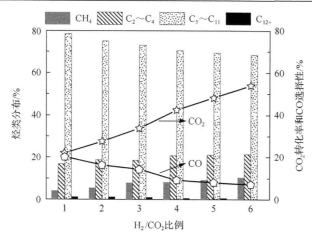

图 5-79　Na-Fe$_3$O$_4$/HZSM-5 催化剂对二氧化碳加氢至甲烷低碳及高碳烃类的转化率[118]

Sun 课题组利用双功能催化剂设计，实现了二氧化碳高选择性地转化为液态燃料[119]。此双功能催化剂的组分为还原 In$_2$O$_3$ 及 HZSM-5 分子筛，实验测试结果发现其汽油馏分的烃类化合物选择性高达 78.6%，而甲烷的选择性仅为 1%。他们认为 In$_2$O$_3$ 表面的氧空位活化二氧化碳分子和氢气，形成甲醇，随后在分子筛孔道内发生碳碳偶联反应，生成高辛烷值的汽油馏分，图 5-80 为该催化反应过程

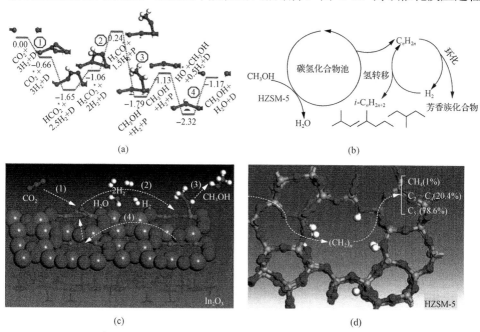

图 5-80*　In$_2$O$_3$ 及 HZSM-5 分子筛双功能催化剂在分子筛孔道内发生
碳碳偶联生成高辛烷值汽油馏分的机理[119]

(a)中数值单位均为 V

机理。另外，催化剂双组分的邻近程度在其逆水煤气变化过程是产生高选择性的重要原因。另外该课题组已完成了催化剂制备放大得到高机械强度的工业尺寸颗粒催化剂，且进行了工业条件测试。通过对反应气的循环利用，二氧化碳的转化率可以从 8.7%提高到 18.2%，同时 C_5 烃类产物的收率也可以从 78%提高至 84%。最后还发现，通过选择其他分子筛，可以控制产物中烯烃/烷烃的分布。

载体和助催化剂的使用也将影响二氧化碳加氢催化过程中的活性和选择性。Mavlyankariev 等[120]开发了 K-Au/SiO$_2$ 加氢催化剂，其中 K 为钾盐，作为助催化剂，Au 作为加氢催化剂，SiO$_2$ 作为催化剂载体。与 TiO$_2$ 载体对比发现，SiO$_2$ 作为载体可以抑制乙烯加氢至乙烷的副反应，提高了丙醇的产率。而助催化剂钾盐的存在可以使得二氧化碳以碳酸盐的形式被氢气还原为一氧化碳，然后与乙烯和氢气进一步反应得到丙醇。反应机理过程如图 5-81 所示，二氧化碳首先被还原为一氧化碳，然后与乙烯和氢气反应生成丙醇。

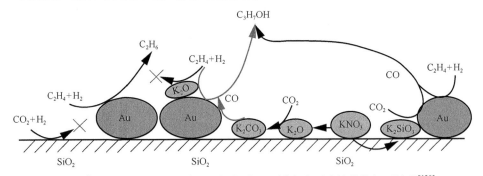

图 5-81* 金纳米颗粒加氢催化二氧化碳和乙烯合成丙醇的催化机理过程[120]

5.5.9 光电催化二氧化碳转化

由于光催化二氧化碳转化受到光催化剂自身的限制，特别是光催化剂的光生电子和空穴易复合的特点，因此对二氧化碳转化的效率较低，另外还原二氧化碳需要较大的电子能量，而常见的光催化剂导带所能提供的电子能量并不能达到还原二氧化碳所需的电位，光催化二氧化碳还原的效率也会受此影响。

近年来随着电催化二氧化碳的发展，对于光电催化二氧化碳还原的研究也日益增多。对于光催化而言，电场的加入使得光催化剂受光激发所产生的电子和空穴在外加电位的影响下快速分离并快速导走，抑制了光生电子和空穴的复合，促进了光催化的效果。而对于电催化而言，在电催化体系中引入光电极后可以利用光电极受光激发产生光生电子和空穴参与电催化的进程，从而降低电催化对电能的需求，提高二氧化碳的转化率。另外，也可以利用太阳能光伏电池作为电源直接驱动的电催化反应过程。对于光电催化原理，一般可以近似认为与光催化的机理较为接近。首先光电极在光照后材料自身产生光生电子-空穴对，在外加电场的作用下光生电子-空穴对被电场分离，然后分离后的电子参与还原反应将水或者二氧化碳还原，而空穴则参与氧化反应将水或者有机物氧化。

Sahara 等构筑了以钌铼超分子复合物为光阴极，$CoO_x/TaON$ 为光阳极的光电催化体系用于二氧化碳还原并耦合水氧化析氧[121]。其光阴极的制备是将钌铼超分子复合物固载在氧化镍电极上，在半反应条件下该光阴极可以将二氧化碳还原为一氧化碳且具有高选择性，复合电极的一氧化碳的转化数(TON)也可达到 32，配合 $CoO_x/TaON$ 光阳极实现了在 0.3V 外加电位条件下的可见光驱动二氧化碳还原和水氧化过程产生一氧化碳和氧气。图 5-82 为其光电催化反应的示意图，NiO-RuRe 作为光阴极光照激发产生光生电子被用于还原二氧化碳至一氧化碳；而另一侧为 $CoO_x/TaON$ 光阳极发生水氧化析氧反应。

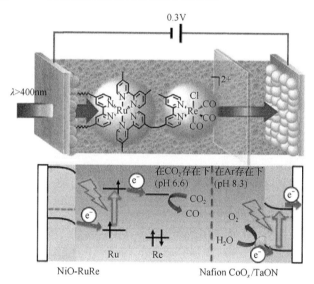

图 5-82*　$CoO_x/TaON$ 为光阳极的光电催化体系用于二氧化碳还原
并耦合水氧化析氧反应示意图[121]

Fabre 课题组采用硅纳米线作为光阴极驱动三羰基锰联吡啶分子催化剂还原二氧化碳至一氧化碳[122]。他们比较了存在分子催化剂溶液中硅纳米线电极和玻碳电极的循环伏安特性，结果显示硅纳米线电极作为光阴极在-1.0V(vs. SCE)时的光电流密度为 $1.0mA/cm^2$，而对比玻碳电极的情况则发现玻碳电极上的电流密度几乎为 0，认为硅纳米线电极作为有效的光阴极可以驱动二氧化碳还原反应的发生。对实验结果的分析得出分子催化剂在光电体系中的法拉第效率为 35%，同时其有较好的稳定性。最后他们还做了分子催化剂的固载实验，证明固载后的催化剂依旧能保持电催化活性。图 5-83 为该光电催化二氧化碳还原的示意图。

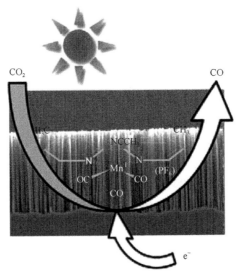

图 5-83* 硅纳米线与锰分子催化剂构筑的光阴极光电催化反应示意图[122]

杨培东课题组在硅纳米线阵列上直接组装纳米催化剂作为光电极用于光电催化二氧化碳还原[123]。他们将制备好的 Au_3Cu 合金纳米颗粒的溶液直接涂覆在二氧化钛保护的硅纳米线阵列上，然后干燥后得到负载 Au_3Cu 合金颗粒硅纳米线阵列的光阴极用于光电催化二氧化碳还原。通过测试发现在 −0.2V (vs. RHE) 条件下电极表现出高的还原选择性，将二氧化碳还原为一氧化碳的选择性高达 80%，同时在这个电位下能够有效地抑制竞争反应析氢的发生。彩图 13(a) 为负载型硅纳米线制备过程及光电催化过程示意图；彩图 13(b) 和 (c) 是所制备材料的微观形貌图；彩图 13(d) 和 (e) 是该材料的元素分布图，可以看到金和铜在硅纳米线上的分布是均匀的。

Zhou 等报道了一种具有 10%能量转换效率的光阳极驱动的光电催化二氧化碳还原体系[124]。他们制备了 $GaAs/InGaP/TiO_2/Ni$ 串联结构的光阳极在 1.0mol/L KOH 溶液中进行析氧反应，其中 TiO_2 的作用是作为保护层保护 GaAs/InGaP。阴极则采用在钛片上涂覆 Pd/C 纳米催化剂，在 2.8mol/L $KHCO_3$ 溶液中进行二氧化碳还原。由于阴极和阳极的电解液不一致，他们采用了双极膜作为隔膜，使得光电催化能够在不同 pH 条件下稳态操作。实验结果发现阴极在小于 100mV 的过电位下，能将二氧化碳有效地还原为甲酸且法拉第效率高达 98%。光阳极一侧的析氧反应的过电位为 320mV 左右。当采用双极膜作为隔膜时，其反应的电压损失为 480mV，电压损失要比普通隔膜小。因此，在这种光电催化体系下，能量转换效率可以达到 10%的水平。

Schreier 及其同事通过共价键的形式制备了一种固载分子催化剂——氧化亚铜光阴极材料用于二氧化碳还原[125]。他们首先在 FTO 表面镀了一层金作为基底，然后在金基底上生长了氧化亚铜薄膜，之后再生长了二氧化钛，接着在这个无机基底上通过共价键嫁接了铼超分子复合物催化剂。通过相关测试发现，该材料具有良好的光电化学性质，利用无机半导体层受光激发的电子传导至铼分子催化剂上能够有效地将二氧化碳还原为一氧化碳，并且发现材料的光电流在嫁接分子催化剂后也得到了较大的提升。图 5-84 为其光电催化机理过程，氧化亚铜受光激发所产生的光生电子穿过 Al∶ZnO 和 TiO₂ 层并转移至铼分子催化剂上，二氧化碳在分子催化剂上得到两个电子后被还原为一氧化碳。

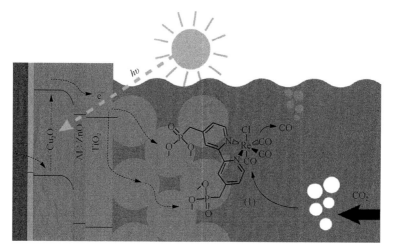

图 5-84*　固载分子催化剂——氧化亚铜光阴极材料光电催化二氧化碳还原为一氧化碳的示意图[125]

　　Gong 课题组报道了利用氧化亚铜作为暗阴极的光电催化二氧化碳还原体系，可以提高碳产物的选择性[82]。由于在水溶液中进行二氧化碳还原过程会伴随着析氢反应的发生，这就导致了二氧化碳还原的选择性降低。研究发现，氧化亚铜可以有效地抑制析氢反应的发生，如图 5-85(a)和(b)所示，对比三种材料发现氧化亚铜的析氢能力最差，因而可以作为一种潜在的抑制析氢的二氧化碳还原电催化

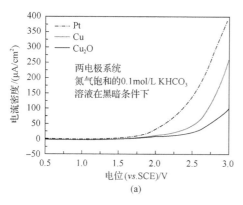

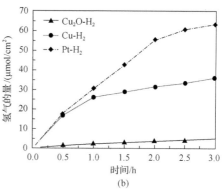

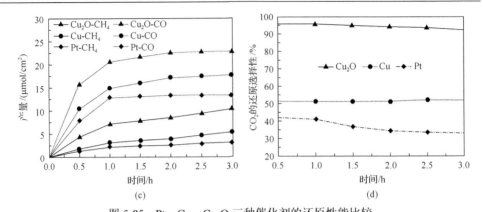

图 5-85　Pt、Cu、Cu$_2$O 三种催化剂的还原性能比较

(a)三种催化剂在暗条件下的催化析氢能力比较；(b)随时间变化的析氢关系曲线；(c)随时间变化还原
二氧化碳至一氧化碳和甲烷的产量变化；(d)二氧化碳还原的选择性变化[82]

剂，但由于其不稳定性阻碍了应用。他们巧妙地将氧化亚铜作为暗阴极，应用于光电催化二氧化碳还原，阳极为二氧化钛纳米管阵列。在这个光阳极驱动的光电催化体系中二氧化碳还原的法拉第效率可以高达 87.4%，含碳产物的选择性高达 92.6%。他们研究发现，导致氧化亚铜不稳定的主要因素是光生空穴对材料的破坏，因此将氧化亚铜作为暗阴极可以有效地保护氧化亚铜不被光腐蚀。除此之外，阴极氧化亚铜直接与水溶液接触也是选择性提高的原因之一。

　　Schreier 等利用原子层氧化锡修饰后的氧化铜作为电催化剂，外置光伏作为电源实现了利用太阳能将二氧化碳还原转化为一氧化碳[126]。他们研究发现，经过 ALD 修饰氧化锡后的氧化铜电极提高了电催化二氧化碳还原至一氧化碳的选择性，另外发现该催化剂也可用于电催化析氧反应，是一种双功能催化剂。为了实现在不同的电解液中分别进行二氧化碳还原和水氧化析氧两个反应，他们采用双极膜作为隔膜分离两种不同的电解液，然后制备了三级结构的光伏电池作为驱动反应的电源并进行了测试，在模拟太阳光的条件下该催化体系光电转换二氧化碳至一氧化碳的效率达到了 13.4%。图 5-86 为其装置示意图。

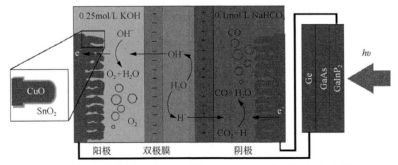

图 5-86*　外接光伏驱动的双功能 SnO$_2$@CuO 电催化剂光电催化
二氧化碳还原至一氧化碳的示意图[126]

Zeng 等报道了利用磷化镓作为光阴极的光电催化二氧化碳还原至甲醇的光电催化体系(图 5-87)[127]。由于磷化镓在水溶液中不稳定,存在光腐蚀的现象,因此他们在磷化镓表面通过 ALD 的方式镀了一层二氧化钛作为保护层,实验结果也显示二氧化钛层的保护使得磷化镓免受光腐蚀。另外由于磷化镓为 p 型半导体,而二氧化钛为 n 型半导体,其 p-n 接触形成了 p-n 结,而 p-n 结的存在形成了一个内建电场,从而促进了光生电子和空穴的分离,降低了复合率,因此也提高了其催化活性。

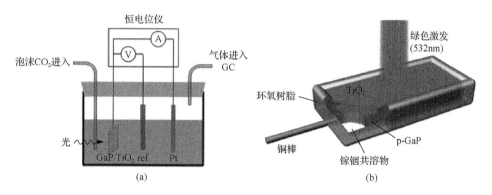

图 5-87*　磷化镓光电催化二氧化碳还原体系
(a)磷化镓光电催化二氧化碳还原装置示意图；(b)磷化镓光电极结构示意图[127]
ref.表示参比电极

Yang 等[128]利用氧化铜/铁酸铜复合半导体电极在光电催化体系下成功将二氧化碳还原为乙酸。他们利用硝酸铁和硝酸铜溶液作为电解液,通过电沉积的方法在导电玻璃(FTO)表面生长了一层活性成分为铁酸铜和氧化铜的复合半导体层(图 5-88),并通过在空气中 650℃下煅烧得到最终的半导体复合物电极。该电极在二氧化碳饱和碳酸氢钾溶液,利用可见光光照并施加-0.4V($vs.$ Ag/AgCl)电位的条件下进行光电催化测试,实验结果发现二氧化碳可以有效地被还原为乙酸并具有 80%的法拉第效率。

Cheng 等在铜泡沫上负载 Pt-RGO 催化剂作为阴极,阳极采用二氧化钛纳米管阵列,实现了光阳极驱动的光电催化二氧化碳还原(图 5-89)[129]。他们利用铜泡沫具有较大的孔隙度,在其表面负载了 Pt-RGO 复合催化剂,在两电极的光电催化体系下实现了二氧化碳还原至甲酸、乙酸等产物的过程。他们通过优化两电极体系下的电压、Pt 负载量等一系列条件得到了高达 4340nmol/(h·cm²)的二氧化碳转化率,并对比没有光照和有光照条件下的产率,发现光阳极驱动的光电催化体系产率比没有光照的要高出 10 倍。

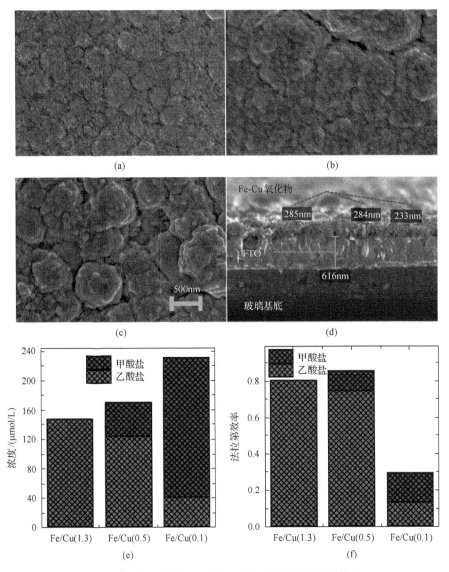

图 5-88* 氧化铜/铁酸铜复合半导体电极的形貌及性能

(a)～(c)氧化铜/铁酸铜复合半导体电极的 SEM 图；(d)氧化铜/铁酸铜复合半导体电极截面的 SEM 图；
不同铁铜比材料光电催化二氧化碳还原至甲酸根、乙酸根的产量(e)及法拉第效率(f)[128]

Zhang 等采用纳米多孔银电极作为阴极在光电催化体系下实现了二氧化碳还原至一氧化碳的过程[130]。他们构筑了一个两电极光阳极驱动的光电催化体系还原二氧化碳，光阳极采用沉积有镍的 n 型硅片电极，阴极为多孔纳米银电极。在一个外加偏压为 2.0V 的条件下，体系中电流密度达到了 10mA/cm²，且二氧化碳还原为一氧化碳的法拉第效率达到了 70%(图 5-90)。另外光阳极由于镍的保护避免了自身的光腐蚀过程，提高了材料的稳定性。与纯电催化体系相比，其过电位为0.4V，计算结果证明可见光的加入节省了17%的能量输入。

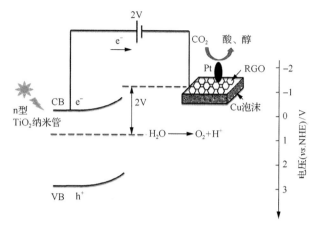

图 5-89* 光阳极驱动 Pt-RGO 光电催化二氧化碳还原过程示意图[129]

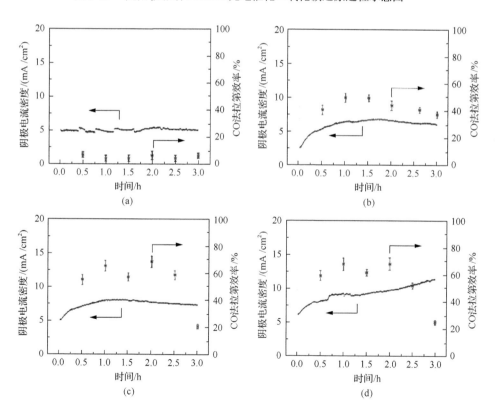

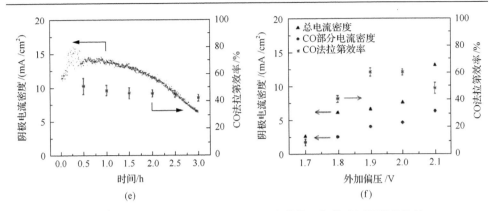

图 5-90*　不同电位下的 n-p-Ag/Ni-Si 光电催化二氧化碳还原性能比较

1.7V(a)、1.8V(b)、1.9V(c)、2.0V(d) 和 2.1V(e) 电位下 n-p-Ag/Ni-Si 光电催化体系的阴极电流密度与一氧化碳法拉第效率的关系；(f) 总结在不同电位下阴极电流密度与一氧化碳法拉第效率的关系[130]

5.5.10　光热催化二氧化碳转化

　　光热催化二氧化碳转化还原是将光催化、热催化结合，两者起协同作用，相互促进。传统的热催化加氢过程需要通过高温、高压实现对反应物的活化解离，此过程是一个高耗能的过程。而在引入光之后，利用光的作用活化反应物，使得反应物在催化剂表面解离形成活性中间体，因此较传统热催化过程，光热催化可以有效地降低催化过程对能量的消耗。而目前对于二氧化碳的光热催化过程，主要集中于对二氧化碳的加氢催化转化过程，文献报道可以通过光热催化过程将二氧化碳转化为低碳有机物，或者多碳有机物。其主要的反应过程分为两类，一类是直接利用氢气与二氧化碳反应产生低碳有机物的过程；另外一类是利用水作为氢气源与二氧化碳反应产生有机物的过程。首先通过光催化的过程将水分解为氢气，然后利用产生的氢气再与二氧化碳反应生成有机物。

　　同一副族的不同金属，对二氧化碳加氢催化的转化率与选择性存在很大差异。Meng 等利用第八副族元素纳米催化剂光热转化二氧化碳至甲烷[131]。他们以氧化铝为载体，在其上负载了不同的第八副族元素。在同一温度、300W 氙灯照射的条件下，以二氧化碳和氢气为原料，铑、钌、镍和钴四种纳米催化剂对二氧化碳的转化率都超过了 90%，且其对产物甲烷的选择性均超过了 99%，其中钌负载的氧化铝催化剂的光热二氧化碳转化率最高，达到了 18.16mol/(h·g)，如表 5-4 所示。

　　有关二氧化碳还原至长碳链碳氢化合物的逆燃烧过程，Chanmanee 及其同事利用光热催化技术[132]，制备了负载有 5%钴的二氧化钛作为光热催化剂，在一个连续流动的光反应器中进行，反应温度区间为 180~200℃，反应压力为 1~6bar，实现了二氧化碳和水反应生成多碳烃类化合物的过程。在一个最优条件下，有 13wt%的产物为 C$_5$ 以上的烃类化合物，如辛烷等，并且其产物可以直接作为燃料

表 5-4 不同催化剂对二氧化碳加氢催化的转化率与选择性[131]

样品	金属负载量/wt%	R_{max}/[mol/(h·g)]	CO_2 转换率/%	CH_4 选择率/%	CO 选择率/%
Ru/Al$_2$O$_3$	2.4	18.16	95.75	99.22	0.78
Rh/Al$_2$O$_3$	2.6	6.36	96.25	99.48	0.52
Ni/Al$_2$O$_3$	2.1	2.30	93.25	99.04	0.95
Co/Al$_2$O$_3$	2.5	0.90	92.58	99.51	0.49
Pd/Al$_2$O$_3$	2.0	0.53	93.43	98.64	1.36
Pt/Al$_2$O$_3$	2.4	0.47	60.42	15.55	84.45
Ir/Al$_2$O$_3$	2.8	0.05	14.94	63.25	36.74
Fe/Al$_2$O$_3$	2.4	0.02	7.27	4.04	95.96
TiO$_2$	—	9.04×10^{-7}	—	68.23	31.77
Pt/TiO$_2$	2.5	8.01×10^{-9}	—	100	0
Ru/TiO$_2$	2.5	5.31×10^{-9}	—	100	0

使用。这一逆燃烧过程的发现可以为生产绿色燃料提供一种可行的方案，图 5-91 为其反应装置示意图及催化机理过程。反应器为石英反应管，原料二氧化碳和水蒸气从反应管的上端通入反应器，催化剂在石英管中部，外置的紫外光照射石英管的中部完成光热催化过程，反应产物从石英管的下端出料，通过冷阱实现对反应物的收集分离。而其简要的光热催化过程，首先二氧化碳半导体受光激发产生光生电子-空穴对，空穴氧化水产生 H^+ 和氧气，然后 H^+ 迁移至钴表面与二氧化碳得到电子加氢还原为多碳有机物。

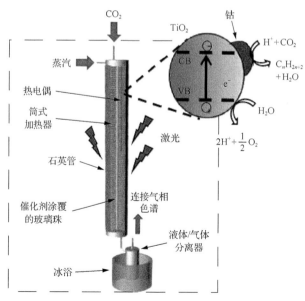

图 5-91* 光热催化二氧化碳还原至多碳烃类化合物的装置及机理示意图[132]

参 考 文 献

[1] 卢建申, 胡军国. 基于GPRS无线传感网的大气CO₂浓度采集系统研究与设计[J]. 成都信息工程学院学报, 2011, 26(3): 1671-1742.

[2] Wang W H, Himeda Y, Muckerman J T, et al. CO₂ hydrogenation to formate and methanol as an alternative to photo- and electrochemical CO₂ reduction[J]. Chemical Reviews, 2015, 115(23): 12936-12973.

[3] Darensbourg D J. Making plastics from carbon dioxide: Salen metal complexes as catalysts for the production of polycarbonates from epoxides and CO₂[J]. Chemical Reviews, 2007, 107(6): 2388-2410.

[4] Markewitz P, Kuckshinrichs W, Leitner W, et al. Worldwide innovations in the development of carbon capture technologies and the utilization of CO₂[J]. Energy and Environmental Science, 2012, 5(6): 7281-7305.

[5] 王文举, 邢兵, 王杰. 用于燃烧前二氧化碳捕集的固体吸附剂研究进展[J]. 精细石油化工, 2013, 30(5): 76-82.

[6] Novacek M, Jankovský O, Luxa J, et al. Tuning of graphene oxide composition by multiple oxidations for carbon dioxide storage and capture of toxic metals[J]. Journal of Materials Chemistry, 2017, 5(6): 2739-2748.

[7] Feaster J T, Shi C, Cave E R, et al. Understanding selectivity for the electrochemical reduction of carbon dioxide to formic acid and carbon monoxide on metal electrodes[J]. ACS Catalysis, 2017, 7(7): 4822-4827.

[8] Wang W J, Zhou M, Yuan D Q. Carbon dioxide capture in amorphous porous organic polymers[J]. Journal of Materials Chemistry, 2017, 5(4): 1334-1347.

[9] Schmithusen H, Notholt J, Konig-Langlo G, et al. How increasing CO₂ leads to an increased negative greenhouse effect in Antarctica[J]. Geophysical Research Letters, 2015, 42(23), 10422-10428.

[10] Luckow P, Wise M A, Dooley J J, et al. Large-scale utilization of biomass energy and carbon dioxide capture and storage in the transport and electricity sectors under stringent CO₂ concentration limit scenarios[J]. International Journal of Greenhouse Gas Control, 2010, 4(5): 865-877.

[11] 张东明, 杨晨, 周海滨. 二氧化碳捕集技术的最新研究进展[J]. 环境保护科学, 2010(5): 7-9.

[12] Jordal K, Anheden M, Yan J, et al. Qxyfuel combustion for coal-fired power generation with CO₂ capture-opportunities and challenges[C]. Vancouver, Canada: Proceedings of the 7th International Conference on Greenhouse Gas Control Technologies 5, 2005(1): 201-209.

[13] Stewart C, Hessami M A. A study of methods of carbon dioxide capture and sequestration—the sustainability of a photosynthetic bioreactor approach[J]. Energy Conversion and Management, 2005, 46(3): 403-420.

[14] Boothandford M E, Abanades J C, Anthony E J, et al. Carbon capture and storage update[J]. Energy and Environmental Science, 2014, 7(1): 130-189.

[15] 余云松, 李云, 张早校. 化学吸附法减排二氧化碳的装备关键技术[C]. 太原: 第十一届全国高等学校过程装备与控制工程专业教学改革与学科建设成果校际交流会, 2010.

[16] 王田军, 李军, 崔凤霞, 等. 二氧化碳捕集低温吸附剂的研究进展[J]. 精细石油化工, 2015, 32(4): 70-76.

[17] Hug S, Stegbauer L, Oh H, et al. Nitrogen-rich covalent triazine frameworks as high-performance platforms for selective carbon capture and storage[J]. Chemistry of Materials, 2015, 27: 8001-8010.

[18] Lim Y, Lee C, Jeong Y S, et al. Optimal design and decision for combined steam reforming process with dry methane reforming to reuse CO₂ as a raw material[J]. Industrial & Engineering Chemistry Research, 2012, 51(13): 4982-4989.

[19] 沈国良, 陈远南, 虞琦, 等. 二氧化碳在化工中的利用[C]. 二氧化碳减排控制技术与资源化利用研讨会论文集, 2009.

[20] 彭梦珑, 胡烨. 二氧化碳制冷剂的应用研究[J]. 长沙铁道学院学报, 2000, 18(4):92-96.

[21] Maki T, Nishiyama K, Morita O, et al. Artificial rainfall experiment involving seeding of liquid carbon dioxide at Karatsu in Saga[J]. Journal of Agricultural Meteorology, 2018, 74(1): 45-53.

[22] 孙世刚, 陈胜利. 电催化[M]. 北京: 化学工业出版社, 2013.

[23] Qiao J, Liu Y, Hong F, et al. A review of catalysts for the electroreduction of carbon dioxide to produce low-carbon fuels[J]. Chemical Society Reviews, 2014, 43(2): 631-675.

[24] Sen S, Liu D, Palmore G T R. Electrochemical reduction of CO_2 at copper nanofoams[J]. ACS Catalysis, 2014, 4(9): 3091-3095.

[25] Baturina O A, Lu Q, Padilla M A, et al. CO_2 electroreduction to hydrocarbons on carbon-supported Cu nanoparticles[J]. ACS Catalysis, 2014, 4(10): 3682-3695.

[26] Ren D, Deng Y, Handoko A D, et al. Selective electrochemical reduction of carbon dioxide to ethylene and ethanol on copper(Ⅰ)oxide catalysts[J]. ACS Catalysis, 2015, 5(5): 2814-2821.

[27] Sheng T, Sun S G. Electrochemical reduction of CO_2 into CO on Cu(100): a new insight into the C—O bond breaking mechanism[J]. Chemical Communications, 2017, 53(17): 2594-2597.

[28] Varela A S, Ju W, Reier T, et al. Tuning the catalytic activity and selectivity of Cu for CO_2 electroreduction in the presence of halides[J]. ACS Catalysis, 2016, 6(4): 2136-2144.

[29] Liu S, Tao H, Zeng L, et al. Shape-dependent electrocatalytic reduction of CO_2 to CO on triangular silver nanoplates[J]. Journal of the American Chemical Society, 2017, 139(6): 2160-2163.

[30] Firet N, Smith W A. Probing the reaction mechanism of CO_2 electroreduction over Ag films via operando infrared spectroscopy[J]. ACS Catalysis, 2017, 7(1): 606-612.

[31] Huang H, Jia H, Liu Z, et al. Understanding of strain effects in the electrochemical reduction of CO_2: Using Pd nanostructures as an ideal platform[J]. Angewandte Chemie, 2017, 56(13): 3594-3598.

[32] Ding C, Li A, Lu S, et al. In situ electrodeposited indium nanocrystals for efficient CO_2 reduction to CO with low overpotential[J]. ACS Catalysis, 2016, 6(10): 6438-6443.

[33] Liu M, Pang Y, Zhang B, et al. Enhanced electrocatalytic CO_2 reduction via field-induced reagent concentration[J]. Nature, 2016, 537(7620): 382-386.

[34] Mistry H, Reske R, Zeng Z, et al. Exceptional size-dependent activity enhancement in the electroreduction of CO_2 over Au nanoparticles[J]. Journal of the American Chemical Society, 2014, 136(47): 16473-16476.

[35] Gao D, Zhang Y, Zhou Z, et al. Enhancing CO_2 electroreduction with the metal-oxide interface[J]. Journal of the American Chemical Society, 2017, 139(16): 5652-5655.

[36] Rosen J, Hutchings G S, Lu Q, et al. Electrodeposited Zn dendrites with enhanced CO selectivity for electrocatalytic CO_2 reduction[J]. ACS Catalysis, 2015, 5(8): 4586-4591.

[37] Kim D, Xie C, Becknell N, et al. Electrochemical activation of CO_2 through atomic ordering transformations of AuCu nanoparticles[J]. Journal of the American Chemical Society, 2017, 139(24): 8329-8336.

[38] Ross M B, Dinh C, Li Y, et al. Tunable Cu enrichment enables designer syngas electrosynthesis from CO_2[J]. Journal of the American Chemical Society, 2017, 139(27): 9359-9363.

[39] Ma S, Sadakiyo M, Heima M, et al. Electroreduction of carbon dioxide to hydrocarbons using bimetallic Cu-Pd catalysts with different mixing patterns[J]. Journal of the American Chemical Society, 2017, 139(1): 47-50.

[40] Li F W, Chen L, Knowles G P, et al. Hierarchical mesoporous SnO_2 nanosheets on carbon cloth: a robust and flexible electrocatalyst for CO_2 reduction with high efficiency and selectivity[J]. Angewandte Chemie, 2017, 56(2): 505-509.

[41] Chen Y, Kanan M W. Tin oxide dependence of the CO_2 reduction efficiency on tin electrodes and enhanced activity for tin/tin oxide thin-film catalysts[J]. Journal of the American Chemical Society, 2012, 134 (4) : 1986-1989.

[42] Gao S, Lin Y, Jiao X, et al. Partially oxidized atomic cobalt layers for carbon dioxide electroreduction to liquid fuel[J]. Nature, 2016, 529 (7584) : 68-71.

[43] Wu J, Ma S, Sun J, et al. A metal-free electrocatalyst for carbon dioxide reduction to multi-carbon hydrocarbons and oxygenates[J]. Nature Communications, 2016, 7 (1) : 13869.

[44] Wang H, Jia J, Song P, et al. Efficient electrocatalytic reduction of CO_2 by nitrogen-doped nanoporous carbon/carbon nanotube membranes: A step towards the electrochemical CO_2 refinery[J]. Angewandte Chemie, 2017, 56 (27) : 7847-7852.

[45] Hod I, Sampson M D, Deria P, et al. Fe-porphyrin-based metal-organic framework films as high-surface concentration, heterogeneous catalysts for electrochemical reduction of CO_2[J]. ACS Catalysis, 2015, 5 (11) : 6302-6309.

[46] Kornienko N, Zhao Y, Kley C S, et al. Metal-organic frameworks for electrocatalytic reduction of carbon dioxide[J]. Journal of the American Chemical Society, 2015, 137 (44) : 14129-14135.

[47] Lin S, Diercks C S, Zhang Y B, et al. Covalent organic frameworks comprising cobalt porphyrins for catalytic CO_2 reduction in water[J]. Science, 2015, 349 (6253) : 1208-1213.

[48] Chapovetsky A, Do T H, Haiges R, et al. Proton-assisted reduction of CO_2 by cobalt aminopyridine macrocycles[J]. Journal of the American Chemical Society, 2016, 138 (18) : 5765-5768.

[49] Keith J A, Grice K A, Kubiak C P, et al. Elucidation of the selectivity of proton-dependent electrocatalytic CO_2 reduction by fac-Re (bpy) $(CO)_3$Cl[J]. Journal of the American Chemical Society, 2013, 135 (42) : 15823-15829.

[50] Schneider J, Matsuoka M, Takeuchi M, et al. Understanding TiO_2 photocatalysis: Mechanisms and materials[J]. Chemical Reviews, 2014, 114 (19) : 9919-9986.

[51] Marschall R. Semiconductor composites: strategies for enhancing charge carrier separation to improve photocatalytic activity[J]. Advanced Functional Materials, 2014, 24 (17) : 2421-2440.

[52] Yamashita H, Nishiguchi H, Kamada N, et al. Photocatalytic reduction of CO_2 with H_2O on TiO_2 and Cu/TiO_2 catalysts[J]. Research on Chemical Intermediates, 1994, 20 (8) : 815-823.

[53] Ampelli C, Genovese C, Passalacqua R, et al. The use of a solar photoelectrochemical reactor for sustainable production of energy[J]. Theoretical Foundations of Chemical Engineering, 2012, 46 (6) : 651-657.

[54] 刘守新, 刘鸿. 光催化及光电催化基础与应用[M]. 北京: 化学工业出版社, 2006.

[55] Roy S C, Varghese O K, Paulose M, et al. Toward solar fuels: photocatalytic conversion of carbon dioxide to hydrocarbons[J]. ACS Nano, 2010, 4 (3) : 1259-1278.

[56] Li Z, Feng J, Yan S, et al. Solar fuel production: Strategies and new opportunities with nanostructures[J]. Nano Today, 2015, 10 (4) : 468-486.

[57] Xue L M, Zhang F H, Fan H J, et al. Preparation of C doped TiO_2 photocatalysts and their photocatalytic reduction of carbon dioxide[J]. Advanced Materials Research, 2011, 183-185:1842-1846.

[58] Liu L, Zhao H, Andino J M, et al. Photocatalytic CO_2 reduction with H_2O on TiO_2 nanocrystals: Comparison of anatase, rutile, and brookite polymorphs and exploration of surface chemistry[J]. ACS Catalysis, 2012, 2 (8) : 1817-1828.

[59] Kang Q, Wang T, Li P, et al. Photocatalytic reduction of carbon dioxide by hydrous hydrazine over Au-Cu alloy nanoparticles supported on $SrTiO_3/TiO_2$ coaxial nanotube arrays[J]. Angewandte Chemie, 2015, 54 (3) :841-845.

[60] Xu Y F, Yang M Z, Chen B X, et al. A CsPbBr$_3$ perovskite quantum dot/graphene oxide composite for photocatalytic CO$_2$ reduction[J]. Journal of the American Chemical Society, 2017, 139(16): 5660-5663.

[61] Fresno F, Jana P, Renones P, et al. CO$_2$ reduction over NaNbO$_3$ and NaTaO$_3$ perovskite photocatalysts[J]. Photochemical and Photobiological Sciences, 2017, 16(1): 17-23.

[62] Tahir M, Amin N A. Indium-doped TiO$_2$ nanoparticles for photocatalytic CO$_2$ reduction with H$_2$O vapors to CH$_4$[J]. Applied Catalysis B: Environmental, 2015, 1625: 98-109.

[63] Wang K, Li Q, Liu B, et al. Sulfur-doped g-C$_3$N$_4$ with enhanced photocatalytic CO$_2$-reduction performance[J]. Applied Catalysis B: Environmental, 2015, 176: 44-52.

[64] Xiong Z, Lei Z, Xu Z, et al. Flame spray pyrolysis synthesized ZnO/CeO$_2$ nanocomposites for enhanced CO$_2$ photocatalytic reduction under UV-Vis light irradiation[J]. Journal of CO$_2$ Utilization, 2017, 18: 53-61.

[65] Wang W, Wu F, Myung Y, et al. Surface engineered CuO nanowires with ZnO islands for CO$_2$ photoreduction[J]. ACS Applied Materials & Interfaces, 2015, 7(10): 5685-5692.

[66] Wang J, Yao H, Fan Z, et al. Indirect Z-scheme BiOI/g-C$_3$N$_4$ photocatalysts with enhanced photoreduction CO$_2$ activity under visible light irradiation[J]. ACS Applied Materials & Interfaces, 2016, 8(6): 3765-3775.

[67] Jin J, Yu J, Guo D, et al. A hierarchical Z-scheme CdS-WO$_3$ photocatalyst with enhanced CO$_2$ reduction activity[J]. Small, 2015, 11(39): 5262-5271.

[68] Liu Y, Ji G, Dastageer M A, et al. Highly-active direct Z-scheme Si/TiO$_2$ photocatalyst for boosted CO$_2$ reduction into value-added methanol[J]. RSC Advances, 2014, 4(100): 56961-56969.

[69] Zhang L, Li N, Jiu H F, et al. ZnO-reduced graphene oxide nanocomposites as efficient photocatalysts for photocatalytic reduction of CO$_2$[J]. Ceramics International, 2015, 41(5): 6256-6262.

[70] Zhang Q, Lin C F, Jing Y H, et al. Photocatalytic reduction of carbon dioxide to methanol and formic acid by graphene-TiO$_2$[J]. Journal of the Air & Waste Management Association, 2014, 64(5): 578-585.

[71] Li X, Yu J, Wageh S, et al. Graphene in photocatalysis: a review[J]. Small, 2016, 12(48): 6640-6696.

[72] Daza Y A, Kuhn J N. CO$_2$ conversion by reverse water gas shift catalysis: Comparison of catalysts, mechanisms and their consequences for CO$_2$ conversion to liquid fuels[J]. RSC Advances, 2016, 6(55): 49675-49691.

[73] Álvarez A, Bansode A, Urakawa A, et al. Challenges in the greener production of formates/formic acid, methanol, and DME by heterogeneously catalyzed CO$_2$ hydrogenation processes[J]. Chemical Reviews, 2017, 117(14): 9804-9838.

[74] Song Q W, Zhou Z H, He L N. Efficient, selective and sustainable catalysis of carbon dioxide[J]. Green Chemistry, 2017, 19(16): 3707-3728.

[75] Karelovic A, Ruiz P. Improving the hydrogenation function of Pd/γ-Al$_2$O$_3$ catalyst by Rh/γ-Al$_2$O$_3$ addition in CO$_2$methanation at low temperature[J]. ACS Catalysis, 2013, 3(12): 2799-2812.

[76] Polanski J, Siudyga T, Bartczak P, et al. Oxide passivated Ni-supported Ru nanoparticles in silica: A new catalyst for low-temperature carbon dioxide methanation[J]. Applied Catalysis B: Environmental, 2017, 206: 16-23.

[77] Shin H H, Lu L, Yang Z, et al. Cobalt catalysts decorated with platinum atoms supported on barium zirconate provide enhanced activity and selectivity for CO$_2$ methanation[J]. ACS Catalysis, 2016, 6(5): 2811-2818.

[78] Skrzypek J, Lachowska M, Grzesik M, et al. Thermodynamics and kinetics of low pressure methanol synthesis[J]. Chemical Engineering Journal & the Biochemical Engineering Journal, 1995, 58(2): 101-108.

[79] Liu C, Yang B, Tyo E C, et al. Carbon dioxide conversion to methanol over size-selected Cu$_4$ clusters at low pressures[J]. Journal of the American Chemical Society, 2015, 137(27): 8676-8679.

[80] Yang X, Kattel S, Senanayake S D, et al. Low pressure CO_2 hydrogenation to methanol over gold nanoparticles activated on a CeO_x/TiO_2 interface[J]. Journal of the American Chemical Society, 2015, 137(32): 10104-10107.

[81] An B, Zhang J, Cheng K, et al. Confinement of ultrasmall Cu/ZnO_x nanoparticles in metal-organic frameworks for selective methanol synthesis from catalytic hydrogenation of CO_2[J]. Journal of the American Chemical Society, 2017, 139(10): 3834-3840.

[82] Cui M, Qian Q, He Z, et al. Bromide promoted hydrogenation of CO_2 to higher alcohols using Ru-Co homogeneous catalyst[J]. Chemical Science, 2016, 7(8): 5200-5205.

[83] Bai S, Shao Q, Wang P, et al. Highly active and selective hydrogenation of CO_2 to ethanol by ordered Pd-Cu nanoparticles[J]. Journal of the American Chemical Society, 2017, 139(20): 6827-6830.

[84] Olah G A, Goeppert A, Prakash G K S. Chemical recycling of carbon dioxide to methanol and dimethyl ether: From greenhouse gas to renewable, environmentally carbon neutral fuels and synthetic hydrocarbons[J]. The Journal of Organic Chemistry, 2009, 74(2): 487-498.

[85] Jia G, Tan Y, Han Y. A comparative study on the thermodynamics of dimethyl ether synthesis from CO hydrogenation and CO_2 hydrogenation[J]. Industrial & Engineering Chemistry Research, 2006, 45(3): 1152-1159.

[86] Naik S P, Du H, Wan H J, et al. A comparative study of $ZnO-CuO-Al_2O_3/SiO_2-Al_2O_3$ composite and hybrid catalysts for direct synthesis of dimethyl ether from syngas[J]. Industrial & Engineering Chemistry Research, 2009, 47(23): 9791-9794.

[87] Liu R W, Qin Z Z, Ji H B, et al. Synthesis of dimethyl ether from CO_2 and H_2 using a Cu-Fe-Zr/HZSM-5 catalyst system[J]. Industrial & Engineering Chemistry Research, 2013, 52(47): 16648-16655.

[88] Liu R, Tian H, Yang A, et al. Preparation of HZSM-5 membrane packed $CuO-ZnO-Al_2O_3$ nanoparticles for catalysing carbon dioxide hydrogenation to dimethyl ether[J]. Applied Surface Science, 2015, 345: 1-9.

[89] Bonura G, Cordaro M, Spadaro L, et al. Hybrid $Cu-ZnO-ZrO_2/H-ZSM5$ system for the direct synthesis of DME by CO_2 hydrogenation[J]. Applied Catalysis B: Environmental, 2013, 140: 16-24.

[90] Nguyen L T M, Park H, Banu M, et al. Catalytic CO_2 hydrogenation to formic acid over carbon nanotube-graphene supported PdNi alloy catalysts[J]. RSC Advances, 2015, 5(128): 105560-105566.

[91] Mori K, Taga T, Yamashita H. Isolated single-atomic Ru catalyst bound on a layered double hydroxide for hydrogenation of CO_2 to formic acid[J]. ACS Catalysis, 2017, 7(5): 3147-3151.

[92] Srivastava V. Active heterogeneous Ru nanocatalysts for CO_2 hydrogenation reaction[J]. Catalysis Letters, 2016, 146(12): 2630-2640.

[93] Zhang Y, Macintosh A D, Wong J L, et al. Iron catalyzed CO_2 hydrogenation to formate enhanced by Lewis acid co-catalysts[J]. Chemical Science, 2015, 6(7): 4291-4299.

[94] Galván C A, Schumann J, Behrens M, et al. Reverse water-gas shift reaction at the Cu/ZnO interface: Influence of the Cu/Zn ratio on structure-activity correlations[J]. Applied Catalysis B: Environmental, 2016, 195: 104-111.

[95] Porosoff M D, Baldwin J W, Peng X, et al. Inside back cover: Potassium-promoted molybdenum carbide as a highly active and selective catalyst for CO_2 conversion to CO[J]. ChemSusChem, 2017, 10(11): 2542.

[96] Yang X, Su X, Chen X, et al. Promotion effects of potassium on the activity and selectivity of Pt/zeolite catalysts for reverse water gas shift reaction[J]. Applied Catalysis B: Environmental, 2017, 216: 95-105.

[97] Zhang X, Zhu X, Lin L, et al. Highly dispersed copper over $\beta-Mo_2C$ as an efficient and stable catalyst for the reverse water gas shift (RWGS) reaction[J]. ACS Catalysis, 2016, 7(1): 912-918.

[98] Guo Y, Zou J, Shi X, et al. A $Ni/CeO_2-CDC-SiC$ catalyst with improved coke resistance in CO_2 reforming of methane[J]. ACS Sustainable Chemistry & Engineering, 2017, 5(3): 2330-2338.

[99] Lovell E C, Fuller A, Scott J, et al. Enhancing Ni-SiO$_2$ catalysts for the carbon dioxide reforming of methane: Reduction-oxidation-reduction pre-treatment[J]. Applied Catalysis B: Environmental, 2016, 199: 155-165.

[100] Löfberg A, Guerrero-Caballero J, Kane T, et al. Ni/CeO$_2$ based catalysts as oxygen vectors for the chemical looping dry reforming of methane for syngas production[J]. Applied Catalysis B: Environmental, 2017, 212: 159-174.

[101] Kondratenko E V, Mul G, Baltrusaitis J, et al. Status and perspectives of CO$_2$ conversion into fuels and chemicals by catalytic, photocatalytic and electrocatalytic processes[J]. Energy & Environmental Science, 2013, 6(11): 3112-3116.

[102] Yu S S, Liu X H, Ma J G, et al. A new catalyst for the solvent-free conversion of CO$_2$ and epoxides into cyclic carbonate under mild conditions[J]. Journal of CO$_2$ Utilization, 2016, 14: 122-125.

[103] Li P Z, Wang X J, Liu J, et al. A triazole-containing metal-organic framework as a highly effective and substrate size-dependent catalyst for CO$_2$ conversion[J]. Journal of the American Chemical Society, 2016, 138(7): 2142-2145.

[104] Jiang X, Gou F, Chen F, et al. Cycloaddition of epoxides and CO$_2$ catalyzed by bisimidazole-functionalized porphyrin cobalt(III) complexes[J]. Green Chemistry, 2016, 18(12): 3567-3576.

[105] Shang J, Guo X, Li Z, et al. CO$_2$ activation and fixation: highly efficient syntheses of hydroxy carbamates over Au/Fe$_2$O$_3$[J]. Green Chemistry, 2016, 18(10): 3082-3088.

[106] Yuan Y, Xie Y, Zeng C, et al. A recyclable AgI/OAc-catalytic system for the efficient synthesis of α-alkylidene cyclic carbonates: Carbon dioxide conversion at atmospheric pressure[J]. Green Chemistry, 2017, 19(13): 2936-2940.

[107] Greenhalgh M D, Thomas S P. Iron-catalyzed, highly regioselective synthesis of alpha-aryl carboxylic acids from styrene derivatives and CO$_2$[J]. Journal of the American Chemical Society, 2012, 134(29): 11900-11903.

[108] Yu B, Zhang H, Zhao Y, et al. DBU-based ionic-liquid-catalyzed carbonylation of o-phenylenediamines with CO$_2$ to 2-benzimidazolones under solvent-free conditions[J]. ACS Catalysis, 2013, 3(9): 2076-2082.

[109] Liu X, Li X, Qiao C, et al. Betaine catalysis for hierarchical reduction of CO$_2$ with amines and hydrosilane to form formamides, aminals, and methylamines[J]. Angewandte Chemie, 2017, 56(26): 7425-7429.

[110] Daw P, Chakraborty S, Leitus G, et al. Selective N-formylation of amines with H$_2$ and CO$_2$ catalyzed by cobalt pincer complexes[J]. ACS Catalysis, 2017, 7(4): 2500-2504.

[111] Bähr M, Mülhaupt R. Linseed and soybean oil-based polyurethanes prepared via the non-isocyanate route and catalytic carbon dioxide conversion[J]. Green Chemistry, 2012, 14(2): 483-486.

[112] Fleischer M, Blattmann H, Mülhaupt R. Glycerol-, pentaerythritol- and trimethylolpropane-based polyurethanes and their cellulose carbonate composites prepared via the non-isocyanate route with catalytic carbon dioxide fixation[J]. Green Chemistry, 2013, 15(4): 934-938.

[113] Wu G P, Wei S H, Ren W M, et al. Perfectly alternating copolymerization of CO$_2$ and epichlorohydrin using cobalt(III)-based catalyst systems[J]. Journal of the American Chemical Society, 2011, 133(38): 15191-15199.

[114] Miceli C, Rintjema J, Martin E, et al. Vanadium(V) catalysts with high activity for the coupling of epoxides and CO$_2$: Characterization of a putative catalytic intermediate[J]. ACS Catalysis, 2017, 7(4): 2367-2373.

[115] Barthel A, Saih Y, Gimenez M, et al. Highly integrated CO$_2$ capture and conversion: direct synthesis of cyclic carbonates from industrial flue gas[J]. Green Chemistry, 2016, 18(10): 3116-3123.

[116] Hulla M, Chamam S M A, Laurenczy G, et al. Delineating the mechanism of ionic liquids in the synthesis of quinazoline-2,4(1H,3H)-dione from 2-aminobenzonitrile and CO$_2$[J]. Angewandte Chemie, 2017, 56(35): 10559-10563.

[117] Bansode A, Urakawa A. Continuous DMC synthesis from CO$_2$ and methanol over a CeO$_2$ catalyst in a fixed bed reactor in the presence of a dehydrating agent[J]. ACS Catalysis, 2014, 4(11): 3877-3880.

[118] Wei J, Ge Q, Yao R, et al. Directly converting CO_2 into a gasoline fuel[J]. Nature Communications, 2017, 8: 15174.

[119] Gao P, Li S, Bu X, et al. Direct conversion of CO_2 into liquid fuels with high selectivity over a bifunctional catalyst[J]. Nature Chemistry, 2017, 9: 1019-1024.

[120] Mavlyankariev S A, Ahlers S J, Kondratenko V A, et al. Effect of support and promoter on activity and selectivity of gold nanoparticlesin propanol synthesis from CO_2, C_2H_4, and H_2[J]. ACS Catalysis, 2016, 6(5): 3317-3325.

[121] Sahara G, Kumagai H, Maeda K, et al. Photoelectrochemical reduction of CO_2 coupled to water oxidation using a photocathode with a Ru(Ⅱ)-Re(Ⅰ)complex photocatalyst and a CoO_x/TaON photoanode[J]. Journal of the American Chemical Society, 2016, 138(42): 14152-14158.

[122] Torralba-Peñalver E, Luo Y, Compain J D, et al. Selective catalytic electroreduction of CO_2 at silicon nanowires (SiNWs) photocathodes using non-noble metal-based manganese carbonyl bipyridyl molecular catalysts in solution and grafted onto SiNWs[J]. ACS Catalysis, 2015, 5(10): 6138-6147.

[123] Kong Q, Kim D, Liu C, et al. Directed assembly of nanoparticle catalysts on nanowire photoelectrodes for photoelectrochemical CO_2 reduction[J]. Nano Letters, 2016, 16(9): 5675-5680.

[124] Zhou X, Liu R, Sun K, et al. Solar-driven reduction of 1 atm of CO_2 to formate at 10% energy-conversion efficiency by use of a TiO_2-protected Ⅲ-Ⅴ tandem photoanode in conjunction with a bipolar membrane and a Pd/C cathode[J]. ACS Energy Letters, 2016, 1(4): 764-770.

[125] Schreier M, Luo J, Gao P, et al. Covalent immobilization of a molecular catalyst on Cu_2O photocathodes for CO_2 reduction[J]. Journal of the American Chemical Society, 2016, 138(6): 1938-1946.

[126] Schreier M, Héroguel F, Steier L, et al. Solar conversion of CO_2 to CO using earth-abundant electrocatalysts prepared by atomic layer modification of CuO[J]. Nature Energy, 2017, 2: 17087-17093.

[127] Zeng G, Qiu J, Li Z, et al. CO_2 reduction to methanol on TiO_2-passivated GaP photocatalysts[J]. ACS Catalysis, 2014, 4(10): 3512-3516.

[128] Yang X, Fugate E A, Mueanngern Y, et al. Photo-electrochemical CO_2 reduction to acetate on iron-copper oxide catalysts[J]. ACS Catalysis, 2017, 7(1): 177-180.

[129] Cheng J, Zhang M, Liu J, et al. A Cu foam cathode used as a Pt-RGO catalyst matrix to improve CO_2 reduction in a photoelectrocatalytic cell with a TiO_2 photoanode[J]. Journal of Materials Chemistry A, 2015, 3(24): 12947-12957.

[130] Zhang Y, Luc W, Hutchings G S, et al. Photoelectrochemical carbon dioxide reduction using a nanoporous Ag cathode[J]. ACS Applied Materials & Interfaces, 2016, 8(37): 24652-24658.

[131] Meng X, Wang T, Liu L, et al. Photothermal conversion of CO_2 into CH_4 with H_2 over group Ⅷ nanocatalysts: an alternative approach for solar fuel production[J]. Angewandte Chemie, 2014, 53(43): 11478-11482.

[132] Chanmanee W, Mohammad F I, Brian H D, et al. Solar photothermochemical alkane reverse combustion[J]. Proceedings of the National Academy of Sciences of the United States of America, 2016, 113(10): 2579-2584.

第6章　化工污染物资源化

6.1　石油化工污染物资源化

石油化学工业简称石油化工，是基础性产业，在国民经济中占有举足轻重的地位。石油化工是指以石油和天然气为原料，生产石油产品和石油化工产品的加工工业。我国的石油化工总体上来说，主要包括石油炼制行业和石油化工行业。石油化工产业投资强度高、工程技术密集、产品加工链长，对国家工业产值快速增长贡献率大。至今，石油化工产业的原油加工量和乙烯产量与钢产量、发电量等一样，仍然是衡量一个国家经济是否发达的核心标志。但是，与发达国家相比，我国石油化工产业在产品结构和经济效益方面仍然存在差距，进一步可持续发展面临着资源短缺、国际竞争激烈、高端化产品少及低碳环保要求逐步提高等重大挑战。特别是随着石油产量的增长，以石油及其加工产品为基本原料的石油化工产生了大量的气、液、固废弃物，如不加以处理，任意排放、堆放和堆埋，废弃物中有害物质便会通过雨水和大气到处扩散，污染大气，污染地面水和地下水，使环境遭到严重的破坏，危害人类的健康。如何在废弃物治理的同时实现废弃物的资源化利用成为当前废弃物治理的关键所在，是提高资源利用率和缓解环境压力的重要途径。

6.1.1　石油化工废气资源化

1. 石油化工废气来源及危害

石油化工企业的废气主要来源于石油工业和化工企业。石油工业废气主要是炼油过程废气。化工企业的废气来源相对简单，主要是燃烧烟气和工艺废气。石油化工企业的废气成分相对复杂，包括有机物、无机物(含氮化合物、含硫化合物及含碳化合物等)、大分子颗粒物。废气中的有机物，尤其是含硫有机物，常会有刺激性气味，会对人体造成不可预知的危害，即使有机物无刺激性气味，也不代表其没有毒性。而且有机物多为小分子化合物，能通过人体的固有屏障，诱发细胞癌变。废气中的无机物多以氧化物的形式存在，如 SO_2、NO、NO_2、CO 等，是形成酸雨、温室效应的重要原因。而对这些化合物进行有效处理，则能带来新的经济效益。

2. 石油化工废气资源化利用

1) 有机物废气资源化

石油、化工、涂料等工业生产过程中常产生并挥发出有机废气,此类废气中主要含有:酮类、烃类、醇类、醛类等对人体健康及环境有害的物质,对有机废气进行科学的回收、治理及利用将有效促进企业的可持续发展,降低工业生产对环境的不利影响。目前,使用较多的废气回收利用方法有分离利用法、直接利用法、燃烧法、生物净化法等。

(1) 分离利用法。

有机废气可以采用活性炭吸附法、冷凝法、膜分离技术等将各种有机废气进行分离,之后用作化学品合成的原料。例如,炼油厂中的干气,在一定压力下将其中的丙烷、丙烯、丁烷、丁烯、C_5 等进行液化,随后在气体分馏装置中将各组分分开,加以利用:丙烯和丁烯在磷酸催化剂作用下进行叠合反应,用于生产叠合汽油;异丁烷和丁烯用浓硫酸(或氢氟酸)作催化剂进行烷基化,生成带支链的各种异辛烷,用作高辛烷值汽油组分;异丁烯与甲醇反应生成甲基叔丁基醚(MTBE),可取代含铅汽油使用;异戊烯与甲醇反应生成叔戊基甲基醚(TAME),以取代含铅汽油使用。

(2) 直接利用法。

石油化工生产过程中,特定的工艺会产生特定的有机废气,而有些废气恰好可以作为生产其他化学品的原料。重油催化裂化产生的干气含有低浓度乙烯,近年国外和国内(中国石化抚顺石油化工研究院)已成功将其直接用来合成乙苯,并实现工业化。另外,干气还可用作裂解原料,炼油厂干气用作石油化工厂的裂解原料制备乙烯和丙烯在国内外均有工业实践。国内(中国石化兰州石化公司)20 世纪 60 年代初期曾对炼油厂干气作裂解原料的"先分离后裂解"和"先裂解后分离"两条技术路线进行了工业实验比较,结果肯定了"先裂解后分离"技术路线的合理性,分离裂解气得到的甲烷/氢气可用于合成氨厂造气,或分离氢气,或作燃料。

(3) 燃烧法。

有机废气还可以直接作为燃料用于石油化工生产中。一般而言,石化厂各生产装置所产生的组分不平衡的有机废气均可作为燃料为其他石油化工生产过程提供热量。由中国石化抚顺石油化工研究院和北京燕山石油化工公司共同研发的"顺丁橡胶生产废气深度治理及能量回收技术",该项技术开发了"过滤除雾-催化氧化-余热蒸汽回收"催化氧化深度净化处理工艺,可在尾气深度治理的同时,对反应热进行有效回收利用,实现了反应热高效回收利用,取得了良好的节能效果。另外,不易作燃料废气,可排入火炬系统。鉴于石油炼厂和石油化工厂的火炬气都是碳氢化合物，故可将其回收利用，这样做不仅可以提高经济效益，而且能消除由火炬引起的烟、光、噪声及排出废气对环境的污染，并延长火炬寿命。例如，北京燕山石油化工公司化工一厂、中国石化兰州石化公司石油化工厂、法国 ELF 公司的一号乙烯装置，以及美国和日本的一些石油化工装置都把火炬气加以综合利用。对年产 30 万 t 乙烯而言，一般可燃废气的排放量为 1000kg/h，排放气体的主要组成为氢气、甲烷、乙烯、丙烯等，如果能将该可燃废气有效利用，将大大提高经济效益和缓解大气污染。

(4)生物净化法。

生物净化法是利用有机废气中的有机成分为碳源和能源，维持附着在滤料介质上的微生物生命活动，在适宜的环境条件下，有机废气中的有害成分经微生物代谢过程被分解为二氧化碳、水和无机盐、生物质等。该方法适用于浓度较低的有机废气治理[1]。例如，中国石化广州分公司采用生物净化法对某石化企业化工区污水池挥发出的苯、甲苯、二甲苯、总烃为主的石油化工有机废气进行了处理，结果表明该工艺技术对三苯污染物的去除率比较理想，无论在较高浓度或在低浓度下，均能达到甚至超过预期效果[2]。

2)含硫、氮废气资源化

石油化工原料中大多含有氮、硫元素，生产过程中会产生一氧化氮、二氧化氮、二氧化硫和硫化氢等废气，对环境和人类危害极大，目前对该类废气的资源化利用主要分为干法和湿法两种。

(1)干法脱硫脱氮。

干法脱硫脱氮是指利用吸附剂、催化剂或固相吸收剂脱除烟气中的含硫、氮废气。干法脱硫脱氮无废酸和废水排放，减少了二次污染[3]。例如，等离子法脱硫脱硝工艺，使用高能等离子体氧化废气中的二氧化硫和二氧化氮等多种废气，其被高能电子氧化后能够与水蒸气反应产生雾态的硫酸和硝酸，同时与添加的氨进行反应，获得硫铵及硝铵。另一种干法脱硫脱氮方法是光催化法脱硫脱硝工艺，在光催化作用下实现含硫、氮废气资源化利用[4]。此外，将硫化氢部分氧化可制备硫磺，为石油化工过程提供原料。近年来，国内外研究开发了一些新的工业废气中的二氧化硫治理技术，HaldorTopsoe 公司推出了硫氧化物催化脱除工艺，可从大多数含硫废气中去除硫化物，并直接回收工业级浓硫酸，主要用于处理含酸性硫氧化物的再生气和再生烟气，但脱硫脱氮效率低且不稳定，设备庞大，操作要求较高。

(2)湿法脱硫脱氮。

湿法脱硫通常采用一种溶液作吸收剂，具有设备简单、操作简单、脱硫效率较高且稳定的优点。例如，使用尿素作吸收剂，将二氧化硫和二氧化氮脱去，其副产物是铵肥，这个技术工艺流程使用设施简单，成本不高，拥有良好的经济、环境和社会效益。还有络合吸收法脱硫脱硝工艺，在溶液中加入络合吸收剂，让其与一氧化氮发生络合反应，能够加快一氧化氮溶解的速度。对于硫化氢，可采用氢氧化钠碱液吸收制备硫化钠，而硫化钠是一种重要的化工原料。还可以将硫化氢氧化为二氧化硫，随后再用碱液吸收以制备亚硫酸盐，而亚硫酸盐是重要的工业原料，可用于造纸工业；用石灰乳吸收硫化氢生成硫氢化钙，再与氰氨化钙合成制得硫脲。

3）一氧化碳、二氧化碳资源化

在石油化工中，一氧化碳、二氧化碳是产生量较大的工业废气，造成严重的温室效应，因此对一氧化碳、二氧化碳的资源化利用迫在眉睫。一氧化碳资源化方面，在催化剂的作用下，可与水蒸气反应用于制备氢气；此外，一氧化碳还是制备合成气的原料。至于二氧化碳，是制备多种化学品的原料，可用于制备双氰胺、碳酸丙烯酯、水杨酸、对甲基水杨酸、对氨基水杨酸、2,4-二羟基苯甲酸、1-羟基-2-萘甲酸等；并且近年来有研究报道，在一定条件下，二氧化碳能被氢气或金属氢化物还原为甲酸、甲醛、甲醇、甲烷等。

3. 石油化工废气处理存在的问题及对策

在我国的石油化工中，其废气的组成较为复杂，将面临多种组分废气的去除工作。但是在一个单元过程中，理论上来说，只可以解决一种污染物，或是完成对几种性质相近污染物的处理工作。因此，在我国石油化工废气处理技术中，选择废气处理工艺时，首先要考虑对多个单元进行组合，努力搭建一个可以满足预定目标的较为完美的组合流程。现阶段，虽然末端处理技术仍然是减少其废气排放的一项最为主要的手段，但随着科学技术的不断发展，处理重心前移也变成了一种较为新颖的发展趋势。例如，利用硫转移催化剂技术，可以使得FCC再生烟气无需进行相关的脱硫处理，就可以满足对二氧化硫排放的标准要求。利用低芳烃、低烯烃、低硫等清洁燃料，可以从某种程度上极大地消除处理汽车尾气的烦恼。所以，通过前移其处理的重心，在某种程度上能够提高资源利用率，同时也反映了清洁生产理念。

6.1.2　石油化工废液资源化

1. 石油化工废液来源及危害

石油化工废液主要包括废酸液、废碱液、有机废水、高离子废水等。大部分废酸液一般来源于电化学精制、酸洗涤、酯水解等工艺；废碱液主要来自石油产品的碱洗精制，一般为具有恶臭的稀黏液；石油化工其他废水来源于精炼、石油化工产品、润滑油等生产工艺，石油污水通常以乳状液形式存在[5]。而石油化工企业废水中除含有油、硫、酚、氰外，还含有苯、醇、醚、醛、酮、有机磷和金属盐类等，有毒有害物质多，对环境造成的危害巨大[6]。

2. 石油化工废液资源化利用

1) 废酸液资源化

(1) 热解法回收硫酸。

目前国内回收硫酸多送到硫酸厂，将废酸喷入燃烧热解炉中，废酸与燃料一起在燃烧室中热分解成二氧化硫和水。燃烧裂解后的气体在文丘里洗涤器中除尘后，冷却至90℃左右，再通过冷却器和静电酸雾沉降器，除去酸雾和部分水分，经干燥塔除去残余水分以防止设备腐蚀和转化器中催化剂失活，在五氧化二钒的作用下，二氧化硫在转化器中生成三氧化硫，用稀酸吸收，制成浓硫酸。

(2) 废酸液浓缩。

废酸液浓缩的方法很多，目前使用比较广泛的是塔式浓缩法。此法可将70%～80%的废酸液浓缩到95%以上。其缺点是生产能力小，设备腐蚀严重，检修周期短，费用高，处理1t废酸需消耗燃料油50kg。

2) 废碱液资源化

(1) 硫酸中和法回收环烷酸、粗酚。

常压直馏汽油、煤油、柴油的废碱液中环烷酸和粗酚的含量高，可以直接采用硫酸酸化的方法回收。其过程是：先将废碱液在脱油罐中加热，静置脱油，然后在罐内加入浓度为98%的硫酸，控制pH为3～4，发生中和反应生成硫酸钠和环烷酸，经沉淀可将含硫酸钠的废水分离出去，将下层沉淀进行多次洗涤以除去硫酸钠和中性油，即得到环烷酸产品。若用此法处理二次加工的催化汽油、柴油废碱液，即可得到粗酚产品[7]。

(2) 二氧化碳中和法回收环烷酸、碳酸钠。

为减缓设备腐蚀和降低硫酸消耗，可采用二氧化碳中和法回收环烷酸。此法一般利用二氧化碳含量在7%～11%(体积分数)的烟道气碳化常压油品碱渣。回收过程是：先将废碱液加热脱油，脱油后的碱液进入碳化塔，在塔内通入含二氧化碳的烟道气进行碳化。碳化液经沉淀分离，上层即为回收产品环烷酸，下层为碳酸钠水溶液，经喷雾干燥即得固体碳酸钠，纯度可达90%～95%。

(3) 常压柴油废碱液作铁矿浮选剂。

采用化学精制处理常压柴油产生的废碱液，可用加热闪蒸法生产贫赤铁矿浮选剂，用其代替部分塔尔油和石油皂，可使原来的加药量减少48%。

(4) 液态烃碱洗废液用于造纸。

液态烃废碱液的主要组成是硫化钠(2.7%)、氢氧化钠(5%)、碳酸钠(36%)的水溶液，另外还有一些酚等。造纸工业用的蒸煮液是硫化钠和氢氧化钠的水溶液，使用废碱液造纸时，可根据碱液成分适当补充一部分硫化钠和氢氧化钠。

(5)炼油废碱液用于制备亚硫酸钠。

辽宁东野集团高新石油化工有限公司开发出一种"新型二氧化硫废气回收技术"，成功地利用炼油厂的废碱液吸收锌厂燃煤烟气中的二氧化硫气体，生产工业级亚硫酸钠，用于造纸工业等。烟道气处理前含二氧化硫 0.50%～1.70%，经碱液吸收后，降至 0.05%，削减率超过 95%。

3)其他废水资源化

(1)含硫废水处理。

目前，国内外对含硫废水采用的物化处理方法主要有氧化法、气提法、碱吸收法、沉淀法等，其中在石油化工污水中应用最为广泛的是氧化法和气提法，硫去除率可大于 90%。在使用氧化法处理含硫石油化工废水时，使用醌类化合物、锰、铜、铁、钴等金属盐类作为催化剂，利用空气中的氧将硫化物氧化为硫代硫酸盐或硫酸盐[8]。除了传统的物化除硫方法，最近出现了一些新的物化处理法，如湿式空气氧化法、催化湿式氧化法、超临界水氧化法。这些高级氧化方法，不仅能将污水中的硫成分充分氧化成无机硫酸根，有效地脱除了臭味，效率高，处理彻底，而且能显著提高难生化、高浓度的有机污水的可生化性，可作为生化处理的预处理措施，因此日益受到人们重视[9]。

(2)有机废水处理。

高浓度有机废水可采用直接喷雾燃烧法净化处理。一般高浓度有机废水所含有机物的发热值为 4500～5500kcal/kg 时，不需要补加燃料就可使这类废水燃烧。例如，含卤素有机废水，包括四氯化碳、氯乙烯、溴甲烷等，废液在焚烧炉内氧化后，将产生单质卤素或卤化氢(氟化氢、氯化氢、溴化氢等)，根据需要可将其去除或回收。低浓度的有机废水可采用湿式空气氧化法，将水中溶解或悬浮的有机物在高温高压下氧化分解，使有害废水转化为甲烷和二氧化碳等，从而实现资源化和无害化。该方法不同于其他燃烧法，它不需要蒸发浓缩或脱水干燥等预处理，也不产生污染大气的挥发性灰尘。该方法通常处理有机物含量只有百分之几，而无需浓缩的低浓度有机废水。

另外，还可采用吸附剂法[7]、重力分离法[10]、沉降剂法、膜分离法[11]、萃取法、精馏法等对有机废水进行分离，在净化废水的同时，可以将废水中的有机物分离出来，再收集回收，实现有机废水的资源化利用。例如，重力分离法利用油水密度差和油类物质的不溶性进行分离，实现油的回收和水的再生。还有灌溉农田法，仅对废液进行简单的中和、沉淀处理，受废液的性质、地理条件及季节的限制，不适合广泛使用；浓缩干燥法，对废液进行中和、沉淀、浓缩、干燥等处理，干粉可作有机肥料，能耗较大，运行费用高。

（3）含重金属废水处理。

目前，对含重金属离子废水的处理方法有化学沉淀法、电解法、离子交换法、反渗透法、电渗析法和膜分离法等[12]。化学沉淀法是向废液中加入适量的化学药剂，使其与废液中的污染物发生互换反应生成难溶的碱或盐类。化学沉淀法一般多用于重金属离子的去除，如去除汞、铬、铅、铜、镍、锌等重金属离子。在废液中大多加入过量的沉淀剂，如消石灰或氢氧化钠等。有时也需要加入硫化钠等来生成硫化物沉淀。该法是使废液中的重金属成分达到排放标准的最有效的处理技术[13]。电解法是电解质溶液在直流电作用下，在电极上发生的电化学反应。该法处理废液的作用有氧化反应、还原反应、凝聚作用和气浮作用等。电解法的主要优点是在电解回收的同时发生电解氧化和电解还原等副反应，使有害物质分解，最终生成新的无害物质，一方面回收金属，另一方面分解有害物质，可谓一举两得。离子交换法是指废液中的离子污染物与不溶于水的离子交换剂发生的一种离子交换反应。常用的离子交换剂有离子交换树脂和磺化煤等。膜分离法是利用半透膜或离子交换膜的特性，在外加动力的条件下使废液中的溶解物与水分离浓缩以净化废液。膜分离法成本较高，因此多用于回收价值较高的废液[14]。

3. 石油化工废液处理存在的问题及对策

国内对石油的需求量不断增大，造成对石油的过度开采，使得近几年采出的原油品质逐渐下降，原油中的杂质也越来越多。在石油化工过程中由于原油品质变差，所以要经历更复杂的加工过程。伴随着劣质原油的加工，产生的石油化工废液成分也更加复杂。而且大量进口高硫含量的原油导致在加工高硫原油过程产生的石油化工废液中掺杂着大量硫元素。另外，由于石油化工废液中含有大量化学元素，传统的废液处理流程已经不能满足目前的环境保护要求，必须改进、加强现阶段我国的石油化工废液处理手段。因此，在石油化工废液处理方面，要不断研发新的、复杂的废液处理工艺来处理多样化的废水。

6.1.3 石油化工固废物资源化

1. 石油化工固废物来源及危害

石油化工企业固废物主要有废催化剂、废活性炭、废瓷球、废分子筛、碱渣、炉渣、灰渣、油泥、重组分油和污水处理场产生的"三泥"等。石油化工废渣的特点是成分复杂，几乎涉及到石油化工生产中所有有毒有害的原材料、辅料、成品，以黏稠的半固体吸附在其他固体废物等各种形式排出，如不采取妥善的处理措施，它们就会以挥发、渗漏、接触等形式严重污染大气、地面水、地下水，毒害人类和各种生物。

2. 石油化工固废物资源化利用

1) 废渣资源化

石油化工废渣主要包括碱渣、炉渣、灰渣等，根据废渣成分的不同，可以采用不同的方法实现废渣的资源化。石油化工企业的炉渣、灰渣对环境危害较小，可以用于制造水泥建材、制砖、修路、肥料[15]等。对于碱渣，可以通过化学氧化法实现资源化利用。例如，某石油化工企业建设了废碱渣湿式氧化工艺装置[16]，使含硫废液中的硫转化为硫酸盐或硫代硫酸盐，从而将碱渣中的恶臭物质氧化脱臭，处理后的污水排入污水处理场。石油化工废渣还可以采用焚烧方式进行处理，目前在国外用焚烧方式处理废物十分普遍，采用的焚烧系统也多种多样，一般都具有完善的热能回收、废气处理、焚烧残渣处理系统[17]。

最近，陕西省榆林市榆神工业区能源科技发展有限公司和清华大学合作实现了煤气化废渣脱碳综合利用，采用自主研发的一种新型反应器，将煤气化所产生的工业废渣的残碳含量脱除到2%以下，再通过控温氧化技术，得到脱碳灰渣和高热值蒸汽，提高碳渣的利用率，实现煤炭资源的清洁利用[18]。最终，脱碳灰渣可以作为建材原料加以完全利用，同时在反应过程中还可产生大量高热值中低压蒸汽。

石油化工废渣还可以用于制备无机吸附剂、无机纤维板、橡胶塑料制品填料、七水硫酸镁、碳化法制碳酸镁或氧化镁等。江苏建筑科学研究院有限公司利用盐泥制成无机吸附剂，齐鲁石化公司研究院也进行过这方面的研究[19]。华东师范大学与南昌氯碱总厂合作进行了氯碱工业废渣制造无机纤维板研究，加入其他原料后可制成无机纤维板。齐鲁石化公司研究院还对氯碱工业废渣制造橡胶制品、塑料制品填料进行了研究，将烘干后的料粉碎用于低档次塑料制品和橡胶制品的填料[20]。天津化工厂、福建省福州第二化工厂等单位用氯碱工业废渣制备了七水硫酸镁[21]。华东理工大学与上海氯碱化工股份有限公司合作进行了氯碱工业废渣碳化法制取氧化镁的实验，总收率达50%左右[22]。

2) 废催化剂资源化

由于废催化剂中含有一些有害的重金属，并且颗粒较小，极易造成水污染和大气污染。另外，制造这些催化剂需要耗用大量贵金属、有色金属及其氧化物，废催化剂中有用金属的含量并不低于矿石中相应金属的含量。因此，从控制环境污染和合理利用资源两方面考虑，均应对其进行回收利用。

(1) 废催化剂的再生。

催化剂在使用一段时间后，常因表面结焦积炭、中毒、载体破碎等原因失活，国外一些炼油厂已基本实现了废加氢精制催化剂的再生，通过物理化学方法，去除催化剂上的结焦，回收沉积金属，再对催化剂进行化学修饰，恢复其催化性能。一般废催化剂再生处理流程为：熔烧—酸浸—水洗—活化—干燥。其中熔烧是烧去催化剂表面上的积炭，恢复内孔；酸浸是除去镍、钒的重要步骤；水洗是将黏附在催化剂上的重金属可溶盐冲洗下来；活化是恢复催化剂的活性；干燥是去除水分。经过以上再生流程，镍可去除 73.8%，活性可恢复 95.7%，催化剂表面得到明显的改善；再生后催化剂的性能达到平衡催化剂的要求，可以返回系统代替50%的新催化剂使用。

（2）有价金属的回收。

现在国内从废催化剂中回收有价金属的工艺可归纳为高温挥发法、载体溶解法、选择性溶解法、全溶法、火法熔炼、燃烧法等，这些方法均采用与矿石冶炼相似的技术，基本以酸碱法为主。西北矿冶研究院的刘秀庆等采用先酸浸镍、钴、铋，再碱浸钼的工艺流程，有效实现了钼、钴、镍及铋的分离。钼的浸出率为 93%，钴、镍的浸出率均达 90%以上，铋铁渣含铋 18.3%[23]。梁敏等提出用电沉积法回收废催化剂中的镍，回收率可达 93.2%，该方法设备投资少，操作简单，处理效果好，减少了污染，是一种较理想的处理工业废镍催化剂的新方法[24]。丹东制药厂曾在实验室回收钯，得到含钯十万分之几的稀氯钯酸，钯回收率大于 95%[25]。

（3）精制催化裂化柴油。

中国石油大学用废催化剂对济南炼油厂 FCC 柴油进行吸附精制[26]，在吸附剂与油之比为 20g∶500mL 时，吸附物与柴油中的氮之比为 19∶2；精制油中染色能力较强的胶质含量下降约 1%，精制油的酸度和碱性氮质量浓度与 FCC 柴油相比各下降约 50%和 72%，碘值也有所下降。同时精制油的回收率可达 99.55%，即使不回收，也可达到 97.96%，且其质量达到了优级轻柴油的指标要求。

（4）废催化剂的其他用途。

含铜/锌催化剂主要用于合成氨工业、制氢工业的低温变换反应，合成甲醇和催化加氢反应，由于在使用过程中都是还原状态的铜，因此易因硫中毒、卤素中毒、热老化等报废。研究表明，这类废催化剂可以用来生产硫酸铜、氯化亚铜、五水硫酸铜和氧化锌；废铜/锌/铝催化剂中的氧化铜和氧化锌具有较大的硫容，可作为精脱硫剂使用；并且经过硝酸溶解、共沉淀、洗涤和煅烧后可使催化剂得到再生。

3）含油污泥资源化

对含油污泥中的油资源进行回收利用，国外已经用于研究和生产的处理含油污泥的方法一般有热洗涤法、溶剂萃取法、固液分离法、化学破乳法等。

（1）焦化法处理含油污泥。

含油污泥的组成主要有烷烃、环烷烃、芳香烃、烯烃、胶质及沥青质等。焦化法处理含油污泥就是利用重质矿物油焦化反应的特点，使含油污泥中的矿物油得到深度裂解，最终生成化学性质稳定的石油焦和多馏分的轻质油，实现资源回收和保护环境的最终目的。中国石油大学在大量实验的基础上，基于焦化反应机理，提出焦化法处理含油污泥工艺，生成的焦炭中石油类的含量可降至 0.3%～0.9%，可实现对石油类的回收利用[27]。焦炭中含有一定量的泥沙，可以燃料或建筑材料的方式进行综合利用，也可直接排入外环境。

(2)生物法处理含油污泥。

含油污泥还可被微生物降解，能彻底解决含油废渣污染问题。中国石油天然气总公司环境监测总站在实验室对生物法处理含油污泥进行了研究，采用地耕法处理含油废渣，能明显地消除油污染[28]。当添加废渣使土壤中油浓度为 15～20g/kg 时，处理 7 周，可去除 20%以上的油，去除效率在 20%以上，具有一定的应用价值。

3．石油化工固废物处理存在的问题及对策

石油化工企业产生的固体废弃物种类繁多、成分复杂，企业需要根据自身建设性质、周边环境特点，设计选择合适的固废物处置方法，兼顾减少其他污染物排放，达到减量化、资源化、无害化的要求。但是当前环境形势趋于紧张，而石油化工企业产生的废渣的种类越来越多，现有处理技术已不能满足需求，迫切需要开发更多新的行之有效的资源化途径，以缓解环境压力和实现可持续发展。

6.1.4　结论与展望

资源综合利用潜力无穷，可以横向无边，纵向无底，任重道远。当前，在石油化工领域中，综合利用率仍很低，我国每年产生废旧橡胶 80 万 t,利用率仅 20%，只用于再生胶的生产；年产生废塑料 50t，回收利用率仅 20%，只用于生产低档次再生产品；废润滑油再生厂 160 多家，多为百吨级小厂，再生利用率也只有 30%左右。石油化工生产中的废水、废气、废渣中有用资源很多，但回收利用率很低，利用水平和效益不高，大多只是为消除污染、避免浪费的初级技术的综合利用项目，效益不高。石油化工中仍有许多综合利用课题等待开发，重油造气炭黑水中炭黑的回收利用，化工污水中资源的回收，废催化剂中贵金属的回收，粉煤灰、磷石膏等资源的深层次、高效益的综合利用等，潜力无穷，需要行业内外的有志之士投身其中，做出贡献。

6.2　印染化工污染物资源化

印染行业是工业中的排污大户。印染废水是纺织工业污染的主要来源。据不完全统计，全国印染废水排放量为 $3 \times 10^6 \sim 4 \times 10^6 m^3/d$，约占整个工业废水的

35%。印染废水的组成复杂，主要由退浆废水、煮炼废水、漂白废水、丝光废水、染色废水和印花废水等组成。而且印染工艺中含有大量染料、助剂、浆料、酸碱、纤维杂质及无机盐，使得印染废水中有机物含量高、碱度高、色度深、可生化性差，其中含具有较大生物毒性的硝基、氨基化合物及铜、铬、锌、砷等重金属元素。此外，在加工过程中对染料、助剂、织物染整要求的不同，导致印染废水的pH、COD_{Cr}、BOD_5 等指标差异较大。我国将长期面临环境容量与经济增长的冲突，水污染排放标准日趋严格和市场竞争压力日趋增大，也将是印染企业长期面临的问题。同时在资源匮乏的情况下，绿色生产，可持续生产迫在眉睫。印染化工中的废水的再生及利用，及对废水中的成分的资源化利用，对保护环境、节约资源有重大的意义。

目前，染整化工中污染物的资源化主要有废水的再生及利用、废水处理后的污泥的资源化、废水中碱的回收利用、对苯二甲酸的回收及烟气脱硫等。

6.2.1　印染废水的处理及资源化

1. 印染废水的特点

印染废水的来源主要有前处理废水(包括退浆废水、煮炼废水、漂白废水和丝光废水)、染色废水、印花废水和整理废水。由于印染行业生产的产品多种多样，生产过程中排放的废水水质也经常处于变化中，总体来说，印染废水具有以下特点。

1) 色度大、有机物含量高

印染废水总体上属于有机废水，其中污染物主要有天然有机物质(天然纤维所含的蜡质、胶质、半纤维素、油脂等)及人工合成有机物质(如燃料、助剂、浆料等)。近年来，随着大量新型抗光解、抗氧化助剂、浆料的使用，有机污染物的可生化性降低，处理难度越来越大。

2) 水质复杂

印染废水是印染企业生产过程中排放的各种废水混合后的总称。有些企业排放的废水全部为生产废水(含辅助生产废水)，而有些企业排放的废水中则含有部分生活污水，致使废水水质经常变化。

3) pH 变化大

不同纤维物在印染加工中所使用的工艺不同，需要在不同 pH 条件下进行染色，导致印染加工过程排放废水的 pH 变化大。

2. 印染废水资源化的现状

我国对印染废水回收再利用已有较多的研究，从目前研究及应用的情况来看主要有以下特点。

(1)回用技术大多处于实验研究阶段，多为小试和中试，实际工程应用较少，且水的回用率较低，一般不超过 50%，主要回用于对水质要求不高的前道工序，缺乏有利于提高回用水水质及回用率的高效技术的推广应用。

(2)回用处理主要是对印染废水在达标处理的基础上进一步进行处理，达到回用水水质标准。处理工艺主要采用絮凝、吸附、过滤和氧化等技术，其中对去除盐度和硬度的关键技术研究较少。

(3)由于现有技术水平的限制，印染废水大量回用对生产及废水处理系统会带来一系列问题，包括有机污染物和无机盐的积累。目前对废水长期回用的水质问题及对水处理系统的影响研究不多，特别是无机盐的积累问题基本没有涉及。

3. 印染废水深度处理资源化技术概况

印染工艺本身十分复杂，不同的工艺用水对水质要求的差异也很大，目前印染废水处理再利用还没有一个统一的标准，然而实践证明，许多经济、有效的组合方案处理后的出水用于水质要求相对较低、用水量较大的杂用水，或者部分冷却水及印染前工序用水都是完全可行的。对于某些水质要求比较高的工序，如打底、皂洗、染色工序，单一的处理工艺一般很难使废水达到较好的印染用水标准。回用水必须经过更为严格的深度处理。联用技术可以使物理、化学、生物的净化作用有机地组合起来，充分发挥各处理手段的长处，使微量污染物的去除达到最佳效果。

4. 印染废水深度处理单元技术

1)吸附处理技术

用吸附法处理印染废水，是利用具有微孔多、表面积大的粉末或颗粒物质与废水结合，使废水中的污染物质被吸附去除。吸附法能有效去除废水中的剧毒和难降解污染物。经处理后出水水质好且比较稳定，无二次污染，因而吸附法在废水处理中有着不可替代的作用。常用的吸附剂有活性炭、粉煤灰、改性纤维素、黏土矿物、硅胶和树脂等。

活性炭直接应用于印染废水的处理成本过高，可以将活性炭与其他物质结合来处理印染废水，张健俐等[29]采用臭氧脱色和活性炭吸附去除 COD 的二级组合处理系统，对淄博市某纺织企业的印染废水进行处理回用的应用研究，系统处理能力 3000m³/d。当进水 COD 为 80~100mg/L 时，出水 COD 为 6~10mg/L，处理后的水可以用于冷却循环水和水洗水，处理成本为 1.95 元/m³，社会效益、环境效益和经济效益都十分明显。

无锡市江南色织公司色织一厂采用的回用处理工艺为：二级处理出水→硅藻土过滤器→出水。经过一段时间的运行，处理后的污水 30%～40%被利用，60%～70%流入运河。经该工艺处理后用于生产车间，在染色、漂白中产品质量正常。车间员工反映该水质质量好于自来水。

吸附处理技术的投资少，成本低，适于低浓度印染废水，但是易受温度、吸附时间、pH 等影响，吸附材料再生性差。

2) 膜分离技术

分离是采用高分子薄膜作介质，以附加能量为推动力，对双组分或多组分溶液进行表面过滤分离的一种处理方法。膜技术按滤膜孔径的不同有微滤、超滤、纳滤和反渗透。膜分离技术是印染废水深度处理的一项重要技术，在印染水回用工艺上的应用有两种方式：一是几种膜分离技术组合工艺对印染废水进行深度处理；二是膜分离技术与其他技术组合工艺对印染废水进行深度处理。膜分离技术在印染废水回用中不仅能去除污水中残存的有机物和色度，进一步降低回用水的 COD、BOD 和色度；还能脱除无机盐类，防止系统中无机盐类的积累，确保系统长期稳定运行。

杜启云等[30]用膜集成技术处理鄂尔多斯羊绒集团的废水。曝气池出水经超滤除菌除浊、反渗透脱盐深度处理后，COD 由 80mg/L 减少到 38mg/L，出水变成软水可供热电厂和生产车间回用。该系统日处理生产废水 1500t，水回收率 70%。陈保雄[31]将超滤膜(UF)工艺用于深圳某针织毛衣厂洗涤废水处理及回用，洗涤废水 COD 为 850～1300mg/L，SS 为 300～600mg/L，采用电解—焦炭过滤—粗纤维过滤—超滤(中空纤维)工艺，其超滤出水全部回用于生产工艺。该系统对 COD 的总去除率为 91%～97%，处理能力为 10t/h。阮慧敏等[32]采用 UF+RO 工艺对浙江某印染厂废水生化处理后的出水进行处理，膜系统进水 COD 为 100～350mg/L、色度为 180 倍、电导率为 800μS/cm，膜系统处理后出水 COD<10mg/L、色度为 1～2 倍、电导率<30μS/cm。Lu 等[33]采用生物滤池结合膜分离的方法，当进水 COD 为 150～450mg/L 时，出水 COD 降到 50mg/L 以下，去除率高达 91%，且色度、浊度、铁锰浓度的去除效果都非常好。

膜分离技术虽然具有能量转化率高、纯化物质而不改变其原有的理化性质、分离过程不需要投加药剂、适应性强、操作维护方便、易于实现自动化控制等优点，但是成本较高，且膜组件易被污染而缩短其使用寿命。只有通过控制并降低膜污染来延长膜寿命，从而降低成本，膜分离技术在印染废水深度处理中才会得到更加广泛的应用。

3)高级氧化深度处理技术

高级氧化技术(advanced oxidation processes，AOPs)是一种新的能有效处理难降解有机废水的化学氧化技术，能够使绝大多数有机污染物完全矿化或部分分解，由于其所特有的、优良的氧化性能，引起了广泛的重视。高级氧化技术的基础是运用电、光辐照，催化剂，有时还与氧化剂结合，在反应中产生活性极强的羟基自由基($\cdot$OH)。高级氧化深度处理技术主要包括化学氧化技术、光催化氧化技术和电化学氧化技术。

(1)化学氧化技术。

在印染化工废水深度处理中，O_3 和 Fenton 试剂是比较常用的氧化剂。O_3 具有很强的氧化性，有杀菌消毒的作用，是一种很好的杀菌剂、脱色剂，并能使大分子有机物分解为小分子有机物。O_3 可通过氧化无机物、有机物，消毒杀菌，去除色味等作用来净化水质。O_3 的强氧化性可氧化水中的 Fe、Mn、氰化物、氨等无机物及多种有机物，从而降低 COD、BOD，近年来已经广泛地用于去除染料和印染废水的色度和难降解有机物。沈信儒和杨明樑[34]采用 $O_3/H_2O_2/UV$ 体系高级氧化技术对某印染厂在生化前后所排放的废水进行了实验，结果表明：高级氧化反应随 O_3 和 H_2O_2 加入量的增加，其反应速率也随之增加，UV 辐射除了可诱发产生$\cdot$OH 外，还能产生其他激发态物质和自由基，促使反应加快进行，同时，高级氧化技术也是印染废水脱色的极佳处理方法。

Fenton 试剂是由 H_2O_2 和 Fe^{2+} 复合而成的氧化剂，在酸性条件下产生的$\cdot$OH 具有极强的氧化作用，特别适合处理成分比较复杂的染料废水。姜兴华等[35]利用 Fenton 试剂对印染废水进行深度处理，结果发现：pH=2~3，H_2O_2 用量 3.2mL/L，铁炭体积比 1：1，反应时间 90min 时，出水 COD 去除 90%以上，色度降低 99%，盐度降低 64%，回用水水质指标均达到了回用要求。

(2)光催化氧化技术。

在印染废水的处理中，光催化氧化法也是广泛研究的热点。目前常用的催化剂主要有 TiO_2、H_2O_2、O_3 等，在太阳光或紫外光的照射下，促使催化剂的能级发生跃迁，产生活性很强的自由基，与废水中的有机污染物发生氧化还原反应而达到去除污染物的目的，具有低能耗、无二次污染、氧化彻底等优点。冯丽娜和刘勇健[36]采用了 TiO_2 活性炭负载体系对某印染厂的二级处理出水进行处理，进水 COD 为 300mg/L 左右，在最佳反应条件下，出水 COD 降到 50mg/L，色度降为 2 倍。研究表明：利用活性炭的吸附性能，有助于解决 TiO_2 的流失、分离和回收问题，提高光催化剂的处理效果。但废水本身的透光性和光利用率制约着光催化技术在废水处理工业中的应用。

(3)电化学氧化技术。

外加电场作用下，在特定反应器内，通过一定化学反应、电化学过程或物理过程，产生大量的自由基，利用自由基的强氧化性对废水中的污染物进行降解的过程。电化学氧化技术具有易控制、无污染或少污染、高度灵活等特点。夏志新[37]针对广州某染织厂印染废水二级出水进行吸附电解深度处理实验，研究了其工艺条件和作用机理，并对该技术应用于印染废水深度处理后出水回用于印染前工序进行了经济效益分析。结果表明，若该厂采用二级出水回用工艺，每年可节约用水 60 万 t，节省用水和处理废水费用 141 万元，达到较好的经济效益。

4)高效生物处理技术

生物技术不仅应用于印染废水的二级处理中，还可以作为印染废水的深度处理技术。目前，研究热点是针对二级出水中污染物大多是难生物降解的特点，开发出新型反应器，以进一步降低二级出水中 COD 浓度和色度。主要开发的新型生物反应器有曝气生物滤池(BAF)、移动床生物膜反应器(MBBR)、膜生物反应器(MBR)。

(1)曝气生物滤池。

印染废水经二级生化处理后，水中 COD 及 BOD 相对较低，曝气生物滤池填料上生长的贫营养微生物(如假单胞菌、芽孢杆菌等)，对废水中的有机物有较强的亲和力。张万有等[38]用新型好氧生物膜过滤器对印染废水进行深度处理，来水 COD 为 80~170mg/L，经过生物膜处理后，出水 COD 为 30~50mg/L，去除率最高可达 70%以上；来水 SS 为 80~200mg/L，出水 SS 可达 20~50mg/L，去除率最高可接近 90%；来水 NH_3-N 为 30mg/L，出水 NH_3-N 可控制在 0~3mg/L，去除率最高可达 100%，平均为 93.4%，生物膜脱离均匀，脱离沉降快，分离性能好，没有污泥流失现象。

(2)移动床生物膜反应器。

移动床生物膜反应器是一种新型的生物膜反应器。微生物在反应器内的填料上富集，填料悬浮于反应器内并随着混合液流动。因此，气、水、填料三者能够在反应器内充分接触，氧的利用率和有机污染物的传质效率高，且生物膜的活性较高、老化的生物膜易从填料表面脱落。移动床生物膜反应器还有不需要反冲洗、抗冲击负荷强、出水水质稳定等优点。霍桃梅[39]发现移动床生物膜反应器深度处理印染废水时对 COD 及氨氮两项指标有良好的去除效果，进水 COD 由 200mg/L 左右降到 50mg/L 以下，氨氮由 10mg/L 降到 2mg/L 以下，但色度去除率仅为 25%。

(3)膜生物反应器。

膜生物反应器集膜分离与生物降解于一体，可去除废水中大部分残余的 COD、色度和所有的 SS。而后通过纳滤(NF)或者反渗透(RO)工艺进一步处理，去除大部分盐度，出水水质一般能达到回用水要求。Schoebed等[40]先采用膜生物反应器和 NF 结合处理印染废水，出水水质全部满足回用水指标。但是考虑到技术难度和高额的经济成本，而后用 UF 代替 NF 同样取得较好的效果。膜生物反应器的优点在于工艺流程短、占地面积少、出水水质稳定；缺点与膜分离技术类似，主要是膜污染导致的膜寿命短、成本高和电耗高。

5) 工程应用

由于印染废水水质复杂，废水回用只靠单一技术难以实现，因此需要将各种方法有机结合起来，采用组合工艺进行综合处理。

(1) 传统技术组合工艺。

瑞敏等[41]采用絮凝脱色-曝气生物滤池-离子交换组合工艺处理针织棉布染色废水，出水色度去除至 10 倍以下，COD<20mg/L，SS 低于 2mg/L，浊度低于 3NTU。郭召海等[42]研究了臭氧氧化和生物滤池组合工艺处理印染废水的效果，发现该组合技术很好地发挥了化学氧化、吸附和生物降解的协同作用，且具有运行成本低、不产生浓缩液和剩余污泥少等优点。单一技术用于深度处理，难以同时解决脱色、降 COD 和除盐等问题，将各种单一技术进行有机结合，能得到较好的处理效果，还能保证充分发挥各技术的优势，提高污染物去除率。

(2) 膜技术与传统技术的集成工艺。

膜技术与其他技术组合处理印染废水大多采用化学絮凝等方法作为预处理，以降低进水中污染物浓度，从而达到提高处理效果和降低膜污染的目的。

从利泽等[43]针对印染废水成分复杂、色度大、污染物浓度高且难生物降解物质多等特点，采用絮凝沉淀法对其进行预处理，而后以膜生物反应器与反渗透膜分离系统组合工艺处理，结果表明：即使原水 COD 高达 2500mg/L，色度高达 10000 倍，经处理后出水也可达到废水回用标准。

西班牙的 Bes-Piá 等[44]采用臭氧与 NF 相结合的工艺处理印染废水，将臭氧作为 NF 的预处理工艺，臭氧能氧化导致膜污染的有机物质，从而防止膜的污染。实验发现：经 NF 后，废水电导率下降了 65%以上，出水的各项指标均达到回用水要求。

(3) 集成膜处理回用工艺。

多种膜分离技术组合工艺通过不同膜材料孔径的差异实现对印染废水的分级处理，以此减小膜污染，同时提高处理效果，使得出水能够达到回用级别。

浙江至美环境科技有限公司开发了"臭氧催化氧化+连续超滤膜(CMF)+RO"深度处理工艺，并建成 1500m³/d 的印染废水膜法处理回用示范工程。臭氧催化氧化系统主要用于去除水中难生化降解有机污染物的 COD 和色度，去除率分别可达 30%~40%和 90%以上。臭氧催化氧化出水进入 CMF 系统，出水水质稳定，

COD 稳定在 40mg/L 左右，浊度<0.4NTU，污染指数(SDI)<3。再经反渗透处理后，出水 COD<10mg/L，电导率<10.5μS/cm，SS 和色度均为 0，满足推荐的高级回用水水质标准。整个工艺通过分质处理、分级分质回用，废水回用率达到总处理水量的 75%以上。

近年来，组合膜工艺的研究和开发逐渐成为印染废水深度处理与回用方面的研究热点，该技术具有相当强的技术优势，尤其是纳滤或反渗透高分子膜作为高级处理过程，不仅可以实现高盐度、难降解有机染料废水的有效处理，还可以回收印染废水中有价值的物质(如一些稀有贵重金属)。以微滤膜作为预处理，不仅解决了纳滤和反渗透膜对进水要求高的问题，还有效缓解了膜污染问题，增加膜材料的使用寿命。

5. 结语及展望

印染化工废水对我国水环境构成了巨大的威胁，随着绿色生产，可持续发展的理念深入人心，印染废水深度处理和资源化回用越来越受关注。企业必须对生产和印染废水的污染预防和治理同等重视，并在保证产品质量不受影响的前提下，努力做到废水深度处理回用及废物料的回收再利用。这样既节约水资源和原料，又能有效地减轻印染废水对环境的污染。

目前印染废水的回用主要是以达标排放为前提，因此在继续开发和研究新的低成本深度处理技术的同时，一方面研究不同深度处理技术的集成，一方面将传统工艺与新技术相结合进行工艺改进和优化，使工艺和技术更加成熟，这样既可提高处理效果，又可降低处理成本，是今后印染废水回用技术的研究发展方向。

6.2.2 废水处理后污泥的资源化

1. 印染污泥概述

印染污泥主要来源于废水的预处理栅渣、物化污泥、生化污泥。污泥量也根据废水处理采用的工艺和处理深度不同有所差异，其中物化污泥来源于废水的絮凝沉淀或絮凝气浮处理单元，是印染污泥的主要组成部分。废水的来源及所加絮凝剂种类和用药量不同，污泥的成分及污泥量均有所不同，主要为浆料、染料和絮凝剂结合体。物化污泥的特点是相对密度大、团体颗粒大、颗粒持水性差、含水率低、不腐化、污泥稳定性好、流动性差、不易用管道输送。生化污泥来源于活性污泥法处理单元，在印染污泥中所占比例较少，包括厌氧(水解酸化)、接触氧化、生物滤池等排出的剩余污泥。生化污泥中有机物含量较高，但一般比城市污水中有机物含量少，污泥颗粒细小，往往呈絮凝体状态，

相对密度小、含水率高、流动性好、便于管道输送。印染污泥的组成如图 6-1
所示。

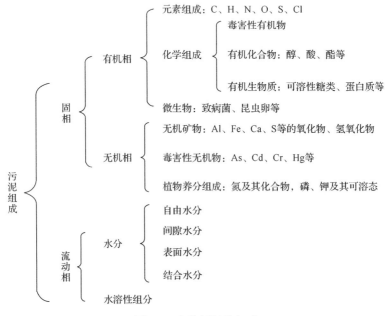

图 6-1　印染污泥的组成

2. 污泥的资源化利用途径

目前，污泥的主要处置方式有填埋、堆肥、抛海、焚烧、土地利用、资源化
利用等。一般来说，各地区对于污泥处置方式的选择是根据本地区的地理环境、
经济水平、技术措施、交通运输等因素确定的。具体来讲，各种污泥处置方法在
实际应用中都存在着一定的优点和限制条件。而我国污泥处置技术的发展比较滞
后，大部分以农用、简易填埋处理。这种处置简单，成本低。但是，在印染污泥
填埋过程中，污泥中含有的有毒有害物质通过渗滤液或雨水的渗溶作用，将污染
物转移至土壤或地下水，造成二次污染。污泥的资源化即在处理污泥的同时达到
变害为利、综合利用、保护环境的目的。据目前的情况和未来的发展趋势，污泥
的资源化利用途径主要包括以下三个方面。

一是土地利用：绿地利用、森林利用、农业利用和土地恢复。浙江航民实业
集团有限公司印染行业实现了无毒无害的绿色印染，从生产源头上清洁生产，处
理后的污水所产生的污泥其重金属含量低于国家标准，从而为活性污泥生产有机
肥打下了基础。利用微生物固氮技术是经过人工多次反复筛选出的一种高效微生
物，应用发酵工程技术制得的新型、全天然的肥料增效剂。它可添加到纯天然有

机肥、有机无机复混(合)肥中，特别引人注目的是还可添加到化肥中，更为神奇的是化肥的用量可减少 1/4～1/3。由杭州萧山航民污水处理有限公司产生的污泥生产的安全、高效、活化肥现已用于种植蔬菜、小麦、花木。

二是材料利用：污泥用于制砖、制陶、制纤维板材、水泥、混凝土填料，可实现"变废为宝"的目标，符合可持续发展的原则。国外有研究利用湿印染污泥直接添加水泥、石子等做成 3.5cm 石块道砟，强度一般，关键是黏合剂的选择和配方。此方法不需要消耗大量热能烘干，成本最低，市场的需求量又很大，是一种非常实用的方法。污泥处置生产建材的主要工艺流程如图 6-2 所示。

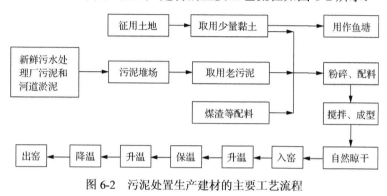

图 6-2　污泥处置生产建材的主要工艺流程

三是热能利用和沼气利用。这主要表现在通过生物消化技术制取生物能源、热解炼油或焚烧发电，污泥沼气还可以作为燃料利用，此外，污水处理过程产生的污泥中含有大量的有机物，在一定条件下通过热解的方法可以将污泥转变成有用的物质。污泥热解技术是通过无氧加热干燥污泥至一定温度，热分解作用使污泥转化为油、水、不凝性气体和炭 4 种物质。它为污泥的无害化、减量化、资源化提供了新的有效的途径。

此外，还有常州新环污泥处理有限公司利用烟气余热资源处理印染污泥，实现了以废治废和废物利用目标，具有推广价值。利用烟气余热处理污泥的工艺：在不增加新能耗的情况下，通过特殊的工艺流程和配套设备，利用烟气余热使污泥得到干化和成粒，同时实现污泥减量化和有害物质固定化。其工艺流程为：污泥收集→预处理→进料→二段干化→成粒→磨圆→筛分→成品。

含水率80%左右的印染污泥在堆放场进行预处理，可自然蒸发掉部分水分，并可使颗粒分散均匀。经过预处理的污泥再经过特制的进料设备，呈分散状均匀地经过二段干化过程，污泥进一步成粒和磨圆，并逐渐硬化。再经过分料筛，筛分出不同规格的团粒。粒径在 2～6mm 的污泥团粒可用于烧制轻质的节能砖和生产水泥压制品，其他的污泥团粒可作为燃煤的辅助燃料。

6.2.3 废水中碱的回收利用

烧碱是印染企业中消耗最大的化学试剂。烧碱的消耗量一般约为布重的10%(指有碱回收设备的条件下),其中平幅煮炼为5%,丝光为4%,染色、氧漂等其他用碱约1%。丝光工段产生的丝光废碱的浓度较高(6%左右),且含大量的有机和无机污染物。因此,印染化工废水中含碱量巨大,导致后期废水处理需要加入大量酸进行中和,并且降低废水B/C(BOC/COD)比,使废水生化处理困难。采用经济、合理的工艺将该废碱液进行预处理及浓缩,产生浓度较高、色度及SS降低至符合生产要求的碱,实现废碱液回收,则既能使印染企业节省能源,又能降低废水处理站的处理负荷,实现"双赢"的目标。大量的企业和研究单位对废碱液的回收进行了研究,开发出了很多新的工艺和设备回收废碱液,实现了经济效率和环境保护的双赢。

浙江江南印染股份有限公司经过不断的实验,开发出了一套废碱液回收及利用的工艺,废碱液回用后产品质量稳定,节约原料碱液用量约19.6%,起到了废物利用的作用。该回收和利用工艺流程如图6-3所示。

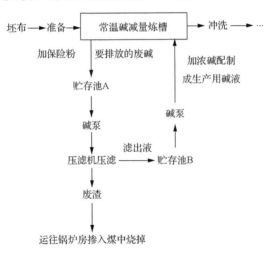

图6-3 常温炼槽碱减量工艺废碱回收工艺流程

绍兴县江墅纺织领带厂试出一种既简易又实用的废碱液回用方法,其方法是:棉布、T/C布丝光后的废碱液,用碱泵将其泵入一个高位槽内。由于烧毛、退浆、煮炼、皂浇、氧漂、氯漂等工序用碱浓度在30g/L以下,可以丝光后废碱液(也就是高位槽内废碱液)作为母液再配制成它们各自所需的浓度。高位槽内用后多余的废碱液溢流到车间外废碱池内,最终作为配制丝光用的碱液溶剂。此方法节约成本,废碱液回用后提高了碱的利用率,总用碱量降低约25%,减轻污染治理压力。

在染整工艺中,丝光用的烧碱浓度高达200~300g/L,轧碱后从织物上洗下

40～60g/L 淡碱液，丝光废水碱性较强(含氢氧化钠 3%～5%)。丝光碱耗高，去碱用水量大，排放的污水含碱量高，处理难度较大。丝光淡碱液的回收利用不仅可极大地降低碱耗、节约丝光成本，还可大幅度降低印染废水的碱度、排放量，减轻印染废水的处理难度，最终达到推行清洁生产、发展循环经济、节能降耗的目的。四川民康印染有限公司提出了在印染厂丝光淡碱液回收利用的生产路线：引进"浓碱浓度在线检测及自动加碱控制系统"以降低碱耗、改造丝光后织物的漂洗方式以节约清水用量和热能，减少废水排放量、回收处理丝光淡碱液。其中回收处理丝光淡碱液是通过扩容闪蒸回收技术实现的，主要采用多级扩容蒸发器实现废碱液的蒸发和浓缩。碱液回收项目实施技术路线如图 6-4 所示。根据实际生产情况，月丝光废碱液排放量 1500t，按丝光废碱回收能力 3t/h(由氢氧化钠 50g/L浓缩至 250g/L)，100%氢氧化钠的价格为 3100 元/t，汽水比 1∶3 进行计算，则年回收处理丝光淡碱液净收益约为 156 万元。

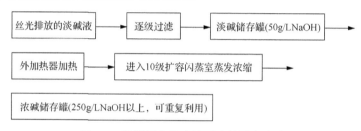

图 6-4　浓缩回收丝光淡碱液的技术路线

对于丝光过程中产生的废碱，一些新型的回收设备也已经被开发出来。天津天纺投资控股有限公司印染分公司采用德国科尔庭公司生产的、适用于纺织业的丝光废碱回收设备。通过对设备功能的充分研究利用，可使丝光废碱回收率达95%，各种资源充分循环使用，有效地降低生产成本，并能减少含碱废水的产生，有利于环境保护。

印染化工废碱资源化的另一条途径是烟气脱硫。燃煤锅炉烟气中含有大量的二氧化硫，纺织印染污水中含有大量的火碱、纯碱、硫化碱等助剂，利用纺织印染污水作为锅炉烟气的脱硫液，实现两者的中和效应，既可治理烟气中的二氧化硫，又能治理纺织印染污水中的氢氧化钠，达到双赢的环保效果。长乐区印染行业利用碱性印染废液进行湿法脱硫的工艺流程如图 6-5 所示。锅炉的烟气由引风机送入脱硫塔，烟气在塔内自下向上流动，而经过过滤的印染废水作为脱硫液通过脱硫液池，再由耐腐蚀泵打入脱硫塔，从喷淋器自上向下喷淋，与运动中的烟气直接接触，完成较充分的反应，达到去除烟气中二氧化硫的效果。中和后的烟气再经过脱硫塔上部的除雾装置挡住烟气中残存的雾滴，最后脱硫后的烟气通过烟囱达标排放。

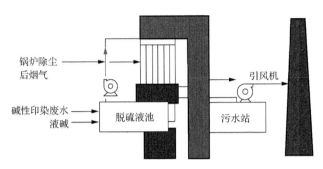

图 6-5　烟气脱硫工艺流程图

　　印染废水与燃煤烟气联合治理不仅能够除掉烟气中的二氧化硫，经过烟气处理后的废水可生化性进一步得到提高，为印染废水下一步进行的物化或生化处理打下良好基础。山西针织厂采用印染废水→烟道气处理→生化处理工艺联合处理印染废水和锅炉烟气。经该工艺处理后的烟气二氧化硫烟尘达到排放标准，印染废水经烟道气处理后，提高了废水的可生化性，由原单纯生化处理化学需氧量（COD_{Cr}）的去除率 73.4% 上升到 84%。某丝绸厂采用印染废水→烟道气处理→絮凝沉淀→活性炭过滤工艺处理精炼浮选废水和烟气。经过处理后，出口烟道气二氧化硫含量仅为 45.6mg/L，脱硫率为 95.2%，原废水经烟道气吸收后，色度去除 25%，COD_{Cr} 去除 8.8%，废水再经絮凝沉淀、活性炭吸附后可达标排放。南宁绢麻纺织印染厂用印染废水→烟道气预处理→炉渣过滤→生化处理工艺治理印染废水和锅炉烟道气，经烟道气预处理后，废水 pH 由 12～14 降为 7～8.5，COD_{Cr} 和 BOD 平均去除 50%，色度去除率达 75% 以上。烟道气中二氧化硫去除率达 80%，烟尘去除 97%～98%，并取得了较好的经济效益。

6.2.4　对苯二甲酸的回收利用

　　碱减量加工工艺是在一定温度和压力下，涤纶坯布在氢氧化钠水溶液中发生水解反应，织物表面部分的涤纶溶解、剥离，达到预期的减量目的。聚酯纤维在氢氧化钠水溶液中，主要是纤维表面聚酯分子链的酯键水解断裂，不断形成不同聚合度的水解产物，最终形成对苯二甲酸钠盐和乙二醇溶解在废水中，这种废水就是俗称的碱减量废水。碱减量废水具有水量小、污染大的特点，其废水水量仅占印染综合废水水量的 5%～10%，但 COD_{Cr} 却占 50% 以上，pH 也居高不下。将对苯二甲酸除去，对废水中的对苯二甲酸进行回收，不仅能够降低废水中的 COD_{Cr}，保证末端废水处理系统的达标排放，产生环境效益和社会效益，而且降低了废水末端治理的工程投资和运行成本，使废弃资源得到再利用，具有显著的经济效益。当碱减量废水 COD_{Cr} 为 25000mg/L 时，从 100t 废水中可回收 0.7～1.4t

的对苯二甲酸，废水的运行成本可降低 0.2～0.4 元/t。目前从碱减量废水中回收对苯二甲酸的工程已经在我国江苏、浙江的染整企业推广应用。

回收对苯二甲酸的主要方法有碱析法和酸析法。碱析法的原理是将碱减量废水 pH 调到 10 左右，向废水中投加氯化钙，对苯二甲酸钙以沉淀形式析出，搅拌、静沉、过滤，将滤饼水洗、烘干即为回收产物。反应式如下：

NaOO—◯—OONa+CaCl₂ ⟶ CaOO—◯—OOCa↓+2NaCl

酸析法根据对苯二甲酸不溶于水的特性，在碱减量废水中加入硫酸，调节废水的 pH 至对苯二甲酸析出，同温度下过滤，将滤饼充分水洗，烘干即为回收产物。反应式如下：

NaOOC—◻—COONa+H₂SO₄ ⟶ HOOC—◻—COOH+Na₂SO₄

酸析法可以去除废水中绝大部分对苯二甲酸，COD 的去除率也可以达到很高，但是酸析的对苯二甲酸颗粒细小，粒径以 5pm（1pm=1×10⁻¹²m）为主，沉淀分离较为困难，脱水性能差。采用向废水中投加絮凝剂的方法能净化提纯产物，具体工艺流程如图 6-6 所示。酸析前向废水中投加硫酸铝溶液，调节 pH 为 7～9，通过絮凝沉淀过程，使废水中较大杂质及悬浮颗粒得到去除，再通过微滤去除废水中的细小杂质及悬浮物，经过酸析、固液分离等过程，可获得纯度大于 98% 的对苯二甲酸。

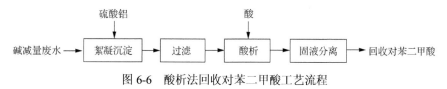

图 6-6　酸析法回收对苯二甲酸工艺流程

近年来，酸析法和碱析法与其他工艺结合的方法陆续被提出。李永贵等[45]通过超滤-絮凝-酸析的方法回收涤纶碱减量废水中的对苯二甲酸，通过优化工艺条件，对苯二甲酸的回收率可达 89.03%，回收的对苯二甲酸的纯度及酸值均接近对苯二甲酸标准试剂。

6.2.5　余热回收

印染行业是能源消耗大户，在生产过程中产生大量的高温废水、高温废气、锅炉烟气及蒸汽。据测算，一个年加工量 5000 万 m 的印染企业消耗煤炭可达 3.5 万 t/a 以上，折合蒸汽消耗 28 万 t/a 左右。对于余热的利用，在能源紧张、水资源日益短缺和环境污染不断恶化的严峻形势下，既能带来巨大的经济效益，又能保护环境。据不完全统计，全国印染行业年耗水量达 95.48 亿 t；能源以蒸汽为主, 50%为饱和蒸汽, 高温排液量大, 热能利用率只有 35%左右[5]。高达 65%的热能以各种形式的余热排放到自然界中, 并没有得到合理的回收与利用, 印染行业余热总的回收率处于较低水平。

印染行业余热回收利用在废水、废气余热回收方面的技术取得了较大的进步, 且已经应用到实践中。废水余热回收利用技术主要有: 利用热泵技术回收染色废水余热、利用板式换热器进行热能转换、利用连续套染回收利用废水余热, 以及利用新型多级串联热交换器回收废水中的余热。

废气余热主要来源于印染行业产生的高温废气, 主要是锅炉烟气和定形机油烟废气。针对不同废气余热有不同的回收技术, 如回转式换热器、焊接板(管)式换热器、热管换热器、热媒式换热器、热管式省煤器等。定形机油烟废气的处置集中了余热和废油回收, 主要技术有超导热管回收技术、冷却-高压静电一体化技术与传统水喷淋技术。

6.2.6 结论与展望

在低碳经济时代, 印染行业面临很大的压力, 应把印染行业的科技发展集中在节能减排和清洁生产技术的深度开发和应用上, 加大推广应用力度, 推进产业的结构调整和升级改造。继续开发和研究新的低成本的深度处理技术的同时, 一方面研究不同深度处理技术的集成, 一方面将传统工艺与新技术相结合进行工艺改进和优化, 使工艺和技术更加成熟, 这样既可提高处理效果, 又可降低处理成本, 是今后印染化工污染物资源化的研究发展方向。

6.3 冶矿化工污染物资源化

6.3.1 煤炭污染物

煤炭在开采、使用过程中会产生大量废弃物, 其中较为典型的固体废弃物主要包含三类: 粉煤灰、煤矸石、脱硫石膏。

1. 粉煤灰

1) 粉煤灰的来源

煤粉在炉膛中呈悬浮状态燃烧, 燃煤中的绝大部分可燃物都能在炉内烧尽, 而煤粉中的不燃物(主要为灰粉)大量混杂在高温烟气中。这些不燃物因受到高温作用而部分熔融, 同时由于其表面张力的作用, 形成大量细小的球形颗粒。在锅炉尾部引风机的抽气作用下, 含有大量灰粉的烟气流向炉尾。随着烟气温度的降低, 一部分熔融的细粒因受到一定程度的急冷呈玻璃体状态, 从而具有较高的潜在活性。在引风机将烟气排入大气之前, 上述这些细小的球形颗粒经过除尘器,被分离、收集，即为粉煤灰。

2)粉煤灰的物理性质和化学组成

(1)物理性质。

粉煤灰所含成分主要有：玻璃球体物质 20%～80%(在炉温 1200～1450℃时，煤烟燃烧后的粉煤灰中含有玻璃球体，无烟煤粉煤灰中未发现)；磁铁矿(Fe$_2$O$_3$)6%～16%；碳粒子 3%～4%；片状结晶物 4%～6%(为莫来石、石英、方解石、钙长石等)。粉煤灰的粒径为 25～300μm，平均粒径为 40μm，孔隙率为 60%～75%，具有多孔结构。

(2)化学组成。

粉煤灰主要矿物组成为石英、钡镁钙云母、石灰、硬石膏，其中石英峰值最为明显，含量最多。

我国火电厂粉煤灰的主要氧化物组成为：SiO$_2$、Al$_2$O$_3$、FeO、Fe$_2$O$_3$、CaO 等，其成分的范围与均值如表 6-1 所示[46]。我国部分火力电厂粉煤灰化学成分如表 6-2 所示[47]。

表 6-1　粉煤灰的化学成分　　　　　　(单位：wt%)

指标	成分								
	SiO$_2$	Al$_2$O$_3$	Fe$_2$O$_3$	CaO	MgO	SO$_3$	Na$_2$O	K$_2$O	烧失量
范围	33.9～59.7	16.5～35.5	1.5～15.4	0.8～9.4	0.7～1.9	0～1.1	0.2～1.1	0.7～2.9	1.2～23.5
均值	50.6	27.2	7.0	2.8	1.2	0.3	0.5	1.3	8.2

表 6-2　我国部分火力电厂粉煤灰化学成分　　　　　　(单位：wt%)

厂名	成分					
	SiO$_2$	Al$_2$O$_3$	Fe$_2$O$_3$	CaO	SO$_3$	烧失量
上海电厂	47.76	26.11	5.40	3.69	0.45	3.96
天津电厂	45.36	33.90	3.19	1.78	0.20	6.51
武汉青山电厂	55.94	25.92	6.15	3.54	0.36	6.12
太原第二电厂	44.74	30.61	3.83	2.20	0.46	14.74
成都电厂	52.26	27.03	5.11	4.59	1.93	5.75
株洲电厂	44.35	15.16	3.52	1.53	0.82	26.12
鞍钢电厂	57.80	17.22	9.55	5.47	—	4.96
唐山电厂	48.59	36.10	3.01	4.42	—	6.81

3)粉煤灰的危害

(1)污染土壤。

当粉煤灰中微量元素进入土壤超过其临界值时，土壤会向环境输出污染物，当其环境受到污染，那么土壤组成、结构和功能等均会发生改变，最终可导致土壤资源枯竭和破坏。

(2)污染水体。

粉煤灰随天然降水或随风进入河流、湖泊会污染地面水，并随之渗透到土壤中，进入地下水造成二次污染。国内专家研究发现，粉煤灰渗透到土壤中，使地下水受到不同程度的污染，比较明显的是使水的 pH 升高，有毒有害的元素也使其增加。而且，粉煤灰进入河道还会阻塞河道。

(3)污染大气。

由于粉煤灰颗粒小，露天堆放时会在风力的作用下将表层灰剥离扬起，不仅影响能见度，而且在潮湿的环境中聚集对建筑物、自然景观等造成破坏。

4)粉煤灰的综合利用

(1)粉煤灰提取 Al_2O_3。

Al_2O_3 是粉煤灰的主要成分，一般含 16.5%～35.5%，可作为宝贵的铝资源。一般认为，粉煤灰中 Al_2O_3 高于 25%才有回收价值。

(2)粉煤灰制陶粒。

粉煤灰制造的陶粒，以粉煤灰为主要原料，掺入少量黏结剂和固体燃料，经混合、成球、高温焙烧而制的一种人造轻质骨料，每生产 1t 粉煤灰陶粒需用干粉煤灰 800～850kg(湿粉煤灰 1100～1200kg)。

(3)粉煤灰制多元素复合肥。

粉煤灰具有良好的物理化学性质，能广泛应用于改造重黏土、生土、酸性土和盐碱土，弥补其酸性和板结的缺陷。粉煤灰中含有大量水溶性硅钙镁磷等农作物所必需的营养元素，故可作农业肥料用。

(4)粉煤灰制取水玻璃和白炭黑。

水玻璃的用途非常广泛，几乎遍及国民经济的各个部门。在化工系统被用来制造硅胶、白炭黑、沸石分子筛、五水偏硅酸钠、硅溶胶、层硅及速溶粉状硅酸钠、硅酸钾钠等各种硅酸盐类产品，是硅化合物的基本原料。白炭黑作为一种环保、性能优异的助剂，主要用于橡胶制品(包括高温硫化硅橡胶)、纺织、造纸、农药、食品添加剂领域[48]。

2. 煤矸石

1)煤矸石的来源

煤矸石是煤炭开采、加工过程中产生的固体废弃物，也是我国目前排放量最大的工业固体废弃物之一。我国煤矸石产量为原煤总产量的 15%～20%，积存已达 70 亿 t，占地 70km²，而且以年排放量 1.5 亿 t 的速度增长。煤矸石占地和污染问题相当严重，对矿区环境造成了巨大危害，具体表现在对大气的污染、水体的污染、土壤的污染，辐射人体、人身安全的危害等。

2) 煤矸石的物理组成和化学组成

(1) 物理组成。

煤矸石与煤系地层共生，是多种矿岩组成的混合物，属于沉积岩。煤矸石的岩石种类主要有黏土岩类、砂岩类、碳酸岩类、铝质岩类。

黏土岩类中主要矿物组分为黏土矿物，其次为石英、长石、云母和黄铁矿、碳酸盐等自生矿物，此外还含有丰富的植物化石、有机质、碳质等。黏土矿物非常细小，常常不超过 1～2μm，多是板状、层状或者纤维结构。黏土岩类在煤矸石中占有相当大的比例。

砂岩类矿物多为石英、长石、云母、植物化石和菱铁矿结核体等，并含有碳酸岩的黏土矿物或者其他化学沉积物。

碳酸岩类矿物的组成为方解石、白云石、菱铁矿，并混有较多的黏土矿物、陆源碎屑矿物、有机物、黄铁矿等。

铝质岩类均含有高铝矿物(三水铝矿、一水软铝石、一水硬铝石)，还常常含有石英、玉髓、褐铁矿、白云母、方解石等矿物。

(2) 化学组成。

煤矸石的化学组成一般是指矸石煅烧后产生的灰渣的化学成分。由于成煤的年代、环境、地壳运动情况和开采加工方式的不同，其组分波动较大。我国煤矸石的主要化学成分以二氧化硅和氧化铝为主，其中二氧化硅含量为 40%～60%，氧化铝含量为 15%～30%，但在高岭土和铝质岩石中氧化铝含量可达 40%。

3) 煤矸石的危害

(1) 侵占耕地，破坏自然景观。

据不完全统计，全国煤矿仅较大规模的煤矸石山就高达 1600 余座，占用土地约 1.5 万 hm²，而且随着煤矸石排放量的逐年增加，耕地被侵占的现象将进一步扩大，这对于拥有众多人口的我国来说，形势很不乐观。此外，虽然煤矸石山上的生物一般都能正常生长，但植被覆盖率低，黑色地面大部分还是暴露的，严重影响了矿区自然景观，煤矸石山已成为煤炭矿区的不良标志。

(2) 破坏生态环境。

煤矸石在运输、堆放过程中会产生扬尘，扬尘进入空气成为可吸入颗粒污染物，致使矿区呼吸系统疾病发病率居高不下；煤矸石自燃会产生 SO_2、CO、NO_x、H_2S 等有害气体及多环芳烃类有机污染物，它们以气相或吸附于微细粉尘排入大气，严重影响矿区空气质量及周边居民身体健康，同时还影响周围的生态环境，威胁区域生态系统的多样性。煤矸石长期露天堆放，在降水作用下，其淋溶水或进入水域或渗入土壤。这些携有煤矸石风化细颗粒和微量重金属元素的淋溶水会污染水体、破坏土壤生态功能，同时还会经由食物网的生物放大、富集作用，将其危害作用于动植物，对人类潜在威胁极大。

(3)其他危害。

多数煤矿煤矸石的堆积未经设计，煤矸石山堆放极不正规、结构疏松。在人为开挖、降雨淋滤、硫分自燃和蒸发等作用下，稳定性差的煤矸石山就容易引发如滑坡、崩塌、泥石流等重力灾害。

4)煤矸石的综合利用

(1)生产化肥。

微生物肥料：它是一种广谱性生物肥料，施用后对农作物有奇特效用。目前，我国煤矸石微生物肥料厂有 50 余座，年产菌肥约 40 万 t，取得了很好的社会效益和经济效益。因其制作工艺简单、耗能低、利于生态农业发展的特点而具有广阔的市场前景。但利用该法时必须注意控制煤矸石有害元素含量，以免反受其害。

(2)制作墙体材料。

目前，利用煤矸石研制出的新型墙体材料产品已有空心砖、微孔吸音砖、劈离砖等十余种，这些产品不仅性能大大优于传统黏土砖，而且分别在不同程度上具有绿色环保功能。煤矸石制砖实现了制砖不用黏土、烧砖不用燃料，且解决了黏土砖的放射性问题，现其正朝着多功能、多品种、高档次的方向良好发展。

(3)回填。

用煤矸石作回填建筑材料，充填沟谷、采煤沉陷区等低洼区及铁路、公路路基等。煤矸石填筑可以获得高的填充实度，具有较高的承载力和稳定性。用煤矸石作回填材料，无论是工程回填还是矿井回填对其质量要求均不高，适合处理成分复杂、难以利用的煤矸石。

3. 脱硫石膏

1)脱硫石膏的来源

国民经济行业分类中，有多个行业产生脱硫石膏，产生量和利用量最大的是电力行业，其次是化工行业和非金属矿采选业，造纸及纸制品业、非金属矿物制品业和纺织业分列第 4～6 位，以上 6 个行业脱硫石膏产生量和利用量均占总产生量及总利用量的 99%以上[48]。随着技术的不断创新及火力发电量的增加，伴随着严格的环保政策，我国脱硫石膏储量、利用率呈现双增长，如表 6-3 所示[49]。

表 6-3　我国火力发电量及脱硫石膏产量

指标	年份						
	2006	2007	2008	2009	2010	2011	2012
火电/(亿 kW·h)	23696	27229	27901	29828	33319	38337	38555
脱硫石膏/万 t	944	1700	3495	4300	5230	6301	7241
利用率/%	40.40	45.00	50.01	56.00	69.01	70.00	74.73
堆存量/万 t	566	1501	3248	5140	6761	8621	10451

2) 脱硫石膏的物理性质和化学组成

(1) 物理性质。

(a) 颗粒特征：一般来说，脱硫石膏以单独的颗粒存在，且晶体形状为六棱斜柱状，长径比较小，外观规整，颗粒也比较均匀，平均粒径为 30~50μm[50]。

(b) 含水率：脱硫石膏的含水率一般可达到 10%~15%。若石膏颗粒过小，而含水率高，黏性增加，则会影响生产过程的正常进行。一般认为含水率大于 14% 时脱硫石膏无法正常使用。

(c) 颜色：质地优良的脱硫石膏是纯白色的，但常见的呈深灰色或带黄色，灰色主要原因是烟气除尘系统效率不高，致使脱硫石膏含有较多的粉煤灰，黄色则是由于石灰不纯，含有铁等杂质的影响。

(d) 堆密度：脱硫石膏堆密度可达到 $1kg/cm^3$ 左右。堆密度大，对其储存、生产和产品的性能有重要影响[50]。

(2) 化学组成。

脱硫石膏的主要成分与天然石膏相同，为结晶硫酸钙 $(CaSO_4 \cdot 2H_2O)$。按照欧洲观点来看，脱硫石膏是与天然石膏相同或等值的原料和产品；从质量上看，脱硫石膏纯度较高、成分稳定，如表 6-4 所示[51]。

表 6-4　脱硫石膏与天然石膏成分对比

名称	成分								
	$CaSO_4$	$CaSO_3$	$CaCO_3$	MgO	H_2O	SiO_2	Al_2O_3	Fe_2O_3	Cl
脱硫石膏	85~90	1.2	5~8	0.86	10~15	1.2	2.8	0.6	0.01
天然石膏	70~74	0.5	2~4	3.8	3~4	3.49	1.04	0.30	0.01

3) 脱硫石膏的危害

烟气脱硫石膏的主要有害成分有氯化物。氯化物对脱硫石膏的黏结性能影响较明显，在潮湿环境中会加速对钢筋的腐蚀。脱硫石膏如不加以利用，不但需要资金和土地建造堆场，而且采用堆存的方式处理会对环境造成很大的二次污染。

4) 脱硫石膏的综合利用

目前，脱硫石膏综合利用的途径主要有水泥缓凝剂、粉刷石膏、石膏砌块、用于路基回填，农业中用作肥料改良土壤等。

(1) 用于水泥行业。

在水泥生产中，为了调节和控制水泥的凝结时间，一般需要掺入石膏作为缓凝剂；石膏还可促进水泥中硅酸三钙和硅酸二钙矿物的水化，从而提高水泥的早期强度及平衡各龄期强度。日本的使用情况已证明了脱硫石膏用于水泥辅料在纯度、粒度、微量成分等性能上完全没有问题，在水泥行业中代替天然石膏完全具有可行性。只是因为脱硫石膏含水率比天然石膏高，故需要将石膏投料口处的设备做一些调整，或者将原装脱硫石膏造粒，即先自然干燥，然后预热烘干，最后得粒状脱硫石膏。据推测，中国的石膏市场规模约为日本的 2 倍，仅次于美国居世界第 2 位。

(2) 用作回填路基材料。

随着城乡环境建设的发展，大规模公路建设对路基回填材料的需求量很大，对质量要求也越来越高，充分利用脱硫石膏作为建筑道路的回填材料，既可为城市筑路提供材料来源，又可解决脱硫石膏的利用问题。实验选定回填材料的配比为脱硫石膏∶火电厂废弃物∶矿物外加剂=50∶40∶10，外掺复合早强减水剂 1%，其中矿物外加剂是由化铁炉渣与有机外加剂均匀配制而成，其主要矿物组成是无定形硅酸盐材料。

(3) 用于制造纸面石膏板。

制造纸面石膏板是脱硫石膏另一个大量使用的途径。国外脱硫石膏一般也是用于制造纸面石膏板，我国纸面石膏板需求量正在以每年 20% 左右的速度增长，脱硫石膏利用潜力很大。

(4) 农业。

用脱硫石膏制硫酸铵，是利用碳酸钙在氨溶液中的溶解度比硫酸钙小得多，硫酸钙很容易转化为碳酸钙沉淀，溶液转化为硫酸铵溶液的原理，即

$$(NH_4)_2CO_3 + CaSO_4 = CaCO_3 + (NH_4)_2SO_4$$

碳酸钙是制造水泥的原料，硫酸铵是肥效较好的化肥，特别适合在我国北方碱性土壤中使用。钙是作物需要量仅次于硫的第五种营养元素，利用脱硫石膏中的钙离子和土壤中游离的碳酸氢钠、碳酸钠作用，生成碳酸氢钙和碳酸钙可以降低土壤碱性，降低碳酸盐对作物的毒害，同时钙离子可替代土壤胶体上的钠离子，补充活性钙，增强土壤的抗碱能力[52]。

阳离子代换性能是土壤的重要特性，通常是评价土壤保水保肥能力的指标。苏打盐碱地的许多不良性质与其含有大量的代换性钠密切相关，它能导致土壤性

质不断恶化。脱硫石膏的加入可以使代换性钠降低，这是由于石膏中的 Ca^{2+} 和 Mg^{2+} 置换了土壤代换性钠，同时，土壤强碱状况也随之改变，从而为作物的正常生长提供比较好的土壤环境。

6.3.2　金属污染物

金属污染物主要包含三大类：第一类是钢铁生产中产生的钢渣和高炉渣，第二类是有色金属废弃物，第三类是稀土化工废弃物。

1. 钢渣

1）钢渣的来源

钢渣是在炼钢过程残存的助熔剂与氧化物烧结，然后与 Fe、Mg、Al 等金属元素反应而形成的固体副产物。钢渣按照形成形态又可分为水淬粒状钢渣、块状钢渣和粉状钢渣；按照冶炼过程可分为初期渣、精炼渣、粗钢渣和浇铸渣；按照炼钢工艺可分为转炉钢渣、电炉钢渣和平炉钢渣。我国排放的钢渣 70% 以上是转炉钢渣。

2）钢渣的物理性质和化学组成

（1）物理性质。

在硬钢渣中，初期渣呈黑色，质轻，气孔较多；精炼渣呈黑灰色，质坚硬；粗钢渣和浇铸渣呈灰白或灰褐色，质密实。钢渣含水率通常为 3%～8%，密度一般为 $3.1\sim3.6g/cm^3$。钢渣容重不仅与密度有关，而且受其粒度影响，通过 80 目标准筛渣粉的体积密度约为 $1.74g/cm^3$，比表面积约为 $0.32m^2/g$，平均孔径为 5.3nm。由于钢渣质密并存在一定 Fe 元素，因此比较耐磨，易磨指数为 0.7，并且抗压性能好，压碎值为 20.4%～30.8%。

钢渣中 Ca^{2+} 具有较高活性，容易进行水化反应，从而会黏结钢渣与钢渣，或钢渣与其他物质，这也解释了为什么钢渣堆积后会板结形成"钢渣块"。

钢渣中游离 CaO 的存在，造成了钢渣的体积膨胀。并且碱度的高低关系到钢渣的胶凝活性，碱度越高活性越大。

（2）化学组成。

钢渣的化学成分受原矿石和生产工艺的影响波动很大，但仍存在一定规律（表 6-5）。由于炼钢过程中加入了许多生石灰、石灰石及白云石等助熔剂，因此 Ca 元素是钢渣中含量最高的元素[53]，其次是 Fe、Si 和 Mg 元素。

钢渣的主要矿物组成有硅酸三钙（C_3S）、硅酸二钙（C_2S）、钙镁橄榄石（CMS）、钙镁蔷薇辉石（C_3MS_2）、铁酸二钙（C_2F）、RO 相（铁、镁、锰的氧化物，即 FeO、MgO、MnO 形成的固溶体）和游离石灰（f-CaO）等（表 6-6）。其矿物组成主要与碱度有关。

表 6-5 各种钢炉钢渣的组分

种类		化学成分/%								碱度/%
		CaO	MgO	Al$_2$O$_3$	SiO$_2$	MnO	Fe$_2$O$_3$	P$_2$O$_5$	S	
转炉钢渣		46～60	5～20	3～7	15～25	0.8～4.0	15～25	0～1	<0.40	2.1～3.5
电炉钢渣	前期渣	41.60	13.48	11.05	21.03	1.39	9.14	—	0.04	1.18
	后期渣	58.53	11.34	3.44	17.38	1.79	0.85	—	0.10	3.60
平炉钢渣	初期渣	25.25	6.55	2.55	21.00	2.17	31.64	1.21	—	0.88
	精炼渣	47.60	10.38	4.85	13.25	1.87	14.21	4.29	—	2.32
	粗钢渣	46.27	12.47	2.98	10.06	0.98	20.42	4.85	0.10	3.12

注: 碱度$=W(CaO)/[W(SiO_2)+W(P_2O_5)]$

表 6-6 不同碱度钢渣的矿物组成 （单位: wt%）

碱度	成分				
	C$_2$S	C$_3$S	CMS	C$_3$MS$_2$	RO
4.24	50～60	0～5	0～5	0～5	15～20
3.07	35～45	10～20	5～10	5～10	15～20
2.73	30～35	20～30	5～10	10～20	15～20
2.62	20～30	20～25	10～15	30～40	15～20
2.56	15～25	20～35	10～15	30～40	20～31
2.20	10～15	30～40	15～20	15～20	15～20
1.24	0	5～10	20～25	20～30	5～15

3) 钢渣的危害

钢渣对环境的污染主要来自于其含有的金属离子, 如 Zn^{6+}、Pb^{6+}、Ni^{6+}、Cd^{6+} 和 Cr^{6+}等。一方面, 这些金属离子在自然环境的暴露下, 浸入地下水资源, 从而造成环境污染; 另一方面, 其容易富集于土壤或植物中, 进而损害人体健康。

谢君[54]采取有害元素浸出实验(toxicity characteristic leachability procedure, TCLP)对武钢钢渣进行分析。在武钢钢渣的浸出液中, Cd^{2+}含量微乎其微, 没有发现 Pb^{6+}、Hg^{6+}、Cr^{6+}、As^{3+}等离子的存在, 但是, Al^{3+}含量严重超标。Al^{3+}是一种慢性毒剂, 长期摄入会导致人脑记忆力下降, 严重时会导致阿尔茨海默病。

4) 钢渣的综合利用

(1)用于冶金领域。

通常使用破碎、磁选、筛分的方法回收钢渣中的废金属铁。一般情况下, 钢渣破碎得越细, 渣中可得到的铁越多。其回收工艺流程如图 6-7 所示。

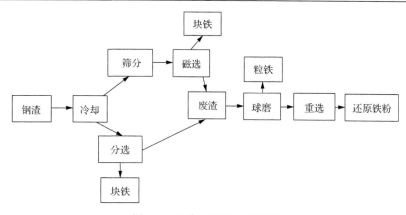

图 6-7　钢渣回收铁工艺流程

(2)用于建筑领域。

钢渣处理后安定性强，可用作道路基层、垫层和面层材料。钢渣具有良好的抗冻性，可用于严寒路面。钢渣与沥青有较好的亲和力。这一系列优点都必将促进钢渣大规模应用于道路工程中。

生产钢渣矿渣水泥。这些水泥适用于蒸汽养护，具有后期强度大、耐磨和耐腐蚀性能好、水热低、成本低等特点。

(3)用于污水处理。

钢渣具有一定碱性和较大比表面积，且含有一定量 Fe 和 Ti，因此可用于吸附污水中的杂质、重金属和可溶性有机物。钢渣作为吸附剂有以下优点：

(a)吸附速率快，去除率高达 99%以上。

(b)易于固液分离。

(c)自身性能稳定，来源广泛。

6.3.3　高炉渣

1)高炉渣的来源

高炉渣是在高炉炼铁过程中，由矿石中的脉石、燃料中的灰分和溶剂中的非挥发组分形成的固体废物。其排放量受矿石品位和冶炼方法影响，一般来说，每吨生铁会产出 0.3~1.2t 高炉渣。按照酸碱度分类，高炉渣可分为碱性渣、中性渣和酸性渣；按照冷却方式分类，高炉渣可分为水渣、膨胀渣和重高炉渣；按照高炉冶炼的生铁品种分类，高炉渣可分为铸造生铁高炉渣、炼钢生铁高炉渣和特种生铁高炉渣。

2)高炉渣的物理性质和化学组成

(1)物理性质。

高炉渣的粒度为 1~8mm，以小于 5mm 为主，吸水率为 3%~7%。它的密度与化学组成及状态有关。

高炉渣的熔化温度与 Al_2O_3 含量及碱度有关。当 Al_2O_3 含量低时,随碱度增加熔化温度增加较快。高炉渣的黏度也与碱度有关,在足够过热条件下,碱性渣的黏度较小。

(2)化学组成。

高炉渣的化学成分受矿石品位和冶炼工艺影响很大。一般高炉渣含有的化学成分在 15 种以上,且波动范围较大,其主要成分是 CaO、SiO_2、Al_2O_3 和 MgO,主要来源于矿石中的脉石、燃料灰分、溶剂氧化物、侵蚀的炉衬及初渣中含有的矿石氧化物[55]。

高炉渣的矿物组成与其冷却方式和化学组成有关。慢冷高炉渣中,黄长石是主要矿物相,它是钙黄长石 C_2AS 和镁黄长石 C_2MS_2 的固溶体。国内部分钢铁企业高炉渣的化学组成见表 6-7。

表 6-7　国内部分钢铁企业高炉渣的化学组成　　　　(单位:wt%)

单位	成分								
	CaO	SiO_2	Al_2O_3	MgO	Fe_2O_3	MnO	Ti	S	K
宝钢	40.68	33.52	14.44	7.81	1.56	0.32	0.52	0.2	1.83
首钢	36.75	34.85	11.32	11.32	1.38	0.36	0.58	0.58	1.71
邯钢	37.56	32.82	12.06	6.53	1.78	0.23	—	0.46	—
武钢	35.32	34.91	16.34	10.13	0.81	—	—	1.71	1.81
济钢	36.76	33.65	11.69	8.63	1.38	0.35	—	0.56	1.67
安钢	38.90	33.92	13.98	6.73	2.18	0.26	—	0.58	—

3)高炉渣的危害

(1)污染土壤。

若高炉渣堆放时没有采取一定的防渗措施,在经过风化、雨雪淋溶和地表径流的侵蚀后,其有害成分易渗入土壤,对土壤中微生物产生威胁,从而破坏周围生态系统。

(2)污染水体。

高炉渣中有害成分如果随着降水和地表径流进入河流,会造成地表水的污染;若是渗入土壤,则会使地下水遭受污染。

(3)污染大气。

粒度较小的高炉渣会因风吹或者在运输过程中形成扩散;在一定温度和湿度下会被微生物分解,释放有害气体。

4)高炉渣的综合利用

自从 1880 年高炉渣被利用以来,世界上就有很多国家把高炉渣作为二次资源加以利用。高炉渣有以下几种资源化利用途径。

(1)建材方面的应用。

建筑材料是高炉渣利用的重要领域。利用高炉渣之前，要对其进行加工处理，不同的加工处理带来不同的利用方式。高炉渣在建筑领域的主要利用途径如图 6-8[56]。

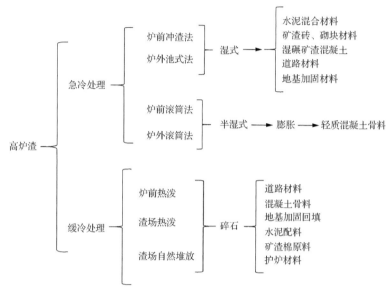

图 6-8　高炉渣处理工艺及利用途径示意图[56]

(2)农业方面的应用。

因为高炉渣中 Ca、Si 含量极其丰富，所以可成为生产硅肥的主原料。作物施用硅肥后，可以改善品质，提高光合作用，增强抗病、抗倒伏能力，提高成品率。

(3)生产精细化工品。

高炉渣中含有大量的 Ca、Si、Mg、Al 等有价组分，可以用来制备附加值较高的产品，如石膏、硅酸铝和镁铝尖晶石[57]。

(4)生产微晶玻璃。

高炉渣的主要化学组成为 CaO、Al_2O_3、SiO_2 和 MgO，因此可将其设计成一种 CaO-Al_2O_3-SiO_2-MgO 微晶玻璃体系。该玻璃以冶金高炉渣为主要原料，1170℃下烧结晶体可获得吸水率 0.1%~0.2%、显微硬度 5~6GPa、三点弯曲强度 60~70MPa、化学性能良好的微晶玻璃制品，综合性能优于黏土砖。

6.3.4　有色金属废渣

1)有色金属废渣的来源

有色金属废渣主要是赤泥，其次是铜渣，还有少量的锌、铝、镍、锑、汞、铬、钼等。赤泥是制铝工业提取氧化铝时排出的污染性废渣，一般平均每生产 1t 氧化铝，附带产生 1～1.5t 赤泥。

目前，中国已经成为全球最大的氧化铝生产国，2016 年我国氧化铝产量占全球总量的 53%，年产赤泥约 1 亿 t，赤泥累计堆存量约 5 亿 t，由于大量的赤泥未得到充分利用，长期占用大量土地，造成土地碱化，地下水受到污染，同时又极易造成"二次扬尘"污染环境，危害人们的健康。

铜渣是铜火法冶炼过程中熔炼、吹炼和精炼三个工序中的熔剂、矿石、灰分、还原剂(燃料)中的造渣成分，是各种氧化物的熔体。2014 年我国的铜产量为 796 万 t，其中 97%以上是由火法冶炼生产的，按照每生产 1t 铜会产生 2.2t 的铜渣来计算，每年铜渣产量将达到 1700 万 t。铜渣除了含铁元素，硅、氧元素含量也很高，这 3 种元素占总质量的 80%以上。另外，铜渣中还含铜、锌等有色金属元素及硫、磷、铅、砷等有害杂质元素。

2) 有色金属废渣的物理性质和化学组成

(1)物理性质。

赤泥外观：赤色，颗粒直径 0.088～0.25mm，相对密度 2.7～2.9，容重 0.8～1.0，熔点 1200～1250℃，比表面积 0.5～0.8m^2/g。

铜渣外观：多呈黑色或是褐色，有金属光泽，内部基本上为玻璃体，结构致密、坚硬、性脆，相对密度约为 4，主要氧化物是 SiO_2、FeO，还有少量的 MgO、CaO 和 Al_2O_3。

(2)化学组成。

赤泥的主要矿物成分为：硅酸二钙 53%，方钠石 11%，水化石 10%，赤铁矿 7.5%，钙钛矿石 11%，镁蔷薇辉石 5%。赤泥的化学成分取决于铝土矿的成分、生产氧化铝的方法和生产过程中添加剂的物质成分及新生成的化合物的成分等，通常赤泥的主要成分为 Al_2O_3、SiO_2、CaO、Na_2O 等。赤泥的 pH 为 13～14，以碱性污染为主。

铜渣组成包括硅酸铁、硅酸钙和少量的硫化物及金属元素，其主要化学组成如表 6-8 所示。

表 6-8 铜渣的化学组成　　　　　　　　　　　　　(单位：wt%)

渣的名称	成分								
	Fe	Cu	Pb	Zn	Cd	As	S	SiO$_2$	CaO
铜鼓风炉渣	25～30	0.21	0.52	2.0	0.004	0.033	—	30～35	10～15
铜反射炉渣	31～36	0.40	—		0.0127	—	1.25	38～41	6～7

3) 有色金属废渣的危害

(1) 污染、浪费土壤。

固体废物露天堆存，不但占用大量土地，而且其含有的有毒有害成分也会渗入土壤中，使土壤碱化、酸化、毒化，破坏土壤中微生物的生存条件，影响动植物生长发育。许多有毒有害成分还会经过动植物进入人的食物链，危害人体健康。一般来说，堆存一万吨废物就要占地一亩，而受污染的土壤面积往往比堆存面积大 1～2 倍。其中赤泥的堆放占用了大量土地，也对环境造成了严重的污染。

(2) 污染水体。

有色金属废渣与水(雨水、地表水)接触，废物中的有毒有害成分必然被浸滤，从而使水体发生酸性、碱性、富营养化、矿化、悬浮物增加，甚至毒化等变化，危害生物和人体健康。在我国，固体废物污染水的事件已屡见不鲜。例如，锦州某铁合金厂堆存的铬渣，使近 $20km^2$ 范围内的水质遭受六价铬污染，致使 7 个自然村屯 1800 眼水井的水不能饮用。湖南某矿务局的含砷废渣由于长期露天堆存，其浸出液污染了民用水井，造成 308 人急性中毒、6 人死亡的严重事故。

(3) 污染大气。

有色金属冶炼的主要废渣为赤泥，而赤泥的粒度因生产工艺有很大的差异，当赤泥脱水风化后，表层的黏结性变差，容易引起粉尘污染。晒干的赤泥形成的粉尘到处飞扬破坏生态环境，而且储灰场中的赤泥由于风蚀扬尘影响能见度[67]，造成严重污染。但在生产运行期，由于堆场表层一直在排放赤泥浆液，湿度较大，不会引起粉尘污染。

4) 有色金属废渣的综合利用

(1) 赤泥生产水泥。

有色金属废渣成分复杂，其中赤泥的化学成分和物理性质与黏土极为相似，可以利用赤泥替代部分黏土作为烧砖的材料。赤泥浆液经过过滤、脱水，以赤泥(20%～40%)、砂岩、石灰石、铁粉四组分配成生料，共同磨制成浆料，蒸发除去部分水分后，再在回转窑 1450～1500℃烧制成水泥熟料。熟料与高炉渣、石膏共同在水泥磨中混合碾磨到一定细度即水泥产品。用水泥熟料、赤泥、石膏按照 50：42：8 的比例生产赤泥硅酸盐水泥。

(2) 铜渣的资源化利用。

铜渣与淬渣掺入石灰拌和压实后可作公路基层。用气冷铜渣作为铁路道砟，效果良好。熔融的铜渣还可直接浇注成致密坚硬的铜渣筑石，也可将铜渣放入回收室氧化熔烧，再采用还原方法处理而回收粒铜。铜渣可以代替黄沙作为除锈磨料，因其莫氏硬度为 5.4～5.46，密度为 $4.495t/m^3$，是理想的生产磨料的原料，在船舶制造业广泛应用。

(3)其他有色金属废渣的资源化利用。

有色金属废渣中的铅、锡、镉、钼元素也有很高的利用价值，可以回收贵重的金属元素，同时也可以进行废渣的利用，把废渣转化为化工产品。通过焙烧法，钼渣中加入碳酸钠、硝酸钠焙烧，通过水、氯化镁溶液净化得到钼酸钠溶液，进一步得到钼的相关产品，如钼酸钠、钼酸钡等。通过浸渍法回收锌渣中的铅、锗、银等金属。通过氧化法，镍渣可以进一步转化为氧化镍产品。主要生产过程：冶炼废渣配以适量的强化剂和调节剂，然后进入新型转窑，在高温状态下产生氧粉和炉渣，氧粉富集了冶炼废渣中的锌、铟、铅、锑等有色金属元素，通过布袋室过滤收尘得到的金属氧粉进入湿法系统，进行金属分离再回收，炉窑所产生的炉渣主要是二氧化硅、氧化铁、氧化钙，作为水泥厂、砖厂的优质原料出售。

6.3.5 稀土金属废渣

1)稀土金属废渣的来源

由于在稀土选矿和冶炼中使用的稀土原矿及稀土精矿(如独居石精矿、氟碳铈矿和混合型稀土矿等)都伴生有天然放射性元素钍、铀和镭，因此，在选矿及冶炼生产中有一部分放射性元素转移到尾矿渣或冶炼渣中，并具有一定的放射性水平。非放射性废渣的渣量巨大，工业上生产金属的合金渣及包头产地的稀土金属的水浸渣渣量巨大。原矿生产 1t 混合稀土氧化物(REO≥92%)，产生淋浸渣高达 1500~1800t。

2)稀土金属废渣的物理性质和化学组成

(1)物理性质。

独居石废渣呈黄褐色、棕色、红色，也有绿色，半透明至透明，条痕呈白色或浅红黄色，具有强玻璃光泽、硬度 5.0~5.5、相对密度 4.9~5.5、电磁性中弱，在 X 射线下发绿光，在阴极射线下不发光。

氟碳铈矿呈黄色、红褐色、浅绿或褐色，玻璃光泽、油脂光泽，条痕呈白色、黄色，透明至半透明。硬度 4~4.5，性脆，相对密度 4.72~5.12，有时具有放射性、弱磁性，在薄片中透明，在透射光下呈无色或淡黄色，在阴极射线下不发光。

(2)化学组成。

各种废渣中都含有不等量的放射性元素钍、铀和镭。稀土元素化学活性较强，仅次于碱金属和碱土金属。独居石废渣的晶体结构及形态：单斜晶系、斜方柱晶类，晶体呈板状，晶面常有条纹，有时为柱、锥、粒状。氟碳铈矿晶体结构及形态：六方晶系、复三方双锥晶类，晶体呈六方柱状或板状、细粒状集合体。

3)稀土金属废渣的危害

(1)污染环境。

稀土金属废渣会对整个生态环境造成很大程度的破坏，特别是冶炼后的废渣随意堆放，若不进行妥善的管理，对环境将会产生非常严重的影响。其中最为严重的危害就是来自稀土元素钍和铀的轻度放射性浆尾矿。由此会引发一系列的环境问题，包括水土流失、山体滑坡、地面裂缝和沉降、良田被毁、矿区水源富营养化和重金属污染等将接踵而至。

(2)占用浪费土地。

稀土金属废渣中非放射性废渣的渣量较多，而且比活度很低，建渣场或渣坝堆存时需占较大的场地，如稀土选矿的尾矿渣、生产稀土合金的合金渣、硫酸焙烧处理稀土精矿的水浸渣等。

(3)危害人类健康。

稀土金属废渣中含有一定量的放射性元素钍、铀和镭。放射性的废渣长期堆放会危害人们的身体健康，诱发癌症。

4)稀土金属废渣的综合利用

(1)建立放射性渣库存放。

为了保护环境，对于放射性废渣不能随意存放，以防止造成二次扩散污染环境，可以建立渣库对放射性废渣进行合理堆放。在我国北方已建成的放射性渣库，因雨水少，而做成露天式渣库，用以堆存放射性废渣。

(2)回收有价元素。

稀土废渣中含一定的有价元素，如稀土、钍和铀等，可进行回收处理。优溶渣中含有稀土25%～30%、钍0.78%和铀0.34%，可以回收利用生产稀土等氯化物、硝酸钍、重铀酸铵，提高经济效益。

(3)综合利用。

处理包头稀土精矿的水浸渣作水泥的研究、开采离子型稀土矿的淋浸渣的综合利用等，都有较好的前景。独居石精矿生产稀土产品时产出了不少的优溶渣，获得了可观的经济效益。用硫酸焙烧处理混合型稀土精矿时会产生大量的水浸渣，放射性、比活度低，含有大量的钙与钡，这种渣可以利用作为水泥的原料。

6.3.6　非金属矿固体污染物

非金属矿固体污染物主要包括：磷渣、磷石膏、黄磷尾气和氟矿废弃物。

1. 磷渣和磷石膏

1)磷渣和磷石膏的来源

目前对于磷矿的开发利用，主要有两种方式：①热法加工制备磷酸，是通过加热还原磷矿制得黄磷，然后将磷燃烧水合生产磷酸；②湿法加工制备磷酸，利用磷矿与某种无机酸反应，经过滤分离来生产磷酸的工艺。磷渣(或称黄磷炉渣)即热法以磷矿石为原料、焦炭为磷的还原剂、硅石作为磷的成渣剂提炼黄磷过程中所排放的一种工业废渣，而湿法制备磷酸过程中衍生的副产物则为磷石膏。磷工业是高能耗、高污染的产业，每生产 1t 黄磷需要 8.5～9.5t 磷矿，产生 8～10t 黄磷渣，而每生产 1t 磷酸副产 4.5～5.0t 磷石膏[58]。我国的磷石膏堆存量已超过 13 亿 t，每年新增堆存量 5000 万 t，磷石膏的实际利用率仅有 30%[59]。对于如此大量的工业废渣，目前绝大部分的企业都采用堆积放置处理，不仅占用了大量的土地，更是一种资源浪费。因此，采取切实有效的利用方法，让闲置废渣得以"变废为宝"是非常有必要的。

2) 磷渣和磷石膏的物理性质和化学组成

(1) 物理性质。

磷渣：高温熔融黄磷渣有两种产出状态，分别是自然冷却的块状黄磷渣和经过水淬处理得到的粒状黄磷渣。前者为灰色，中间有气孔，主要矿物成分为假硅灰石、枪晶石、硅酸钙；后者在 1400～1600℃ 下，经水淬处理急剧冷却形成白色或者浅灰色，呈不规则形状的碎粒结构，偏光镜下观察有玻璃光泽。水淬渣因快速冷却固化而没有时间晶化，所以呈非晶态结构。

磷石膏：磷石膏多为颗粒非常小的潮湿细粉末，约为 0.2mm，外观呈灰色或黄白色，pH 一般为 1.0～4.5，且它的自由水含量占总质量的 20%～25%，含有磷、氟、二氧化硅等多种杂质，通常以二水石膏 ($CaSO_4 \cdot 2H_2O$) 或半水石膏 ($CaSO_4 \cdot 1/2H_2O$) 形式存在。

(2) 化学组成。

黄磷渣的主要成分含量见表 6-9；天然石膏和磷石膏的主要成分含量见表 6-10。

表 6-9　黄磷渣的主要成分含量　　　　　　　　（单位：wt%）

主要成分	SiO_2	CaO	Al_2O_3	Fe_2O_3	MgO	P_2O_5	氯化物
质量分数	40～43	47～52	2～5	0.2～1.0	0.8～1.5	0.8～2.0	0.3～0.8

表 6-10　天然石膏和磷石膏的主要成分含量　　　　　　　　（单位：wt%）

名称	烧失量	SiO_2	Al_2O_3	Fe_2O_3	CaO	SO_3	MgO	TiO_2	H_2O^+
天然石膏	24.60	0.89	0.26	0.49	31.24	38.14	0.98	2.58	19.11
磷石膏	17.52	18.65	0.94	0.50	25.88	35.16	—	0.01	17.98

3) 磷渣和磷石膏的危害

随着磷工业的不断发展，堆存的磷渣也在逐年增加。这些堆存的磷渣不仅占用大量的土地资源，而且由于含有磷、氟等元素，所以露天堆存后一旦经雨水淋洗，这些元素便会被溶出，渗入地下水污染水源、污染土壤，严重的还会污染农作物生长[60]。通过食物和饮用水进入人体后，可能会致使人体内氟超标而罹患氟骨病、氟斑牙等疾病,危害人的身体健康。除此,磷渣粉尘还会污染空气。

磷石膏除了含有磷和氟,还含有磷酸、硅、镁、铁、铝、有机杂质等,由于磷、氟及游离酸等物质具有腐蚀性,长期堆存会污染渣厂的土壤表层,不仅占用大量的土地资源更是对地表地下水体、植被、自然环境、大气等存在潜在危害,严重影响和威胁各地区的生态环境,困扰着产业的可持续发展,所带来的环境风险问题已引起了社会公众的广泛关注。大量磷石膏的简单堆存,不仅占用土地资源,同时也提高了渣场的维护费用和运营成本。按照每年 5000 多万吨的排出量,以堆高 10m 计算,占地 1660hm²,若堆存 10 年,堆场建设费用按磷石膏每吨 3 元/a 计,需耗资 15 亿元。磷石膏从生产地往渣场外运的费用按照 15 元/t 计算,每年运渣的费用高达 7.5 亿元以上,这使得很多磷工业厂家不堪重负[61]。

4) 磷渣和磷石膏的综合利用

(1) 磷渣在水泥工业中的应用。

当前黄磷渣应用最为普遍的仍是水泥行业,主要做以下方面的应用:一是作为生料配料煅烧水泥熟料,二是作为混合材配制水泥,三是作特种水泥生成原料。

(2) 磷渣在混凝土中的应用。

混凝土主要由水泥、骨料、拌合用水和添加剂等组分混合而成。在配制混凝土的混合料时掺入适量的磷渣,对于混凝土的制品质量和工程质量有明显的改善效果。虽然磷渣中含有的磷和氟会使混凝土中水泥早期水化速度减慢,强度降低,但水化受到抑制后会增加晶核的数量,并且均匀分散,所以晶体的后期生长充分,改善水化产物的质量,从而提高了混凝土结构的均匀性和致密度,使得混凝土的后期强度增加得快[62]。

(3) 磷渣制作微晶玻璃。

由于 CaO-Al_2O_3-SiO_2 系统微晶玻璃相关研究较多,工艺相对比较成熟,各种掺杂矿渣和尾矿的微晶玻璃大多采用该系统研制。磷渣微晶玻璃具有结构紧密、强度高、放射性低、色差小、耐腐蚀性强等优点,但其析晶温度范围会变窄。此外,多孔磷渣微晶玻璃含有封闭孔和连同孔的微晶结构,具有较高的可设计性,是磷渣玻璃的另外一个研究方向[63]。

(4) 磷石膏中钙的富集及硫酸钙晶须的制备。

磷石膏晶须有三种类型,包括无水晶须、半水晶须和二水晶须。硫酸钙作为一种新型的晶须结构材料,可广泛应用于塑料、橡胶、摩擦材料、造纸、涂料、油漆、催化、导电粉及环境工程等行业,且其价格低廉,具有广阔的应用和市场前景。

2. 黄磷尾气

1) 黄磷尾气的来源

黄磷尾气是黄磷生产过程中的废气。我国黄磷生产能力达到了 130 万 t,生产每吨黄磷副产尾气 2500～3000m³。由于缺乏成熟可靠的尾气净化分离技术，我国每年约有 60%的黄磷尾气被用于低附加值的工业燃气，同时也不乏直接放空烧掉，这样既增加 CO_2 和 SO_2 的排放量，对环境造成污染，又浪费了宝贵的资源。

2) 黄磷尾气的物理性质和化学组成

(1) 物理性质。

黄磷又称白磷，浅黄色或白色半透明性固体，密度比水大，为 1.82g/cm³，几乎不溶于水，难溶于乙醇和甘油，较易溶于乙醚、苯、二硫化碳等，质软，冷时性脆，见光色变深，暴露空气中在暗处产生蓝绿色磷光和白色烟雾，在湿空气中约 30℃着火，在干燥空气中则稍高，约为 40℃，实验室置于冷水中保存，有剧毒，致死量大约为 0.1g。

(2) 化学组成。

制取黄磷有电炉法和高炉法两种，我国主要采用电炉法。黄磷尾气组成复杂，其主要成分是一氧化碳，还含有硫化氢、磷化氢和二氧化碳等。黄磷尾气的典型成分如表 6-11 所示。

表 6-11　黄磷尾气的典型成分

成分	CO/%	CO₂/%	O₂/%	H₂/%	CH₄/%	N₂/%	H₂O/%	H₂S/(mg/m³)	PH₃/(mg/m³)	HF/(mg/m³)	AsH₃/(mg/m³)
含量	87～92	1～4	约1	1～8	约0.3	2～5	约5	800～1000	500～1100	约1000	70～80

3) 黄磷尾气的危害

一氧化碳气体在标准状况下无色无味，与空气混合爆炸极限为 12.5%～74.2%，在水中的溶解度甚低，极难溶于水。血红蛋白极易与一氧化碳结合，形成碳氧血红蛋白，使血红蛋白丧失携带氧气的能力和作用，造成人体组织窒息，严重时可造成死亡。一氧化碳对全身的组织细胞均有毒性作用，尤其对大脑皮质的影响最为严重，由于无色无味的性质所以易于忽略而致中毒。

同时，硫化氢、磷化氢、氟化氢、砷化氢都是无色剧毒气体，吸入对人类及其他动物心血管、呼吸道、肾脏、肠胃、神经系统和肝脏等造成影响。硫化氢与磷化氢是易燃易爆气体，氟化氢是一元弱酸，易溶于水，溶于水有剧毒，能使牙齿与骨骼畸形，中毒应应急处理后立即就医。

4) 黄磷尾气的综合利用

(1) 燃烧作热源。

由于一氧化碳的热值为 10.5～11.7MJ/m³，比半水煤气高很多，因此可作为燃料使用，另外尾气中所含的二氧化碳与氢气等也是很好的化工原料，因此可替代燃煤作为热源，如可用于烘干磷矿石、烧热水、烧结原料。黄磷尾气作为一种宝贵的二次资源，如果能得到合理有效的利用，将对企业与国家及环境带来可观的效益[64]。

(2) 合成甲醇。

甲醇是重要的化工原料，碳化工的基础产品，使用广泛，需求量大。将黄磷尾气净化后，其中大约能有 2/3 的一氧化碳通过变换反应转换成氢气，并采取脱去二氧化碳的方法，使得氢气为一氧化碳的 2 倍，根据 $CO+2H_2 \longrightarrow CH_3OH$ 的原理即可合成甲醇。

(3) 合成甲酸甲酯。

甲酸甲酯由于低沸点的性质而用途广泛，可用在杀虫剂、熏蒸剂等，同时作为无毒的羰基试剂与 C_1 化工的中间体，使得近年对其研究尤为活跃。传统惯用的方法是用甲酸与甲醇反应合成，而改进的工艺方法是在甲酸钠的条件下，一氧化碳与甲醇发生羰基化反应制取，此为原子型经济反应，解决了工艺流程长、操作困难、设备损害严重、成本高等不利因素[65]。

3. 氟矿废弃物

1) 氟矿废弃物的来源

废水中的氟化物主要来自工业生产中的含氟"三废"，其涉及许多行业，包括铝电解、钢铁、水泥、砖瓦、陶瓷、磷肥、玻璃、半导体、制药等。这些行业将自然界中的氟矿物作为主要或辅助原料，氟在冶炼、生产过程中发生分解，而后排放到环境中，造成含氟废水污染[66]。

含氟废气通常是指含有气态氟化氢、四氟化硅的工业废气，其主要来源是化工、建材、热电等行业的生产过程中对含氟矿石在高温下的煅烧、熔融或化学反应过程。电解铝厂、水泥厂、火电厂、磷酸或磷肥厂等是含氟废气的主要来源[67]。

2) 氟矿废弃物的物理性质和化学性质

(1) 物理性质。

氟在标准状态下是淡黄色气体，液化时为黄色液体，易溶于水。

(2) 化学性质。

氟是非金属性最强的元素，没有正氧化态，具有强氧化性。

3) 氟矿废弃物的危害

(1) 对植物的危害。

氟是植物组织的必要元素，但是植物过多地吸收氟也会对植物本身产生一定的毒害反应。植物主要从土壤中吸收氟，氟也是通过土壤进入植物中，从植物进入动物,从动物再进入人体中,这一过程中氟不断迁徙与富集,会造成一系列的环境污染与健康危害等问题。土壤中的氟污染对植物主要是慢性的危害,通过不断吸收积累最终导致植物生理障碍。

(2)对人体的危害。

氟是人体不可缺少的微量元素,是构成骨骼与牙齿的成分之一,在形成骨组织与牙釉质的过程中起到重要作用,氟含量过多或过少都会影响人的身体健康。氟含量过低时,人体的牙釉质容易被腐蚀,形成空洞,空洞内容易产生嗜酸细菌,这种细菌又会对牙齿进行破坏;氟含量过低还会对人体的骨骼产生影响。另外,氟含量过高也会对人体的牙齿与骨骼产生影响。若是人体长期摄入的氟含量过高,其牙齿会变黑、牙板变黄、牙面变粗糙,也就是产生氟斑牙[68]。

4)氟矿废弃物的综合利用

用氟化铵溶液和(或)氨来吸收含氟废气,在一定条件下可得到氟硅酸铵溶液,再对其进行氨解可得到高浓度的氟化铵溶液和沉淀二氧化硅——白炭黑,再将高浓度的氟化铵溶液根据需求制成高附加值的无机氟化合物,如氟化铵、氟化钠、氟化钾、氟化铝及无水氟化氢等产品。

将磷化工含氟废气中的氟化硅和氢氟酸进行化学反应生成氟硅酸,然后氟硅酸和氨水反应生成氟化铵和二氧化硅,通过过滤除去二氧化硅,滤液中的氟化铵和氢氧化钙反应生成氟化钙和水,最后使用硫酸和氟化钙反应制备氢氟酸。

6.4　精细化工污染物资源化

精细化工产品(即精细化学品)是指具有特定的应用功能、技术密集、商品性强、产品附加值较高的化工产品。生产精细化工产品的化工企业,通称精细化学工业,简称精细化工。

精细化工的研究和应用领域十分广阔,其主要的特点是:①具有特定的功能和实用性特征;②技术密集程度高;③小批量,多品种;④生产流程复杂,设备投资大,对资金需求量大;⑤实用性、商品性强,市场竞争激烈,销售利润高,附加值高;⑥产品周期短,更新换代快,多采用间歇式生产工艺。

精细化工产品包括以下 11 个产品类别:①农药;②染料;③涂料(包括油漆和油墨);④颜料;⑤试剂和高纯物;⑥信息用化学品(包括感光材料、磁性材料等能接收电磁波的化学品);⑦食品和饲料添加剂;⑧黏合剂;⑨催化剂和各种助剂;⑩化工系统生产的化学药品(原料药)和日用化学品;⑪高分子聚合物中的功能高分子材料(包括功能膜、偏光材料等)。

　　精细化工是当今化学工业中最具活力的新兴领域之一，是新材料的重要组成部分。精细化工产品种类多、附加值高、用途广、产业关联度大，直接服务于国民经济的诸多行业和高新技术产业的各个领域[69]。大力发展精细化工已成为世界各国调整化学工业结构、提升化学工业产业能级和扩大经济效益的战略重点。精细化工率(精细化工产值占化工总产值的比例)的高低已经成为衡量一个国家或地区化学工业发达程度和化工科技水平高低的重要标志。

　　虽然加速发展精细化工已成为世界性的趋势，但是精细化工产品的生产过程中排出的大多是结构复杂、有毒、有害和难以生物降解的物质，带来了严重的环境污染。因此，精细化工行业污染物的控制和治理已成为化工行业污染控制的重中之重。

　　到目前为止，世界各国对精细化工的研究投入的三分之一要用于控制和处理生产过程中产生的"三废"。有许多精细化工产品的生产就是因为"三废"污染的问题无法解决，只能停产。有些精细化工企业因为"三废"排放不能达到环保标准而每年面临巨额的罚款，给企业带来巨大的经济损失。随着环保法规的日益严格，投入的环境污染治理费用也将急剧增加。我国的精细化工产业应该从溶剂回收、中间体利用、副产品利用及废水利用等方面入手，倡导精细化工污染物资源化，增强对环境的保护[70]。

6.4.1　精细化工废气资源化

　　1. 精细化工废气排放源分类及排放特征

　　1)排放源分类

　　根据废气产生方式和排放特征，将精细化工行业 VOCs 排放源分为：①溶剂产品使用源；②化工产品生产源；③废物处理源；④存储输送源。

　　2)排放特征

　　精细化工废气排放特征主要有：①工业生产过程中所排放的 VOCs 种类多，性质差异大；②在大多数情况下，生产工艺尾气中同时含有多种类型污染物；③不同生产过程所排放的工艺废气工况条件多样。

　　2. 精细化工废气资源化技术

　　精细化工废气末端处理技术具体分为两种：一种是通过物理方法回收 VOCs，即回收法；另一种是通过生化方法将 VOCs 氧化分解为无毒或是低毒产物的破坏性方法，即消除法。

　　回收技术是通过物理的方法，改变温度、压力或是采用选择性吸附剂和选择性渗透膜等方法来富集分离有机污染物的方法，主要包括吸附技术、吸收技术、冷凝(及蒸汽平衡)技术及膜分离技术等。回收的有机溶剂可以直接用于质量要求较低的生产工艺，或者集中进行分离提纯。

消除技术是通过化学或生化反应，用热、光、催化剂或微生物等将有机物转变为二氧化碳和水等无毒害无机小分子化合物的方法，主要包括高温焚烧、催化燃烧、生物氧化、低温等离子体破坏和光催化氧化技术。其中，吸附技术、催化燃烧技术和热力焚烧技术是传统的有机废气治理技术，也仍然是目前应用最为广泛的 VOCs 治理实用技术。

1) 冷凝法

冷凝法是用来分离气体中可以冷凝的组分，目前主要用于回收废气中有价值的溶剂，而不是单独通过冷凝法达到废气排放的限值。因此，在有机废气净化中，冷凝法主要是回收溶剂，并作为废气净化的一道预处理工序。有机废气净化的冷凝法一般分为三个温度范围和三种不同类型的冷却剂或冷冻剂：

(1) ≥0℃——冷却水、冷冻水(有时也可用空气冷却)。

(2) ≤−50℃——冷冻盐水。

(3) ≤−120℃——液氮。

冷凝法对高沸点 VOCs 净化效果好，而对低沸点的则较差，一般都是部分冷凝。冷凝法所用的设备主要是冷凝器，冷凝器形式分直接接触式冷凝器和表面换热式冷凝器，即直接冷凝和间接冷凝。两种冷凝方法在精细化工生产中都有应用，只不过应用范围、场合、规模大小不同而已。

2) 吸收法

吸收法是以液体作为吸收剂，通过洗涤吸收装置使废气中的有害成分被液体吸收，从而达到净化的目的，其吸收过程是气相和液相之间进行气体分子扩散或者是湍流扩散的物质转移。吸收过程分为物理吸收与化学吸收。物理吸收主要依据相似相溶原理，如可以把溶于水的有机溶剂气体如丙酮、甲醇、醚和微溶于水的漆雾、灰尘、烟等去除，但水溶性尚差的"三苯"物质不能被水吸收。化学吸收是基于吸收试剂上活性基团可以与有机废气污染物成分发生化学反应进行的吸收过程。该法适用于浓度较高、温度较低和压力较大情况下的气体污染物的处理，去除率可达 95%～98%。

对于废气净化而言，选择合适的吸收剂极为重要，对吸收剂的要求是：①具有较大的溶解度，而且对吸收质有较高的选择性；②蒸气压尽可能的低，避免引起二次污染；③吸收剂要便于使用、再生，以便再利用；④具有良好的热稳定性和化学稳定性；⑤能耐水解作用，不易氧化；⑥着火温度高；⑦毒性低、不腐蚀设备；⑧价格便宜。

影响吸收效果的因素很多，如吸收质的性质(溶解度、蒸气压)和浓度，吸收剂的性质(溶解度、蒸气压)，气液两相的接触面积和吸收剂在设备内的分布状况、停留时间、气相和液相间的浓度梯度、操作温度、压力等。常用的吸收剂主要有以下几种：①水；②洗油(碳氢化合物)；③乙二醇醚类；④复方吸收液；⑤其他吸收剂。其他吸收剂及相对应可吸收的有机物见表 6-12。

表 6-12　其他吸收剂

吸收剂	吸收的有机物
次氯酸盐溶液	硫醇、硫醚
碱液	有机酸、酚、甲酚
酸类	胺
氨水、亚硫酸盐溶液	乙醛
高锰酸钾溶液、次氯酸盐溶液、过氧酸	醇

吸收法常用于精细化工、石油化工等领域中 VOCs 废气的净化，一般适用于处理小到中等的废气流量。吸收法的优点是：①可用于废气浓度高的场合(大于 $50g/m^3$)；②吸收剂容易获得；③能适应废气流量、浓度的波动；④能吸收可聚合的有机物；⑤不易着火，不需要特殊的安全措施；⑥如已有废水处理装置，则用水作为吸收剂更为方便。

吸收法的缺点是：投资费用一般较大，而用于吸收剂循环运转的操作费用也较高。此外，如果废气中的有机物非单一组分，则难以再生利用或必须添加许多分离设备；还可能产生废水而造成二次污染。如果用吸收法回收溶剂，则可得到一些补偿，但必须增加相应的回收装置投资。目前，吸收装置大多用于废气中含有无机污染物的净化，如含 HCl、SO_2、NO_x、NH_3 等废气的吸收净化，仅在少数场合用吸收装置来净化有机废气。应该指出的是，吸收液还必须送到废水处理系统做进一步处理。

3) 吸附法

吸附操作是从废气中去除可吸附的 VCOs 组成或回收溶剂的一种典型方法。吸附操作的原理是：在气相中需要分离的气体组分(吸附质)可以选择性地与固体表面(吸附剂)相结合，然后再经过解吸又回到气相中。通常吸附分为物理吸附和化学吸附两类，而 VOCs 废气的净化主要采用物理吸附方法。

有机废气净化常用的吸附剂是活性炭、活性焦炭或活性碳纤维，因为它们不仅具有较大的比表面积，而且对非极性物质，如有机溶剂具有非常好的吸附能力；相反，对极性物质，如水，则吸附性较差。

与吸收法相比，吸附法常用于净化气质量要求特别高的场合，在气体处理量非常大时，其投资费和操作费明显高得多，有时高出两三倍，但对于气体处理量相对较少的情况下，吸附法就显示出其优势。与其他方法相比，吸附法可以吸附浓度很低(甚至痕量)组分，经解吸后可大大增浓，因而可以从废气中除去溶剂蒸气和最后经过分离回收溶剂。

6.4.2　精细化工废水资源化

1. 农药废水处理技术

我国是农药生产和使用大国，农药生产企业已达 1600 家左右，据国家经济贸易委员会 2002 年统计，我国农药年产量将达 47.6 万 t，产量稳居世界第二位[71]。目前，我国农药生产部门可生产 200 多种杀虫剂、除草剂、杀菌剂和植物生长调节剂，农药结构中高毒品种比例大，杀虫剂、除草剂和杀菌剂分别约占 70%、20% 和 8%，杀虫剂中有机磷酸酯占 70%，有机磷酸酯中高毒品种占 70%。我国农药品种结构的不合理性加大了环境治理的难度。

据不完全统计，全国农药工业每年排放的废水约为 1.5 亿 t，其中已进行处理的占总量的 7%，处理达标的仅占已处理的 1%[72]。我国加入世界贸易组织后，环境问题越来越成为制约我国农药生产迈向新台阶的一个"瓶颈"。严格意义上讲，解决农药生产环境污染问题的根本出路在于开发和推广应用清洁生产工艺，降低污染物的产生量和排放量。但现阶段由于资金、技术、设备等许多因素的限制，当前仍然迫切需要解决现行生产工艺所产生的大量"三废"问题。

农药的"三废"问题以废水最为严峻和突出。目前农药工业的污染主要来源于生产过程中排放的废水，包括合成反应生产水、产品精制洗涤水、设备和车间冲洗水等。这些废水的特点是：浓度高、色泽深、毒性大、污染物成分复杂、难以生物降解。这些废水排入江河水体，不仅严重地破坏了水体生态，而且对人类的生存环境构成了极大的威胁。

农药废水处理技术概括起来可以分为生化法、化学法和物理法。现就农药生产废水的实际处理情况逐一加以介绍。

1) 生化法

生化法是利用微生物的新陈代谢作用降解转化有机物的方法，常见的方法有活性污泥法、SBR(循环间歇式活性污泥)法和接触氧化工艺等。用生化法处理废水具有运行成本低、操作管理简单等优点，但占地大、一次性投资高，且由于微生物对营养物质、pH、含盐量、温度等条件有一定要求，难以适应农药废水水质变化大、成分复杂、毒性高、难降解的特点，对色度和 COD_{Cr} 的去除率低，因此，生化法比较适于作为农药生产废水的深度处理。

接触氧化工艺[73]即活性污泥法与生物膜法相结合的技术，也称浸没式生物滤池，在曝气池内挂有一些填料，填料上形成生物膜，废水与其接触，曝气池的处理效果和容积负荷都有明显提高。其通风方式与活性污泥法类似，曝气设备设在填料之下，故曝气又可起到搅拌作用。此法可用于处理较高浓度有机废水。

目前，国内农药厂大多建有生化处理装置，但一般生化处理进水 COD_{Cr} 浓度不宜过高，对 pH、含盐量等还有一定要求。因此，大多数农药废水生化前的预处理是非常重要的。

2）化学法

（1）絮凝沉淀法。

絮凝沉淀法作为一种经济的废水预处理方法被广泛采用。它的机理是，在带有负电荷的中间体水溶液中，加入带有金属离子(阳离子型)的絮凝剂和阳离子型的助凝剂，通过电荷的中和作用，双电层被压缩，絮凝剂进一步与农药及中间体反应，形成稳定的絮凝体沉淀下来。

（2）催化氧化法。

根据氧化剂的不同，催化氧化法可分为湿式氧化法、Fenton 试剂氧化法、臭氧氧化法、二氧化氯氧化法和光氧化法[74]。

湿式氧化法是在一定的温度和压力条件下，向废水中通入氧气或空气，将水中的有机物分解为氮气、水蒸气、二氧化碳、灰分及残存有机物的方法。为提高湿式氧化效率、缩短反应时间、降低反应压力和温度，常常引入催化剂[75]。利用此技术并后接生化处理，可使农药乐果废水的 COD_{Cr} 去除率由单纯生化处理时的 55%提高到 95%[76]。由于该法须在高温高压下进行，因此对设备和安全提出了很高的要求，这在一定程度上影响了它在工业上的应用。

Fenton 试剂是由过氧化氢和二价铁盐以一定比例混合组成的一种强氧化剂。反应中产生的·OH 是一种氧化能力很强的自由基，反应速率快，氧化效率高，可使有机物的 C—C 键断裂并最终被氧化成二氧化碳和水，使体系的色度和 COD_{Cr} 降低。对于芳香族化合物来说，自由基可以破坏芳香环，形成脂肪族化合物，从而消除芳香族化合物的生物毒性，改善废水的生物降解性能[77]。对氯硝基苯是一种重要的农药和化工产品中间体。用 Fenton 试剂对其废水进行预处理，可将水的可生化性 BOD_5/COD_{Cr} 由 0 提高为 0.3。但在实际应用中，过氧化氢价格较高，使其推广应用受到限制。

与 Fenton 试剂氧化法类似，臭氧对难降解有机物的氧化通常是使其环状分子的部分环或长链条分子部分断裂，从而使大分子物质变成小分子物质，生成了易于生化降解的物质，提高了废水的可生化性[78]。

二氧化氯是一种新型高效氧化剂，性质极不稳定，遇水能迅速分解，生成多种强氧化剂。这些氧化物组合在一起产生多种氧化能力极强的自由基。它能激发有机环上的不活泼氢，通过脱氢反应生成自由基，成为进一步氧化的诱发剂，直至完全分解为无机物。其氧化性能是次氯酸的 9 倍多。氨基硫脲是合成杀菌剂叶枯宁的中间体，可溶于水，生产废水中其浓度较高，目前主要采用生化法处理，但效果不够理想。采用二氧化氯在常温、酸性条件下氧化，废水 COD_{Cr} 去除率可达 86%[79]。该法比一般其他方法简单且费用低廉，是一种经济实用的农药废水预处理方法。

光氧化分为光敏化氧化、光激发氧化和光催化氧化。用光敏化半导体为催化剂处理有机农药废水，是近年来有机废水催化净化技术研究较多的一个分支。

(3) 焚烧法。

废水的焚烧有一定的热值要求，一般在 105kJ/kg 以上。频哪酮是一种重要的农药中间体，在其生产过程中会产生一种黏稠状焦油副产物，将焦油升温至 80～100℃，喷雾进炉膛，同时，将农药生产各工段的高浓度有机废水喷入进行燃烧，燃烧后经水幕洗气除尘，COD_{Cr} 和其他污染指标都能达标[80]。当废水热值不高，或水量较大时，日常燃料消耗费用较大，目前此法国内尚未推广使用。

(4) 微电解法。

微电解法又称为内电解、铁还原、铁碳法、零价铁法等，它的原理是：当碳铁合金的铸铁浸入水中，便构成无数个 Fe-C 微原电池，纯铁为阳极，碳化铁为阴极。在酸性溶液中，阴极反应所产生的氢与废水中许多物质发生还原反应，破坏水中污染物原有结构，使其易被吸附或絮凝沉淀；阳极铁被氧化成二价或三价铁，在碱性条件下生成 $Fe(OH)_2$ 和 $Fe(OH)_3$ 絮凝沉淀，它们比二价和三价铁盐水解所得的 $Fe(OH)_2$ 和 $Fe(OH)_3$ 具有更强吸附性能，能吸附水中悬浮物，使废水净化。

3) 物理法

物理法主要包括萃取法和吸附法。与以上提到的生化法和化学法不同的是，采用这两种方法在治理废水的同时，能较好地回收废水中的有用物质，实现环境效益与经济效益的统一。溶剂萃取又称液-液萃取，是一种从水溶液中提取、分离和富集有用物质的分离技术。吸附剂的种类很多，有硅藻土、明胶、活性炭、树脂等。由于各种吸附剂吸附能力的差异，常用的吸附剂只有活性炭和树脂。

2. 染料废水处理技术

印染行业是工业废水排放大户，据不完全统计，全国印染废水每天排放量为 $3 \times 10^6 \sim 4 \times 10^6 m^3$，全国印染厂每年排放废水约 $6.5 \times 10^8 t$，占整个纺织工业废水排放量的 80%[81]。印染废水因其色度高，组分复杂，直到目前仍是工业废水治理中的难题之一。其处理方法常见的有物理化学处理法、化学处理法及生物化学法等。

1) 物理化学处理法

(1) 吸附法。

吸附法是利用多孔性固体吸附剂来处理废水的方法。在印染废水处理中所用的吸附剂主要有活性炭、焦炭、硅聚合物、硅藻土、高岭土和工业炉渣等。不同吸附剂对染料有选择性。影响吸附的条件有温度、接触时间和 pH 等[82]。有报道采用锯木屑经弱酸水解再经焦化后制成吸附剂，可以用来处理多种废水。开发高效廉价的吸附剂是吸附法的研究方向。

(2) 超滤法。

超滤是利用一定的流体压力推动力和孔径在 20~200Å 的半透膜实现高分子和低分子的分离。超滤过程的本质是一种筛滤过程，膜表面的孔隙大小是主要的控制因素。此法只能处理所含染料分子粒径较大的印染废水，优点是不会产生副作用，水可以循环使用。

2) 化学处理法

废水的化学处理法是利用化学反应的原理及方法来分离回收废水中的污染物，或是改变它们的性质，使其无害化的一种处理方法。在印染废水处理中常用的有絮凝沉淀法、电化学法、化学氧化法及光催化氧化法等。

(1) 絮凝沉淀法。

絮凝沉淀法的关键是絮凝剂。应用于印染废水处理方面的絮凝剂主要是铁盐、铝盐、有机高分子、生物高分子。但由于高分子絮凝剂可能存在的毒性，加之价格昂贵等原因，故很少应用[83]。铁盐絮凝剂的絮凝效果不错，但铁离子使用时对设备有强腐蚀性，调制和加药设备必须考虑用耐腐蚀材料。应用最广泛的絮凝剂还是铝盐絮凝剂，主要有硫酸铝(AS)、氯化铝、明矾、聚合氯化铝(PAC)、聚合硅酸铝类等。硫酸铝是世界上水和废水处理中使用最早、最多的絮凝剂，自 1884 年美国开发硫酸铝以来一直被广泛使用。由于硫酸铝存在成本高、投量大、会降低出水 pH，在某些情况(低温低浊和高浊水)下净水效果不理想等不足之处，已逐渐被聚合氯化铝等代替。20 世纪 60 年代，聚合氯化铝以其性能好、用量少、对原水 pH 适应性较广等特点，在水工业中被广泛应用。后来在聚合氯化铝的制造过程中引入一种或几种不同的阴离子，利用增聚作用在一定程度上改变聚合物的结构和形态分布，制造出含不同阴离子的新型聚合铝絮凝剂，如聚硫氯化铝(PACS)、聚磷氯化铝(PACP)[84]。1989 年，市场又有一种碱式多羟基硅酸铝(PASS)，成本约为明矾的两倍，但它含有更多的活性铝，能生成高密度的絮状物，沉降速度快、用量少、温度范围广、处理后残余铝低[85]。另一种含铝的聚硅酸絮凝剂(PSAA)也被认为对低温低浊度废水具有良好的絮凝性能。

印染废水中的分散染料、硫化染料、还原染料等憎水性染料分子的分子量大，在水中以悬浮物或胶态存在，易被脱稳絮凝除去。

镁盐絮凝剂在碱性条件下可处理含水溶性阴离子染料废水[86]，但对阳离子染料如亚甲基蓝、阳离子红 x-GRL 脱色率低。

(2)电化学法。

电化学法是废水处理中的电解质在直流电的作用下发生电化学反应的过程。废水中的污染物在阳极被氧化，在阴极被还原，或者与电极反应产物作用，转化为无害成分被分离除去。它是一种简单、经济、有效的方法。

在电解时使用可溶性阳极(Fe、Al 等)，使其产生 Fe^{3+}、Al^{3+}等离子，经水解聚合成絮凝剂，从而达到去除印染废水中 BOD、COD、色度的效果。如果在废水中投加阳离子高分子絮凝剂，使与阴离子染料分子形成配合物，再进行电解脱色则可节约电能。当废水中以纳夫妥为主的混合染料的质量浓度为 154mg/L 时，耗电仅为 $0.15\sim0.20kW\cdot h/m^3$[87]。

若采用石墨、钛板作极板，以 NaCl、Na_2SO_4 等作导电介质，则在电解时阳极产生 O_2 或 Cl_2，阴极产生 H_2，利用产生的 O_2 和 Cl_2 溶于水后生成的 NaClO 氧化作用及 H_2 的还原作用，可以破坏染料分子结构而脱色。一般用于含有—N=N—双键及—SO_3^- 的可溶性酸性染料、活性染料的脱色处理。

(3)化学氧化法。

化学氧化法分为空气氧化法、氯氧化法及臭氧氧化法等，是印染废水脱色处理的主要方法。其机理是利用氧化剂将染料不饱和的发色基团打破而脱色。常见的有组合法和催化氧化法等。

絮凝-二氧化氯组合法的优点在于 ClO_2 氧化能力强，是 HClO 的 9 倍多，且无氯气氧化法处理废水时可能与水中有机物结合生成氯代有机物(AOX)[88]。

近年来，Fenton 试剂(由 H_2O_2 和 Fe^{2+}混合而成)处理易溶解的染料废水是国内尝试的热点。采用铁屑-H_2O_2氧化法处理印染废水，在 pH 为 $1\sim2$ 时铁氧化生成新生态的 Fe^{2+}，其水解产物可使硝基酚类、蒽醌类印染废水脱色率达99%以上[89]。美国佛罗里达大学的 Tang 教授用 Fe 粉/H_2O_2 系统进行染料脱色实验，得出在铁粉质量浓度为 1g/L，pH 为 $2\sim3$，H_2O_2 浓度为 1mol/L 时，脱色率极好；当 pH 提高到 10 时，脱色反应停止。

O_3-H_2O_2 组合法利用 H_2O_2 诱发 O_3 产生氧自由基和·OH 自由基，通过羟基取代反应及氧化裂解开环反应等使各类染料废水脱色。

采用超声强化臭氧氧化处理偶氮类染料废水[90]。这是因为超声空化效应产生的高能条件促使臭氧快速分解，产生大量氧自由基，从而使偶氮类染料降解脱色。超声的作用是提高了 O_3 的利用率。

(4)光催化氧化法。

以纳米半导体为催化剂的多相光催化过程具有在室温深度氧化、可直接利用太阳作为光源来活化催化剂、驱动氧化-还原反应等独特性能，逐渐成为一种很有前途的印染废水脱色新方法。

半导体光催化氧化是一项新的废水处理技术，它利用半导体作为光催化剂实现光能的转化和利用。半导体被一定能量的光激发后产生电子-空穴对，并进一步产生具有强氧化性的物种，如·OH、·OOH 等，与溶液中的有机物发生氧化还原反应，将有机物最终矿化为 CO_2、水及小分子无机物[91]。

3) 生物化学法

生物化学法是利用自然环境中的微生物，对废水中的某些物质进行氧化分解作用，主要是利用印染废水中的大部分有机物都具有可生物降解性来脱色。生物化学法脱色率一般可达 50%左右，但由于印染废水 B/C 值小，限制微生物效能，对 COD 去除率不高。

生物化学法包括好氧法和厌氧法。处理印染废水的好氧法常见的有活性淤泥法、氧化沟法、生物塘法、接触氧化法、曝气法等。而厌氧法对含有偶氮基、蒽醌基、三苯甲烷基的染料均可降解。20 世纪 80 年代以前，我国印染废水的可生化性一般较高，COD_{Cr} 在 800mg/L 以下采用传统物化-生化组合法，出水即可达标排放。近年来，由于难生化降解的新型染料和助剂进入印染废水中，其可生化性大为降低，色度增加，一般废水 COD_{Cr} 在 1000mg/L 以上，可生化值 B/C 在 0.25以下。在传统生化工艺基础上，新的厌氧-好氧工艺处理印染废水屡有报道[92,93]。肖羽堂等[94]采用缺氧-二级好氧(A/O^2)工艺处理后的出水 COD_{Cr}、色度和 SS 去除率分别高达 97.0%、96.0%和 98.5%，出水水质低于国家太湖流域一级排放标准。

3. 日用化学品废水处理技术

日用化学品行业废水(简称日化废水)含有大量阴离子表面活性剂(LAS)、动植物油脂、香精、色素等有机污染物，难以生物降解或水处理的成本较高。传统单一的处理技术具有操作简单、靶向性强等优点，但往往存在能耗大、适用范围窄、处理效果差等问题。随着对出水水质要求的不断提高，新型处理技术受到了关注。

日化废水的处理方法很多，根据原理的不同主要分为物理化学法和生物法，物理化学法包括絮凝沉淀[95]、吸附分离[96]、气浮、铁碳微电解、Fenton 试剂氧化、臭氧氧化[97]、催化氧化等；生物法主要根据其微生物呼吸方式的不同分为好氧生物处理与厌氧生物处理。此外，随着出水水质标准的不断提高，以及有关处理工艺研究的不断深入，多种新型水处理技术也在不断开发与应用，如固定化微生物技术、微波技术、人工湿地技术等。

1) 物理化学法

(1) 絮凝沉淀法。

由于日化废水中含有甘油、烷基苯磺酸钠等复杂成分，通常带有颜色且乳化严重，所以絮凝沉淀法通常只能用于多法联用中的预处理阶段。传统的絮凝沉淀工艺采用铝盐或铁盐(如聚合氯化铝、硫酸铝、氯化铁等)作为沉淀剂。絮凝沉淀对日化废水中 COD 及油类均有一定的处理效果。

鉴于传统絮凝工艺通常存在一定的缺陷，如污染物去除率较低，沉淀或浮渣的含水率高等，影响后续处理的效果，人们不断研发新型絮凝剂。蒋贞贞和朱俊任[98]分别以聚合氯化铝(PAC)、聚合氯化铝铁(PAFC)、聚合硫酸铁(PFS)和自制聚合硫酸铁铝(PAFS)为絮凝剂，对印染废水脱色和 COD 的去除进行研究，结果表明各絮凝剂综合絮凝效果顺序为 PAFS＞PAFC＞PFS＞PAC。再选取最佳絮凝剂PAFS 为研究对象，考察了投加量及助凝剂投加量的絮凝影响，结果表明在不调节原水 pH 的条件下，PAFS 投加量为 0.3g/L 时，COD 和色度去除率分别为 82.8%和 86.6%。

徐敏[99]使用硫酸铝、硫酸铁等传统絮凝剂，结合硅酸钠和一些添加剂作为原料，在一定反应条件下制备了氧化型聚硅酸铝铁复合絮凝剂，用以石化污水厂二级出水，结果显示该种絮凝剂在 100mg/L，pH 为 7，慢搅 20min 的条件下，具有较好的絮凝效果，COD 的去除率为 29.3%，而传统絮凝剂 PAC 仅有 3.6%。

絮凝沉淀是日化废水处理一种有效的化学方法，处理成本低，设备简单易操作。当前的絮凝剂向着高效、低毒、多功能的方向发展，无机复合材料将是发展的重点之一，它往往兼具铁、铝絮凝剂的特点。

(2) 气浮法。

气浮法是一种高效的固液分离技术，最早见于选矿工艺。它是设法在水中产生大量的微小气泡，气泡黏附在水中的微粒及絮体上形成密度比水小的浮体上浮至水面，从而达到不同相分离的目的。根据其气泡产生方式的不同，气浮可分为电凝聚气浮、布气气浮和溶气气浮，其中加压溶气气浮是水处理技术中常用的技术。部分回流式压力溶气气浮运用最为广泛，在日化废水处理中可以代替絮凝沉淀进行预处理。

(3) 铁碳微电解与 Fenton 氧化法。

铁和碳的氧化还原电位相差较大，在废水中加入铁屑和碳粉末，即组成了腐蚀电池。具有一定比表面积且含有大量导电杂质的高价金属在酸性条件下发生电蚀反应，在金属与杂质间形成微电极，由微电极电解而产生大量活性氢，可还原高分子量有机物。它兼具氧化还原、絮凝、吸附、催化氧化、电沉积及络合等作用。此法可有效去除废水中的有机污染物，提高废水 B/C 的值，有利于后续生物法的进行。

2) 生物法

在日化废水处理过程中, 生物法是较为经济可行的方法, 也是目前应用较广泛的方法。它利用微生物的生物降解过程, 对污水中的可溶性有机物及部分不溶性有机物进行去除。

(1) 好氧生物处理。

好氧生物处理是通过不同形式的曝气, 使废水中有足够的溶解氧供好氧微生物通过呼吸作用生长与繁殖, 同时降解水中有机物。好氧生物处理主要包含活性污泥法和膜生物法两大类, 根据其供氧方式、运转条件及反应器形式的不同, 又可分为多种类型。

(a) 序批式活性污泥法。

序批式活性污泥法 (SBR 法) 又称间歇式活性污泥法, 是活性污泥法的一种改进, 它的原理和污染物去除机制与传统污泥法相同, 只是在操作运行上有所改变。SBR 法是在单一的反应器内, 在不同时间段进行各种不同操作。它兼具调节、曝气、沉淀的功能, 无污泥回流; 集反应和沉淀两道工序于一体, 增强了反应器的功能。SBR 法具有很多明显优势, 如操作简单灵活、运行费用低、间相分离效果好、脱氮除磷效果好、防止污泥膨胀、抗冲击负荷等, 但当进水流量有较大波动时, 需要对系统进行调节, 此时会增大投资。

(b) 生物接触氧化法。

生物接触氧化法是介于传统活性污泥法与曝气生物滤池之间的膜法工艺, 其特点是在池内装置填料, 池底曝气对废水进行充氧, 使池内污水处于流动状态, 以保证污水与填料充分接触。在微生物的作用下, 污水中的有机物被降解为 CO_2 和 H_2O。该法去除效率高, 周期短, 对进水有机负荷的波动适应性强, 同时也无污泥膨胀问题, 方便运行管理。该法存在的主要问题是填料间的生物膜有时会出现堵塞, 需要及时清理。

(2) 厌氧生物处理。

相比于好氧生物处理, 厌氧生物处理有能耗低、处理负荷高等优点, 一般用于高浓度有机废水的处理[100]。在厌氧或缺氧的条件下, 大分子有机物无法直接透过细胞壁进入厌氧菌体内, 在胞外酶的作用下水解成小分子, 再进一步分解成易降解的有机酸及甲烷, 同时表面活性剂的发泡物质也被分解。厌氧生物处理可在去除部分 COD 的同时提高 B/C 值, 利于后续好氧反应的进行。王永谦等[101]利用厌氧生物滤池处理生活污水, 再与氧化工艺组合, 稳定运行后, 厌氧单元 COD 去除率达 37.8%, 经接触氧化后与人工湿地联用, 出水 COD 达 39.3mg/L, 平均去除率 86.2%。

(a) 水解酸化预处理。

水解酸化法是介于厌氧与好氧处理之间的方法, 通常作为好氧处理之前的预处理，可将难降解的生物大分子、非溶解性的有机物转变成易生物降解的小分子有机物和溶解性有机酸等。考虑到后续好氧处理的能耗问题，水解主要用于低浓度难降解废水的预处理。

(b)上流式厌氧污泥反应床。

上流式厌氧污泥反应床(UASB)被应用于各种废水处理的工程中，其性能稳定、处理效率高，因此能够适应不同浓度与成分的多种有机废水。胡培靖[102]采用高效厌氧池处理日用化工产品企业的生产废水，它是一种类似 UASB 的反应器，内设新型生物填料与搅拌装置，停留时间为 18.8h，COD 与 LAS 的去除率分别达到了 90%和 95%。

3)新型水处理技术

(1)组合工艺技术。

为降低处理成本，增强处理效果，将生物法与絮凝、气浮等物化技术结合的组合工艺[103]是包括日化废水处理在内的水处理的发展方向。在这样的联用技术中，通常气浮等预处理阶段可有效去除废水中的 LAS 及悬浮颗粒等杂质，提高废水可生化性，同时保证微生物活性，为后续生化反应提供便利。研究表明，可将高级氧化工艺[104]与光催化等技术结合，深度处理经生化法处理后的废水，满足更高水质要求，相对单独氧化或催化处理可降低能耗，节约成本。

(2)固定化微生物技术。

固定化微生物技术利用物理和化学方法将游离的细胞定位在限定的空间，使其不悬浮于水中但仍保持生物活性，并可反复利用[105]，包括固定化细胞技术、固定化酶技术和固定化藻技术。在处理某些水相污染物时，固定化微生物技术已显示了明显优势，如难降解有机废水、重金属废水、制药废水、印染废水、生活污水等众多领域。

李端林和卢徐节[106]运用固定化微生物技术处理印染废水时，用海藻酸钠与活性污泥混合，再用 $CaCl_2$ 交联，将其制成固定化的微生物小球，以 NaCl 洗净即可使用。当 pH 为 7，进水浓度为 300mg/L，停留时间为 16h 时，COD 和色率的平均去除率分别大于 90%和 70%。固定化微生物技术在处理时间和废水浓度两方面均优于传统的活性污泥法工艺。

(3)微波技术。

微波是一种具有很强穿透能力的电磁能，且具有深层加热作用。利用它的加热特性用于有机物的去除是 20 世纪 80 年代兴起的一项新技术。微波对流经微波场的废水中的吸波物质的物化反应具有很强的催化作用，同时可使固相颗粒迅速沉降，因此可以处理包括日化废水在内的各种工业废水。

日化废水成分复杂、污染物浓度高、可生化性差，属较难处理的工业废水。目前对于日化废水的处理方法较多，物理化学法中絮凝沉淀和气浮是很好的预处理手段，其中絮凝沉淀应朝着多功能复合材料的方向发展；对于难降解污染物，铁碳微电解、Fenton 试剂、臭氧、光催化等多种高级氧化技术有良好效果。但单纯采用物理化学法处理成本较高，而生物法占地面积较大，运营管理较为复杂。

（4）人工湿地技术。

人工湿地技术是为处理污水而人为地在有一定长宽比和底面坡度的洼地上用土壤和填料(如砾石等)混合组成填料床，使污水在床体的填料缝隙中流动或在床体表面流动，并在床体表面种植具有性能好、成活率高、抗水性强、生长周期长、美观及具有经济价值的水生植物(如芦苇、蒲草等)形成一个独特的动植物生态体系。

此外，多种新型水处理技术具有明显优势：固定化微生物技术反应迅速、微生物流失少且高效低耗；微波技术可节省能源与空间、简化操作程序；人工湿地技术工艺简单、投资少、能耗低。尽管这些新型处理技术尚未广泛应用于日化废水的处理，但也引起了人们的重视。

目前，日化废水处理的主要思路为物理化学法和生物法联用，以增强处理效果，降低处理成本，具体处理方法的选择应根据生产废水自身的特点和实际工程的具体情况，将环境效益、经济效益和社会效益结合起来，利用多种处理方法多级处理。此外，仅有日化废水的末端处理是不够的，应大力提倡清洁生产，从源头上实现日化废水的防治[107]。

参 考 文 献

[1] 刘强, 张勤. 化工污水处理技术综述[J]. 甘肃科技, 2006, 11: 163-165.

[2] 付建. 生物法在石化行业低浓度含 "三苯" 有机废气净化中的应用[J]. 广东化工, 2014, 1: 112-114.

[3] Suty H, Traversay C D, Cost M. Applications of advanced oxidation processes: present and future[J]. Water Science and Technology, 2004, 49(4): 227-233.

[4] Xiao X, Tu S H, Lu M L, et al. Discussion on the reaction mechanism of the photocatalytic degradation of organic contaminants from a viewpoint of semiconductor photo-induced electrocatalysis[J]. Applied Catalysis B: Environmental, 2016, 198: 124-132.

[5] Poulopoulos S G, Voutsas E C, Grigoropoulou H P, et al. Stripping as a pretreatment process of industrial oily wastewater[J]. Journal of Hazardous Materials, 2005, 117(2-3): 135-139.

[6] Bettazzi E, Morelli M, Caffaz S, et al. Olive mill wastewater treatment: An experimental study[J]. Water Science and Technology, 2006, 54(8): 17-25.

[7] 吕后鲁, 刘德启. 工业废水处理技术综述[J]. 石油化工环境保护, 2006, 4: 15-19.

[8] 穆虹竹. 石油化工污水处理的技术探讨[J]. 石化技术, 2016, 11: 206-208.

[9] 姜峰, 潘永亮, 梁瑞, 等. 含硫废水的处理与研究进展[J]. 兰州理工大学学报, 2004, 5: 68-71.

[10] 韩文, 丛恺源, 尹昌生, 等. 浅谈石油化工污水处理常用方法[J]. 中国科技投资, 2016, 25: 142-144.

[11] 俞宁, 李纯茂. 高效好氧生物处理印染废水的方法与实践[J]. 工业水处理, 2009, 5: 87-89.

[12] 杨志勇. 工业废水处理方法及研究进展[J]. 科技经济市场, 2011, 2: 14-16.

[13] 景明霞. 化学沉淀法处理稀土氨氮废水的研究[J]. 安徽化工, 2010, 3: 71-74.

[14] 张建梅. 缫丝废水处理工艺实验研究[D]. 杭州: 浙江工业大学, 2009.

[15] 张庆. 石油化工固体废物的处置与管理[J]. 石油化工环境保护, 2000, 2: 1-4.

[16] 王倩. 浅谈石油化工固体废物的处理与处置[J]. 石化技术, 2016, 8: 9-13.

[17] 黄鑫宗, 李绍森, 骆娴, 等. 石油化工废物的焚烧处理技术研究[J]. 化工管理, 2016, 7: 143-145.

[18] 汪家铭. 年产1万吨煤气化废渣脱碳综合利用项目在陕西开工[J]. 四川化工, 2016, 1: 58-60.

[19] 纵秋云, 刘厚全, 刘捷. 齐鲁石化公司氯碱厂盐泥综合利用可行性研究[J]. 齐鲁石油化工, 1989, 1: 62-67.

[20] 李梅生, 周守勇, 赵宜江, 等. 氯碱废渣盐泥的干法表面改姓与填充性能研究[J]. 环境工程学报, 2009, 9: 1658-1662.

[21] 王敏. 利用盐泥制取七水硫酸镁[J]. 苏盐科技, 2003, 2: 1-3.

[22] 陈慧. 烧碱盐泥制轻质氧化镁[J]. 氯碱工业, 1984, 5: 28-33.

[23] 刘秀庆, 许素敏, 温俊杰. 丙烯腈废催化剂综合回收的研究[J]. 无机盐工业, 2002, 5: 35-36.

[24] 梁敏, 田志茗, 陈尔跃. 电沉积法回收废催化剂镍[J]. 化学工程师, 2002, 4: 56-57.

[25] 张海清, 韦士平. PTA装置废渣及废钯的回收利用[J]. 聚酯工业, 2000, 2: 29-31.

[26] 战风涛, 李林, 吕志凤. 吸附精制提高催化裂化柴油的安定性[J]. 炼油设计, 1998, 5: 13-15.

[27] 赵东风, 赵朝成, 路帅. 焦化法处理含油污泥工艺流程研究[J]. 环境科学研究, 2000, 2: 55-57.

[28] 金文标, 宋莉晖, 吴东平, 等. 生物法处理含油废渣研究[J]. 石油化工环境保护, 1999, 3: 2-4.

[29] 张健俐, 于长半, 戚俊. 采用二级组合处理并回用印染废水的应用研究[J]. 水处理技术, 2003(2): 117-118.

[30] 杜启云, 李然, 戴海平, 等. 膜集成技术处理鄂尔多斯羊绒集团生产废水中试研究[J]. 膜科学与技术, 2002, 22(6): 34-37.

[31] 陈保雄. 废水的循环再生工艺——针织毛衣厂洗涤水闭路循环[J]. 生态科学, 1996, 15(2): 83-84.

[32] 阮慧敏, 褚红, 阮水晶, 等. 膜集成技术在印染废水回用中的应用研究[J]. 现代化工, 2009, 29(10): 73-75.

[33] Lu X J, Liu L, Yang B, et al. Reuse of printing and dyeing wastewater in processess assessed by pilot-scale test using combined biological process and sub-filter technology[J]. Journal of Cleaner Production, 2009, 17(2): 111-114.

[34] 沈信儒, 杨明樑. 高级氧化技术处理印染废水[J]. 净水技术, 2005, 24(4): 56.

[35] 姜兴华, 刘勇健, 金亮基. 铁炭微电解-Fenton试剂联合氧化深度处理印染废水的研究[J]. 应用化工, 2008, 37(9): 1074-1076, 1080.

[36] 冯丽娜, 刘勇健. TiO2/活性炭光催化技术应用于印染废水深度处理的研究[J]. 应用化工, 2009, 38(3): 392-394.

[37] 夏志新. 吸附电解氧化法深度处理印染废水的研究[D]. 广州: 广东工业大学, 2001.

[38] 张万有, 刘景明, 吕洪滨. 新型好氧生物膜过滤器的应用研究[J]. 工业水处理, 2002, 22(11): 28-30.

[39] 霍桃梅. 电解氧化-MBBR工艺深度处理印染废水的实验研究[D]. 石家庄: 河北科技大学, 2009.

[40] Schoeberl P, Brik M, Braun R, et al. Treatment and recycling of textile wastewater—case study and development of a recycling concept[J]. Desalination, 2004, 171: 173-183.

[41] 瑞敏, 王欣, 陈克, 等. 印染废水回用处理技术研究[J]. 工业水处理, 2004, 24(7): 33-35.

[42] 郭召海, 刘文保, 沈骏, 等. 臭氧/生物滤池组合工艺深度处理印染废水[J]. 中国给水排水, 2009, 25(13): 35-37.

[43] 丛利洋, 王慧, 熊小京, 等. 组合工艺处理印染废水的研究[J]. 厦门大学学报: 自然科学版, 2008, 47(3): 457-460.

[44] Bes-Piá A, Iborra-Clar A, Mendoza-Roca J A, et al. Nanofiltration of biologically treated textile effluents using ozone as a pre-treatment[J]. Desalination, 2004, 167: 387-392.

[45] 李永贵, 贺永林, 陈东生. 超滤-混凝-酸析法回收涤纶碱减量废水中对苯二甲酸[J]. 山东纺织科技, 2014(5): 53-56.

[46] 陈旭红, 苏慕珍, 殷大众, 等. 粉煤灰分类与结构及活性特点[J]. 水泥, 2007(6): 8-12.

[47] 梁志芳, 刘大成. 粉煤灰及其利用[J]. 唐山高等专科学校学报, 2000(2): 71-73.

[48] 高翔, 吕继锋. 烟气脱硫石膏开发利用研究[C]. 中国建筑材料联合会石膏建材分会第五届年会暨第九届全国石膏技术交流大会, 淄博, 2014.

[49] 赵龙广, 艾勇. 火电厂脱硫石膏的产生与利用现状[J]. 科技视界, 2017, (7): 209-210.

[50] 曾学礼, 胡银珍, 楼文斌. 脱硫石膏的物化特征及其综合利用[J]. 宁波工程学院学报, 2012, 24(2): 67-72.

[51] 陈云嫩. 烟气脱硫石膏的资源化利用[J]. 粉煤灰, 2007(3): 38-40, 46.

[52] 陈云嫩, 梁礼明. 烟气脱硫副产物的综合利用[J]. 环境科学与技术, 2003(6): 43-45, 66.

[53] 李伟峰. 转炉钢渣的理化性质及资源化研究[D]. 北京: 北京化工大学, 2008.

[54] 谢君. 钢渣沥青混凝土的制备、性能与应用研究[D]. 武汉: 武汉理工大学, 2013.

[55] 吴达华, 吴永革, 林蓉. 高炉水淬矿渣结构特性及水化机理[J]. 石油钻探技术, 1997(1): 31-35.

[56] 王军. 高炉渣生产绿色建材的基础研究[D]. 西安: 西安建筑科技大学, 2010.

[57] 申星梅, 李辽莎, 王平, 等. 高炉渣制备系列精细化工品的技术研究[J]. 化工学报, 2016, 67(9): 3988-3994.

[58] 孙成, 郑峰伟, 任园园, 等. 黄磷渣资源化利用研究[J]. 现代化工, 2017, 37(8): 28-31.

[59] 郑磊, 陈宏坤, 王怀利, 等. 我国磷石膏综合利用现状与发展建议[J]. 磷肥与氮肥, 2017, 32(3): 33-35.

[60] 刘冬梅, 方坤河, 吴凤燕. 磷渣开发利用的研究[J]. 矿业快报, 2005(3): 21-25.

[61] 孙志立. 中国磷资源的利用与思考[C]. 第六届全国尾矿库安全运行与尾矿综合利用技术高峰论坛, 黄山, 2014.

[62] 李采玉. 磷渣-粉煤灰-磷石膏-水泥轻质混凝土制备及性能研究[D]. 贵州: 贵州大学, 2016.

[63] 彭长浩, 卢金山. 利用废料直接烧结制备 CaO-Al_2O_3-SiO_2 微晶玻璃及其性能[J]. 机械工程材料, 2013, 37(1): 71-76.

[64] 张义堃, 刘宝庆, 蒋家羚, 等. 黄磷尾气回收利用与展望[J]. 化工机械, 2016, 39(4): 423-447.

[65] 任冬冬, 陈槺, 宁平, 等. 净化黄磷尾气制取甲酸、碳酸二甲酯工艺研究[J]. 化学工程, 2006, 34(12): 62-65.

[66] 杨文龙. 氟污染的危害及含氟废水处理技术探讨[J]. 中国科技纵横, 2015(21): 3, 5.

[67] 王瑾. 工业含氟废气的净化与利用[J]. 无机盐工业, 2010, 42(7): 5-8.

[68] 雷绍民, 郭振华. 氟污染的危害及含氟废水处理技术研究进展[J]. 金属矿山, 2012(4): 152-155, 159.

[69] 严志文. 精细化学品共性技术研究进展浅析[J]. 橡塑技术与装备, 2016(12): 29-30.

[70] 刘伟, 张天胜. 精细化工行业的清洁生产与可再生原料的利用[J]. 化工环保, 2004, 24(增刊): 428-431.

[71] 杨春河. 新药创制, 环境保护与结构调整: 对我国农药工业发展的一点思考[J]. 农药, 2000, 39(1): 1-6.

[72] 林玉锁. 农药与生态环境保护[M]. 北京: 化学工业出版社, 2000.

[73] 梁立丹, 武书彬. 我国有机磷农药废水的生化法处理研究进展[J]. 环境污染治理技术与设备, 2002, 3(3): 67-73.

[74] 林仁漳, 陈玉成, 魏世强. 高浓度难降解有机废水的催化氧化技术及其进展[J]. 环境工程学报, 2002, 3(5): 49-54.

[75] 李洪仁, 王敬涛, 胡晓静. 湿式氧化法处理工业污水的应用与展望[J]. 工业水处理, 1999(3): 10.

[76] 眚维昌. 我国农药废水处理现状及展望[J]. 化工进展, 2000, 19(5): 18-23.

[77] 王炳坤, 北尾, 高岭, 等. 采用 Fenton 试剂处理废水中难降解的苯胺类化合物[J]. 环境化学, 1987(5): 82-86.

[78] 陈云华, 周鑫玉. 臭氧氧化去除水中芳香族化合物机理初探[J]. 化工环保, 1998(2): 74-81.

[79] 谭炯, 冯易君, 谢家理. 二氧化氯氧化降解含氨基硫脲废水研究[J]. 化学研究与应用, 2002, 14(4): 490-492.

[80] 梅文莉. 农药合成中高浓度有机废水的焚烧处理[J]. 西南给排水, 2000(3): 34-35.

[81] 吴猛, 葛凤燕, 高洪国, 等. Fe_3O_4@SiO_2@Ag 复合纳米粒子对染料污染物的循环催化降解性能[J]. 磁性材料及器件, 2015(5): 34-38.

[82] 唐受印, 戴友芝, 汪大. 废水处理工程[M]. 北京: 化学工业出版社, 2004.

[83] 永泽满, 潼泽章. 高分子水处理剂[M]. 北京: 化学工业出版社, 1985.

[84] 汤鸿霄. 羟基聚合氯化铝的絮凝形态学[J]. 环境科学学报, 1998, 18(1): 1-10.

[85] 苏威. 无机絮凝剂发展及建议[J]. 工业水处理, 1993, 13(1): 3-7.

[86] 秦蓁, 乌锡康. 镁盐对水溶性阴离子染料废水的脱色研究[J]. 中国环境科学, 1994(5): 356-360.

[87] 张林生. 染料废水综合混凝-电气浮脱色处理[J]. 给水排水, 1993(6): 22-26.

[88] 陈鸿林, 张长寿. 混凝-二氧化氯组合法处理印染废水[J]. 工业水处理, 1999, 19(2): 32-34.

[89] 崔淑兰, 王峰云. 铁屑-双氧水氧化法处理染料废水[J]. 环境保护, 1990(12): 10-11.

[90] 胡文容, 钱梦马录, 高廷耀. 超声强化臭氧氧化偶氮染料的脱色效能[J]. 中国给水排水, 1999, 15(11): 1-4.

[91] 张天永, 朱丹丹, 付强, 等. 纳米光催化氧化降解染料污染物的进展[J]. 染料与染色, 2004, 41(4): 238-240.

[92] 戚新. 气浮-厌氧-好氧工艺处理高浓度印染废水[J]. 环境污染与防治, 1997(1): 16-19.

[93] 鲁玉龙. 厌氧-好氧工艺处理印染废水技术的现状及发展[J]. 污染防治技术, 1998(1): 12-14.

[94] 肖雨堂, 许建华, 陈伟, 等. 难生化降解的某丝绒印染废水处理新工艺(A/O2)工程应用研究[J]. 工业水处理, 1999, 19(13): 14.

[95] 周谨. 稀土复合型混凝剂的研究进展[J]. 稀土, 2011, 33(2): 86-89.

[96] 曾静, 胡文勇, 邓莹. 活性炭吸附废水中表面活性剂的试验研究[J]. 工业用水与废水, 2010, 41(3): 38-40.

[97] 吴春光, 田月兰, 曹相生, 等. 臭氧氧化用于污水回用的试验研究[J]. 北京水务, 2010(4): 8-10.

[98] 蒋贞贞, 朱俊任. 不同混凝剂处理印染废水试验研究[J]. 重庆工商大学学报(自然科学版), 2014, 31(1): 98-102.

[99] 徐敏. 氧化型聚硅酸铝铁复合混凝剂处理石化废水的试验研究[D]. 邯郸: 河北工程大学, 2013.

[100] 汪晓军, 顾晓扬, 王炜. 组合工艺处理高浓度日用化工废水[J]. 工业水处理, 2008, 28(2): 78-80.

[101] 王永谦, 吕锡武, 郑美玲, 等. 厌氧生物滤池在生活污水厌氧-好氧组合处理工艺中的应用[J]. 四川大学学报(工程科学版), 2014, 46(2): 182-186.

[102] 胡培靖. 气浮+UASB+接触氧化法处理日用化工废水实例[J]. 科技资讯, 2008(18): 113.

[103] 纪桂霞, 杨继柏, 周步轩, 等. ABR 与 UBAF 组合工艺处理合成洗涤剂废水实验研究[J]. 水处理技术, 2014(1): 84-87.

[104] 刘子述. 催化氧化-芬顿组合工艺处理重烷基苯磺酸盐生产废水的研究[D]. 哈尔滨: 哈尔滨工业大学, 2013.

[105] 孙秋谨. 固定化微生物降解酚类污染物的研究[D]. 济南: 齐鲁工业大学, 2013.

[106] 李端林, 卢徐节. 固定化微生物技术在印染废水处理中的应用[J]. 江汉大学学报(自然科学版), 2013, 41(1): 51-54.

[107] 戴亮, 贺文智, 李冰璟, 等. 日用化学品行业废水处理技术的研究进展[J]. 化工进展, 2014, 33(s1): 273-278.

彩　　图

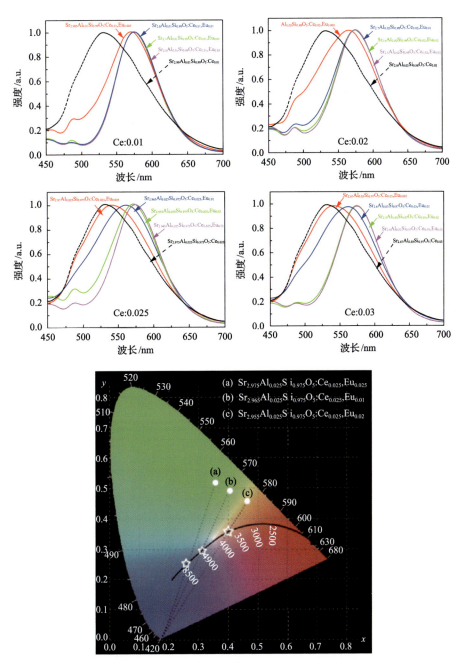

彩图 1　$Sr_{3-x-y}Al_xSi_{0.975}O_5\!:\!xCe^{3+}$，$yEu^{2+}$ 的荧光光谱图及色坐标与色温

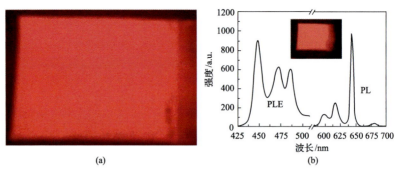

彩图 2　$BaMoO_4$：nPr, KCl 的荧光(a)和色谱图(b)

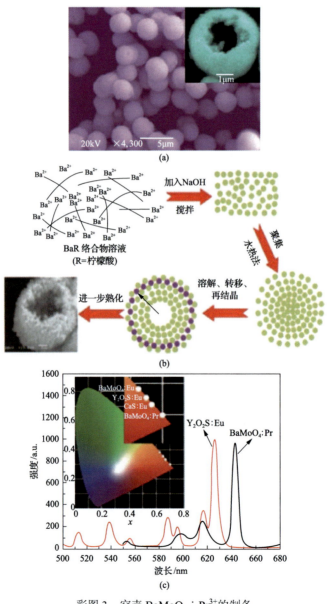

彩图 3　空壳 $BaMoO_4$：Pr^{3+}的制备

(a)形貌图；(b)生长机理图；(c)$BaMoO_4$:Pr^{3+}与常用红粉荧光性能比较图

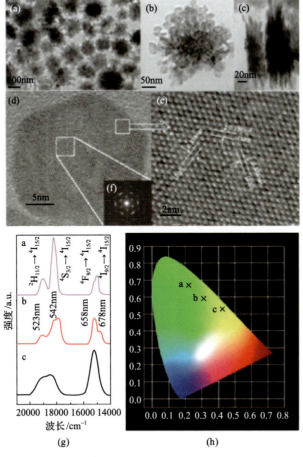

彩图 4　Gd_2O_2S：$x$$Yb^{3+}$, $0.01Er^{3+}$纳米颗粒形貌及上转换光谱性能图

(a)～(f)形貌图；(g)上转换荧光性能图，a: $x=0.01$, b: $x=0.05$, c: $x=0.1$；(h)色坐标图，a: (0.308, 0.666)，
b: (0.389, 0.596)，c: (0.417, 0.569)

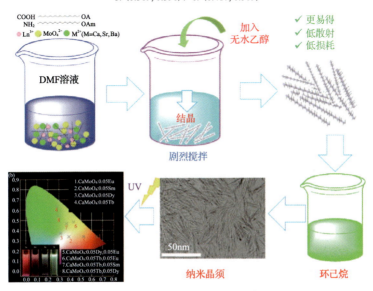

彩图 5　重结晶法制备 $CaMoO_4$：RE^{3+}纳米晶须

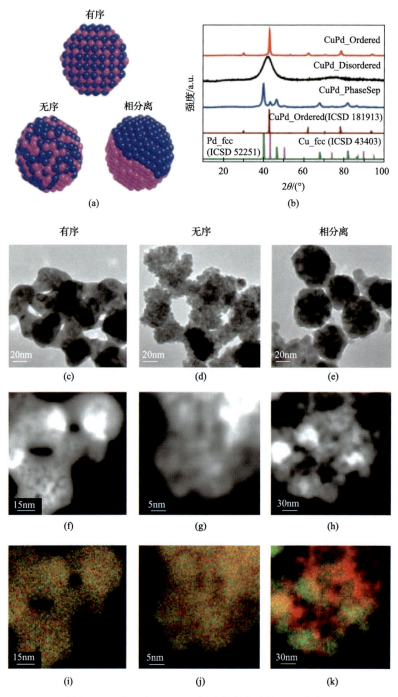

彩图 6　三种形式 CuPd 双金属合金的结构及形貌表征

(a) 有序排列的 CuPd 双金属合金、无序排列的 CuPd 双金属合金和分相的 CuPd 双金属合金；三种形式 CuPd 双金属合金催化剂的 XRD 图谱(b)、高分辨 TEM 图[(c)～(e)]、高角环形暗场 STEM 图[(f)～(h)]、STEM 元素分布图(红色代表铜，绿色代表钯)[(i)～(k)]

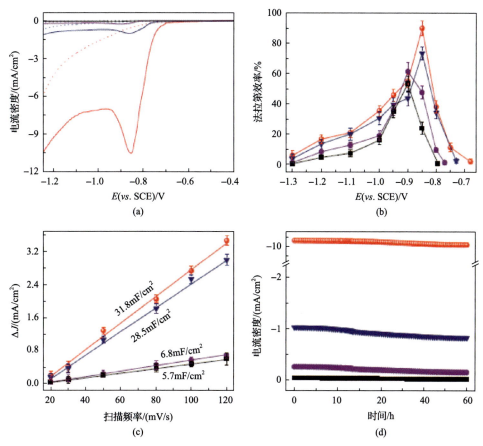

彩图 7　4 原子层厚的部分氧化的钴（红线）、4 原子层厚钴（蓝线）、部分氧化的块体钴（紫线）和块体钴（黑线）的电催化二氧化碳还原至甲酸的性能图

(a) 0.1mol/L 硫酸钠溶液中四种材料的线性伏安曲线，实线为在二氧化碳饱和条件下，虚线为在氮气饱和条件下；(b) 四种材料在不同电位下二氧化碳还原至甲酸的法拉第效率变化；(c) 四种材料在不同扫描频率条件下电流密度变化曲线；(d) 在−0.95V(vs. SCE) 电位下四种材料电催化二氧化碳还原的电流密度与时间关系图

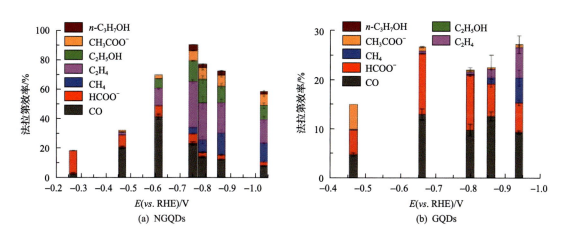

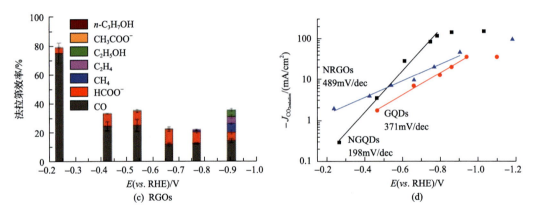

彩图 8　掺氮石墨烯量子点与非掺氮石墨烯量子点电催化二氧化碳还原性能比较

掺氮石墨烯量子点[NGQDs，(a)]、石墨烯量子点[GQDs，(b)]和掺氮还原石墨烯[NRGOs，(c)]在不同电位条件下二氧化碳还
原产物法拉第效率变化图；(d)三种催化剂电催化二氧化碳还原的 Tafel 曲线

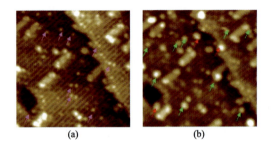

彩图 9　CeO_x/TiO_2(110)(粉色：CeO_x) (a) 和 $Au/CeO_x/TiO_2$(110)(红色：靠近 CeO_x 的 Au；
绿色：靠近 Au 缺陷的 TiO_2) (b) 的 STM 图

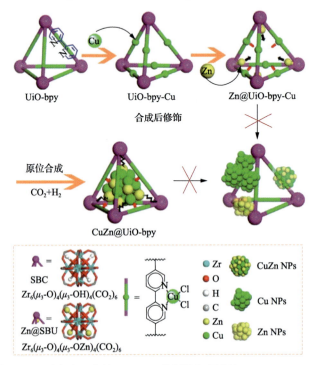

彩图 10　后合成调节的 UiO-bpy 的原位还原制备 CuZn@UiO-bpy

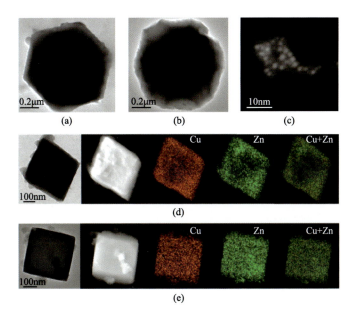

彩图 11　TEM、HAADF 和 EDX 分布图

(a) 和 (d) Zn@UiO-bpy-Cu；(b) 和 (e) CuZn@UiO-bpy；(c) CuZn@UiO-bpy 中超小的 Cu/ZnO$_x$ NPs

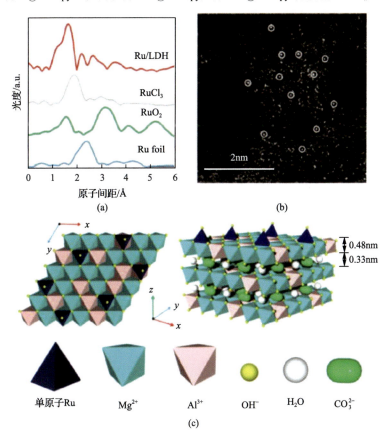

彩图 12　Ru/LDH 及对比材料的结构表征

(a) Ru K-edge FT-EXAFS 图谱；(b) Ru/LDH 的 HAADF-STEM 图（圆圈内是孤立的 Ru 原子）；(c) Ru/LDH 的结构图

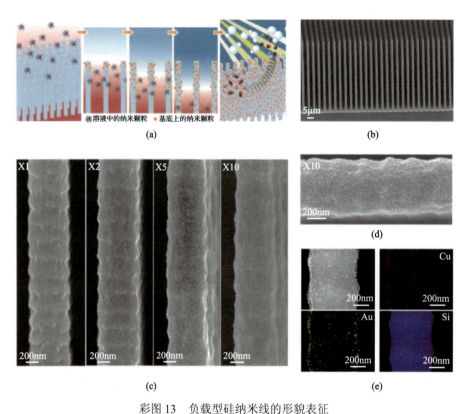

彩图 13　负载型硅纳米线的形貌表征

(a)负载型硅纳米线制备过程及光电催化过程示意图；(b)、(c)所制备材料的微观形貌图；(d)、(e)该材料的元素分布图

彩　　图

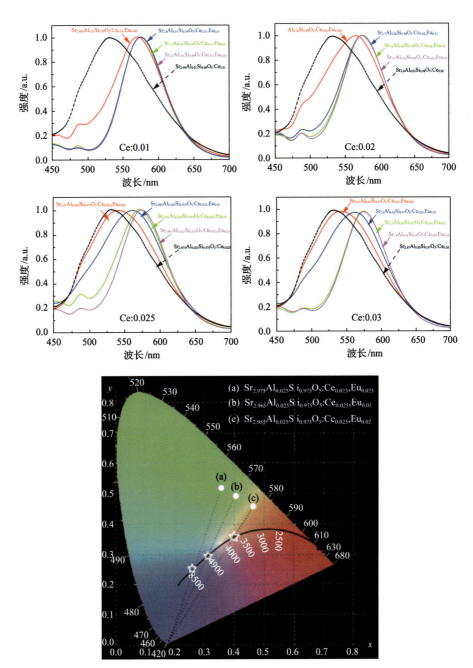

彩图 1　$Sr_{3-x-y}Al_xSi_{0.975}O_5$：$xCe^{3+}$，$yEu^{2+}$ 的荧光光谱图及色坐标与色温

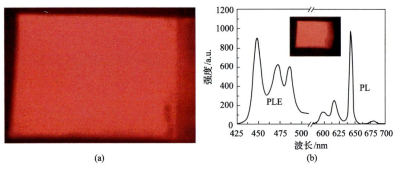

彩图 2　BaMoO$_4$：nPr, KCl 的荧光(a)和色谱图(b)

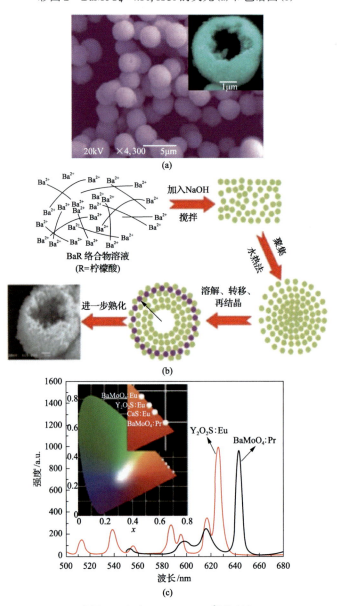

彩图 3　空壳 BaMoO$_4$：Pr^{3+} 的制备

(a)形貌图；(b)生长机理图；(c)BaMoO$_4$:Pr^{3+}与常用红粉荧光性能比较图

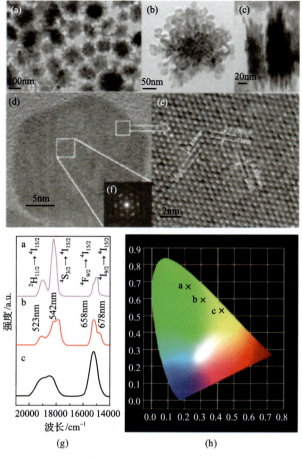

彩图4 Gd₂O₂S∶xYb³⁺, 0.01Er³⁺纳米颗粒形貌及上转换光谱性能图

(a)～(f)形貌图；(g)上转换荧光性能图，a: x=0.01, b: x=0.05, c: x=0.1；(h)色坐标图，a:(0.308, 0.666)，
b:(0.389, 0.596)，c:(0.417, 0.569)

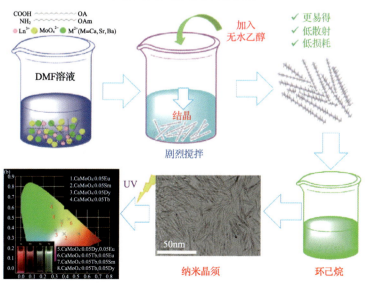

彩图5 重结晶法制备 CaMoO₄∶RE³⁺纳米晶须

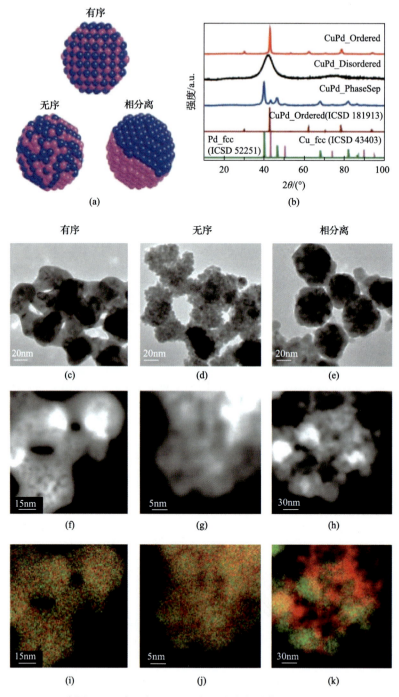

彩图 6　三种形式 CuPd 双金属合金的结构及形貌表征

(a)有序排列的 CuPd 双金属合金、无序排列的 CuPd 双金属合金和分相的 CuPd 双金属合金；三种形式 CuPd 双金属合金催化剂的 XRD 图谱(b)、高分辨 TEM 图[(c)～(e)]、高角环形暗场 STEM 图[(f)～(h)]、STEM 元素分布图(红色代表铜，绿色代表钯)[(i)～(k)]

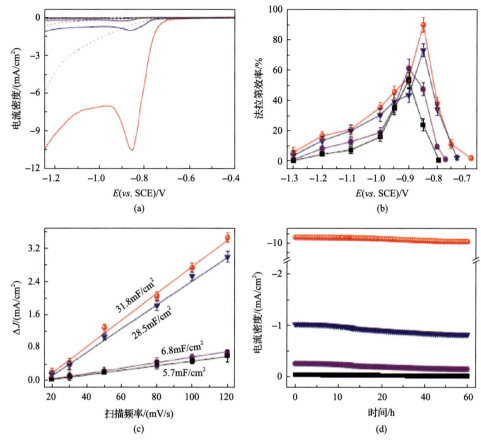

彩图 7　4 原子层厚的部分氧化的钴（红线）、4 原子层厚钴（蓝线）、部分氧化的块体钴
（紫线）和块体钴（黑线）的电催化二氧化碳还原至甲酸的性能图

（a）0.1mol/L 硫酸钠溶液中四种材料的线性伏安曲线，实线为在二氧化碳饱和条件下，虚线为在氮气饱和条件下；（b）四种材料在不同电位下二氧化碳还原至甲酸的法拉第效率变化；（c）四种材料在不同扫描频率条件下电流密度变化曲线；（d）在−0.95V（vs. SCE）电位下四种材料电催化二氧化碳还原的电流密度与时间关系图

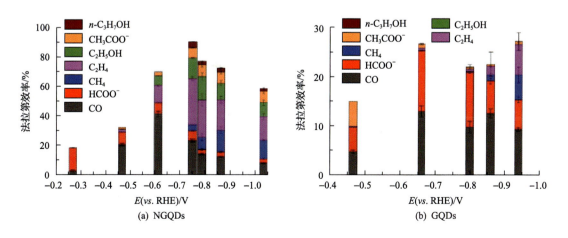

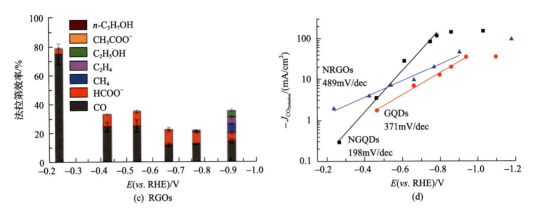

(c) RGOs

(d)

彩图 8　掺氮石墨烯量子点与非掺氮石墨烯量子点电催化二氧化碳还原性能比较

掺氮石墨烯量子点[NGQDs, (a)]、石墨烯量子点[GQDs, (b)]和掺氮还原石墨烯[NRGOs, (c)]在不同电位条件下二氧化碳还
原产物法拉第效率变化图；(d)三种催化剂电催化二氧化碳还原的 Tafel 曲线

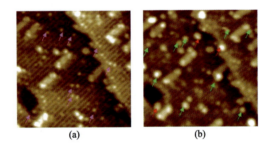

(a)　　　　　　　　　　(b)

**彩图 9　CeO$_x$/TiO$_2$(110)（粉色：CeO$_x$）(a) 和 Au/CeO$_x$/TiO$_2$(110)（红色：靠近 CeO$_x$ 的 Au；
绿色：靠近 Au 缺陷的 TiO$_2$）(b) 的 STM 图**

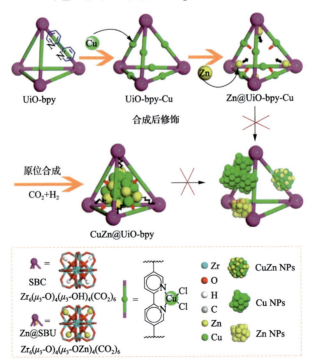

彩图 10　后合成调节的 UiO-bpy 的原位还原制备 CuZn@UiO-bpy

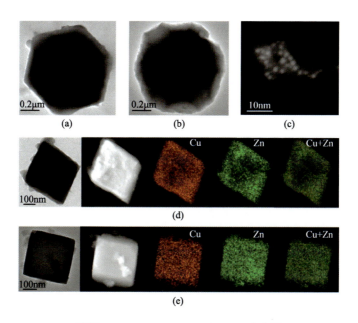

彩图 11 TEM、HAADF 和 EDX 分布图

(a) 和 (d) Zn@UiO-bpy-Cu；(b) 和 (e) CuZn@UiO-bpy；(c) CuZn@UiO-bpy 中超小的 Cu/ZnO$_x$ NPs

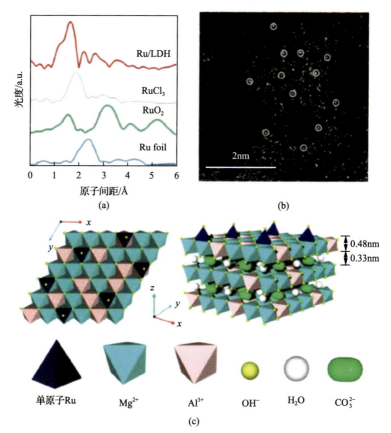

彩图 12 Ru/LDH 及对比材料的结构表征

(a) Ru K-edge FT-EXAFS 图谱；(b) Ru/LDH 的 HAADF-STEM 图（圆圈内是孤立的 Ru 原子）；(c) Ru/LDH 的结构图

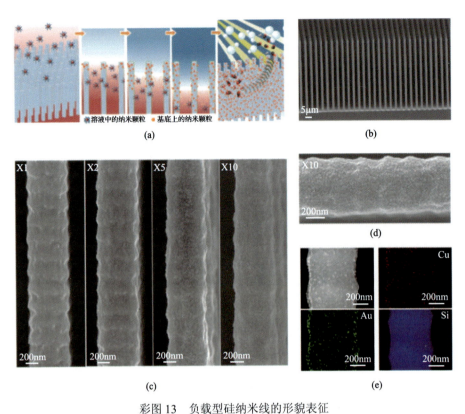

彩图 13　负载型硅纳米线的形貌表征

(a) 负载型硅纳米线制备过程及光电催化过程示意图；(b)、(c) 所制备材料的微观形貌图；(d)、(e) 该材料的元素分布图